Política e cultura

FUNDAÇÃO EDITORA DA UNESP

Presidente do Conselho Curador
Mário Sérgio Vasconcelos

Diretor-Presidente
Jézio Hernani Bomfim Gutierre

Editor-Executivo
Tulio Y. Kawata

Superintendente Administrativo e Financeiro
William de Souza Agostinho

Conselho Editorial Acadêmico
Áureo Busetto
Carlos Magno Castelo Branco Fortaleza
Elisabete Maniglia
Henrique Nunes de Oliveira
João Francisco Galera Monico
José Leonardo do Nascimento
Lourenço Chacon Jurado Filho
Maria de Lourdes Ortiz Gandini Baldan
Paula da Cruz Landim
Rogério Rosenfeld

Editores-Assistentes
Anderson Nobara
Jorge Pereira Filho
Leandro Rodrigues

Norberto Bobbio

Política e cultura

Introdução e organização
Franco Sbarberi

Tradução
Jaime A. Clasen

© 2005 Giulio Einaudi editore s.p.a., Torino
© 2014 Editora Unesp

Título original: *Politica e cultura*

Direitos de publicação reservados à:

Fundação Editora da Unesp (FEU)
Praça da Sé, 108
01001-900 – São Paulo – SP
Tel.: (0xx11) 3242-7171
Fax: (0xx11) 3242-7172
www.editoraunesp.com.br
www.livrariaunesp.com.br
feu@editora.unesp.br

CIP – Brasil. Catalogação na publicação
Sindicato Nacional dos Editores de Livros, RJ

B637p

Bobbio, Norberto
 Política e cultura / Norberto Bobbio; organização Franco Sbarberi; tradução Jaime A. Clasen. – 1. ed. – São Paulo: Editora Unesp, 2015.

 Tradução de: Politica e cultura
 ISBN 978-85-393-0611-4

 1. Ciência política. 2. Sociologia política. I. Sbarberi, Franco. II. Clasen, Jaime A. II. Título.

15-26141   CDD: 320
                                                          CDU: 32

Editora afiliada:

Sumário

Introdução 7
Franco Sbarberi

Introdução à primeira edição 57
Norberto Bobbio

Convite ao colóquio 63
Política cultural e política da cultura 83
Defesa da liberdade 103
Diálogo entre um liberal e um
comunista 115
Paz e propaganda de paz 131
Liberdade da arte e política cultural 145
Croce e a política da cultura 163
Intelectuais e vida política na Itália 187
Espírito crítico e impotência política 209
Democracia e ditadura 221
A liberdade dos modernos comparada com
a da posteridade 235

Cultura velha e política nova   275
Benedetto Croce e o liberalismo   293
Liberdade e poder   361

Apêndice – Ainda o stalinismo: algumas
    questões de teoria   377
Referências bibliográficas   411
Índice onomástico   419

Introdução[1]

1.

Numa entrevista à *La Stampa*, de 4 de dezembro de 1992, Norberto Bobbio recordou que na democracia "a função do intelectual é chamar a atenção para aquilo que é continuamente revisto". Esse papel de estímulo e de crítica da realidade existente foi reivindicado, no mesmo período, também por Michael Walzer, segundo o qual o intelectual deve sempre falar "em voz alta, apesar dos poderes constituídos".[2] A concepção do intelectual como *crítico do poder* – de qualquer poder organizado, e em particular do poder político, hobbesianamente "o poder dos poderes" – deriva da nobre tradição iluminista. De fato, são os *philosophes* do século XVIII que concebem a razão não como território de verdades codificadas, mas como disposição permanente

---

1 As cartas inéditas de Norberto Bobbio e de Ranuccio Bianchi Bandinelli aqui utilizadas foram gentilmente postas à minha disposição pelas duas famílias. Devo à amigável presteza de Pietro Polito o fato de encontrá-las no Arquivo Norberto Bobbio, que está sendo organizado.

2 Walzer, *L'intellettuale militante*, p.23.

para a análise crítica dos problemas. No *Ensaio sobre as relações entre intelectuais e poderosos*, D'Alembert recorda que a liberdade em relação ao poder é a condição essencial para o exercício da atividade intelectual, a qual consiste em buscar e transmitir uma verdade *in fieri*. Algumas décadas mais tarde, Kant indicará com precisão, em célebres páginas, que a verdadeira minoridade do homem é "a incapacidade de valer-se do seu intelecto sem a tutela de outra pessoa", enquanto por iluminismo se deve entender o fato de fazer livre uso, como estudiosos, da sua razão "em todo tempo", "em todos os campos" e "diante de todo o público dos leitores".[3]

Essa carta dos direitos e dos deveres do intelectual iluminista, que tem no seu centro – como se fosse uma versão moderna do convite dantesco a "seguir virtude e conhecimento" – a busca da verdade através do confronto das ideias, da defesa e da promoção da liberdade, da luta permanente contra os abusos do poder político, foi reproposta na Itália durante o século XIX, sobretudo, por Carlo Cattaneo, reformador e federalista, defensor coerente, contra os acadêmicos, do papel militante da filosofia. Entre a primeira e a segunda metade do século XX, quem se referiu com maior rigor à mensagem de libertação da filosofia das luzes e ao saber experimental de Cattaneo foi Norberto Bobbio,[4] cujo perfil ético e intelectual encontra expressão cabal em *Política e cultura*.

O volume, publicado em 1955 e tendo alcançado imediatamente sucesso extraordinário de crítica (mais de cem recensões entre 1955 e 1956), destaca-se como uma obra-chave do filósofo: uma encruzilhada dos problemas herdados do passado e projetados para o futuro; um ponto de encontro muito equilibrado entre as reflexões militantes dos anos da libertação e as reflexões mais

---

3 Kant, *Risposta alla domanda: che cos'è l'illuminismo?* In: *Scritti politici e di filosofia della storia e del diritto*, p.141, 143.

4 Vejam-se, em particular, os ensaios que Bobbio escreveu sobre Cattaneo a partir de 1945, sucessivamente recolhidos no volume *Una filosofia militante. Studi su Carlo Cattaneo*.

desencantadoras, mas nem por isso eticamente enfraquecidas, da longa viagem através da Guerra Fria. A clareza das teses teóricas – na definição da atividade cultural "como esfera de autonomia em relação a todo poder organizado" e na polêmica firme e serena com o comunismo italiano sobre a irrenunciabilidade dos direitos de liberdade em qualquer sistema econômico-social – faz ainda hoje de *Política e cultura* um texto exemplar de filosofia civil. Na Itália da segunda parte do século XX, o livro desempenhou uma função análoga à exercida por *Liberalism* de Hobhouse na Inglaterra da primeira parte do século XX e por *Liberalism and Social Action* de Dewey nos Estados Unidos entre as duas guerras. Quero dizer que na base do compromisso civil de Bobbio há um projeto, amadurecido nos anos da Resistência e desenvolvido nas décadas sucessivas, que se refere aos ideais de um *New Liberalism* fortemente sensível aos temas da justiça social, mas firme também em exigir a limitação constitucional e o controle permanente dos poderes do Estado por parte dos cidadãos. Nesse projeto são visíveis dois núcleos essenciais, solidamente interligados e nunca propostos antes por autores italianos com igual lucidez:

1) O esboço de uma teoria da democracia entendida, ao mesmo tempo, como conjunto de regras para garantir as liberdades fundamentais dos indivíduos e como direito das massas populares a promover desde baixo as formas do "Estado novo". Essa visão, tanto procedimental como participativa, da democracia faz apelo, no pós-guerra imediato, a um ativismo de massa no qual os partidos representam não o sujeito exclusivo ("a democracia que se organiza", como presumia Togliatti), mas apenas um dos protagonistas do movimento em curso. O julgamento limitativo sobre o papel dos partidos tradicionais é acompanhado pela consciência de que apenas o Partido da Ação apostara na construção, tanto nos Estados individuais como na Europa, de um modelo constitucional de tipo federal capaz de moderar a estrutura do Estado unitário com as formas descentralizadas do autogoverno, a aspiração à paz dos povos com a disputa livre dos

Política e cultura

indivíduos. Era a exigência de um "Estado federativo no sentido da liberdade" e de uma ideia de liberdade como autodeterminação política de todo indivíduo já levantada por Rosselli nos anos 1930, quando observara que

> os órgãos vivos da autonomia não são os órgãos burocráticos, indiretos, nos quais o elemento coativo prevalece, nunca os órgãos de primeiro grau, diretos, livres ou com alto grau de espontaneidade, de cuja vida o indivíduo participa diretamente ou que está em condições de controlar.[5]

2) Uma concepção do intelectual como consciência crítica das formas de exercício do poder, como promotor de diálogo na busca aberta da verdade e como mediador seletivo dos valores da esquerda, que são encontrados, substancialmente, na ideia iluminista e liberal dos direitos do homem e na ideia socialista de redução das desigualdades socioeconômicas.

Enquanto sobre os problemas da participação democrática e do federalismo Bobbio manifestará nas décadas sucessivas reformulações não secundárias (seja pela tomada de consciência da oposição histórica entre a constituição ideal e a construção material da democracia,[6] seja porque o movimento federalista, depois da dissolução do Partido da Ação, se mostrara muito mais sensível ao tema do Estado supranacional do que ao Estado do autogoverno interno), sobre a questão dos intelectuais permanece

---

5 Rosselli, Discussione sul federalismo e l'autonomia. In: *Scritti dell'esilio*, p.264.

6 Sobre a concepção da democracia amadurecida por Bobbio durante cinquenta anos de estudos ver, sobretudo, as seguintes pesquisas monográficas: Meaglia, *Bobbio e la democrazia*; Ruiz Miguel, *Las paradojas de un pensamiento en tensión*; Greco, *Norberto Bobbio. Un itinerario intellettuale tra filosofia e politica*. São importantes também as numerosas referências críticas dedicadas aos estudos bobbianos sobre a democracia de Zolo, *Complessità e democrazia*.

Introdução

uma continuidade substancial de abordagem entre os ensaios de *Política e cultura* e os ensaios da época mais recente.[7] A mensagem transmitida através do tempo é a fidelidade do intelectual a alguns princípios diretivos da tradição cultural europeia: "a inquietação da pesquisa, o estímulo da dúvida, a vontade do diálogo, o espírito crítico, a medida no julgamento, o escrúpulo filológico, o sentido da complexidade das coisas".[8] Esses vários temas confluem no elogio da tolerância, concebida não como ação paternalista de suportar o outro, nem tampouco como indiferença moral, e sim como "reconhecimento do direito igual a conviver que é reconhecido como doutrina oposta", e, portanto, como tomada de "consciência da irredutibilidade das opiniões e da necessidade de encontrar um *modus vivendi* entre elas. Entre tolerância e perseguição *tertium non datur*".[9]

Núcleo propulsivo dessa ideia de tolerância é a constante atenção para o indivíduo entendido como pessoa. Noutro lugar procurei esclarecer que as filosofias personalistas dos anos 1930 e 1940 de Polanyi e de Jaspers, de Maritain e de Mounier, de Rosselli e de Calogero, de Calamandrei e de Bobbio, ainda que diversamente fundamentadas, são todas interpretadas como um

---

7 Bobbio voltou numerosas vezes ao tema dos intelectuais também depois dos anos 1950. A coletânea mais completa dos escritos que sucederam *Política e cultura* se encontra em Bobbio, *Il dubbio e la scelta. Intellettuali e potere nella società contemporanea*. Na "Introdução", Bobbio confirma que continua a crer no intelectual já delineado em *Política e cultura*, aquele "cujo método de ação é o diálogo racional, no qual os dois interlocutores discutem apresentando, um ao outro, argumentos racionais, e cuja virtude é a tolerância" (p.17). Sobre a relação entre política e cultura no pensamento de Bobbio, ver, entre os escritos menos remotos: Garin, Politica e cultura. In: Bonanate; Bovero (Orgs.). *Per una teoria generale della politica*, p.119-134; Lanfranchi, *Un filosofo militante*; Gatti, Filosofia, libertà e ragione: percorsi di riflessione. *Bollettino di filosofia politica*, p.45-50; Zolo, "*Habeas mentem*". Oltre il privatismo e contro i vecchi padroni. *Rivista di Filosofia*, p.147-167; Von Collas, *Norberto Bobbio und das Erbe Benedetto Croces*.

8 Bobbio, Liberdade e poder (14º ensaio deste livro), p.375.

9 Id., Tolleranza e verità (1987). In: *Il dubbio e la scelta*, p.211.

projeto coerente para tornar ineficaz o dispositivo amigo-inimigo deslanchado pelas ideologias totalitárias e, portanto, como um momento de reconstrução teórica da autonomia, do respeito e da responsabilidade de todo indivíduo.[10] No pensamento desses autores, a pessoa é o indivíduo concebido como *valor*, um ente irredutível que pode realizar-se apenas numa sociedade comprometida a defender a liberdade de todos. No entanto, enquanto na Itália dos anos 1940 uma parte significativa do mundo católico concebe a família, as comunidades profissionais e a Igreja como expressões hierarquicamente ascendentes "do corpo místico, que estabelece entre os crentes um princípio orgânico de comunhão e de solidariedade sobrenatural",[11] o personalismo leigo de Bobbio segue outros caminhos. Bobbio acentua em 1994

> Mantendo firme o ponto de que pessoa significa indivíduo elevado a valor, o caminho a seguir é encontrar o valor do indivíduo na historicidade da sua existência, que é existência com os outros, alcançar, portanto, um fundamento não mais metafísico-teológico, mas histórico-social da pessoa.[12]

O indivíduo, assim entendido, é reconhecido e tutelado seja no seu valor universalista (gozo igual por parte de todos dos direitos civis e políticos), seja no valor diferencial (proteção diversificada de cada um de acordo com as características psicofísicas, a idade, a saúde ou as condições materiais). "Por personalismo" – especifica Bobbio em 1962 – "indico a tendência a considerar o homem como fim em si mesmo, o indivíduo singular, como centro de direitos frente à sociedade, desde as liberdades pessoais até as econômicas."[13]

---

10 Sbarberi, *L'utopia della libertà eguale*. Sobre a concepção personalista de Bobbio, ver também Greco, *Norberto Bobbio*, p.3-86.
11 La Pira, *Architettura dello stato democratico*, p.38.
12 Bobbio, *La filosofia del decadentismo*, p.119.
13 Id., *Il dubbio e la scelta*, p.65.

Introdução

Momento do encontro ideal entre as liberdades fundamentais do indivíduo – seja em acepção "positiva" ou "negativa" – e a ideia de igualdade como oportunidades iguais, o personalismo de Bobbio é uma projeção consciente do indivíduo no mundo externo e, ao mesmo tempo, a referência a um leque de direitos rigorosamente indisponíveis. Naturalmente, entre os direitos dignos da tutela máxima estão os valores em que cada pessoa crê: "Da observação da irredutibilidade das crenças últimas tirei a lição máxima da minha vida. Aprendi a respeitar as ideias alheias, a deter-me diante do segredo de cada consciência, a entender antes de discutir, a discutir antes de condenar".[14] Se não se tiver presente essa forma constante de atenção pelo estatuto inteiro da pessoa humana, escapam as razões do imperativo de Bobbio a levar a si mesmo e os outros a falar sem trair o pensamento de ninguém. Daqui nascem a atitude vigilante para a escuta e a pacatez das argumentações críticas de tantas páginas de *Política e cultura*.

Além dos temas teóricos, também a estrutura argumentativa contribui para fazer deste volume uma obra-chave de Norberto Bobbio. Na abordagem empírica e analítica, típica de toda a sua produção, há quem captasse, corretamente, o interesse pela "distinção"[15] e o gosto pela "comparação".[16] Exatamente sobre a arte da distinção e da comparação funda-se um constante *proceder por pares opositivos*, que reflete sempre de novo a tensão entre conceitos de natureza diferente ou o conflito entre pontos de vista alternativos. Essa opção metodológica é apresentada pelo próprio Bobbio do seguinte modo:

O tratamento por antíteses oferece a vantagem, no seu uso descritivo, de permitir que um dos dois termos lance luz sobre o outro,

---

14 Id., *Prefácio* de 1963 à primeira edição de *Italia civile*, p.11 et seq.
15 Guastini, Bobbio, o della distinzione. In: *Distinguendo. Studi di teoria e metateoria del diritto*, p.41.
16 Bovero, Introduzione. In: Bobbio, *Teoria generale della politica*, p.xxiv.

tanto que muitas vezes um (o termo fraco) é definido com a negação do outro (o termo forte), por exemplo, o privado como aquilo que não é público; no seu uso axiológico, que ponha em evidência o juízo de valor positivo ou negativo, que, segundo os autores, pode cair sobre um ou outro dos dois termos, como aconteceu sempre na velha disputa se é preferível a democracia ou a autocracia; no seu uso histórico, que delineie exatamente uma filosofia da história, por exemplo, a passagem de uma época de primado do direito privado para uma época de primado do direito público.[17]

A argumentação por antítese desemboca numa leitura dos clássicos da política através das "grandes dicotomias" que evidenciam melhor a trama conceitual e os valores de referência de cada autor: democracia/ditadura; liberalismo/comunismo; público/privado; Estado/sociedade civil; direito natural/direito positivo; paz/guerra; individualismo/organicismo; reformas/revolução; direita/esquerda.

A abordagem por pares opositivos aparece pela primeira vez em *Política e cultura*. Pense-se na antítese sugerida já desde o título do livro, nas distinções fortes referidas em muitos ensaios do volume ("Política cultural e política da cultura"; "Paz e propaganda de paz"; "Liberdade da arte e política cultural"; "Espírito crítico e impotência política"; "Democracia e ditadura"; "A liberdade dos modernos comparada com a da posteridade"; "Cultura velha e política nova"), na frequente referência às oposições da linguagem política do século XX, seja quando aparecem fundamentadas (como aquela entre Estado total e Estado de direito), seja quando se tornam instrumentais (como a oposição entre Ocidente civilizado e Oriente bárbaro, especular à outra entre mundo soviético progressista e sociedade burguesa decadente). Em todos esses casos, compreender significa sempre "esclarecer

---

17 Bobbio, Premessa. In: *Stato, governo, società*, p.vii et seq.

Introdução

exatamente os termos nos quais são propostas as antíteses",[18] de modo a saber distinguir os bons acordos – como o compromisso fundador da Constituição – das transações inaceitáveis. Bobbio advertiu muitas vezes que os seus estudos não exprimem uma teoria cabal da política. Pelo contrário, "são fragmentos de vários desenhos que não podem ser superpostos um ao outro, e cada um é incompleto".[19] A indicação é levada em devida conta. Contudo, *incluir* e *organizar* os grandes temas da reflexão política dentro de um universo compósito, mas cientificamente organizado, parece responder, além de a uma exigência metodológica, a um impulso existencial, que nunca faltou, em direção a uma ordem compartilhada.

2.

Centro unificador de *Política e cultura* – composto de ensaios publicados separadamente entre 1951 e 1955 – é o confronto público entre um liberal de proveniência *azionista** e alguns dos mais autorizados comunistas italianos (em ordem de tempo: Ranuccio Bianchi Bandinelli, Galvano Della Volpe, Palmiro Togliatti) sobre a relação entre intelectuais e política e sobre o modo de tutelar os direitos fundamentais de liberdade nos regimes políticos pós-revolucionários. Numa palavra, sobre alguns

---

18 Id., Convite ao colóquio (1º ensaio deste livro), p.69.

19 Id., Prefazione. In: *Bibliografia degli scritti di Norberto Bobbio (1934-1993)*, p.xxv. Também na "Congedo" [Despedida], escrita para o congresso realizado em Turim em outubro de 1984, por ocasião do seu 75º aniversário, Bobbio lembra que tinha "permanecido firme ao fragmento com respeito às partes, ao esboço com respeito ao todo" (In: Bonanate; Bovero [Orgs.], *Per una teoria generale della politica*, p.249).

* Referência a apoiadores do Partido da Ação (*Partito d'Azione*), agremiação fundada em 1942 por integrantes da Resistência italiana ao fascismo que tinha em Carlo Rosselli (socialismo liberal) e Piero Gobetti (revolução liberal) suas principais influências. (N. E.)

Política e cultura

temas cruciais revisitados à luz da grande dicotomia ideológica na segunda metade do século XX: liberalismo/comunismo.

Solidamente construído ao redor dessa trama, o livro descreve os intelectuais modernos, ou seja, aqueles que desempenham uma função ativa no campo da teoria política (os ideólogos) ou dos conhecimentos técnicos úteis para reformar a sociedade (os *expertos*). Propõe uma tipologia na qual sobressaem a *élite* vidente, cara a Ortega y Gasset, que guia as massas passivas das democracias modernas; o homem de cultura neutro, tornado célebre por Erasmo, que não se situa nem cá nem lá e deixa antes a história agir do que contribui para fazê-la; o intelectual puro de Julien Benda, custódio da verdade e da civilização;[20] o educador *à la* Karl Mannheim, que elabora sínteses teóricas entre ideologias em conflito; o intelectual orgânico de Antonio Gramsci, especialista e político ao mesmo tempo, que através do partido dá homogeneidade e consciência revolucionária à classe operária. Indica uma figura ideal para os tempos de crise, o "intelectual mediador", cujo método é o diálogo racional e cuja virtude fundamental é a tolerância. Antecipa, enfim, em alguns anos os termos da discussão internacional sobre o conceito de liberdade,[21] distinguindo três tipos possíveis: *a)* a liberdade como ausência de interferência sobre a atividade dos indivíduos e como limitação dos poderes do Estado (concepção própria do liberalismo clássico); *b)* a liberdade como autonomia (a capacidade democrática de autodeterminação política); *c)* a liberdade

---

20 Julien Benda sempre foi apreciado por Bobbio, sobretudo pela referência constante aos valores fundadores da cultura e à autonomia do intelectual com relação à política. Sobre o autor da *Trahision des clercs*, ver o afetuoso perfil traçado em 1956: Bobbio, Julien Benda. In: *Il dubbio e la scelta*, p.37-52.

21 Sobre o Bobbio precursor, no ensaio "La libertà dei moderni comparata a quella dei posteri", da discussão analítica da segunda metade do século XX em torno do conceito de liberdade, ver as anotações críticas de Mura, *Categorie della politica*, 1997, p.403-412, com as ulteriores especificações apresentadas na segunda edição do volume (2004, p.413-420); e de Barberis, La libertà e il liberalismo. *Critica liberale*.

como "poder de fazer" (a possibilidade efetiva de usufruir dos bens fundamentais da vida, cara à tradição socialista). Lógica e axiologicamente diferenciadas, no entanto todas igualmente recebidas da Declaração Universal dos Direitos do Homem, as três liberdades podem e devem coexistir, pois representam modos diversos, porém convergentes, para tutelar o desenvolvimento da personalidade humana.

Não é casual que esses temas teóricos amadurecessem depois do início da Guerra Fria, no curso do debate mantido com os comunistas italianos. No período da libertação e no pós--guerra imediato, os destinatários privilegiados da reflexão política de Bobbio foram todos os cidadãos "ativos", protagonistas potenciais de um processo de democratização que deveria ter marcado por si os lugares de trabalho e as escolas, as instituições centrais do Estado e as periféricas. A construção da nova Itália fora confiada não aos funcionários do partido, mas ao conjunto da sociedade civil, que esperava a tarefa de introduzir "rostos novos e energias novas na cena da história". No entanto, o organismo que poderia ter traduzido operativamente esse projeto de democracia participativa, ou seja, o Partido da Ação, demonstrara uma incapacidade substancial de afirmar-se como partido--movimento. Forte no plano político e militar no período da luta armada, foi clamorosamente derrotado nas eleições administrativas de 1946 e se dissolveu em 1947. O Partido da Ação – um movimento "presbíope" projetado com lucidez para o futuro, mas pouco capaz de incidir na política do presente – tinha intuído que era preciso opor um processo de reagrupamento e de democratização a partir de baixo contra a nacionalização das massas realizada pelo fascismo, que pusesse fim, ao mesmo tempo, à integração corporativa do mundo do trabalho, ao centralismo burocrático do Estado e à política verticalista dos partidos. Mas não conseguira associar em torno de uma hipótese de democracia participativa a maioria do movimento operário, que por um lado nunca rompera radicalmente com o princípio da continuidade do Estado e, por outro lado, privilegiara uma política de unidade desde o alto com todas as forças moderadas. Pouco a pouco, recordará Bobbio,

> estávamos, quase todos, como homens de cultura que se dedicam aos problemas políticos, desempregados. Agora que tínhamos aprendido a nadar, o mar secara. Agora que estávamos muito bem preparados na teoria do compromisso político, não havia ou não víamos grupo, seita, partido pelo qual valesse a pena comprometer-se.[22]

Silenciosa, mas metodicamente, as velhas classes dominantes e os antigos funcionários estatais tinham começado havia tempo a restaurar o seu poder, enquanto as luzes da ribalta estavam de novo inteiramente apontadas para os políticos profissionais e para os partidos que tinham precedido o advento do fascismo. Essa mudança de cena não podia ser evitada. As páginas de *Política e cultura* se referem em primeiro lugar aos intelectuais comunistas e aos seus dirigentes políticos, que se tinham enraizado fortemente no nível de massa e representavam agora, junto com os socialistas, "a única oposição política seriamente organizada". Contudo, as razões de conjunto de um confronto com o movimento comunista não são sugeridas apenas por motivos de oportunidade política. Nascem também de uma convicção profunda, comum a todo o socialismo liberal italiano, e expresso com intensidade numa passagem final de *Política e cultura*:

> Eu estou convencido de que se não tivéssemos aprendido do marxismo a ver a história do ponto de vista dos oprimidos, ganhando uma nova imensa perspectiva do mundo humano, não nos teríamos salvo. Ou teríamos buscado refúgio na ilha da interioridade ou nos teríamos colocado a serviço dos velhos senhores.[23]

---

22 Bobbio, Cultura velha e política nova (12º ensaio deste livro), p.281.
23 Id., Liberdade e poder (14º ensaio deste livro), p.375.

Introdução

Essa convicção, integrada por cautelas de natureza institucional, será confirmada também na sua recente *Autobiografia*:

> Não tendo nunca sido comunista, nem tido nunca pensado em se tornar comunista, eu percebia, contudo, que o comunismo era o agente de grandes transformações, de uma verdadeira revolução no sentido clássico da palavra. Ao mesmo tempo chegara a compreender que nós *azionistas* devíamos diferenciar-nos das posições dos comunistas, mesmo levando em conta batalhas combatidas conjuntamente, para que não esquecêssemos quais devessem ser os pressupostos gerais do Estado moderno.[24]

O quadro de conjunto dos anos 1950 é, portanto, claro. Quem não se reconhecia nas organizações tradicionais da esquerda e tomara conhecimento do fracasso prático das novas organizações, tinha diante de si uma alternativa precisa: ou situar-se acima das partes, como alguns grandes intelectuais entre as duas guerras, ou tentar o caminho inédito da "política da cultura". Cultura tem a função de genitivo subjetivo e faz alusão à ação coerente conduzida pelo intelectual enquanto tal para remover os obstáculos que impedem a existência e o desenvolvimento do saber, independentemente da ideologia e do partido ao qual o intelectual pertença. Ao optar pela política da cultura, Bobbio se coloca conscientemente "cá e lá", numa zona ideal de mediação entre os sujeitos que estão em conflito. O intelectual mediador não pretende subtrair-se à escolha, nem fundar um enésimo partido da "terceira força", mas pretende usar só a força de que dispõe, a inteligência. Assim, antes de entrar no terreno da luta segundo as modalidades desejadas pelos políticos, ele deve ter consciência dos diversos estatutos teóricos das alternativas em jogo e tentar também, na perspectiva no nível projetual democrático, as possíveis compatibilidades entre

---

24 Id., *Autobiografia*, p.104.

aspirações e direitos de diferente proveniência social e política. Compreender, portanto, para agir pensadamente e não se limitar a uma práxis aprioristicamente orientada pelos partidos. Ao mesmo tempo que "a democracia está baseada no princípio do diálogo, do consenso e do progresso social, assim uma cultura adequada a uma sociedade democrática deveria ser não dogmática, mas crítica, não fechada, mas aberta, não especulativa, mas positiva".[25]

A figura do intelectual *crítico* do poder parece estar para a figura do intelectual *mediador*, assim como o todo está para a parte. A primeira faz da defesa da liberdade e da verdade, e da desconfiança de princípio nos confrontos do poder, a direção constante. A segunda se adapta às situações de crise, quando as regras do jogo são esmagadas ou vilipendiadas e o recurso ao diálogo e à ponderação parece mais útil do que nunca. Essa dupla representação do homem de cultura, que analisa com perseverança os termos das antíteses globais e não abdica de suas responsabilidades frente aos problemas da cidade mesmo quando variam as contingências históricas e as prioridades a cumprir, é esclarecida pelo mesmo Bobbio em seu último ensaio dedicado aos intelectuais:

> A mudança dos tempos pode influir na natureza do compromisso e ter como efeito [...] faltar o intelectual "mediador" e favorecer a vinda do intelectual que critica o poder, de qualquer parte que provenha, ou escolhe uma parte contra a outra. Não cala a exigência de comprometer-se. Os temas mudaram, mas se propõem, agora como então, na forma de grandes alternativas [...] O fato de que então a grande alternativa era entre capitalismo e comunismo, entre Estados Unidos e União Soviética, e hoje entre Oriente e Ocidente, entre secularização e reconquista religiosa, entre globalização e localismo, ou quantas outras alternativas continuem a se

---

25 Cf. id., Cultura velha e política nova (12º ensaio deste livro), p.290.

Introdução

apresentar ao filósofo de hoje, ao cientista social, ao historiador, não muda em nada o fato que continuam a surgir perguntas que pedem respostas ao filósofo, ao cientista social, ao historiador.[26]

3.

A política cultural comunista entre os anos 1940 e 1950 sempre oscilara entre sinais de abertura e apelos à ordem, "entre complacência 'burguesa' e severos chamados à ortodoxia".[27] Tendo voltado à Itália, Togliatti manifestara imediatamente a intenção de publicar as cartas e os cadernos de Gramsci para encaminhar a obra de renovação do marxismo italiano, e encorajara o vivo debate cultural da primeira série de *Società*, uma revista florentina dirigida por alguns intelectuais de formação neoidealística, como Ranuccio Bianchi Bandinelli, Cesare Luporini e Romano Bilenchi. Ao mesmo tempo, porém, preocupara-se em traduzir as *Questioni del leninismo*, de Stálin, e bloqueara no nascimento a formação de qualquer dissidência política e intelectual, renegando em 1947 a "inquietação genérica" do *Politécnico* e pronunciando, quatro anos depois, a acusação geral contra Vittorini. O século XX continuava a ser, como no seu princípio, o século das ideologias totais, a cujas férreas exigências eram sacrificados os militantes individuais.

Como foi lembrado, o "Convite ao colóquio", de 1951, com o qual inicia *Política e cultura*, dirige-se de forma prioritária exatamente aos intelectuais comunistas, aos quais Bobbio pede que

---

26 Id., L'impegno dell'intellettuale ieri e oggi. *Rivista di Filosofia*.

27 Ajello, *Intellettuali e Pci 1944-1958*, p.113. Sobre a relação entre intelectuais e comunismo italiano nos anos do segundo pós-guerra, ver também: Asor Rosa, La cultura. In: *Storia d'Italia*, IV/2, p.1596-1620; Vittoria, *Togliatti e gli intellettuali*; id., Il Pci, le riviste e l'amicizia. La corrispondenza fra Gastone Manacorda e Delio Cantimori. *Studi storici*; Agosti, *Palmiro Togliatti*, p.329-333.

vivam as tomadas de posição sem se arvorarem a guardas do absoluto e sem denegrir as posições dos outros. Não obstante o seu total desacordo com a figura gramsciana do partido como intelectual coletivo – que deveria tomar o lugar, nas consciências individuais, da divindade cristã ou do imperativo categórico de Kant[28] – Bobbio, sabiamente usando Gramsci contra Gramsci, não hesitou em fazer sua, e propô-la de novo como possível terreno de encontro entre homens de cultura de diferente orientação ideológica, aquela busca da verdade e aquela medida no julgar sugeridas no *Caderno* 3:

> Compreender e avaliar de modo realista a posição e as razões do adversário (e às vezes o adversário é todo o pensamento passado) significa exatamente ser libertado da prisão das ideologias (no sentido pior, de cego fanatismo ideológico), ou seja, pôr-se de um ponto de vista "crítico", o único fecundo na pesquisa científica.[29]

Ao problema crucial levantado por Gramsci se referem algumas cartas dos anos 1950 (em parte publicadas recentemente, em parte inéditas) trocadas entre Bobbio e Ranuccio Bianchi Bandinelli, antes que os intelectuais comunistas interviessem para discutir a tese de *Política e cultura*. Entretanto, para medir a complexidade dos problemas em discussão, é bom remontar a duas notas de Bianchi Bandinelli de 1942, período em que o estudioso senense se aproximava rapidamente do comunismo.[30] A primeira anotação é do mês de julho. Mesmo declarando-se antiburguês e anticapitalista, Bianchi Bandinelli especifica ime-

---

28 Gramsci, Quaderno 13. In: *Quaderni del carcere*, p.1571.
29 Id., *Il materialismo storico e la filosofia di Benedetto Croce*, p.21 (a citação é tirada da edição dos escritos de Gramsci utilizada por Bobbio).
30 As passagens mais significativas da prática ideológico-política de Ranuccio Bianchi Bandinelli estão documentadas com grande precisão no volume de Barranera, *Ranuccio Bianchi Bandinelli*.

Introdução

diatamente que os intelectuais provenientes, como ele, do liberalismo deveriam tanto não transplantar ou imitar o modelo soviético quanto propor em forma nova o marxismo "para europeizá-lo".[31] A segunda nota, do mês de setembro, enfrenta os aspectos problemáticos da relação entre intelectuais e classe política, com aquelas convicções morais que encontraremos, significativamente, também nos primeiros ensaios de *Política e cultura*:

> Os homens que trabalham num partido acabam fatalmente por considerar as coisas não no seu valor universal ou nacional, mas apenas no interesse do partido. Nisso agem muitas vezes inconscientemente o egoísmo e a paixão pessoal, pois o indivíduo, sendo útil ao partido, depois é sustentado pelo partido, e só assim chega a alcançar cargos e horas. Não tendo ambições políticas, estou pronto a colaborar lealmente com aquele partido que mais se aproxima no seu programa, nas suas atividades e nos seus dirigentes àquelas que são as minhas convicções. Mas nunca mais vou querer ligar-me a uma disciplina de partido tal que me impedisse a visão daquilo que em si mesmo é justo e vantajoso. Desse modo, sei que renunciarei *a priori* a qualquer carreira política. Mas a ela, prefiro a minha liberdade interior e a satisfação interior de não me afastar do que considero justo [...] O estudioso é e deve permanecer um técnico, com convicções políticas pessoais que lhe permitam tomar posição, sempre, e também agir, deixando de lado os livros, nos momentos de emergência. Para voltar depois, tendo se acalmado as águas, ao trabalho que *solum* é seu.[32]

Ao se ter presentes essas reflexões, torna-se paradoxal que, numa carta de dezembro de 1951, Bobbio deva lembrar exatamente a Bianchi Bandinelli – depois de uma polêmica desencadeada entre

---

31 Bianchi Bandinelli, *Dal Diario di un borghese*, p.80.
32 Ibid.

este último e Carlo Antoni[33] – que o homem de cultura nunca deve abdicar às suas responsabilidades morais, sacrificando as razões da imparcialidade e da liberdade às da conveniência política:[34]

vós intelectuais comunistas pretendeis equanimidade dos outros. Mas vós sois equânimes? Pedis aos outros que não sejam facciosos e vos indignais quando são. Mas vós estais seguros de não serdes facciosos? [...] Por que não protestais contra as violações de liberdade cometidas por aqueles do vosso partido? [...] Talvez não credes na liberdade; e então, por que a pretendeis dos outros? Vós acreditais: então por que vós mesmos não a respeitais? [...] Trata-se de fato de saber se para vós vale ou não vale o princípio moral de não pretender que os outros façam a vós aquilo que vós estais dispostos a fazer aos outros.[35]

A resposta de Bianchi Bandinelli, desagrada dizê-lo, é muito evasiva. Por um lado, ele evita responder às prementes perguntas de Bobbio, por outro, levanta impropriamente uma questão de coerência, como se se pudesse ao mesmo tempo justificar tanto a tendenciosidade "revolucionária" das tomadas de posição comunistas como o chamado aos expoentes liberais a respeitar o princípio da tolerância:

---

33 Para a reconstrução da polêmica entre Ranuccio Bianchi Bandinelli e Carlo Antoni, ver Barranera, *Ranuccio Bianchi Bandinelli*, p.280 et seq.

34 Aqui Bobbio condena asperamente tanto o silêncio dos comunistas italianos sobre a proclamação do "princípio de intolerância" por parte da Academia das Ciências da URSS (n.12 da *Rassegna sovietica*) como as acusações e os insultos a Dewey contidos num artigo de Valentino Gerratana que apareceu em sua *Società*.

35 A carta de N. Bobbio a R. Bianchi Bandinelli, de 21 dez. 1951, está contida no volume de Barranera, *Ranuccio Bianchi Bandinelli*, p.281 et seq.; mas sobre o debate entre Bianchi Bandinelli e Bobbio, ver ibid., p.279-291.

Introdução

Quanto a ser ou não ser imparciais, gostaria de citar o antigo ditado *"si duo idem faciunt, non est idem"*:* nós comunistas afirmamos uma ideia nossa, pela qual aceitamos lutar para chegar à sua realização; vós liberais sois aqueles que tendes sempre sustentado que a cultura significa compreender e não julgar. Por isso nós somos coerentes quando afirmamos os nossos princípios em contraste com os outros e quando vos lembramos dos princípios que sempre tendes sustentado e que vos deveriam distinguir dos outros.[36]

É preciso especificar que no "Convite ao colóquio" Bobbio não sustenta absolutamente que a tarefa da cultura fosse compreender e não julgar, mas que ela pode e deve julgar apenas depois de ter analisado com "medida" e "ponderação" as posições dos outros. A autonomia da cultura, em outros termos, não tem nada a ver com a suspensão do julgamento ou com o agnosticismo.

A discussão entre Bobbio e Bianchi Bandinelli, iniciada de forma privada no final de 1951, prossegue entre 1952 e 1954 tanto por via epistolar como de forma pública. No início os dois interlocutores insistem principalmente sobre as suas divergências. Assim, numa carta de janeiro de 1952 Bobbio se diz totalmente insatisfeito com o julgamento sobre a cultura liberal expresso por Bianchi Bandinelli e preanuncia a iminente publicação na *Rivista di Filosofia* do ensaio "Política cultural e *política da cultura*":

Digo-te antecipando que a ideia que fazes do homem de cultura não comunista é pelo menos unilateral. Em toda grande época histórica os homens de cultura se comprometeram com a luta política. É inútil citar os exemplos costumeiros. Deixar crer que o compromisso político dos homens de cultura foi inventado pelos

---

* Expressão latina: "Se dois fazem a mesma coisa, não é a mesma coisa". (N. T.)
36 Carta de R. Bianchi Bandinelli a N. Bobbio, de 25 dez. 1951. In: ibid., p.282 et seq.

comunistas me parece um assunto polêmico, mas não uma afirmação fundamentada.[37]

Bianchi Bandinelli, por sua vez, rejeita a acusação:

> Quanto a ter a pretensão, nós c[omunistas], de ter descoberto que o homem de cultura deva sentir os compromissos políticos, isso não me parece exato: parece-me que nós afirmamos essa necessidade e tendemos a demonstrar que ela foi sentida como exigência em todos os tempos que tiveram uma vigorosa vida cultural [...] contra a posição agnóstica que foi e é todo dia repetida em nome de um liberalismo sempre mais espúrio.[38]

Com o prosseguimento do diálogo, contudo, tanto Bobbio quanto Bianchi Bandinelli tendem a sublinhar, junto com os desentendimentos irredutíveis, também as aquisições compartilhadas. Divergências e consensos dizem respeito: *a)* ao modo de conceber a relação entre política e cultura; *b)* ao juízo sobre o liberalismo como conjunto de valores e como forma de governo; *c)* à atitude crítica frente à sua área político-cultural tanto no âmbito italiano como no internacional. Exemplifiquemos rapidamente partindo do primeiro ponto. Para Bobbio, o caráter político da cultura não se confunde "com uma filosofia a serviço de um partido que tem as suas diretrizes ou de uma Igreja que tem os seus dogmas, ou de um Estado que tem a sua política".[39] Os intelectuais podem certamente desempenhar atividade política militando num partido, mas é a cultura enquanto tal que cumpre "exigências, obrigações, poderes de natureza política",[40] seja porque desempenha uma função de crítica e de criação de valores,

---

37 Carta de N. Bobbio a R. Bianchi Bandinelli, de 13 jan. 1952. In: Arquivo Norberto Bobbio, Correspondência Bobbio-Bianchi Bandinelli.

38 Carta de R. Bianchi a N. Bobbio, de 22 jan. 1952. In: ibid.

39 Bobbio, Convite ao colóquio (1º ensaio deste livro), p.64-65.

40 Id., Política cultural e política da cultura (2º ensaio deste livro), p.87.

Introdução

seja porque tende, e deve conscientemente tender, a defender a sua existência e o seu livre desenvolvimento.

Essa visão parece ligada, mais do que à teoria croceana da "distinção" das atividades humanas, à liberdade moral kantiana, que diz respeito apenas aos vínculos assumidos por convicção e não por imposição externa. Ela é incompatível não só com a "cultura politizada" dos políticos de profissão, pois se espera dos intelectuais um apoio analítico para legitimar o seu poder, mas também com a cultura apolítica dos teóricos do desempenho, que veem no intelectual apenas um especialista refinado das palavras. O itinerário percorrido por Bobbio é o traçado pela Sociedade Europeia de Cultura e pelo seu presidente Umberto Campagnolo, entre os primeiros a intuir que a formação de uma consciência europeia comum não deveria ser delegada à Europa da política, porque aprofundava suas raízes na *koiné* cultural na qual se tinham inspirado Voltaire e Goethe, Pushkin e Stendhal, Tolstoi e Kafka.[41]

Bianchi Bandinelli não tem nada a opor à ideia que a atividade intelectual possa ser livremente exercida, porque a tarefa dos homens de cultura, em toda época histórica, é transmitir às gerações mais jovens "a técnica da pesquisa científica [...] e da cultura material, que os homens da civilização nova adaptam e plasmam às novas necessidades e aos novos conteúdos".[42] No entanto, visto que toda política da cultura reflete as indicações de um grupo de poder com o qual os intelectuais interagem, ele contesta o apartidarismo da cultura e a utilidade social do trabalho de uma "elite restrita" sem sólidas raízes nas classes

---

41 Uma análise de conjunto do pensamento político de Umberto Campagnolo, fundador em 1950 da Sociedade Europeia de Cultura e inspirador primeiro da fórmula da "política da cultura", está contida em Cedroni; Polito (Orgs.), *Saggi su Umberto Campagnolo*.

42 Bianchi Bandinelli, A proposito di intellettuali e vita politica in Italia. *Il Contemporaneo*.

Política e cultura

populares.[43] Um dado parece incontestável a Bianchi Bandinelli. Se à direita e à esquerda a cultura é dirigida pela política, isso não se deve a deformações e incompreensões ideológicas, mas à "eterna oposição entre reação e progresso" que sempre dominou o curso histórico e orientou também no passado as escolhas diferenciadas dos intelectuais. Uma organização que se refira ao marxismo, antes ainda que ao comunismo, "não pode certamente viver e desenvolver-se concretamente na vida econômica e política, e deixar intacta a cultura, deixar que a cultura continue a ser informada por princípios não apenas não marxistas, mas antimarxistas".[44]

É o próprio Bobbio que, numa carta a Bianchi Bandinelli, de janeiro de 1953, resume com precisão o ponto de vista deste último, que é coerente – é bom não esquecer isto – com a concepção marxista da relação entre teoria e prática:

> Parece-me que as razões de desentendimento são fundamentalmente duas: 1) pensas que um intelectual que não participa neste momento de nenhum partido em luta não tem nenhuma eficácia e, portanto, há na tua crítica um convite a decidir-se; 2) pensas que o partidarismo da cultura não impede que alguns intelectuais decidam que não devem se escandalizar porque toda cultura está também, sem o saber, ideologicamente ligada e porque

43 Id., Confluenze e dissolvenze. *Società*.

44 Id., Dialogo sulla libertà. *Società*. Também a crítica de esquerda, que não se reconhece no PCI, depois da publicação de *Política e cultura*, observará que "um partido político (e muito mais se se refere à tradição marxista) é obrigado a comprometer-se com a sua política cultural, ou, noutros termos, a agir como uma força entre as forças no vasto campo da organização da cultura" (Solmi, I piatti dela bilancia. *Notiziario Einaudi*). E ainda: "Uma coisa é o partidarismo entendido como participação imediata e passional num partido, que deforma a verdade; outra coisa é o partidarismo entendido como ligação íntima entre a atividade cultural e as exigências políticas de um partido [...] que é consciente do caráter histórico de toda ideologia e de todo valor humano" (Agazzi, Politica e cultura. *Mondo Operaio*).

Introdução

partidarismo não quer dizer "diretivas" do alto e puramente cerebrinas. Tenho dúvidas sobre um e o outro ponto. Mas não quero responder a isto (nem acho que o exiges) rapidamente. Não se trata de iniciar uma polêmica, mas de continuar uma discussão útil. No entanto, uma discussão é útil à medida que esclarece certos problemas. Parece-me, por exemplo, que na tua resposta estão especificados esses dois problemas. Por ora ficarei por aqui, não para deixar cair a tua sugestão, mas para acolhê-la e desenvolvê-la com uma análise possivelmente ampla e tranquila, e voltando imediatamente a isso.[45]

Chegamos agora ao segundo e ao terceiro ponto, ou seja, às reflexões de Bobbio e de Bianchi Bandinelli sobre o liberalismo como sistema de valores e forma de governo capaz de tutelar a liberdade individual, e sobre a atitude crítica dos intelectuais em relação à sua área político-cultural. Como se viu no primeiro parágrafo, a defesa da independência individual realizada pelo liberalismo tem para Bobbio uma validade de longo prazo, porque o poder político central tende por sua natureza a se estender, e não certamente na direção da tutela das liberdades civis e políticas. Desde o imediato pós-guerra ele avisava que a concepção do Estado-divindade (que faz a moral pública coincidir com a moral privada) e a concepção do Estado-máquina (que separa a política da moral), opostas nos desenvolvimentos doutrinais, mas equivalentes no propósito de absolutizar o poder político em detrimento da liberdade individual, se encontram nas principais teorias que acompanham a formação do Estado moderno, dos manuais quinhentistas do perfeito "guiador" do Estado, que predispõe friamente regras para fabricar súditos fiéis, até à dupla representação hobbesiana do soberano como excelsa potência

---

45 Carta de N. Bobbio a R. Bianchi Bandinelli, de 18 jan. 1953. In: Arquivo Norberto Bobbio, Correspondência Bobbio-Bianchi Bandinelli.

bíblica e como grande mecânico.[46] Depois, no século XIX, a transfiguração divina do Estado alcança a consciência crítica máxima no sistema hegeliano, enquanto a teoria marxiana do poder político como instrumento da classe dominante é uma retomada radical da ideia do Estado-máquina. Enfim, as duas encarnações do século XX do Estado-divindade e do Estado-máquina reaparecem com precisão nos teóricos do fascismo e nos do nacional-socialismo e do comunismo. Assim, enquanto o regime fascista, utilizando Gentile, divinizara o Estado (dando veste nobre ao dito de Mussolini "tudo no Estado, nada fora do Estado"), os teóricos do nazismo e do marxismo-leninismo o tinham despersonalizado e degradado relegando-o a um aparato de forças e de serviços nas mãos, respectivamente, do Führer e de Stálin.

Para Bobbio, portanto, a desconfiança do pensamento liberal em relação ao poder despótico é totalmente legítima e mantém uma validade permanente. De fato, ao tomar inconfundivelmente distância das ideias de liberdade avançadas pelo cristianismo por Croce e por Hegel, ele especifica:

> Quando falo de liberdade, não falo da liberdade metafísica nem da liberdade como ideal moral da humanidade, nem da liberdade como essência do espírito do mundo. Falo, como estudioso do direito, de certas instituições jurídicas que caracterizam o Estado liberal e fora das quais não há lugar senão para Estados absolutos e totalitários.[47]

Trata-se, noutros termos, da liberdade como ausência de interferência na atividade dos indivíduos que, embora necessitando de integração e de enriquecimento na direção dos direitos políticos e sociais, é considerada uma conquista do corpo civil

---

46 Reconstruí esse aspecto da reflexão de Bobbio no volume *L'utopia dela libertà eguale*, p.188-191.

47 Bobbio, Espírito crítico e impotência política (9º ensaio deste livro), p.213.

Introdução

inteiro e não de uma única parte. Se a burguesia contemporânea está disposta a renegá-la para defender os seus interesses de classe, o problema que surge "não é o de deixar cair junto com os liberais a sua liberdade, mas deixar cair os liberais". De fato, enquanto os Estados totalitários oprimem os indivíduos e sufocam toda dissensão política, as instituições do Estado de direito são uma defesa insubstituível da liberdade de todos. "Contra o mau uso da liberdade podes reagir usando bem aquela liberdade que os outros usam mal. E aqui está a diferença entre a política cultural de um regime totalitário e a política cultural de um regime liberal-democrático."[48]

Partindo dessas premissas, as críticas que Bobbio faz aos intelectuais comunistas são muito precisas: *a*) não esclarecem se a liberdade individual e as técnicas jurídicas elaboradas pelo liberalismo serão pelo menos salvaguardadas numa sociedade que se encaminhou para o socialismo; *b*) não criticam as medidas liberticidas adotadas na União Soviética durante a era stalinista; *c*) nunca contestam as decisões políticas dos dirigentes do partido e, portanto, não exercem a "igual liberdade" de crítica manifestada para com os atos repressivos dos adversários de governo.[49]

Numa importante carta de maio de 1954, Bianchi Bandinelli tenta responder à primeira objeção, mas ignora na substância as outras duas:

> Estamos mais de acordo do que acreditas: e estou totalmente pronto a subscrever a tua autocitação de *Società* 1952 fasc. 2 p.68.[50]

---

48 Id., Defesa da liberdade (3º ensaio deste livro), p.113.

49 Id., Espírito crítico e impotência política (9º ensaio deste livro), p.213.

50 Data, fascículo e página estão exatos, mas se referem não à *Società* e sim à *Rivista di Filosofia*; o ensaio de Bobbio citado é "Politica culturale e politica della cultura". A citação de Bobbio à qual se faz referência é a seguinte: "[O homem de cultura] tem também o seu modo de decidir, para que se entenda bem que ele não pode decidir-se senão pelos direitos da dúvida contra as pretensões do dogmatismo, pelos deveres da crítica contra as seduções da

Quanto à outra tua citação, de *Nuovi Argomenti*, n.6,[51] me parece que se trata mais de *princípios* sobre os quais estou de acordo do que de "técnica" (que considero inerente à práxis). E se estou de acordo com o princípio da convivência democrática, adaptável, como dizes, também a outras ideologias que não sejam a liberal, não concordarei em querer transmitir a técnica da liberdade elaborada pelas instituições liberais, se isso significasse transmitir a práxis da convivência como foi instituída no passado e como é aplicada no presente por Estados governados por regimes que se autodefinem democrático-liberais. Certamente, porém, não quiseste dizer isso. Fica, portanto, a conclusão de que verdadeiramente democráticos somos apenas eu e você: ou seja, o liberal no pleno sentido da palavra e o comunista. Prova, uma vez mais, de que a *Civiltà cattolica* tem razão ao nos colocar no mesmo saco, onde se encontra o que ela aborrece e combate, os verdadeiros liberais e os marxistas. E que eu tinha razão, há vinte anos, de escrever no meu *Diário* que entre liberalismo e comunismo há passagem, ao passo que entre fascismo e comunismo não, contrariamente ao que diziam muitos liberaloides antifascistas ontem e anticomunistas hoje.[52]

---

paixão, pelo desenvolvimento da razão contra o império da fé cega, pela veracidade da ciência contra os enganos da propaganda" (Bobbio, Convite ao colóquio [1º ensaio deste livro], p.64).

51 A segunda citação de Bobbio, contida em "Espírito crítico e impotência política" e tirada do ensaio "Democracia e ditadura", está, de fato, em forma recapitulativa: "no qual expus a tese de que as instituições liberais não são outra coisa que uma técnica da convivência política, adaptável a diferentes ideologias; e podem sim ser aperfeiçoadas, mas é perigoso destruí-las, como se estivessem indissoluvelmente ligadas à ideologia que contribuiu principalmente para a sua elaboração" (id., 9º ensaio deste livro, p.213).

52 Carta de R. Bianchi Bandinelli a N. Bobbio, de 12 maio 1954. In: Arquivo Norberto Bobbio, seção Correspondência Bobbio-Bianchi Bandinelli. Na verdade, é uma nota de março de 1943 na qual Bianchi Bandinelli tinha dito crer "na eficácia e na bondade da ideia liberal, ou seja, num 'Estado de liberdade'", acrescentando, todavia, "que isso só poderá encontrar realização na Itália algumas gerações depois da ruptura da atual estrutura social" (Bianchi Bandinelli, *Dal Diario di un borghese*, p.88).

Introdução

Aparentemente, o delicado problema da defesa dos direitos individuais no regime soviético, que Della Volpe contornará escolasticamente, remetendo à "liberdade comunista" dos clássicos do marxismo, e que Togliatti evitará com expedientes historicistas, parecerá plenamente reconhecido por Bianchi Bandinelli. Mas a afirmação de que "entre liberalismo e comunismo há passagem" soa como uma escamotagem tática, porque não é acompanhada de nenhuma indicação das eventuais etapas institucionais intermédias. Assim, a impressão é que por trás da clara cesura entre o "princípio da convivência democrática" e a "técnica da liberdade" aperfeiçoada pelos Estados liberais esteja o esquema togliattiano da "democracia progressiva", condicionado, por um lado, por uma leitura fortemente ideologizada da história mais recente e, por outro, por uma ideia indeterminada (intencionalmente indeterminada) da direção na qual a democracia deveria "progredir". Por isso é oportuno que o leitor de *Política e cultura* conheça os traços essenciais deste projeto político.

4.

A hipótese da democracia progressiva – subentendida do ponto de vista comunista sobre as questões institucionais entre a primeira e a segunda metade do século XX – amadurece em Togliatti no contexto internacional traçado pelos acordos de Moscou e da conferência de Ialta, que entregaram a Itália à influência anglo-americana.[53] No seu significado mais geral, a nova fórmula é a aplicação italiana de uma estratégia inaugurada pelo Komintern com a política das frentes populares. Idênticas, de fato, são a teoria e as finalidades práticas: "as alianças

---

53 Descrevi analiticamente a concepção comunista da democracia progressiva no último capítulo do livro *I comunisti italiani e lo stato. 1929-1945*, p.204-253.

políticas e de classe realizadas na luta contra o fascismo devem ser mantidas no curso de uma luta de longo período na passagem ao socialismo".[54] No pensamento de Togliatti e dos seus colaboradores mais próximos, a democracia progressiva é uma hipótese de longo prazo fundada sobre os seguintes elementos: *a*) uma petição ideológica sobre o destino do capitalismo e sobre as formas de governabilidade política da sociedade burguesa; *b*) a indicação em geral de um programa de reformas econômicas e uma readmissão *sui generis* das formas da democracia representativa por parte de um movimento político que quer exprimir interesses "gerais" ("nacionais" e "populares", dirá Togliatti); *c*) um método de gestão do poder que implica, em nível central e periférico, a aliança permanente dos grandes partidos de massa, sinônimo da unidade de todo o "povo".

Caracterizado o desenvolvimento mais recente do imperialismo como momento de "desagregação" e "dissolução interna" da economia capitalista, a Internacional comunista, entre as duas guerras, deu por superado também o sistema de governo fundamentado na democracia representativa e nas liberdades políticas. Por mais que hoje possa parecer surpreendente, tinha sido o próprio Stálin, depois da chegada de Hitler ao poder, que sustentara que "a burguesia não está mais em condições de dominar com os velhos métodos do parlamentarismo e da democracia burguesa, que podem ser utilizados pela classe operária na sua luta contra os opressores".[55] Assim, ao contrário de Kautsky, que com previdência histórica sempre repetira que "o socialismo não é pensável sem a democracia", enquanto a "democracia pode existir muito bem sem o socialismo",[56] o comunismo stalinizado parece estar convencido de que a democracia acabará por matar o capitalismo. Na fase "suprema" do imperialismo, as liberda-

---

54 Manacorda (Org.), *Il socialismo nella storia d'Italia*, p.849.
55 Stálin, Rapporto al XVII Congresso del Partito. In: *Opere scelte*, p.826 et seq.
56 Kautsky, *La dittatura del proletariado*, p.15 et seq.

Introdução

des democráticas são consideradas incompatíveis não só com a lógica de domínio da sociedade burguesa, mas também com a própria sobrevivência do capitalismo. Daí a assunção autônoma, por parte do comunismo italiano, da fórmula da "democracia progressiva" e a consequente batalha, no segundo pós-guerra, para traduzi-la no nível parlamentar.

Essa crucial abordagem ideológico-política é ainda agora subvalorizada e equivocada. A crença que o fascismo foi não só uma espécie de etapa obrigatória dos setores imperialistas da burguesia, mas também um caminho sem volta, que de modo disfuncional torna para sempre as instituições democráticas em estruturas de poder do capitalismo, acabou tornando-se uma verdade indiscutível para todo o comunismo italiano bem além dos anos 1930 e 1940. Lembre-se, em primeiro lugar, de tudo o que Bianchi Bandinelli escreve, em 1952, em *Confluenze e dissolvenze* [Confluências e dissolvências], esclarecendo a Bobbio as razões mais profundas da sua aversão para com os Estados ocidentais contemporâneos:

> O mundo ao qual pertencia e ao qual se ajustava a ideologia liberal acabou, morreu; e não fomos nós que o matamos, mas as guerras imperialistas nascidas no próprio seio da sociedade liberal. [...] Vemos que essa mesma sociedade é obrigada, na tentativa de sobreviver, a negar em todo momento, dia após dia, os próprios princípios da sua ideologia, ou seja, os princípios da tolerância, da não ingerência do Estado na vida do cidadão, e nas liberdades fundamentais dele, e a demonstrar como a sociedade tradicional não sabia exprimir nunca, nessa fase exasperada da crise, senão um ou outro tipo de fascismo, degeneração do capitalismo e degeneração corrupta do socialismo.[57]

---

57 Bianchi Bandinelli, Confluenze e dissolvenze, *Società*, p.9.

Capitalismo e democracia parecem, portanto, ter se tornado inconciliáveis, e o desenvolvimento "progressivo" da democracia não pode senão anunciar o socialismo.[58]

Contudo, o que caracteriza a fórmula da democracia progressiva não é apenas a recuperação de longo prazo dos institutos representativos e das liberdades políticas, mas também a *predestinação* do uso desses instrumentos, que delimita de fato (através da política dos "grandes entendimentos") as opções possíveis de governo. Atente-se bem: os comunistas defenderam sempre de maneira leal o parlamentarismo e o pluripartidarismo tanto para a Assembleia Constituinte como nas batalhas políticas do país. Mas nunca farão explicitamente a defesa da regra da alternância que, garantindo concretamente à minoria o direito de competir pela condução do governo, permite distinguir, como ensinou Kelsen, o princípio da maioria em relação à "ditadura da maioria sobre a minoria".[59] Em segundo lugar, a indicação em geral de um programa de reformas econômico--sociais não prevê nunca objetivos rigorosamente definidos e prazos precisos no tempo. A condição política para que os projetos de reforma sejam aperfeiçoados e realizados é que subsiste invariável no tempo a aliança governativa entre os principais partidos do antifascismo. Com relação a essa prioridade ineludível, o programa não é concebido como um conjunto coerente de propostas sobre as quais se faz crescer o consenso racional da

---

58 Na ênfase da parte comunista sobre o significado explosivo da democracia política, Luciano Cafagna captou com exatidão a "variante" essencial aduzida por Togliatti à teoria leninista da revolução democrático-burguesa. A inovação que Togliatti introduz é o prolongamento *ad infinitum* dos objetivos democráticos, historicamente carente das relações de força internacionais e de qualquer modo funcional sempre à política de partido, "verdadeiro protagonista" do processo inteiro de transformação (Cafagna, *C'era una volta... Riflessioni sul comunismo italiano*, p.47-51).

59 Kelsen, *Teoria generale del diritto e dello stato*, p.292.

Introdução

sociedade civil, mas como um *terreno móvel* a precisar e negociar no curso de uma experiência social e governativa "unitária".

É com relação a esses dois pontos que surgem as diferenças mais claras entre o projeto da democracia progressiva, por um lado, e os dois modelos, o liberal democrático e o leninista, por outro. A hipótese dos comunistas italianos se caracteriza, de fato, como uma forma de gestão do poder que não implica nem o primado absoluto do partido, como na perspectiva subversiva de Lenin, nem o princípio da alternância de governo, como no esquema democrático liberal, mas a *partnership* dos grandes partidos de massa. Manter "um grande bloco de forças democráticas pertencentes a todos os grupos sociais e com os quais a classe operária possa por um longo período de tempo colaborar",[60] se tornará um postulado da política comunista: uma verdadeira e própria "terceira via", embora a expressão tenha sido por muito tempo evitada, entre reformismo político e ditadura do proletariado. Enquanto definida como "progressiva", a democracia delineada por Togliatti implica a ruptura com a ideia leniniana de crise revolucionária; mas ao mesmo tempo exclui a volta a equilíbrios de classe considerados "regressivos". Noutros termos, a permanência no governo do Partido Comunista é considerada um requisito indispensável tanto para a sobrevivência da ordem democrática como para a expansão da democracia na direção do socialismo. Isto equivale a dizer que democratas consequentes são apenas os comunistas. O postulado da colaboração nacional acabará inutilizando não só o princípio da reversibilidade do Executivo, mas também a ideia de uma conflitualidade permanente, ainda que regulada, entre a esquerda no seu conjunto e as forças conservadoras do espaço constitucional.

Mas exatamente esta última ideia representa um dos núcleos mais significativos do pensamento de Bobbio, junto com a

---

60 Togliatti, Rinnovare l'Italia, rapporto al V Congresso Nazionale del PCI. *Critica marxista*, p.12.

convicção de que as técnicas liberais de governo constituem uma proteção mais firme das liberdades para o presente e o futuro. Contudo, também ele tem bem presente os limites históricos da tradição liberal. Não diversamente de Hobhouse e de Keynes, convencera-se de fato desde os anos 1940 que o liberalismo dos séculos XVIII e XIX tenha evidenciado um forte déficit de política pública: no início por uma legítima reação contra o absolutismo do *Ancien Régime*, em seguida por um evidente preconceito de classe nas relações das massas populares. Tendo identificado o Estado despótico das monarquias absolutas com o Estado em geral, o liberalismo combateu a institucionalização da máquina estatal numa das suas expressões históricas, mas não nas suas raízes aporéticas, que fazem da instituição Estado uma comunidade apenas aparente:

> Toda a teoria político-jurídica liberal [esclarece Bobbio, em 1945, com acentos desconsagradores que lembram os escritos juvenis de Marx] não resolve a contradição entre indivíduo e Estado, mas a solidifica numa separação permanente entre a esfera dos interesses privados e a esfera dos interesses públicos, entre direito privado e direito público, entre direitos naturais e direitos positivos e, portanto, reconhece sob outra veste aquela institucionalização do Estado que era a característica e o fundamento do Estado pré--democrático e antidemocrático. A doutrina liberal, por medo do Estado, o despoja de suas pompas, tira de suas mãos grande parte do poder, contesta-lhe toda veleidade ético-pedagógica; mas, no fim, vê saltar para fora um Estado transformado por obra dos seus negadores num dócil instrumento do poder de quem primeiro chega a pôr as mãos nele.[61]

Em substância, o Estado mínimo teorizado e desejado pelo pensamento liberal representou uma reação salutar ao

---

61 Bobbio, Stato e democrazia. *Lo Stato moderno*, p.136.

Introdução

absolutismo régio, mas se valeu também de uma máscara pública por trás da qual os sujeitos economicamente fortes continuaram a esconder a cara.

Ainda: a distinção kantiana entre uma liberdade "interna" incoercível e uma liberdade "externa" coercível exige um repensar contínuo, porque o indivíduo-pessoa é titular de direitos indisponíveis, mas adquire os seus traços peculiares e satisfaz as necessidades primárias no tempo da história. Eis uma reflexão contida no discurso inaugural de 1946 na Universidade de Padova. O problema da liberdade como não impedimento

> posto com tanta clareza por Kant, permanece; mas estando mudadas as condições sociais subjacentes, o limite há de ser deslocado; e por isso se procurou indicar o limite de participação no Estado não mais numa liberdade externa abstrata que exclua da sociedade ativa e, portanto, também da esfera moral os sem posse, mas na atividade concreta de trabalho que exclui as formas de ócio voluntário e de parasitismo social culpável.[62]

O exercício da liberdade externa vinculado aos privilégios dos proprietários não pode não colidir com o direito à cidadania política e social por parte de todos e por isso é repensado e integrado num quadro de garantias mais amplas.

Não obstante essas anotações críticas sobre o liberalismo – pontualmente reproposta, note-se bem, também nas décadas sucessivas[63] –, Bobbio não é certamente atraído nem pela dita-

---

62 Id., *La persona e lo stato*, p.15.

63 Em 1975, por exemplo, Bobbio escreve: "A igualdade e a liberdade que o Estado liberal burguês garantiu são a igualdade puramente formal (a chamada igualdade perante a lei) e a liberdade puramente formal (a liberdade do cidadão, que ainda não é a liberdade do homem, desde o momento em que o cidadão pode ser formalmente livre também numa sociedade dividida em classes). O Estado liberal eliminou o despotismo político, mas não eliminou o despotismo na sociedade. Vencido o despotismo político, trata-se

Política e cultura

dura do proletariado de Marx, nem, muito menos, por aquela praticada pelo Estado soviético, que "representa uma situação de enfermidade" e não o resultado necessário de toda planificação socialista. O Estado totalitário é um regime político de exceção tanto da sociedade burguesa como da sociedade proletária, "quando uma e a outra precisam defender-se para sobreviver".

Mas se os Estados contemporâneos fizerem do "povo trabalhador" não um destinatário passivo, mas um sujeito permanente da transformação, e se ligarem, paralelamente, o problema da liberdade individual com o da justiça distributiva, então poderá se estabelecer uma relação crível também entre democracia e socialismo. Esse ponto de vista não é novo. Traduz em nível teórico a linha da "revolução democrática" cara também a Calogero e a Calamandrei. Ela rompera desde o início tanto com o estatismo autoritário do regime fascista como com os pontos de "não liberdade" do Estado soviético, cujos tribunais, como lembrara Calamandrei em 1944, foram apenas "um exemplo grandioso de um direito reduzido todo ele à justiça do caso singular, de um direito sem resíduo legal, levado a coincidir inteiramente com a política e, portanto, tornado de novo flutuante e gasoso igual a ela".[64]

Esses elementos de colisão, modulados de vários modos pelos diversos protagonistas, desembocam na discussão ocorrida em 1954-1955 entre Bobbio, Della Volpe e Togliatti, cujo ensaio "Democracia e ditadura" constitui o ponto de partida. As contradições fundamentais que o século XX vive são, para Togliatti, entre capitalismo e comunismo, entre processos de fascistização e processos de democratização: os primeiros atuando nos Estados capitalistas, os segundos na União Soviética e naqueles países nos quais o Partido Comunista consegue participar estavelmente em coalizões de governo. Para Bobbio, porém, o

---

agora de vencer a batalha contra o despotismo social" (Bobbio, Libertà fondamentali e formazioni sociale. In: *Teoria generale dela politica*, p.278).

64 Calamandrei, Appunti sul concetto di legalità. In: *Opere giuridiche*, III, p.74.

40

Introdução

mundo que entrou em choque na Guerra não pode ser confundido com o mundo que entra em conflito no pós-guerra, porque os sistemas autoritários de direita, com exceção da Espanha franquista e de Portugal salazarista, não existiam mais. Ademais, a antítese fundamental na segunda metade do século XX não é entre modos de produção econômica (porque um ponto de encontro entre mercado e planejamento pode ser também encontrado, como se demonstrou na Inglaterra a experiência de governo trabalhista) e tampouco entre novos e presumidos processos de fascistização e desenvolvimento da democracia, mas entre formas de governo que continuam a praticar a ditadura política e formas de governo vinculadas por leis. Numa palavra: entre totalitarismo soviético e Estados liberais democráticos.

Sobre o debate de 1954-1955 foi escrito que

a maior preocupação de Bobbio – liberal sim, mas capaz de ver claramente a crise histórica do liberalismo, não menos que as dificuldades do comunismo – consiste em avaliar até que ponto a ideologia comunista pode estar em condições de acolher alguns postulados fundamentais do liberalismo.[65]

O julgamento parece fundamentado apenas se for precisado que a mediação perseguida por Bobbio não é entre a ideologia comunista de Lenin e de Stálin, dominante no Leste e no Oeste, e a doutrina liberal, mas entre uma possível e inédita teoria política marxista a ser elaborada em países externos ao Bloco

---

65 Asor Rosa, La cultura. In: *Storia d'Italia*, IV/2, p.1616. Sobre o debate dos anos 1950 entre Bobbio e a direção comunista italiana, ver também: Bellamy, *Modern Italian Social Theory*, p.141-156; Lanfranchi, *Un filosofo militante*, p.73-103; Violi, Introduzione. In: Bobbio, *Né con Marx né contro Marx*, p.xv--xx; Greco, *Norberto Bobbio*, p.110-28; Bedeschi, Il filosofo bifronte tra marxismo e liberalismo. Le radici profonde delle contraddizioni di Norberto Bobbio. *Nuova Storia Contemporanea*, p.141-144; id., *La fabbrica delle ideologie*, p.340-345.

Soviético (teoria "que até agora faltou", especifica Bobbio) e um liberalismo entendido como teoria e prática dos limites do poder do Estado. Vale a pena recordar sobretudo uma passagem na qual Bobbio distingue em termos inequívocos o regime ditatorial instaurado na União Soviética dos possíveis ordenamentos de tipo democrático liberal que poderiam nascer em outras experiências socialistas do futuro:

> Se até agora, por razões históricas determinadas – luta no interior primeiro, defesa do cerco externo depois, e sobretudo falta de uma tradição liberal nos países em que até agora foi realizado –, o Estado proletário só se pôde manter em forma de ditadura, não se pode dizer que não possa manter-se de forma liberal e democrática *em outros países e no futuro.*[66]

Para que essa possibilidade se verifique, a cultura marxista europeia deve superar dois obstáculos: um erro de avaliação histórica e um erro de subestimação política. Na parte conclusiva do ensaio "Democracia e ditadura", Bobbio descreve esses dois limites com grande lucidez, mesmo se, com um excesso de otimismo, os considera em vias de superação:

> Pensamos que há razões objetivas para que a atitude dos comunistas ocidentais diante das instituições liberais evolua na direção de uma maior adesão. Duas dessas razões me parecem proeminentes: em primeiro lugar, a história dos últimos anos desmentiu a doutrina da inevitabilidade da degeneração dos Estados liberais em Estados fascistas, desde o momento em que a derrota coube não aos primeiros, mas aos últimos; em segundo lugar, o uso e o abuso dos métodos tradicionais da ditadura no regime soviético, pelo menos durante o período de Stálin, [...] deve ter agora mostrado

---

66 Bobbio, Democracia e ditadura (10º ensaio deste livro), p.226-227 (itálico de Sabarberi).

suficientemente que o abandono de certas técnicas institucionais e constitucionais, verificadas há longo tempo em alguns países ocidentais, produz graves inconvenientes [...] e devem ter derrubado muitas ilusões, como a de que se pode criar um Estado que não se assemelhe imediatamente a uma ditadura assim que se repudia a técnica de governo do Estado liberal-democrático.[67]

Pelo menos em nível público, essas "ilusões" não faltarão. Demonstram isto as análises do movimento comunista, superabundantes, naquela fase histórica, de orgulho e preconceito: de orgulho, porque não manifestam nunca dúvidas sobre a autossuficiência da teoria marxista do Estado; de preconceito, porque continuam a dar como certo a consequência catastrófica tanto da sociedade burguesa quanto das instituições político-jurídicas do liberalismo. As estratégias argumentativas de Galvano Della Volpe e de Togliatti são reconstruídas com muita exatidão por Bobbio em *Política e cultura* e o leitor poderá facilmente avaliá-las.[68] Aqui bastará indicar alguns traços distintivos seus.

Inflexível como um oficiante, Della Volpe expõe a exegese "autêntica" de Rousseau e de Marx, de Lenin e de Vyshinski num quadro histórico-filosófico que religa todos de maneira determinista. O Rousseau do segundo *Discurso* e do *Contrato social* precederia Marx; os escritos sobre a Comuna e a *Crítica do programa de Gotha* de Marx "abririam caminho" a Lenin; *Estado e revolução* de Lenin justificaria as definições peremptórias de Vyshinski; e cada texto e cada autor levaria Kelsen a sustentar a tese da "extraordinária democraticidade do regime soviético".[69] Pecado que Kelsen, desde o ensaio sobre *Socialismo e Estado*, dos anos 1920,

---

67 Ibid., p.231.
68 Bobbio reconstruiu também todo o debate teórico-político com Galvano Della Volpe, acompanhando-o com algumas cartas, no ensaio "Postilla a un vecchio dibattito". In: Violi (Org.). *Studi dedicati a Galvano dela Volpe*, p.35-46; agora também In: Bobbio, *La mia Italia*, p.254-68.
69 Della Volpe, Comunismo e democrazia moderna. *Nuovi Argomenti*, p.131.

até aquele sobre *A teoria comunista do direito*, de 1955, sempre insistira sobre a "estranha mistura", dentro do marxismo, entre conhecimento da realidade e sistema dos valores, entre instâncias científicas e planificação utópica. Ela se verifica, em particular, na delineação "dialética" das diversas fases de construção do comunismo, quando se deveriam suceder, como num milagroso salto de estação do inverno para o verão, o emprego maciço da máquina estatal e a dissolução do Estado, o uso mortal da violência de classe e o fim de toda violência, uma moralidade prescrita pelo exterior e uma moralidade que se torna hábito.

Para encontrar um esquema análogo ao marxista, onde são equivalentes não só os termos da alternativa, mas também o seu valor [destaca, por sua vez, Bobbio, na réplica a Della Volpe], é preciso, talvez, remontar à concepção agostiniana da cidade terrena como domínio do pecado e, portanto, da violência à qual se opõe a cidade celeste como reino da graça e, portanto, da liberdade. [...] O momento da violência e o da libertação se opõem inexoravelmente: onde há um não pode haver o outro; e o destino positivo do homem, lá na transvaloração religiosa, cá na transformação terrena, está na passagem de um estágio ao outro.[70]

Para Della Volpe, porém, com base numa leitura ortodoxa dos textos marxistas, tudo parece claro e coerente. Por um lado, os fundadores do marxismo, em nome da férrea disciplina da ditadura do proletariado, supõem corretamente o "racionamento" da "estreita" liberdade civil querida pela burguesia, por outro lado, a autoridade soviética, como ele recorda citando Vyshinski, "ab-roga os *lados negativos* do parlamentarismo, especialmente a separação do poder Legislativo e do poder Executivo, a distância das instituições representativas das massas e

---

70 Bobbio, A liberdade dos modernos comparada com a da posteridade (11º ensaio deste livro), p.265-266.

assim por diante". O aspecto mais singular desse discurso é que a exclusão de princípio de uma fase intermédia capaz de salvaguardar regras liberais e a democracia política antes do advento da *libertas maior* comunista é justificada por Della Volpe com simples e peremptória lembrança de uma frase de Vyshinski (mas de responsabilidade de Kelsen, de "ter degradado a ciência do direito a instrumento da política soviética").[71] O grande inquisidor dos processos stalinistas afirma que a legitimidade dos atos do Estado soviético está fundada na "massa orgânica proletária dos trabalhadores"? Della Volpe anota e explica que não há sentido em "comprazer-se *abstratamente* com os requintes consumados da técnica juspublicística burguesa". "Mudado o fundamento da autoridade, mudam-se os meios."[72] Não sem indulgência, foi observado que, enquanto "Bobbio, seja como se quiser julgá-lo, levantava problemas reais, Della Volpe não resistiu à tentação de batê-lo no plano da doutrina".[73] Na realidade, ao mesmo tempo dominado pelo princípio de autoridade (os clássicos do marxismo e os intérpretes autorizados da doutrina não podem deixar de atestar a verdade) e de uma concepção carismática do poder que torna vãos os temas libertadores do marxismo, Della Volpe fecha toda fresta para a doutrina liberal e, portanto, para o problema crucial dos limites do poder político.

Se Della Volpe apela para os clássicos do pensamento político e para os juristas soviéticos, Togliatti, nas suas intervenções de 1954 e de 1955, em *Rinascita*, não cita nenhum. Mesmo reafirmando com força o valor paradigmático da "ditadura do proletariado" tentada na União Soviética,[74] ele insiste com maior perspicácia tática e realismo seja sobre as lutas comuns travadas durante a Resistência pela esquerda marxista e pelos

---

71 Kelsen, *La teoria comunista del diritto*, p.189.
72 Della Volpe, Comunismo e democrazia moderna. *Nuovi Argomenti*, p.133, 135.
73 Asor Rosa, La cultura. In: *Storia d'Italia*, IV/2, p.1617.
74 Togliatti, Ancora sulla libertà. *Rinascita*, p.498-501.

"militantes da liberdade" como Bobbio, seja sobre a busca por parte dos comunistas de um mais elevado "processo de libertação dos homens e dos povos". A sutil trama política da democracia progressiva está sempre presente no seu raciocínio, mas é agora utilizada sobretudo para dissolver e reformular os problemas da liberdade e das modalidades de exercício de poder levantadas por Bobbio. Togliatti concede

> As revoluções liberais e as revoluções democráticas puseram em evidência uma tendência progressiva, da qual faz parte tanto a proclamação dos direitos de liberdade como a dos novos direitos sociais. Direitos de liberdade e direitos sociais se tornaram e são patrimônio do nosso movimento.[75]

O liberalismo, no entanto, não introduziu apenas uma forma de Estado, mas também um modo de produção econômica e um conjunto de relações sociais através das quais o trabalho assalariado nas metrópoles do capitalismo e o tráfico de escravos e a escravidão nos países coloniais negaram a milhões de homens o exercício efetivo da liberdade. Portanto, uma vez que política e economia andam juntas, apenas um "processo ilegítimo de idealização" pode ter induzido Bobbio a pensar que as técnicas de governo do Estado liberal possam ser adotadas no futuro por um ordenamento econômico-político de matriz socialista.[76]

Preciso na identificação dos limites de classe das modernas sociedades burguesas – aliás já evidenciados, como se viu, também por Bobbio –, Togliatti oferece um quadro tão evanescente quanto subordinado às contingências políticas dos mecanismos que tutelam a liberdade individual numa sociedade encaminhada para o socialismo: um modo como outro para justificar a reintrodução do governo dos homens – poderemos dizer parafraseando

---

75 Id., In tema di libertà. *Rinascita*, p.735.
76 Ibid., p.734.

Montesquieu – *através* do governo das leis. Preste-se atenção aos *se* cheios de cautela que acompanham a reflexão togliattiana:

> Se esses objetivos forem alcançados mantendo um regime de divisão dos poderes, se as formas do regime representativo permanecerem tais ou mudarem, é questão subordinada. Se haverá maior ou menor "tolerância" é questão que depende do maior ou menor grau de tensão econômica, política e ideal que existir em cada momento do desenvolvimento, ou seja, da agudeza da luta que haverá entre o velho e o novo.

Aliás, uma pergunta final revela irritação e também desconcerto para com os problemas institucionais imprevistos levantados por Bobbio. "Neste momento, para que serve" – pergunta-se Togliatti – "fantasiar sobre o que poderá ser perdido daquilo que no passado há até dúvida de que tenha existido?"[77]

Na sua resposta, Bobbio capta com muita precisão os limites teóricos e os pesados fechos políticos de Togliatti:

> É muito fácil desembaraçar-se do liberalismo se ele for identificado com uma teoria e prática da liberdade como poder (em particular do poder da burguesia), mas é bastante mais difícil desembaraçar-se dele quando é considerado como a teoria e a prática dos limites do poder estatal, sobretudo numa época como a nossa na qual reapareceram tantos Estados onipotentes.[78]

O sentido da observação é claro. As liberdades civis da tradição liberal – oportunamente integradas com as liberdades políticas de origem democrática e com os direitos sociais conquistados pelo movimento operário – não são um resíduo do passado nem sequer um privilégio de poucos, mas um

---

77 Ibid., p.736.
78 Bobbio, Liberdade e poder (14º ensaio deste livro), p.372.

patrimônio inalienável de todo indivíduo enquanto pessoa. Sobretudo quando as revoluções "se institucionalizam", como na União Soviética, e dão origem a novas formas de disciplinamento das consciências.[79] Um comentário mordaz de Franco Fortini, de 1956, já então marxista do dissenso, lança luz sobre a singular inversão de papéis verificada entre Bobbio e Togliatti no curso da sua discussão:

> Para Bobbio, o intelectual moderno já é cidadão de direito do mundo socialista; e por isso um discurso, escrito em Turim, sobre as vantagens da divisão dos poderes é dirigido, de modo iluminista, a todos, inclusive aos eleitores e responsáveis políticos soviéticos. Enquanto Roderigo [ou seja, Togliatti] – na atual letargia do Cominform representando a si mesmo a coexistência como não ingerência – parece remeter mais a um destino sociológico do que a uma invenção histórica tanto as formas tomadas da realidade jurídico-social soviética quanto aquelas futuras da revolução italiana. Paradoxalmente, mas não tanto, o internacionalista aqui é Bobbio, não Roderigo.[80]

Olhando bem, relevos críticos análogos aos movidos contra os interlocutores comunistas se encontram nos ensaios de *Política e cultura* dedicados a Croce, que representam uma resposta e um desafio à filosofia política neoidealista e uma tomada de distância do liberalismo associal que se afirmou na Itália no primeiro século XX. Para Bobbio, naturalmente, Croce é – como Hobbes e Kelsen, que operam ainda "subterrâneos" – um dos amados clássicos pelo qual se deixa "contaminar": pelo papel de refinado precursor da política da cultura; pelo modo como

---

79 Ver o apêndice deste livro, p.380.
80 Fortini, Il lusso della monotonia, I. In: *Dieci inverni. 1947-1957. Contributi ad un discorso socialista*, p.241 et seq.

Introdução

fustigou desde o início a "estadolatria" gentiliana; pela atenção constante aos problemas da liberdade e da moral nos anos centrais do fascismo; pela abordagem "ético-política" dos acontecimentos históricos. Diferente, contudo, é a sua concepção do liberalismo: para Croce, uma "religião da liberdade" que alimenta espiritualmente toda a idade moderna independentemente dos regimes vigentes; para Bobbio, é um sistema de valores e de instituições jurídico-políticas específicas indissoluvelmente postas para a garantia dos primeiros.[81] Se o liberalismo metapolítico elaborado por Croce entre as duas Guerras deixou um rastro indelével na cultura política italiana da primeira metade do século XX, as reflexões sobre a liberal democracia iniciadas por *Política e cultura* fazem de Bobbio o pensador político de maior importância da segunda metade do século XX italiano.

Agora, se forem comparadas as páginas de *Política e cultura* dedicadas a Croce com as discussões ligadas a Bianchi Bandinelli, Della Volpe e Togliatti, duas observações se impõem:

1) O historicismo idealista croceano é refutado com um argumento perfeitamente simétrico ao utilizado contra o historicismo marxista. De fato, nem Croce nem os comunistas italianos consideram o liberalismo "como teoria e prática dos limites do poder estatal"; o primeiro, em nome de um liberalismo

---

81 Não me parece fundamentada a tese de Preve (*Le contraddizioni di Norberto Bobbio. Per una critica del bobbianesimo cerimoniale*, p.17-25), que definiu Bobbio como um "croceano de esquerda", tanto por ser vago como pela intrínseca possibilidade de discutir os paralelismos instituídos entre os dois pensadores. Mais interessante, ainda que não exaustiva, me parece a observação que, enquanto para Bobbio "o defeito do marxismo estava na sua natureza utópica, o defeito do comunismo estava na sua natureza iliberal" (ibid., p.83). Sobre a revisão do liberalismo de Croce por parte de Bobbio, ver Von Collas, *Norberto Bobbio und das Erbe Benedetto Croces*, sobretudo as p.106 et seq. A tese de uma "aderência intrínseca do liberalismo croceano às formas e às técnicas institucionais e políticas" é agora peremptoriamente proposta por Reale, Il liberalismo "metapolítico" nella "Storia d'Europa" di Benedetto Croce. In: *Croce filosofo liberale*, p.21 et seq.

metapolítico que dissolve as diferenças entre as formas de governo existentes; os últimos, em nome de um economicismo classista que vê em todos os Estados a expressão exclusiva dos interesses dominantes.

2) No sistema croceano, a concepção do indivíduo como "partícula do espírito universal" e a visão universalista do Estado como "totalidade da qual o indivíduo é parte" serviram "depois de maneira excelente aos vários ditadores para justificarem cada golpe contra a liberdade e, é claro, sobre a liberdade empírica e não sobre a liberdade especulativa";[82] no sistema marxista, paralelamente, a hipostasiação do indivíduo como *homo faber* e a identificação entre Estado e ditadura resultaram bastante úteis para as novas tiranias do século XX, que liquidaram os seus adversários em nome dos fins mais diversos.[83]

5.

As reflexões de Bobbio sobre o comunismo italiano, iniciadas com *Política e cultura*, têm um primeiro ponto de enfoque e, também, um novo início com o ensaio de 1956, "Ainda o stalinismo: algumas questões de teoria", que é reimpresso no "Apêndice".

Este meu ensaio [esclareceu Bobbio muitos anos depois] chegou demasiado tarde para ser publicado na coletânea dos meus escritos sobre o tema, *Política e cultura*, que já fora publicada no final de 1955, quando apareceu o fascículo de *Novos Argumentos*, que o continha, e demasiado cedo para suscitar um debate, que se desenvolverá muitos anos mais tarde, sobre o mesmo tema da insuficiência ou inexistência de uma teoria política no pensamento

---

82 Bobbio, Benedetto Croce e o liberalismo (13° ensaio deste livro), p.338.
83 Id., Democracia e ditadura (10° ensaio deste livro), p.221.

de Marx e no marxismo. Cedo demais porque então a doutrina marxista era muito mais forte do que agora e porque o universo soviético, apesar do processo iniciado de desestalinização e a crise de muitos intelectuais, ainda não perdera grande parte da sua atração, especialmente dentro do Partido Comunista.[84]

A distinção entre um marxismo metodológico e um marxismo estruturado e dogmático, a convicção da repetitividade histórica da degeneração dos governos populares em governos tirânicos, a definição da União Soviética como ditadura pessoal (ou tirania) são temas já encarados por Bobbio em *Política e cultura*. O ensaio de 1956, além de retomá-los e desenvolvê-los, contém algumas novidades muito significativas. Antes de tudo, pela primeira vez, Bobbio estabelece uma conexão direta entre o aparelho ideológico-político do marxismo-leninismo e alguns aspectos não secundários da doutrina de Marx e de Engels, não para esmagar esta debaixo daquele, mas para "mostrar que a explosão improvisada e imprevista da crise do stalinismo revelava uma gravíssima fenda no marxismo como ciência considerada infalível pela sociedade e pela história".[85] A veia utopista dos fundadores do marxismo, a sua leitura dos acontecimentos sociais segundo o clichê hegeliano da filosofia da história, a "redução do Estado a superestrutura" contribuíram de maneira relevante para voltar a atenção dos partidários, e em particular de Lenin, mais sobre os êxitos libertários do futuro do que sobre as formas coercitivas do domínio comunista do presente.

Esses vícios teóricos – e este é o ponto mais importante – estão também na origem de uma lacuna estrutural na doutrina marxista do Estado. Bobbio exprime essa convicção quase nos mesmos termos que encontraremos, vinte anos depois, em *Qual socialismo?*:

---

84 Id., Stalin e la crisi del marxismo. In: *Ripensare il 1956*, p.260.
85 Ibid., p.263.

Os temas clássicos da teoria política ou do sumo poder são dois: como é conquistado e como é exercido. O marxismo teórico aprofundou o primeiro tema, mas não o segundo. Em suma: *falta na teoria política marxista uma teoria do exercício do poder*, ao passo que está amplamente desenvolvida a teoria da conquista do poder. Maquiavel ensinou ao velho príncipe como se conquista e como se mantém o Estado; ao novo príncipe, o partido de vanguarda do proletariado, Lenin ensina exclusivamente como se conquista o Estado.[86]

Locke, Constant e Mill indicaram como o poder é exercido e controlado. O marxismo, porém, explica como se "despedaça" a máquina estatal da burguesia, não como devem ser governados os membros da nova classe vencedora. A diferença é crucial: enquanto "a doutrina liberal faz do problema do abuso do poder o centro da sua reflexão, a doutrina comunista geralmente o ignora".[87]

A crítica bobbiana à teoria marxista do Estado, lúcida e antecipadora, passa quase inobservada na Itália dos anos 1950, severamente dividida em duas e ainda dominada pelas teologias políticas. Não será o caso quando for novamente proposta, vinte anos depois, e sacudir os pensamentos e as paixões de um vasto

---

86 Id., Ainda o stalinismo: algumas questões de teoria (apêndice deste livro), p.402.

87 Ibid., p.403. Bobbio parece propenso a pensar, pelo menos de maneira impulsiva, que as admissões de Khrushchev sobre a tirania exercida por Stálin, ainda que provenientes de alto e não de baixo, podem corrigir em parte o defeito maior da doutrina marxista, ou seja, o desconhecimento de que o poder proletário pode degenerar. Quanto ao começo real de um processo evolutivo do regime soviético em direção a resultados liberais democráticos, isto parece, mesmo sendo desejado, totalmente fora do alcance da mão: "A partir daquilo que se move e até agora se moveu na União Soviética, eu estaria propenso a dizer que a figura do bom tirano (ainda que colegiado) já fez o seu aparecimento, não ainda o do Estado de direito. [...] Agora, porém, que se tomou consciência de que também no Estado proletário os funcionários pecam e pecam fortemente, é de se augurar que a lição, que era, afinal, a lição dos liberais, seja meditada de novo e aplicada ao caso" (ibid. p.406).

setor do mundo comunista e da cultura do dissenso. Os numerosos intelectuais comunistas que discutiram com Bobbio em meados dos anos 1970 não reivindicarão mais uma alternativa de sistema, mas refletirão pragmaticamente sobre as medidas necessárias para reformar em sentido mais democrático o regime político italiano. Sinal evidente de que as dúvidas racionais levantadas em *Política e cultura* e no ensaio de 1956 contribuíram para amadurecer as consciências, também de quem então nutria apenas certezas.

Franco Sbarberi
Turim, outubro de 2004

Referências bibliográficas

AGAZZI, E. Politica e cultura. *Mondo Operaio*, n.4, abr. 1956.

AGOSTI, A. *Palmiro Togliatti*. Torino: Utet, 1996.

AJELLO, N. *Intellettuali e Pci 1944-1958*. Roma-Bari: Laterza, 1997.

ASOR ROSA, A. La cultura. In: *Storia d'Italia*, IV/2, Dall'Unità a oggi. Torino: Einaudi, 1975.

BARBERIS, M. La libertà e il liberalismo. *Critica liberale*, n.100, fev. 2004.

BARRANERA, M. *Ranuccio Bianchi Bandinelli*. Biografia ed epistolario di un grande archeologo. Milano: Skira, 2003.

BEDESCHI, G. Il filosofo bifronte tra marxismo e liberalismo. Le radici profonde delle contraddizioni di Norberto Bobbio. *Nuova Storia Contemporanea*, n.6, nov.-dez. 1999.

_____. *La fabbrica delle ideologie. Il pensiero político nell'Italia del Novecento*. Roma-Bari: Laterza 2002.

BELLAMY, R. *Modern Italian Social Theory. Ideology and Politics from Pareto to the Present*. Cambridge: Polity Press, 1987.

BIANCHI BANDINELLI, R. A proposito di intellettuali e vita politica in Italia. *Il Contemporaneo*, n.6, maio. 1954.

_____. Confluenze e dissolvenze. *Società*, n.2, jun. 1952.

_____. *Dal Diario di un borghese*. Organizado por M. Barbanera. Prefácio de A. Carandini. Roma: Editori Riuniti, 1996.

_____. Dialogo sulla libertà. *Società*, n.2, jun. 1952.

BOBBIO, N. *Autobiografia*. A. Papuzzi (org.)). Roma-Bari: Laterza, 1997.

_____. Julien Benda. In: BOBBIO, N. *Il dubbio e la scelta: Intellettuali e potere nella società contemporanea*. Roma: La Nuova Italia Scientifica, 1993.

_____. *L'impegno dell'intellettuale ieri e oggi*. *Rivista di Filosofia*, n.1, abr. 1997.

_____. *La filosofia del decadentismo*. Torino: Chiantore, 1944.

_____. *La mia Italia*. Organizado por P. Polito. Firenze: Passigli, 2000.

_____. *La persona e lo stato*. Padova: Successori Padana stampatori, 1948.

_____. Libertà fondamentali e formazioni sociale. In: _____. *Teoria generale della politica*. Organizado por M. Bovero. Firenze: Passigli, 1986.

_____. Postilla a un vecchio dibattito. In: Violi, C. (Org.). *Studi dedicati a Galvano dela Volpe*. Roma: Herder, 1989.

_____. Prefazione (1963). In: _____. *Italia civile*: ritratti e testimonianze. Firenze: Passigli, 1986.

_____. Prefazione. In: _____. *Bibliografia degli scritti di Norberto Bobbio (1934-1993)*. Roma-Bari: Laterza, 1995.

_____. Stalin e la crisi del marxismo. In: _____. *Ripensare il 1956*. Roma: Lerici, 1987.

_____. Stato e democrazia. *Lo Stato moderno*, n.13, 5 ago. 1945.

_____. *Stato, governo, società*. Torino: Einaudi, 1985.

_____. *Una filosofia militante. Studi su Carlo Cattaneo*. Torino: Einaudi, 1971.

BONANATE, L.; BOVERO, M. (Orgs.). *Per una teoria generale della politica. Scritti dedicati a Norberto Bobbio*. Firenze: Passigli, 1986.

BOVERO, M. Introduzione. In:, BOBBIO, N. *Teoria generale della politica*. Torino: Einaudi, 1999, p.xxiv.

CAFAGNA, L. *C'era una volta... Riflessioni sul comunismo italiano*. Venezia: Marsilio, 1991.

CALAMANDREI, P. Appunti sul concetto di legalità. In: _____. *Opere giuridiche*, III. Organizado por M. Cappelletti e com apresentação de C. Mortati. Napoli: Morano, 1968.

CEDRONI, L. e Polito, P. (Orgs.). *Saggi su Umberto Campagnolo*. Venezia: Aracne, 2000.

COLLAS, W. von. *Norberto Bobbio und das Erbe Benedetto Croces. Politik und Kultur. Liberalismus. Democratie*. Neuwied: Ars Una, 2000.

DELLA VOLPE, G. Comunismo e democrazia moderna. *Nuovi Argomenti*, n.7, mar.-abr. 1954.

FORTINI, F. Il lusso della monotonia, I. In: _____. *Dieci inverni. 1947-1957. Contributi ad un discorso socialista*. Milano: Feltrinelli, 1957.

Introdução

GARIN, E. Politica e cultura. In: BONANATE, L.; BOVERO, M. (Orgs.). *Per una teoria generale della politica*. *Scritti dedicati a Norberto Bobbio*. Firenze: Passigli, 1986.

GATTI, R. Filosofia, libertà e ragione: percorsi di riflessione. *Bollettino di filosofia politica*, 10-11, jan.-dez. 1994.

GRAMSCI, A. *Il materialismo storico e la filosofia di Benedetto Croce*. Torino: Einaudi, 1948.

_____. Quaderno 13. In: _____. *Quaderni del carcere*, ed. crítica do Instituto Gramsci, organizado por V. Gerratana. Torino: Einaudi, 1975.

GRECO, T. *Norberto Bobbio. Un itinerario intellettuale tra filosofia e politica*. Roma: Donzelli, 2000.

GUASTINI, R. Bobbio, o della distinzione. In: _____. *Distinguendo. Studi di teoria e metateoria del diritto*. Torino: Giappichelli, 1996.

KANT, I. Risposta alla domanda: che cos'è l'illuminismo? In: _____. *Scritti politici e di filosofia della storia e del diritto*. Organizado por N. Bobbio, L. Firpo e V. Mathieu. Torino: Utet, 1978.

KAUTSKY, K. *La dittatura del proletariado*. Milano: Sugar, 1963.

KELSEN, H. *La teoria comunista del diritto*. Milano: SugarCo, 1981.

_____. *Teoria generale del diritto e dello stato*. Milano: Comunità, 1952.

LA PIRA, G. *Architettura dello stato democratico*. Roma: Edizione Servire, s.d.

LANFRANCHI, E. *Un filosofo militante. Politica e cultura nel pensiero di Norberto Bobbio*. Torino: Bollati Boringhieri, 1989.

MANACORDA, G. (Org.). *Il socialismo nella storia d'Italia*. Bari: Laterza, 1966.

MEAGLIA, P. *Bobbio e la democrazia. Le regole del gioco*. San Domenico di Fiesole: Edizioni Cultura della Pace, 1994.

MURA, V. *Categorie della politica. Elementi per una teoria generale*. Torino: Giappichelli, 1997

PREVE, C. *Le contraddizioni di Norberto Bobbio. Per una critica del bobbianesimo cerimoniale*. Pistoia: C.R.T., 2004.

REALE, M. Il liberalismo "metapolítico" nella "Storia d'Europa" di Benedetto Croce. In: _____. (Org.). *Croce filosofo liberale*. Roma: Luiss University Press, 2004.

ROSSELLI, C. Discussione sul federalismo e l'autonomia. In: _____. *Scritti dell'esilio*, II, *Dallo scioglimento della concentrazione antifascista alla guerra di Spagna (1934-1937)*. Organizado por C. Casucci. Torino: Einaudi, 1992.

RUIZ MIGUEL, A. *Las paradojas de un pensamiento en tensión: Política, historia y derecho en Norberto Bobbio*. México: Fontamara, 1994.

SBARBERI, F. *I comunisti italiani e lo stato. 1929-1945.* Milano: Feltrinelli, 1980.

_____. *L'utopia della libertà eguale.* Il liberalismo sociale da Rosselli a Bobbio. Torino: Bollati Boringhieri, 1999.

_____. *L'utopia della libertà eguale*: Il liberalismo sociale da Rosselli a Bobbio. Torino: Bollati Boringhieri, 1999.

SOLMI, R. I piatti dela bilancia. *Notiziarío Einaudi,* n.10, out. 1955.

STALIN. Rapporto al XVII Congresso del Partito. In: _____. *Opere scelte.* Milano: Edizioni Movimento studentesco, 1973.

TOGLIATTI, P. Ancora sulla libertà. *Rinascita,* n.7-8, jul.-ago. 1955.

_____. In tema di libertà. *Rinascita,* n.11-12, nov.-dez. 1954.

_____. Rinnovare l'Italia. *Critica marxista,* n.2.

VIOLI, C. Introduzione. In: BOBBIO, N. *Né con Marx né contro Marx.* Roma: Editori Riuniti, 1997. [Ed. bras.: *Nem com Marx, nem contra Marx.* São Paulo: Unesp, 2006.]

VITTORIA, A. Il Pci, le riviste e l'amicizia. La corrispondenza fra Gastone Manacorda e Delio Cantimori. *Studi storici,* n.3-4, 2003.

_____. *Togliatti e gli intellettuali. Storia dell'Istituto Gramsci negli anni Cinquanta e Sessanta.* Prefácio de F. Barbagallo. Roma: Editori Riuniti, 1992.

WALZER, M. *L'intellettuale militante.* Bologna: Il Mulino, 1992.

ZOLO, D. "*Habeas mentem*": oltre il privatismo e contro i vecchi padroni. *Rivista di Filosofia,* 1, abr. 1997.

_____. *Complessità e democrazia.* Torino: Giappichelli, 1987.

Introdução à primeira edição

Se o mundo todo fosse exatamente dividido em vermelhos e negros, se eu me colocar do lado dos negros serei inimigo dos vermelhos, colocando-me do lado dos vermelhos serei inimigo dos negros. Não poderei estar de modo algum fora de um ou de outro porque – esta é a hipótese – eles ocupam todo o território e não existe espaço intermediário entre eles. Quando comecei a escrever o primeiro dos ensaios aqui reunidos, em 1951, a situação política geral não estava muito longe dessa hipótese ou, pelo menos, parecia que se encaminhava rapidamente para afirmá-la. E quando essa hipótese é confirmada, o ofício do intelectual, que detesta ou deveria detestar alternativas demasiado nítidas, se torna difícil. Se ele, de fato, seguindo a sua vocação – que é de refletir, de duvidar, de não se abandonar a soluções apressadas –, se convence de que não é tudo vermelho, repreende-se por fazer o jogo dos negros e, vice-versa, se se convence de que nem tudo é negro, censura-se por fazer o jogo dos vermelhos. Onde há apenas dois adversários, e cada um deles acredita estar em posse de toda a verdade, seja de que modo o intelectual exprima a sua vocação, que é a de não se submeter servilmente à verdade de um só lado, ele faz o jogo de alguém, mesmo quando não parece, aos olhos mais maliciosos e desconfiados, que ele faz ao mesmo tempo o jogo dos dois. Isso é como dizer que, para não querer ser considerado como um inimigo do outro, acaba sendo considerado ou um traidor pelos do seu lado ou um falso e consumado perito do jogo duplo por todos, pelos dois lados.

A tarefa do homem de cultura, naquela situação, era restabelecer a confiança no colóquio, e o melhor modo de não deixar o diálogo arrefecer era começar a dar o bom exemplo disso: esta é a inspiração fundamental para escolher os ensaios, escritos entre 1951 e 1955, que estão reunidos neste volume. Esses ensaios têm como finalidade o diálogo ou os temas conexos da liberdade individual e do dever político dos intelectuais, e são, quase todos, diálogos, exercícios e testemunhos da particular atitude mental ou disposição espiritual que os suscitou. Começam com um "convite ao colóquio" e terminam com uma discussão que, se o temor de parecer presunçoso não tivesse me impedido (não aprecio no homem de estudo nenhuma virtude mais do que a prudência), eu teria preferido intitular: "O colóquio começou". Talvez esses ensaios não tivessem nascido – é meu dever reconhecê-lo – se não me tivesse sido dada ocasião pela minha assídua participação na vida da Sociedade Europeia de Cultura, que colocou o diálogo entre os seus princípios constitutivos, e ao seu promotor e organizador, o amigo Umberto Campagnolo, desejo exprimir a minha gratidão pelo exemplo de honestidade intelectual e de firmeza nas ideias diretivas que ele constantemente me ofereceu nesses anos.

Pode ser motivo de conforto constatar que o momento em que esses ensaios vêm à luz é diferente daquele em que começaram a ser escritos, e está – não quero exagerar – mais propenso à racionalidade. Prestemos atenção às palavras de ordem, pelas quais somos perseguidos e das quais, aliás, nos servimos para designar breve e sugestivamente toda uma situação: em 1951 se dizia "política dos blocos"; em 1953 se começou a dizer "coexistência"; agora se fala de "distensão". Os blocos exigem mais a força dos fatos do que a adulação das palavras. A coexistência pode contentar-se com o silêncio. Mas como seria possível a distensão sem o entrelaçamento de um diálogo contínuo, sincero, vivo e fecundo entre as partes em conflito?

O tempo, portanto, parece dar razão, para continuar a metáfora inicial, não àqueles que veem tudo vermelho ou tudo negro, mas àqueles que não tiveram medo de insinuar alguma dúvida nos defensores demasiado excitados de um ou do outro lado. Àqueles, gostaria de dizer, que acusados, às vezes, de ter feito o jogo deste ou daquele lado, acabam demonstrando o contrário disto – e esta é a sua única ambição de intelectuais devotados à sua tarefa –, o jogo de ninguém, que é, afinal, a vantagem de todos.

Norberto Bobbio
Turim, julho de 1955

Política e cultura

Convite ao colóquio[*]

1.

Hoje, a tarefa dos homens de cultura é, mais do que nunca, a de semear dúvidas, não a de colher certezas. De certezas – revestidas pelo fausto do mito ou edificadas com a pedra dura do dogma – estão cheias, transbordantes, as crônicas da pseudo-cultura dos improvisadores, dos diletantes, dos propagandistas interessados. Cultura significa medida, ponderação, circunspecção: avaliar todos os argumentos antes de se pronunciar, controlar todos os testemunhos antes de decidir, e não se pronunciar e nunca decidir à maneira de oráculo do qual dependa, de modo irrevogável, uma escolha peremptória e definitiva. Aqui está um dos aspectos da "traição dos clérigos"; e o mais importante, na minha opinião, porque não está limitado ao mundo contemporâneo, mas se relaciona com a figura romântica do filósofo-profeta: transformar o saber humano, que é necessariamente limitado e finito e, portanto, requer muita cautela junto a muita modéstia,

---

[*] Originalmente publicado em: *Comprendre*, v.II, n.3, p.102-113, maio 1951.

em sabedoria profética. Daí deriva a posição, tão frequente entre os filósofos, de todo problema em termos de alternativa, de *aut aut*, de opção radical. Ou cá ou lá. Escutai o pequeno sábio que respira o nosso ar saturado de existencialismo: dirá que os problemas não se resolvem, mas se decidem. É o mesmo que dizer que não sendo possível desatar o nó – esse nó muito emaranhado dos problemas do homem e da sociedade de hoje –, é preciso cortá-lo. Para cortá-lo, porém, não é necessária a razão (que é a arma do homem de cultura). Basta a espada.

Dir-se-á que o homem de cultura não pode isolar-se, que também ele deve comprometer-se, quer dizer, escolher um dos dois lados da alternativa. Mas o homem de cultura tem o seu modo de não se isolar: que é o modo de refletir mais do que se faz comumente nos institutos oficiais da cultura acadêmica sobre os problemas da vida coletiva (desde a constituição do poder até a função dos sindicados, desde o desemprego até o planejamento econômico, desde a tutela das liberdades civis até a promoção do bem-estar), e discutir um pouco menos com seus colegas sobre o primado do pensamento e do ser. Tem o seu modo de se comprometer: o de agir pela defesa das suas condições e dos pressupostos da cultura. Se quisermos, ele tem também o seu modo de decidir, para que se entenda bem que ele não pode decidir-se senão pelos direitos da dúvida contra as pretensões do dogmatismo, pelos deveres da crítica contra as seduções da paixão, pelo desenvolvimento da razão contra o império da fé cega, pela veracidade da ciência contra os enganos da propaganda.

2.

Não há nada mais sedutor, hoje, que o programa de uma filosofia militante contra a filosofia dos "doutrinados". Não se confunda, porém, a filosofia militante com uma filosofia a serviço de um partido que tem as suas diretrizes ou de uma Igreja que tem os seus dogmas, ou de um Estado que tem a sua política. A filosofia militante que tenho em mente é uma filosofia em luta contra os ataques, de qualquer lado que venham – tanto daquele dos tradicionalistas como daquele dos inovadores –, à liberdade da razão esclarecedora. Não seria, talvez, uma filosofia militante aquela de quem contra sete igrejas e Estados do seu tempo proclamou como primeira condição de dignidade do homem o direito à *libertas philosophandi*, e combateu com inabalável firmeza o espírito supersticioso das religiões oficiais? Pois exatamente Baruch de Espinosa, escrevendo a um amigo durante o furor de uma guerra, disse palavras que hoje escandalizariam um daqueles obstinados fautores do *engagement*:

> Estas multidões não me levam nem ao riso nem ao pranto, mas antes a filosofar e a observar melhor a natureza humana [...] Deixo, portanto, que cada um viva a seu arbítrio e quem quiser morrer, que morra em santa paz, para que me seja dado viver pela verdade. (*Ep*. XXX)

Espinosa sabia exatamente que tipo de compromisso esperava o filósofo. Não que ele não estivesse comprometido: estava comprometido com a verdade. E se esse compromisso devesse, naqueles dias, diante daqueles acontecimentos, induzi-lo a não partilhar, a não escolher, ele tinha o direito, em nome da verdade, de rejeitar a um e ao outro lado o seu assentimento. Além do dever de entrar na luta existe, para o homem de cultura, o direito de não aceitar os termos da luta assim como são colocados, de discuti-los, de submetê-los à crítica da razão. Além do dever da colaboração há o direito da pesquisa. Antonio Gramsci, num dos seus *Cadernos do cárcere* – homem comprometido, férrea e integralmente, se alguma vez houve um –, escreveu:

Compreender e avaliar de maneira realista a posição e as razões do adversário (e às vezes o adversário é todo o pensamento passado) significa exatamente ser libertado da prisão das ideologias (no sentido pior, de cego fanatismo ideológico), ou seja, pôr-se de um ponto de vista "crítico", o único fecundo na pesquisa científica.[1]

3.

Façamos um exame de consciência. Quem ousaria afirmar que o homem de cultura respeita sempre – sobretudo nestes anos de paixões em ebulição e, às vezes, desenfreadas – a norma ideal da "pesquisa científica"? Pouco antes se falou da tendência a colocar os problemas fundamentais seguindo mais a paixão do que a razão crítica em termos de alternativas inconciliáveis. Duas civilizações em oposição, se um diz: nenhuma conciliação é possível. É preciso escolher: *aut aut*. E, para aquele que escolheu, o outro, tenha este escolhido o termo oposto, ou não tenha escolhido nada, é um réprobo a combater e a destruir. Pois bem, demasiado frequentemente o homem de cultura, por um mal-entendido dever seu de participação na luta a serviço de um ou outro dos dois oponentes, em vez de enfrentar a alternativa para submetê-la à crítica da razão, sopra também o fogo do contraste e o exaspera. Ou melhor, como a dar a essa discussão uma justificação teórica (que deveria depois justificar antes de tudo a sua atitude prática de partidário de um ou do outro lado), ele vai evocando de diversas fontes e com diversos acentos uma "filosofia da escolha", à qual reservaria a tarefa de dissipar a filosofia da dúvida crítica, para a qual a nossa civilização cultural foi formada, e da qual se nutriu.

É claro, não se pede ao homem de cultura que exorcize as oposições históricas eliminando-as num fluxo dialético de

---

1 Gramsci, *Il materialismo storico e la filosofia di Benedetto Croce*, p.21.

contínuas superações à maneira hegeliana. Tampouco se pede que as endureça, rompendo toda comunicação entre os dois termos, na alternativa kierkegaardiana. Não se trata de contemplar a história colocando-se do ponto de vista da história universal, mediante uma filosofia da perfeita adequação entre real e racional. Mas também não se trata de condená-la diminuindo-a na singularidade de uma experiência pessoal, numa concepção do mundo e da história que substitua uma exasperada inadequação entre o homem e Deus, entre o homem e o mundo, por uma adequação absoluta. A primeira atitude leva à justificação panlogística; a segunda conduz ao paradoxo da escolha. Todas as duas denunciam a pretensão orgulhosa de um critério absoluto. O que importa hoje é demonstrar a falsidade do encanto das palavras mágicas que alimentam a esperança do advento e entorpecem o entusiasmo da pesquisa. O que importa, neste reaflorar de mitos consoladores e edificantes, é comprometer-se em iluminar com a razão as posições em contraste, a pôr em discussão as pretensões de uma e de outra, resistir à tentação da síntese definitiva, ou da opção irreversível, restituir, em suma, aos homens – um contra o outro, armados por ideologias opostas – a confiança no colóquio, restabelecer junto com o direito da crítica o respeito pela opinião alheia. O modelo intelectual do homem de cultura não será mais o profeta que fala por oráculos, e sim o cientista que se debruça sobre o mundo e o observa. Quem informa a sua atividade de homem de cultura ao espírito científico não se entrega facilmente ao jogo das alternativas radicais; pelo contrário, examina, indaga, pondera, reflete, controla, verifica. E no final descobre que as antíteses não são tão claras como se gostaria de fazer crer. A sua marca distintiva não é a precipitação de uma solução, seja qual for, mas a perplexidade diante de qualquer solução.

4.

Não me façam objeção de que ao término de uma investigação, por cuidadosa que ela seja, se acaba sempre acolhendo uma solução com exclusão de outras. Ai se a perplexidade fosse permanente, uma espécie de estado crônico: cair-se-ia do cume cheio de perigos do opcionismo no emaranhado desleal do problemismo, ou seja, daquela atitude para a qual "tudo é problema" e que, para não cair no risco da opção exclusiva, deixa abertos todos os problemas e acaba na inação. Mas aquela solução à qual se chega após uma investigação crítica não tem absolutamente o caráter fatal da escolha opcional. A opção não tolera revisões. A solução crítica, porém, é por sua natureza continuamente sujeitável a novos controles e destinada a ser revista. É, portanto, uma solução que por sua natureza não exclui o colóquio, antes o exige; não interrompe a discussão, antes a provoca e se alimenta dela.

Também não me façam a objeção de que esse pretenso espírito crítico acaba encorajando aquele modo vicioso de "ver dois lados em cada questão", o que foi pungentemente criticado por um estudioso dos mitos intelectuais do nosso tempo, B. Dunham;[2] acaba, enfim, tornando-se cúmplice do espírito pacífico de compromisso às custas da coerência intelectual e da intransigência do caráter. Respondo também aqui que rejeitar pôr os problemas em termos de alternativas rígidas – "ou cá ou lá" – não significa resolvê-los em termos de baixas acomodações: "um pé cá, um pé lá". As acomodações pertencem, querendo-se fazê-las, ao homem de ação. A terceira força é um fato político. Para o intelectual, não se trata de constituir uma terceira força, mas de saber-se valer com seriedade e destreza da única força que é sua, a inteligência. Ao homem de cultura não cabe outra tarefa que a de compreender, de ajudar a compreender. E, se no

---

2 Cf. Dunham, *Man Against Myth*. London, 1948.

exercício da sua tarefa favorece o espírito de compromisso, em vez do de rixa, será um grande ganho para a causa da paz, desde que, é evidente, fique bem claro que da inteligência do problema o espírito de compromisso não deriva como consequência necessária, porque pode derivar com igual direito a consequência contrária, ou seja, a exclusão de toda possibilidade de compromisso. O importante é que o homem de cultura, quando está empenhado na sua função, que é a de compreender, não se deixe distrair pelos zeladores de toda ortodoxia ou pelos pervertidos de toda propaganda, os quais estarão sempre prontos a jogar-lhe na cara a acusação de que ele – pelo fato de não escolher a alternativa de direita – trai a civilização, ou – pelo fato de não escolher a alternativa de esquerda – opõe-se ao progresso. Para o intelectual há apenas uma forma de traição ou de deserção, a saber, a aceitação dos argumentos dos "políticos" sem discuti-los, a cumplicidade com a propaganda, o uso desonesto de uma linguagem propositadamente ambígua, a abdicação da sua inteligência à opinião sectária, numa palavra, a rejeição a "compreender" e, de tal maneira, de levar aos homens a ajuda precisa da qual só a cultura é capaz, a ajuda para romper os mitos, para quebrar o círculo fechado da impotência e do medo, no qual se revela a contagiosa inferioridade da ignorância.

5.

Na situação em que se encontra o mundo hoje, compreender quer dizer, antes de tudo, esclarecer exatamente os termos nos quais são propostas as antíteses, aquelas antíteses com as quais se procura cativar os fiéis a uma disciplina e pôr o adversário contra a parede. Uma antítese fundamental está diante dos olhos de todos, e todas as outras se referem a ela: a oposição na qual o mundo está dividido – afirma-se – é uma oposição de *civilizações* ou, melhor dizendo, é uma oposição entre a civilização e a não civilização.

Esta antítese toma duas formas diferentes conforme for proclamada pelos paladinos do mundo ocidental ou por aqueles do mundo oriental. Para os primeiros, a antítese se coloca como oposição entre *civilização* e *barbárie*. Para os segundos, como oposição entre *civilização nova* e *civilização velha* ou decadente. Comum a uns e outros é a presunção de combaterem, sozinhos, em nome da civilização: os primeiros, contra um mundo que ainda não é civilizado, e talvez nunca o seja, porque a civilização encontrou a sua sede e atingiu o seu vértice no Ocidente e não é transferível para outro lugar (a não ser como transposição pura e simples de uma civilização já feita, que deve apenas ser aceita ou rejeitada); os segundos, contra um mundo que não é mais civilizado, e talvez nunca o tenha sido, porque só a transformação radical nas relações sociais permite a fundação da civilização do homem total. Ambos se proclamam portadores da única civilização. Para uns, a civilização já está em certo sentido acabada e só resta aceitá-la ou desenvolvê-la a partir de dentro. Para os outros, a civilização está se formando e só quem se despoja do velho Adão é digno de entrar. Civilização como *posse* dos valores tradicionais, por um lado; civilização como *conquista* de valores novos, por outro. Do lado de fora, para uns, está o *bárbaro*, que deve ser mantido longe para que não infecte com a sua rudeza a refinada construção de um mundo já acabado; para os outros, do lado de fora há o *decadente*, que deve ficar submerso entre as ruínas do seu velho mundo que desaba para que não corrompa com os seus vícios as virtudes do homem novo. Reproduzem-se os mesmos termos da antítese mais vezes aduzida pelos dois pontos de vista opostos para explicar a crise do mundo antigo e, portanto, torna-se possível a mesma ambiguidade: o bárbaro é ao mesmo tempo o vivificador, o civilizado é também o vencido extenuado. Mas para o saudosista da velha civilização, o vivificador permanece um bárbaro, assim como para o admirador da renovação, o representante da civilização madura aparece como um velho esgotado que deve ceder lugar.

Destes dois pares de antíteses – civilização-barbárie, civilização-decadência – provêm dois modos diferentes de entender a rejeição do outro. Num e noutro caso a rejeição é total, e a antítese é exatamente tal que a posição de um termo implica a exclusão do outro. Mas do ponto de vista da civilização como posse, a rejeição significa *estar imune*; do ponto de vista da civilização como conquista, significa *fazer "tabula rasa"*. E a essa rejeição se dá a imagem corpórea, no primeiro caso, imaginando uma muralha que divida e não permita nenhuma união nem comunicação das duas partes; no segundo caso, evocando um fogo purificador que destrua e edifique.

6.

Esses dois pares diferentes de antíteses condicionam o modo de pensar do homem médio de hoje conforme ele esteja a militar (essencialmente por razões de pertença de classe) num ou noutro grupo. É inútil dar exemplos. Basta lembrar os dois *slogans* característicos das duas partes, que uns e outros trocam numa altercação sem fim e sem progresso (exatamente porque é uma altercação e não um diálogo). Em síntese, um diz: "Defendemos a civilização". O outro responde: "Liquidamos a reação". Mas, exatamente, "defender a civilização" não significa nada se não se move da ideia que a civilização é uma posse, uma vez e para sempre alcançada: o mito da muralha. Assim como "liquidar" significa que não se pode reconstruir se não se destrói desde os fundamentos o que havia antes: o mito do fogo devorador. Acima desses dois mitos gira, sem variações sensíveis, com uma monotonia que é indício ao mesmo tempo de obtusidade moral e de preguiça mental, o cata-vento das conversações cotidianas, das declarações oficiais dos políticos, dos escritos ocasionais não apenas dos jornalistas, mas também, às vezes, dos chamados intelectuais. Defender uma civilização que não tem mais nada a aprender porque representa a plenitude dos tempos; liquidar um passado que não tem mais nada a ensinar porque é um cúmulo de aberrações e de ruínas. A esta altura toda possibilidade de diálogo está rompida. Mas é aqui que começa o dever da crítica. Entre os defensores até as últimas consequências e os liquidadores até o extermínio, interpõe-se o homem de razão, que começa a interrogar a história. Antes de tudo se dá conta de que os dois adversários têm, mesmo na antítese que os separa até torná-los incapazes de estabelecer uma comunicação recíproca, alguma coisa em comum: uma concepção aberrante do curso da história humana. Uns têm uma concepção unilateral, ou melhor, unívoca da história: esta tem uma única direção, que é a direção percorrida pela civilização branca, às margens da qual não há senão cristalização, atraso, barbárie. Os outros seguem uma concepção dualista da história, baseada na distinção entre filhos da luz e filhos das trevas, idade do advento e idade do castigo. As duas concepções servem muito bem para reacender o ódio pelo inimigo, mas não ajudam a entender melhor o nosso próximo. Que não haja senão uma única civilização digna deste nome e que só esta seja chamada ao domínio exclusivo, é o pressuposto implícito e a consequência explícita da expansão colonial dos últimos quatro séculos, que não conheceu outras formas de contato com as diferentes civilizações que o extermínio (na América), a escravidão (na África), a exploração econômica (na Ásia). No marxismo, por outro lado, está contida uma concepção escatológica da história, quer dizer, a tendência a conceber a história humana como tendo um fim preestabelecido (a vinda do comunismo) e, portanto, um fim (a sociedade sem classes). Os marxistas militantes, quando escrevem sobre história, dificilmente se subtraem ao fascínio e ao perigo de conceber os acontecimentos do passado e do presente como a preparação do advento: um mundo burguês descrito como o reino das paixões desenfreadas, sem regra, do cálculo utilitário que prevalece sobre qualquer outro sentimento humano, onde a moral é máscara de hipocrisia, a abnegação e o heroísmo e o espírito de sacrifício escondem interesses baixos, nos quais o grande capital, o banco, a indústria, são representados como dragões devoradores de homens, monstros apocalípticos que devem ser combatidos até o seu total desaparecimento. Certamente, estas são mesmo características do mundo burguês. Mas o mundo burguês é apenas isto? E, por outro lado, é verdade que ao lado da civilização ocidental, mais progredida tecnicamente, há civilizações atrasadas em via de desagregação ou grupos sociais que não alcançaram e não alcançarão nunca sozinhos a fase da civilização. Mas baseada em que, a não ser no sucesso técnico, a civilização ocidental se arroga o direito de ser a única forma possível de civilização e considerar o curso da história humana como seu apanágio exclusivo?

7.

Duas antíteses, duas divisões. Ao começar a examinar a primeira, perguntamo-nos pelo fundamento que tem a antítese hoje proclamada pelo mundo ocidental entre a civilização, representada pelo mundo liberal burguês, e a barbárie, na qual é rejeitada sem sobras toda a parte restante do mundo? Achamos que podemos responder com firmeza: nenhum. A analogia, frequentemente apresentada até nas esferas oficiais do mundo estadunidense, entre a expansão da ideia e dos movimentos comunistas e a pressão sobre o mundo cristão exercida pelas hordas mongólicas, é um despropósito. Não há nenhuma relação possível entre um episódio de transmigração de hordas bárbaras e a transformação do mundo feudal, econômica e socialmente atrasada, que foi realizada pela Revolução de Outubro, com base numa concepção do mundo e da história que tira o seu impulso e o seu alimento do ponto extremo ao qual chegara, depois de três séculos de reconhecimento científico do mundo natural, primeiro, e do mundo histórico, depois, o pensamento ocidental.

O mundo comunista hoje é, sob muitos aspectos, o herdeiro e, portanto, a continuação da revolução técnico-científica que caracteriza o pensamento moderno. Aquilo que hoje chamamos de mundo moderno não é obra do Humanismo nem da Reforma, mas do desenvolvimento da pesquisa científica no final do século XVI. A grande divisão que separa o mundo moderno do mundo medieval parece sempre melhor não se apresentar mais como a restauração do antigo, que foi um reencontro e um intenso reavivamento de uma grande tradição que se tinha debilitado, mas que nunca fora totalmente esquecida, nem como a pretensa renovação do cristianismo das origens, que levou a uma recrudescência de disputas teológicas. Não foi nem a leitura mais genuína dos clássicos nem a leitura mais direta dos textos sagrados, mas o novo modo de ler o livro da natureza e de aprender a lição da experiência que foi próprio de um novo tipo de homem de cultura, o filósofo natural, que se opunha tanto ao humanista quanto ao teólogo (ou ao reformador religioso). Através da rejeição das autoridades dogmaticamente aceitas, da crítica dos textos consagrados pela crença oficial e pela filosofia das escolas, do acúmulo de novos conhecimentos que tornavam o homem, em medida sempre maior, senhor das forças naturais e, portanto, do seu destino no mundo, o filósofo natural abriu o caminho para o extraordinário progresso técnico destes últimos séculos, colocando as premissas de uma reviravolta tão radical da vida humana que só partindo dela se pode falar apropriadamente de uma nova sociedade, marcada pelo espírito científico e pela construção técnica, e distinta das sociedades precedentes com um corte nítido.

8.

A construção da sociedade socialista – para a qual está trabalhando o chamado mundo oriental – não poderia ser entendida a não ser tendo em mente o fato de que o caráter mais saliente do mundo moderno é o desenvolvimento técnico-científico, e não o Humanismo, como pensam comumente os filólogos, e tampouco a Reforma, como afirmam comumente os filósofos. Antes, se pode dizer em certo sentido que a construção de uma sociedade socialista é a consequência extrema (e, portanto, muito provavelmente viciada por todas as deformações próprias de uma posição radical) da concepção da realidade e da história, baseada na confiança ilimitada das forças combinadas da observação da natureza e da razão: dessa mesma concepção que ensinou o homem a dominar a natureza e a servir-se dela. Aquela mesma atitude com que o homem se voltara para a natureza acabou impondo-se, num segundo tempo, no início do século XIX, quando o domínio das forças da natureza pusera as premissas do desenvolvimento industrial, também ao estudo do homem e ao seu desenvolvimento histórico. Ficava sempre mais evidente ao observador dos fatos humanos, naturalisticamente orientado, que a sociedade humana, como a natureza, era um conjunto de forças em relação recíproca, entre as quais as mudanças sociais produzidas pelo impor-se da grande indústria punham sempre em maior evidência as forças produtivas. Por que nunca um estudo científico dessas forças teria permitido conhecê-las e, portanto, regulá-las, à semelhança do que acontecera com as forças da natureza? Até então, os filósofos tinham interpretado o mundo, agora se tratava de mudá-lo. Essa tese, que se costuma considerar como o ponto de partida de um movimento de revolução social que ainda hoje está em curso, é a mais coerente conclusão que se poderia tirar da atitude com a qual o homem moderno se colocara defronte à natureza. O marxismo retoma e amplia o movimento do Iluminismo: o planejamento da sociedade é a consequência natural e lógica dessa orgulhosa consciência do seu poder, daquela ilimitada libertação dos preconceitos religiosos e populares, daquela ambiciosa confiança na ciência, que conduzira à dominação da natureza. Quem hoje rejeita totalmente o marxismo como aberração, barbárie, desconsagração, saiba que deve também rejeitar, se não quiser renunciar à sua coerência, todo o pensamento moderno; saiba que deve chamar de bárbara, aberrante e desconsagradora toda a ciência moderna, que pôs descaradamente as mãos na obra de Deus e a colocou a serviço do homem também para fins nem sempre nobres. Saiba que deve refazer o caminho até aqui percorrido em quatro séculos e mergulhar de novo na Idade Média.

Na verdade, hoje são muitos os que suspiram por essa volta, aterrorizados pelas consequências, ao mesmo tempo gigantescas e catastróficas, da transformação da natureza e da sociedade que o homem empreendeu. Isto é compreensível, pois quanto mais aumentam os riscos da obra de libertação e de transformação, mais cresce a tentação de ficar à margem, mesmo que isso implique nova escravidão e uma recaída na imobilidade. Mas aqueles que hoje proclamam querer defender a civilização ocidental, em sua maioria não são saudosistas, não pensam absolutamente em defender a destruição do poderio industrial alcançado através do progresso técnico realizado pelo pensamento moderno, nem a redução da expansão colonial, que foi o resultado mais clamoroso da superioridade técnica dos homens brancos sobre os homens de cor. Em sua maioria, esses defensores da civilização gostariam de parar num certo ponto – naquele que mais lhes convém – o processo de desenvolvimento do racionalismo moderno: aceitar os benefícios – para eles, é claro – da Revolução Industrial e rejeitar os perigos da transformação da sociedade que a ampliação do progresso técnico leva inevitavelmente consigo e atrás de si. Mas, se os saudosistas do antigo não estiveram em condições de levar a história ao ponto em que chegou para produzir o maior avanço de civilização que o homem jamais conheceu, será que os defensores de um presente imobilizado conseguirão parar o movimento? E se o movimento continuar, não surgirá a suspeita de que o maior impulso a esse movimento provenha hoje, ainda que na forma de uma onda tumultuosa e subversiva, da parte do mundo em que eles veem apenas aberração, barbárie e desconsagração?

9.

Duas antíteses, duas divisões. Colocados diante da antítese civilização-barbárie, os outros respondem com a outra antítese: civilização nova-civilização decadente. Segundo estes últimos, a civilização burguesa, que hoje estaria em crise em toda parte, até mesmo na fase da convulsão final, representaria a última e mais dura fase do alheamento do homem. O fim último da construção do mundo socialista é a eliminação do alheamento, ou seja, a apropriação definitiva do homem, a instituição do homem total. O futuro e próximo reino da liberdade é contraposto ao reino da necessidade; o homem total, integralmente em posse de todas as suas possibilidades, é contraposto ao homem parcial, escravo tanto dos mitos religiosos como das forças econômicas que ele mesmo contribuiu para criar. Desse modo de entender a história como ritmo dialético de alheamento e apropriação deriva uma espécie de "subversão de todos os valores" proclamada, que cada vez mais se realiza, a partir do momento em que se consideram todos os valores até aqui criados pela civilização precedente como o produto de interesses particulares, de maquinações, ou, na melhor das hipóteses, de hábil hipocrisia; e destruir aquele nó de interesses significa desmascarar a enganosa grandeza daquele sistema de valores que surgiu deles. A esta altura, porém, nós nos perguntamos: que fundamento tem a tese de que uma civilização que ainda está viva, como a civilização liberal burguesa, e que dirigiu a transformação histórica que temos sob os olhos teria criado apenas interesses caducos e não valores duradouros? Teria realizado imponentes conquistas no campo do bem--estar, mas nenhuma no campo da vida espiritual que mereça ser acolhida e, portanto, salva na nova dimensão social para a qual tende o comunismo? Também neste caso respondemos com a máxima segurança: nenhum.

A civilização liberal burguesa colocou em termos irreversíveis o problema da liberdade individual, quer dizer, da liberdade do indivíduo singular, que em si mesmo é uma totalidade, com relação à Igreja e ao Estado (mesmo que essa liberdade não tenha sido realizada para todos os indivíduos, não significa que não tenha sido realizada para nenhum). Essa luta pela libertação do indivíduo em relação à sociedade considerada como totalidade superior aos seus membros conduziu vitoriosamente em duas direções: em relação à Igreja, rompeu o princípio da exclusividade da religião dominante, pondo em prática a tolerância; em relação ao Estado, quebrou o despotismo político, elaborando mecanismos jurídicos, como a declaração dos direitos naturais, a divisão dos poderes, o Estado de direito, a eleição para cargos políticos, o sistema parlamentar e a liberdade de oposição, o princípio majoritário, sobre os quais seria fácil e suportável a zombaria se os que escarnecem tivessem sabido criar um sistema político-jurídico melhor. Ao contrário, é evidente que exatamente os mais irreverentes zombadores são os que hoje sustentam e defendem uma nova forma de ortodoxia e, portanto, de intolerância, e criaram um Estado no qual nenhum dos mecanismos excogitados até agora para garantir a liberdade individual funciona regularmente. Dir-se-á que essas razões que impõem uma determinada política são razões contingentes, e que é preciso não fazer ilações de uma situação de fato para os princípios. Mas é exatamente essa concepção escatológica da história que implica revivolta e *tabula rasa*, que rejeita reconhecer o mundo que luta por qualquer mérito na fundação de valores espirituais e, portanto, universais, que recoloca de modo preocupante a questão da liberdade individual no plano das questões de princípio.

10.

No atual modo de pensar e de agir do mundo oriental não há ainda sinais claros que, mesmo prescindindo dos fatos, se indique a tendência a uma reavaliação da liberdade individual em termos de princípio. Antes, o desprezo que infla sua atitude perante o mundo burguês se reflete em repetidas declarações sobre a liberdade individual, à qual se contrapõe – como se fosse uma superação ou, pelo menos, uma interpretação mais correta – a liberdade na comunidade. Mas exatamente essa contraposição é a principal denúncia daquela incompreensão à qual o homem de cultura, que não tenha renunciado a dar-se conta das palavras que usa, deve sentir-se solicitado a opor-se. A liberdade na comunidade, se ela tem um sentido, só pode realizar-se num aumento progressivo da liberdade individual, ou seja, do poder espiritual e material (mesmo do poder material como fundamento do poder espiritual) do indivíduo em relação e em oposição ao poder da sociedade como totalidade. Nesse sentido, a afirmação liberal-burguesa das liberdades individuais (embora ainda limitada e restrita) representa o início de um caminho que não se pode percorrer para trás, a não ser que se queira afastar-se, talvez de maneira irremediável, da meta do homem total, e afundar-se novamente na sociedade total, que é a antítese do homem total e contra a qual o individualismo de origem liberal reagiu firmemente e pela primeira vez na história. A história da humanidade desde a tribo até o Estado de direito é um cansativo processo de libertação do indivíduo em relação à sociedade total. A sociedade liberal é apenas uma etapa nesse processo de reconhecimento das prerrogativas do indivíduo contra as prerrogativas da Igreja e do Estado. Mas é uma etapa pela qual, cedo ou tarde, é preciso passar. Esquecer-se dela, ou até dela desembaraçar-se dando de ombros, significa fazer violência à história.

Mas a história se vinga tornando sempre mais difícil aos violentadores o caminho para alcançar o limite ideal da liberdade, tornando sempre mais distante a meta da apropriação total do homem. Pois, de fato, a supressão da alienação econômica, a qual segundo a concepção marxista da história deveria constituir sozinha a base para a reapropriação do homem alheado, se transforma em alienação política, na qual a libertação da escravidão econômica é paga com o preço da sujeição ao Estado. O que são a fidelidade ao partido, a obediência às diretivas dos chefes, a ortodoxia cultural, a dedicação ao Estado senão manifestações da alienação política? Poder-se-á responder que o Estado total não é um ponto de chegada, mas apenas um ponto de partida, pedido pelas condições históricas atuais; não é um fim, mas simplesmente um instrumento de luta. Mas por que se lança o desprezo sobre as chamadas liberdades burguesas, que representaram a mais poderosa afirmação que já foi feita (incompleta, concordo, na sua atuação, mas atire a primeira pedra quem fez mais e melhor) do homem como pessoa, que tem um valor em si mesmo, em polêmica com as doutrinas muito mais comuns e mais fáceis – de maneira alguma novas e progressivas – que consideram o homem apenas como membro de uma sociedade organizada? Mais uma vez, um exame da atitude cruelmente polêmica dos seguidores do Estado total contra o Estado de direito induz a pensar que a realidade de fato esteja bem fundamentada numa questão de direito, ou seja, sobre o desconhecimento em linha de princípio dos esforços feitos e dos resultados alcançados pela civilização liberal, sobre a delineação de um problema em termos de antítese radical no qual a reflexão histórica não divisa senão os termos de uma integração. Contra semelhante colocação do problema, exatamente porque envolve uma questão de princípio e não apenas de fato, os homens de cultura têm o direito e o dever de intervir com os argumentos que lhes são oferecidos pela pesquisa crítica das transformações e dos progressos da civilização humana.

11.

Duas antíteses, duas divisões. A antítese tende sempre a ampliar mais a divisão e pode levar à destruição recíproca. A integração, ao contrário, exige o colóquio. O qual, assim como o que precede, poderia ser estabelecido sobre estas premissas: os defensores da civilização liberal burguesa reflitam até que ponto e dentro de quais limites a nova sociedade comunista é herdeira da sua concepção de mundo e da história, e rejeitem deixar-se arrastar na polêmica contra a "barbárie" que retornou; os defensores da nova sociedade comunista reflitam, muito mais seriamente do que fizeram até agora, em que medida e dentro de quais limites devem acolher, para apresentar a pretensão de constituir uma nova civilização, os valores colocados pela civilização liberal. É claro que enquanto o mundo oriental se sentir rejeitado, reagirá com desprezo; e enquanto o mundo ocidental se sentir mal-entendido, reagirá com rejeição. Trata-se de superar esse estado de oposição crônica recomeçando o colóquio pelo menos entre os homens de cultura. O problema é, antes de tudo, exatamente o de estabelecer os termos desse colóquio, os seus títulos de legitimidade. Mas se o colóquio, como nós pensamos, é legítimo, cabe exatamente aos homens de razão reunir seus esforços e as forças deles para torná-lo possível. Onde se deixa que o colóquio se extinga, aí a própria cultura cessou de existir.

Política cultural e política da cultura*

1.

A Sociedade Europeia de Cultura, na primeira assembleia geral ordinária que se realizou em Veneza de 8 a 11 de novembro passado [1951], discutiu e aprovou dois apelos, o primeiro dirigido "aos intelectuais da Europa e do mundo", o segundo "aos chefes de Estado, aos presidentes dos parlamentos, aos chefes de governo etc. de todos os Estados da Europa e da América". Os dois apelos, pelo prestígio de alguns homens de cultura que presidiram a sua elaboração e discussão, pelos fins da sociedade que os deliberou e pela colocação e direção que neles é dada a alguns problemas vitalíssimos para todos os intelectuais no mundo contemporâneo, merecem alguma atenção e pedem um breve comentário.[1] Transcrevemos aqui, a seguir, a parte essencial na língua original em que foram aprovados.

---

* Originalmente publicado em *Rivista di Filosofia*, v.43, n.1, p.61-74, jan. 1952.

1 Uma primeira nota de comentário e de adesão apareceu em *Aut Aut*, n.1, 1951, com o título "Diálogo e cultura", de E[nzo] P[aci], p.545.

I. Depuis ce qu'on appelle la fin de la guerre, le cours des événements révèle un état de conflit partout présent. La guerre n'a pas cessé: à tout moment elle peut se manifester sous des formes et avec une violence encore inconnues.

Les alliés d'hier, unis dans la guerre contre un ennemi commun, non seulement par les circonstances historiques, mais aussi pour des raisons profondes qu'on pouvait espérer permanentes, semblent ne plus se souvenir de celles-ci. Même lorsqu'ils prétendent justifier leur conduite par la fidélité à l'idéal qui les avait associés, ils paraissent se menacer réciproquement, ce qui fait peser sur le monde l'appréhension d'un malheur sans commune mesure avec ceux dont nous avons souffert.

Le monde apparait divisé en deux blocs armés. Trop nombreux sont ceux qui croient, ou font croire, qu'il n'y a pas d'autre issue que le triomphe de l'un de ces blocs et l'écrasement de l'autre. C'est la politique du aut, avec ou contre, oui ou non: c'est la mise en demeure. Ceux qui la repoussent et, dans leur volonté de nier le dilemme, refusent d'admettre la fatalité de la guerre, sont tenus pour des naïfs, des utopistes, sinon pour des traîtres.

A l'impératif du oui ou non, issu de l'esprit de guerre et par quoi certains se sont laissés entraîner, l'homme de culture résistera. Porté à rechercher et à discerner, sous les événements politiques, les forces profondes qu'ils expriment, il opposera aux exigences brutales et simplistes la réflexion, qui montre qu'il n'y a pas antinomie et que le conflit n'est point inévitable.

Il existe de grands intérêts qui, loin de s'exclure, se rencontrent par delà toute opposition et appellent une synthèse, dont le refus n'est ni juste, ni sage, ni courageux.

Sur le plan où nous nous sommes placés, qui est celui d'une politique de la culture, au lieu de dire oui d'une part et non de l'autre, on peut et doit dire oui et oui, car les valeurs essentielles, où qu'elles soient, ne doivent pas être laissées à la merci de la violence.

II. La Société Européenne de Culture, réunie en assemblée générale à Venise, du 8 au 11 novembre 1951, a examiné, dans ses rapports avec la situation générale actuelle, le malaise profond de la culture, et a reconnu que votre concours pourrait rendre plus efficaces les efforts qu'elle a entrepris en vue de le surmonter. Elle considère qu'il est de son devoir de vous demander votre appui, en attirant votre attention sur l'importance que peut avoir son action pour résoudre la crise.

Cette crise, qui investit la société jusque dans ses structures les plus profondes, ne saurait être résolue par une politique qui doit tirer de ces mêmes structures ses moyens d'action. Une telle politique se trouve donc dans l'impossibilité technique de créer le système de lois et d'institutions requis par les nouvelles conditions d'existence. Face aux problèmes soulevés par le développement même de la crise, cette politique sera menée sous la poussée des événements. Elle ne parviendra pas à les maîtriser et parfois même ne pourra mesurer les conséquences de son action.

À côté de cette politique, cependant nécessaire, car elle répond aux besoins de la vie quotidienne et l'histoire n'admet pas qu'on arrête son cours pour le changer, une autre se dégage toujours plus clairement, que nous nommerons politique de la culture, parce que c'est dans la culture qu'elle a son fondement. Elle révèle son importance dans les moments les plus critiques en combattant les craintes injustifiées, les égoïsmes, les superstitions, la paresse d'esprit, la lâcheté, tout ce qui s'oppose en somme à la marche de l'histoire, tout ce qui engendre ces arrêts funestes et ces réactions violentes qui font souvent payer à l'homme ses progrès d'un excessif prix de sang et de douleur. Elle ouvre à la société les horizons des expériences nouvelles qu'elle est appelée à faire, et la maintient dans cet état de disponibilité orientée, nécessaire à l'évolution normale d'une crise.

C'est avec ce concept de la culture entendue comme la conscience même de la civilisation, et prise comme principe de toute politique de crise sociale, que notre société s'adresse à vous et vous demande de considérer les obstacles qui s'opposent à la tâche qu'elle entend accomplir, et qu'il vous appartient d'écarter. Plus précisément, elle vous demande d'user de votre pouvoir pour établir les conditions d'existence qui permettront à l'homme de culture de n'avoir égard, dans l'exercice de son activité, à rien d'autre qu'à la loi intime de son œuvre, et d'échapper aux pressions qu'exercent sur lui des intérêts étrangers et souvent même hostiles à la culture. Elle vous demande notamment de garantir aux ouvrages de la culture et à leurs auteurs, quelles que soient leur origine raciale ou nationale, leur appartenance spirituelle ou politique, la plus ample liberté de circulation; de donner aux hommes de culture *un accès plus facile à tous leurs moyens de travail; de les affranchir de toute entrave (contrôles, censure, interdits) aux relations qu'il leur semblera bon d'entretenir par le moyen de la correspondance, des congrès, des rencontres, etc. La Société Européenne de Culture vous demande donc d'aplanir les obstacles qu'une politique de peur, de jalousie, de rancœurs a multipliés sur la terre, et en particulier dans cette Europe d'où rayonna sur le monde l'idée même d'universalité de l'esprit.**

---

* I. Desde o chamado fim da guerra, o curso dos acontecimentos revela um estado de conflito quase sempre presente. A guerra não parou: a todo momento, pode se manifestar sob formas e uma violência desconhecidas. Os aliados de ontem, unidos na guerra contra um inimigo comum, não apenas por circunstâncias históricas, mas também por razões mais profundas a ponto que se poderia esperar permanentes, já não parecem se lembrar delas. Mesmo quando tentam justificar sua conduta por fidelidade ao ideal que os havia associado, parecem se ameaçar reciprocamente, o que acarreta para o mundo a apreensão de uma infelicidade incomparável com aquela que sofremos.

O mundo aparece dividido em dois blocos armados. Muitos creem, ou fazem crer, que não há outra solução senão a vitória de um desses blocos e o esmagamento do outro. É a política de *aut*, com ou contra, sim ou não: é o ultimato. Aqueles que a rejeitam, e em seu anseio de negar o dilema, se recusam a admitir a inevitabilidade da guerra, são considerados ingênuos, utópicos, quando não traidores.

Ao imperativo do sim ou não, algo oriundo do espírito de guerra, pelo qual muitos têm se deixado envolver, o homem da cultura resiste. Guiado pela busca e pelo discernimento, nos acontecimentos políticos, nas profundas forças políticas que eles experimentam, eles opõem a reflexão às exigências brutais e simplistas, mostrando que não há contradição e que o conflito não é uma questão inevitável.

Há grandes interesses que, longe de ser se excluírem, se encontram além de toda oposição e exigem uma síntese, cuja recusa não é justa, nem sábia, nem corajosa.

No plano em que nos colocamos, que é o de uma política da cultura, em vez de dizer sim, de um lado, e não, do outro, podemos e devemos dizer sim e sim, porque os valores fundamentais, onde quer que estejam, não devem ser deixados à mercê da violência.

II. A Sociedade Europeia de Cultura, reunida em assembleia geral, em Veneza, de 8 a 11 novembro de 1951, examinou, em seus relatórios sobre a situação geral atual, o profundo mal-estar da cultura, e reconheceu que seus esforços poderiam tornar mais eficazes as iniciativas empregadas para

2.

A ideia fundamental, na qual a Sociedade Europeia de Cultura mostra inspirar-se na apresentação desses dois apelos, pode ser expressa, creio eu, nesta fórmula: também o mundo da cultura tem exigências, obrigações, poderes de natureza política. Trata-se de saber qual é a direção dessas exigências, a substância dessas obrigações, a extensão desses poderes, ou seja, de tomar consciência da cultura como fato político. Responder a esses problemas significa entrar no centro do debate – ao qual nenhum homem de cultura pode sentir-se alheio – *sobre as relações entre política e cultura*. A posição expressa nos dois apelos, para

---

superá-la. Ela considera que é seu dever pedir o seu apoio, chamando a atenção para a importância que sua ação pode ter para resolver a crise.

Essa crise, que envolve a sociedade até suas estruturas mais profundas, não será resolvida por uma política que extraia seus meios de ação dessas mesmas estruturas. Tal política se encontra na imposibilidade técnica de criar o sistema de leis e instituições exigidas pelas novas condições de existência. Diante das mesmas questões levantadas pelo próprio desenvolvimento da crise, essa política será conduzida sob a pressão dos acontecimentos. Ela não irá deixar de controlar e talvez nem possa medir as consequências de sua ação.

Ao lado dessa política, no entanto necessária, porque ela responde às necessidades da vida cotidiana e a história não admite que se pare para mudar seu curso, uma outra emerge cada vez mais claramente, que chamamos de política da cultura, porque tem na cultura a sua base. Ela revela a sua importância nos momentos mais críticos na batalha contra os receios injustificados, o egoísmo, a superstição, a preguiça mental, a covardia, contra tudo que se opõe à marcha da história, tudo o que gera essas paragens fatais e as violentas reações que muitas vezes cobram para o progresso do homem um preço excessivo de sangue e dor. Ela abre à sociedade os horizontes das novas experiências que é chamada a fazer, e a mantém em um certo estado de disponibilidade orientada, necessário para a evolução normal de uma crise.

É com esse conceito de cultura, entendido como a própria consciência da civilização, e tomado como um princípio de toda a política de crise social, que nossa sociedade demanda que se considerem os obstáculos à tarefa que ela pretende cumprir e que depende de você aplicar. Especificamente, ela

exprimir também aqui em breve fórmula, me parece que se pode caracterizar deste modo: duas posições extremas, a da *cultura politizada*, ou seja, da cultura que obedece a diretrizes, programas, imposições que provêm dos políticos, e a da *cultura apolítica*, ou seja, da cultura separada da sociedade em que vive e dos problemas que se apresentam nessa sociedade. Nos termos em que a questão se tornou agora familiar, de "cultura comprometida" e de "cultura não comprometida", a primeira peca por excesso de compromisso, a segunda por falta, e são posições que, como cada um pôde constatar nesses anos, se opõem por reação recíproca e se referem mutuamente, como o verso e o reverso da medalha. Ambas, mesmo na sua antítese, contêm o mesmo perigo: que a cultura perca a sua função de guia espiritual da sociedade num determinado momento histórico, ou seja, a função que é a sua própria razão de ser. Perde a sua função de guia, e a sua razão de ser, no primeiro caso, porque é considerada como *instrumental* com relação aos fins da sociedade que a política busca e, portanto, enquanto subordinada, se avilta; no segundo caso, porque é considerada *incomunicável* com a esfera dos interesses sociais e, portanto, enquanto indiferente, torna-se sempre mais vazia, estéril, caprichosa. Além dessas duas posições extremas, veio se

---

pede para você usar seu poder para estabelecer as condições de existência que permitam ao homem de cultura considerar, no exercício da sua atividade, nada mais além da lei íntima de sua obra e escapar das pressões exercidas sobre ele por interesses estranhos ou até hostis à cultura. Em particular, ela insta que se garanta às obras de cultura e seus autores, seja qual for sua origem racial ou nacional, afiliação espiritual ou política, a mais ampla liberdade de circulação; que se dê aos homens de cultura acesso mais fácil a todos os seus meios de trabalho; que os libertem de todo entrave (controles, censura, proibições) às relações que lhes parecer oportuno estabelecer por meio de correspondências, conferências, reuniões etc. A Sociedade Europeia de Cultura demanda que sejam removidas as barreiras que uma política do medo, da inveja, do ressentimento tem multiplicado na terra, especialmente na Europa, de onde irradia para o mundo a própria ideia da universalidade do espírito. (N. E.)

esclarecendo cada vez mais, através da discussão e da crítica dos pontos de vista opostos, uma posição nova e diferente, que está em condições de receber adesões entre intelectuais pertencentes a fés, orientações, ideologias diferentes, e da qual, justamente, os dois apelos acima relatados são, na minha opinião, uma expressão já madura e um esclarecimento persuasivo.

Essa nova posição se fundamenta na constatação de que a discussão entre cultura comprometida e cultura não comprometida pressupõe a própria possibilidade da discussão e que, portanto, tal possibilidade é a condição preliminar para a própria existência e para o desenvolvimento de uma cultura qualquer. Dessa constatação nasce uma regra geral de conduta para o homem de cultura na sociedade, a regra segundo a qual a sua participação ou não na vida política nunca deve ser tal que contribua para suprimir ou tornar mais difíceis as próprias condições de existência e de desenvolvimento da cultura. Esse dever para o homem de cultura é preliminar a todo outro dever. Dele derivam alguns deveres positivos: de agir na sociedade de modo que não sejam interpostos ou, se interpostos, sejam removidos os obstáculos à existência e ao desenvolvimento da cultura. Esses deveres positivos são de per si, de modo manifesto, deveres políticos, são os deveres políticos fundamentais do homem e tais que através deles ele está "comprometido" na vida política da maneira que lhe compete em primeiro lugar. Tal atitude não coincide com a da "apoliticidade", desde o momento que a defesa da cultura exige vigilância e firmeza da parte do intelectual com relação às iniciativas políticas; mas não coincide tampouco com a atitude da "politicidade", desde o momento em que a política da qual se faz portador o homem de cultura não é a política dos políticos, mas sim a expressão de exigências autônomas e irresistíveis da cultura no âmbito da vida social. Com expressão, em minha opinião, feliz, os dois apelos falam de uma *política da cultura*, que significa política realizada pelo homem de cultura enquanto tal, não coincidente necessariamente com a política que ele exerce como homem social, onde há a larga possibilidade de unificação que uma semelhante colocação pode promover entre intelectuais pertencentes a partidos políticos diferentes.

3.

A política da cultura é uma posição de abertura máxima em direção às posições filosóficas, ideológicas e mentais diferentes, dado que é a política relativa àquilo que é comum a todos os homens de cultura e não é atinente ao que os divide. Como proclamação de uma política aberta a todos os homens de cultura, é ao mesmo tempo uma denúncia, tanto da política fechada dos "politizados" como da cultura fechada dos "apolíticos". Diferencia-se das duas posições extremas sem ser absolutamente uma posição intermédia e conciliadora. É, como se dizia, uma posição diferente que refuta ambas ao mesmo tempo, porque se põe nas próprias raízes do problema das relações entre cultura e política. Esse problema, de fato, antes de ser aquele de se o homem de cultura deve ou não deve fazer política, é o problema sobre qual atividade política ele deve desempenhar a fim de que sejam realizadas as condições mais favoráveis ao desenvolvimento da cultura da qual ele é o guardião e o depositário. Se se pensa também só por um instante sobre quais são essas condições, quais são hoje as graves ameaças (que provêm de diferentes partes e não de uma só) para o livre desenvolvimento da cultura, vê-se logo que uma política da cultura se insere no âmago dos problemas políticos de hoje e tende a desempenhar uma verdadeira obra de compromisso político. Tendo-se em conta que só a política da cultura pode constituir uma plataforma comum, um ponto de referência e de entendimento entre intelectuais de origem diferente, dever-se-ia esperar que uma associação entre intelectuais que se proponha de modo claro e sem meios-termos a promover tal política, possa constituir, no seio mesmo da sociedade, uma força de propulsão ou de parada em relação com outras atividades políticas, ou seja, uma verdadeira força de natureza política. Desse modo – e aqui chegamos àquela que ao meu ver é a caracterização mais precisa da posição aqui defendida – a *política da cultura*, como política dos homens de cultura em defesa das condições de existência e de desenvolvimento da cultura, se opõe à política cultural, ou seja, à planificação da cultura por parte dos políticos. Todos os homens de cultura, creio eu, percebem neste momento o perigo da *política cultural* de qualquer parte que provenha. Deve estar claro que contra a política cultural, que é a política feita pelos políticos para fins políticos, a política da cultura promove a exigência antitética de uma política feita pelos homens de cultura para os próprios fins da cultura.

4.

Quais diretrizes de uma política da cultura podem ser tiradas das premissas acima expostas? As condições mais favoráveis para o desenvolvimento da cultura são constituídas, antes de tudo, pela existência e pela eficácia operante daquelas que Abbagnano chamou de "instituições estratégicas" da liberdade.[2] Uma política da cultura deveria ser em primeiro lugar uma defesa e uma promoção da *liberdade* e, portanto, uma defesa e uma promoção das instituições estratégicas da liberdade. A consciência do valor da liberdade para o desenvolvimento da cultura é uma das poucas certezas conquistadas com dificuldade pelos homens na formação da sociedade e do pensamento modernos. É uma conquista da qual não foi ainda contestado (antes, foi por experiência mais vezes confirmado) o valor de civilização. Renunciar a essa conquista ou, o que dá no mesmo, duvidar dessa certeza significa

---

2 Abbagnano, Filosofia e libertà. *Rivista di Filosofia*, p.133.

colocar as premissas de um retrocesso garantido cujas consequências não podem ser previstas.

Falamos de liberdade no sentido de "não impedimento". Cultura livre significa cultura não impedida. Os impedimentos podem ser tanto materiais como psíquicos ou morais: os primeiros colocam obstáculos ou dificultam a circulação e a troca das ideias, o contato dos homens de cultura; os segundos colocam obstáculos ou dificultam ou tornam completamente perigosa a formação de uma convicção segura através das falsificações de fatos ou da falácia dos raciocínios, se não diretamente através de pressões de vários tipos sobre as consciências etc. Ambos têm presente o apelo ao governo acima referido. Com referência ao primeiro, se lê:

> A Sociedade insta que garantam às obras da cultura e aos seus autores, seja qual for a sua origem racial ou nacional, afiliação espiritual ou política, a mais ampla liberdade de circulação; que se dê aos homens de cultura acesso mais fácil a todos os seus meios de trabalho; que os libertem de todo entrave (controles, censura, proibições) às relações que lhes parecer oportuno estabelecer por meio de correspondência, dos congressos, dos encontros etc.

Com referência ao segundo:

> A Sociedade pede para você para usar o seu poder para estabelecer as condições de existência que permitam ao homem de cultura considerar, no exercício da sua atividade, nada mais além da lei íntima de sua obra, e escapar das pressões exercidas sobre ele de interesses estranhos ou até hostis à cultura.

5.

Se não se esquecer que ao lado dos impedimentos materiais há aqueles que chamamos morais, o campo de uma política da cultura se torna extremamente amplo e empenhado. A luta política contra os impedimentos morais é uma luta pela defesa da verdade. Além da defesa da liberdade, pertence à política da cultura também a defesa da *verdade*. Não há cultura sem liberdade, mas também não há cultura sem espírito de verdade. Já tive ocasião de dizer noutro lugar que o compromisso do homem de cultura é, antes de tudo, um compromisso pela verdade.[3] O compromisso pela verdade pode tornar-se, nos momentos de crise, também um compromisso político. É, portanto, um compromisso que pode levar a uma ação concorde e coletiva no plano em que se movem as forças políticas. As ofensas mais comuns à verdade consistem nas *falsificações de fatos* ou nas *deformações de raciocínios*. Vemos diariamente casos demais para valer a pena exemplificar. Seria, porém, desejável que as revistas de cultura dedicassem um pouco de atenção a esses episódios, os descobrissem e os denunciassem, mostrando assim a presença de uma opinião pública pronta a resistir ao espírito da mentira e do engano. Contra as falsificações cabe ao homem de cultura fazer valer aqueles mesmos procedimentos de verificação dos fatos do qual se vale na sua atividade de historiador e de cientista, e que constituem o seu título de honra. Contra os raciocínios viciosos ele deve empregar e convidar a empregar a exatidão do discurso e o rigor do procedimento lógico, que o guiam nas suas pesquisas e sem os quais ele é bem consciente de que o progresso científico nunca teria ocorrido. É inadmissível que um intelectual aceite, por razões ou interesses políticos, aqueles procedimentos falsificadores ou aqueles raciocínios viciados que ele rejeita enquanto intelectual. É inadmissível que os aceite. Mas é também inadmissível que se faça, inconscientemente ou por ingenuidade, o seu pregoeiro. Mais grave ainda é que, pela sua reconhecida e requintada habilidade de manipular as palavras, se torne cúmplice.

---

3 Cf. ensaio anterior, p.64 et seq.

Além das ofensas que podem provir das falsificações e dos raciocínios viciosos, o espírito de verdade pode ser ofendido pelo delineamento em termos de verdade e de erro – de verdade absoluta e de falsidade absoluta – de problemas que não são atual ou essencialmente resolvíveis. Aqui não age a falsificação, mas, pelo contrário, a elevação à verdade absoluta – com consequente exclusão de toda afirmação diferente – de asserções apenas prováveis ou, pior, subjetivas. É o procedimento próprio de todo dogmatismo. É inútil lembrar que cultura significa não apenas método e rigor no trabalho intelectual, mas também cautela, circunspecção, reserva no julgar: quer dizer controlar todos os testemunhos e examinar todos os argumentos antes de se pronunciar, e preferir renunciar a pronunciar-se a fazê-lo apressadamente; quer dizer não transformar o saber humano num saber absoluto, a ciência em sabedoria profética. Contra o procedimento do dogmatismo o homem de cultura deve defender e exercer em qualquer situação o *espírito crítico*. E quando o procedimento dogmático é assumido pelo poder político como meio de governo, a resistência contra o dogmatismo e a defesa do espírito crítico se tornam para o homem de cultura um dever político, além de moral, que entra perfeitamente no conceito de uma política da cultura.

6.

O dogmatismo contribui para diminuir a comunicação intelectual. Entre os impedimentos à circulação da cultura, o mais insidioso e, portanto, o mais temível é o dogmatismo. Contra ele o homem de cultura é chamado a restabelecer a confiança no *colóquio*. Isso explica o conteúdo do apelo que a Sociedade Europeia de Cultura enviou aos intelectuais de todo o mundo. Contra a tendência ao *aut-aut*, que pressupõe uma decisão que se tornou irrevogável, ela invoca o espírito do *et-et*, que implica o restabelecimento do diálogo. Se hoje a política dos políticos é dominada com demasiada frequência pela tentação de considerar o diálogo inútil, cabe aos homens de cultura afirmar a sua fecundidade. Se hoje a propaganda política com demasiada regularidade proclama a impossibilidade do entendimento mútuo, o homem de cultura passa a proclamar o dever de entender os outros. Nesse campo não saberei indicar nada melhor do que o livro de Guido Calogero, *Logo e dialogo*. O dever de entender é aí defendido como imperativo moral, antes como o próprio pressuposto de todos os imperativos morais. Enquanto imperativo fundamental ao homem de cultura, nós mesmos pensamos em defini-lo como suprema regra da nossa honestidade intelectual.[4] Não consigo pensar que o dever de entender, como Calogero pensa, não esteja ligado a nenhuma metafísica pelo fato de ser o pressuposto do igual direito de exprimir-se de todas as metafísicas. Penso que seja o produto de uma determinada concepção da verdade que nasce do desenvolvimento da filosofia moderna. Mas é aceito hoje como princípio (nem sempre praticado) por todos os homens de cultura. Pode, portanto, constituir bastante bem a ideia diretriz de uma ação comum de todos os homens de cultura de todos os países e de todas as convicções.

Restabelecer a confiança no colóquio significa romper o *silêncio*. O dogmatismo cria ao redor de si zonas de silêncio, e entre uma zona e outra não há passagem. Todo sistema de dogmas é um sistema fechado. Todo sistema fechado é um castelo dentro do qual a pessoa se protege contra a crítica, a discussão. Nada além do silêncio pode constituir um cinturão de defesa para o nosso dogmatismo, porque nada mais que a palavra dos outros pode perturbar o nosso sono dogmático. Natalia Ginzburg escreveu algumas belas páginas sobre o silêncio como estado de espírito, como atitude, como pecado moralmente julgável de uma geração: "Entre os vícios mais estranhos e mais graves da nossa

---

4 Bobbio, Logica e moralità. *Rivista di Filosofia*, p.84.

época é mencionado o silêncio".[5] Literata, ela é levada a procurar as razões mais numa mudança de gosto estilístico do que em questões morais, de fundo: do desgosto das palavras grandes e ensanguentadas dos nossos genitores nasceram – sugere ela – palavras aquáticas, frias, fugidias. Noutro lugar, porém, deixa entrever uma perspectiva diferente, onde diz:

> Verifica-se, portanto, este fato estranho: que os homens se encontram estreitamente ligados um ao destino do outro, de modo que o revés de um só arrasta milhares de outros seres, e ao mesmo tempo, todos sufocados pelo silêncio, incapazes de *trocar qualquer palavra livre*.

Talvez aqui, nesta incapacidade de trocar qualquer palavra livre, esteja uma razão mais profunda, a razão essencial. O silêncio é o muro de defesa dos nossos mitos, é o guarda da nossa sonolência espiritual. Cada um tem um pequeno tesouro de certezas pessoais que não coloca de bom grado em discussão, que fecha zelosamente no silêncio da sua intimidade. Todos os dias fazemos experiência disso em nós mesmos. Se aquelas poucas certezas forem atacadas e sacudidas, é preciso recomeçar do zero e recomeçar é penoso. Mais do que penoso, é humilhante. Com os outros gostamos de falar muito mais dos detalhes decorativos da nossa construção metafísica do que dos fundamentos. E quando a construção está acabada ou nos parece terminada de modo a considerá-la estável, então há o silêncio, tantas ilhas de silêncio.

Esta é uma experiência que as gerações de hoje viveram de forma excepcionalmente aguda. Por isso podemos falar disso como coisa nossa e como um perigo sério. Há uma geração que se deparou, como acontece comumente em períodos de crise, diante de problemas enormes: todos os valores de uma civilização foram colocados em discussão. À medida que se caminha

---

5 Ginzburg, Silenzio. *Cultura e Realtà.*

é tirado o chão sob nossos pés e de modo que não se pode mais tocá-lo, pois um novo abismo já foi aberto. Nessa situação se entende a sedução da certeza, não importa se postiça. Mas é exatamente essa certeza postiça que cria em torno de si o silêncio. Todo sopro mais leve de crítica correria o risco de dispersá-la. É frágil e é preciso não a expor demais aos choques das certezas alheias. Cada um busca refúgio, como os monges que fugiram de outra barbárie na clausura de sua intimidade. E aqui se guardam os seus dogmas. Quantos nesses anos não vimos refugiarem-se na nostalgia do paraíso perdido ou abandonar-se na esperança do advento! Então qualquer colóquio se tornou impossível. Nós nos encontrávamos diante de uma parede com portas e janelas fechadas. Aliás, para que abri-las, se dentro tudo era arrumado, acolhedor e organizado? As paredes dos templos erguidos para as próprias certezas são impenetráveis. É preciso romper essas paredes se se quiser restabelecer o colóquio. E só o espírito crítico pode fazer isto. É preciso abrir-se uns com os outros, colocar na mesa os nossos presumidos tesouros, examiná-los e deixá-los examinar. E só então a cadeia do silêncio, que torna tão difícil e amarga a vida da cultura, será quebrada. O dever de entender, como todo dever moral, impõe um sacrifício: impõe renunciar à política cômoda da clausura; impõe que nos tornemos disponíveis aos outros para que possam olhar-nos por dentro e talvez pôr tudo em desordem. Sobretudo nos impõe renunciar à presunção de que os outros estejam errados só porque pensam de modo diferente de nós.

7.

Nesse sentido mais amplo, como luta contra a intolerância, como defesa e promoção do espírito crítico, a política da cultura implica por parte dos intelectuais um severo compromisso não só com os homens políticos, mas também consigo mesmos.

A esse dever de probidade e de independência pessoal se refere outro manifesto recente, o da Associação Italiana para a Liberdade da Cultura, que foi divulgado ao mesmo tempo que os apelos sobre os quais se discorreu até agora. A coincidência dessas duas manifestações que, embora divergindo nas finalidades e no espírito informador, obedeceram a uma inspiração comum e certamente são o produto de uma mesma situação de tensão das relações entre política e cultura, é singularíssima e é tal que mereceria sozinha chamar a nossa atenção.

A parte essencial desse manifesto, que foi reproduzida no artigo 2 do Estatuto da Associação, diz:

> Consideramos que, enquanto homens e cidadãos, também aqueles que professam as artes e as ciências sejam obrigados a se comprometer na vida política e civil, mas que além das tendências e dos ideais políticos e das preferências por uma ou outra forma de ordenamento social e de estrutura econômica, seja o seu dever guardar e defender a sua independência, e que gravíssima e sem perdão seja a sua responsabilidade se por acaso renunciarem a essa defesa.

Considerado em sua letra, esse manifesto não exclui o da Sociedade Europeia de Cultura: a liberdade do homem de cultura de fórmulas políticas e da propaganda pode ser considerada o pressuposto de uma eficaz política da cultura. Poder-se-ia pensar, antes, que se integram mutuamente. O primeiro se detém numa posição negativa: resistir à política cultural. O segundo avança para uma fase positiva: contrapor à política cultural, como foi dito, uma política da cultura.

Talvez, se olharmos além da letra, o espírito, ou melhor, as manifestações do Movimento pela Liberdade da Cultura, assim como se revela pelas suas publicações (um boletim intitulado *Difesa della Cultura* e a revista *Preuves*), não parece que mantém todas as suas promessas e pode suscitar alguma perplexidade.

Pode acontecer também que as promessas não fossem totalmente claras, e que os atos a serem seguidos sejam consequentes a uma determinada interpretação dos pressupostos, no próprio momento em que era possível, ficando estabelecida pela letra do documento uma interpretação diferente. A julgar pelas publicações citadas, a atividade do Movimento parece promover uma *cruzada* por alguns intelectuais anticomunistas contra todos, indiscriminadamente, os intelectuais comunistas. Essas consequências podem ser deduzidas das premissas? O manifesto fala de "independência". Não creio que se possa razoavelmente entender por independência a falta de uma ideologia política. De fato, seria fácil demais responder – e a resposta se tornou um lugar-comum da polêmica cotidiana – que os chamados "independentes", como o famoso cata-vento movido pelo vento, também estão ligados a certas ideologias e não se dão conta disso. Parece-me, ao contrário, que por independência de um homem de cultura não se deva entender não mais aderir a nenhuma ideologia política, mas aderir a ela por convicção íntima, e não por razões de comodidade. Se for assim, porém, os comunistas não podem ser excluídos *a priori*. Valeria o mesmo afirmar que não pode haver intelectuais comunistas intimamente convictos. Vejo na revista *Preuves* que escrevem e, portanto, participam na cruzada (e com a sua velha experiência) adeptos de igrejas constituídas. Se for estabelecida uma presunção de liberdade em favor dos fiéis de uma igreja que tem os seus dogmas, as suas doutrinas dadas do alto – e como não? –, a sua política cultural, é sinal que por independência não se entende o agnosticismo puro, mas a adesão íntima a um sistema de princípios e de valores que são aceitos por convicção e não por imposição externa. Então, porém, não há razão para não estabelecer a mesma presunção em favor dos comunistas ou de outros seguidores de ideologias políticas, que implicam, como o comunismo, uma concepção de mundo e da história.

Pode-se, por isso, suspeitar que o critério de independência pode ser substituído, ou pode sub-repticiamente substituir, outro critério: o da verdade e do erro. Uns são aceitos porque estão na verdade; outros são rejeitados porque estão no erro. Mas a ação corre o risco assim de se transformar em defesa da liberdade (e, portanto, de todas as verdades sinceramente professadas), em ação pela defesa de certa concepção da verdade. Observamos antes que a assunção programática de uma verdade absoluta e a rejeição igualmente programática da opinião alheia, considerada como erro, realiza uma das condições menos favoráveis para o desenvolvimento da cultura. E, na realidade, nada está mais em antítese com a política do diálogo do que a política da cruzada.

Vê-se assim que, se os apelos da Sociedade Europeia de Cultura e do Movimento para a Liberdade da Cultura se integram mutuamente, as respectivas atividades podem revelar concretamente alguma divergência. A Sociedade, que acentua o seu caráter político, enquanto se mantém fiel ao princípio de perseguir uma política da cultura distinta da política comum, põe-se em clara antítese com a política seguida pela maioria dos governos. O Movimento, aparentemente menos político, acaba adotando uma política geral (e certas alianças são sintomáticas) correndo assim o risco de estar comprometido. A primeira implica o homem de cultura num esforço comum de alcance cultural: a defesa do diálogo acima das barreiras impostas pelas "razões de Estado" contrastantes. O segundo o envolve numa luta política: a defesa contra o comunismo.

Não se trata de estabelecer uma rígida oposição que, além do mais, no momento em que uma política da cultura está despertando, seria apressada. Trata-se de adquirir plena consciência do fato de que os caminhos possíveis são dois, e só um deles é conforme àquilo que tradicionalmente se considera o "espírito liberal", só um responde ao homem de cultura. A ele cabe – sobretudo nos períodos em que prevalece o furor destruidor das guerras religiosas – responder aos semeadores de discórdias com a suprema tentativa de convidar os homens, não mais cegos pelo fanatismo, ao colóquio, e deixar aos guerreiros, aos políticos, aos homens de partido e de paixão, a iniciativa e a responsabilidade das cruzadas.

Defesa da liberdade*

Caro Bianchi Bandinelli,

Agradeço pela tua amigável resposta ao meu artigo "Política cultural e política da cultura", que publicaste no número 2 (1952) de *Società*. Agradeço-te porque a tua resposta, pelo tom e pela substância, é tal que continua e deixa aberto o diálogo. Agradeço-te em particular porque as tuas observações e reflexões me permitem descobrir aqueles que me parecem os elementos principais de dissenso e esclarecer melhor a nossa posição recíproca.

Não fazes substancialmente objeções sobre o ponto central de que a cultura tem necessidade de liberdade, e exprimes o teu consenso sobre essa tese (com exceção do "guarda e depositário", sobre o que voltarei). Somente, diante da dúvida que eu, ao falar de "política cultural", me refiro, não exclusivamente mas principalmente, ao regime soviético, me avisaste que também os regimes ditos liberal-democráticos fazem o mesmo e citas

---

* Publicado originalmente em *Società*, v.8, n.3, p.512-520, set. 1952.

exemplos precisos. Respondo já que não excluí que os regimes ditos liberal-democráticos façam a sua política cultural e encontrem intelectuais dispostos a aceitá-la e propagá-la. Não os excluí porque não quis estabelecer posições de privilégio para nenhum dos regimes políticos hoje existentes. Antes, aceitando a distinção proposta no manifesto da Sociedade Europeia de Cultura entre política comum e política da cultura, coloquei na conta de todos os regimes políticos (e o fiz sem escandalizar-me) uma grande porção de política cultural. Dir-te-ei mais: o que alarmou mais a mim e aos que pensam como eu é exatamente o fato de que uma política cultural sempre mais evidente e grosseira seja posta em prática também pelos regimes que se costuma definir como liberal-democráticos em oposição aos regimes totalitários, e entre cujos defensores costuma-se fazer grande barulho sobre a política cultural alheia. Eu já considerava ponto pacífico que os regimes totalitários, entre os quais coloco (também sem escandalizar-me, porque penso que se trata de uma dura necessidade histórica) o regime soviético, desenvolvem uma política cultural imponente. O fato de os regimes liberal-democráticos fazerem o mesmo é coisa que me perturba muito mais, porque põe definitivamente em prática aquelas condições de asfixia da cultura, com a qual os homens de cultura devem preocupar-se primeiramente, e habitua todos, comunistas e não comunistas, a pensar que os tempos se tornaram difíceis, e não há nada mais a fazer pela liberdade da cultura. Gostaria, portanto, de tranquilizar-te logo sobre o fato de que a minha polêmica não exclui ninguém. Exatamente dessa constatação se segue para os homens de cultura o dever, que afirmas com muita clareza e muita força de convicção, de tomar consciência da grave situação de crise na qual nos encontramos e desempenhar a sua tarefa e assumir as suas responsabilidades em defesa da liberdade e da verdade.

Tenho, porém, medo que, uma vez aceita a tua objeção relativa à política cultural dos regimes liberal-democráticos, não sejam aceitáveis na mesma medida as consequências que parece poderem seguir-se do teu raciocínio. O qual, se compreendi bem, é acerca disto (está implícito no teu discurso, mas procuro torná-lo explícito para esclarecer melhor os termos do nosso dissenso): assim como todos os regimes têm a sua política cultural, incluindo os regimes liberal-democráticos, não há motivo de preferir estes aos outros, pelo menos por parte de quem se coloca no plano da política da cultura, quer dizer, da política dos homens de cultura em defesa da cultura. Para mim, porém, o fato de que também os regimes liberal-democráticos queiram impor uma política cultural sua demonstra simplesmente que também eles estão se tornando regimes totalitários; não constitui, portanto, um argumento contra o princípio liberal, mas talvez seja um testemunho histórico contra a existência de regimes liberais nesta época de crise. Não constitui um argumento contra o princípio liberal porque, exatamente no momento em que esses Estados adotam os princípios dos regimes totalitários, deixam de ser liberais. A exigência dos homens de cultura de não deixar cair o diálogo entre eles e não aceitar as barreiras erguidas pelos regimes opostos nasce exatamente da constatação do agigantamento da ameaça do totalitarismo. Não gostaria, portanto, que, diante da perda geral, deixássemos que se pronunciasse a nota máxima dos acomodados: "como somos todos pecadores, pequemos também nós". Parece-me, ao contrário, que deveríamos antes assumir a atitude oposta: "como todos pecam, procuremos intensificar a obra de conversão".

Em que pode consistir, pelo menos em linha essencial, esta obra de conversão? Penso que já seria alguma coisa se os homens de cultura defendessem a autonomia da cultura dentro do próprio partido e do próprio grupo político, no âmbito da ideologia política à qual aderiram livremente e em favor da qual estão dispostos a dar a sua obra de homens de cultura. (Não vejo absolutamente o perigo – proclamado pelos "puros" – de o homem de cultura se comprometer com uma determinada política; o perigo nasce quando ele se compromete extrínseca e passivamente em transformar a sua obra de cultura em obra de propaganda, ou em não se dar conta que o seu compromisso político se torna incompatível com o seu dever de homem de cultura.) Todos são bons em descobrir e denunciar os ataques contra a liberdade feitos pelos adversários. Não é, portanto, grande sinal de espírito liberal o fato de os católicos protestarem contra a supressão de certas liberdades religiosas nos países não católicos, e que os comunistas denunciem em voz alta a expulsão de Neruda da Itália e procurem fazer que ela a revogue. (Sinal de espírito liberal, às vezes, é que a expulsão tenha sido revogada e que os comunistas tenham encontrado aliados em homens de cultura que talvez façam do anticomunismo sua política comum, mas não tenham nenhuma repugnância de estarem com os comunistas quando se trata de política da cultura.) Querendo-se trabalhar em favor da liberdade, é preciso ter a coragem de defender a liberdade da cultura dentro do mesmo partido com o qual se combate a batalha política, contra os mesmos que são os nossos companheiros de luta política. Há católicos militantes que defendem, contra a própria Igreja, a liberdade da cultura. E não falamos dos leigos liberais, dentre os quais muitos renunciaram, para não se tornarem liberais conformistas, ao princípio que sempre pareceu uma consequência lógica da ideia liberal, ou seja, que a tolerância deve ser exercida para com todas as opiniões exceto aquelas que negam a tolerância. Há também os comunistas que defendem a liberdade da cultura dentro do seu partido? Certamente há. De qualquer modo, seria altamente desejável que houvesse, pelo menos por dois motivos: antes de tudo, porque são exatamente os intelectuais comunistas os que elevam mais a voz (e nisso fazem muito bem e eu geralmente estou do lado deles) contra as violações das liberdades individuais cometidas pelos outros, o que levaria a pensar que eles sejam os mais "sensíveis" perante o problema da liberdade; em segundo lugar, porque no âmbito da política soviética tenho visto se afirmar um princípio muito perigoso para a liberdade

Defesa da liberdade

da cultura (e isto sim me escandalizou): o princípio do "partidarismo da ciência".

Li na *Rassegna Sovietica*, de julho de 1951, que, numa discussão entre os membros do Instituto de Economia da Academia das Ciências da URSS, foi solenemente afirmado que a ciência não deve ser objetiva (o objetivismo é expressão de uma degeneração burguesa), mas deve ser "partidária". O partidarismo da ciência – explica o relatório de V. Diachenko, vice-diretor do Instituto – "exige uma estreita ligação entre as pesquisas científicas e as atividades da luta de classe do proletariado e de todos os trabalhadores contra os exploradores etc." (p.5). Tal princípio diz pura e simplesmente, se não interpreto mal, que a ciência deve estar a serviço da política. Tu, como homem de cultura, sempre pensaste que o grande desenvolvimento da ciência na época moderna fosse devido à liberdade da pesquisa. Aqui, porém, aprendes que a liberdade da pesquisa é um preconceito burguês, que a ciência deve receber diretivas do partido, em suma, que não deve ser mais livre. É inaudito, mas está escrito exatamente assim:

> O Instituto deve, no menor tempo possível, preparar e publicar obras de alta qualidade sobre os problemas do imperialismo e da crise geral do capitalismo, e, em particular, sobre os problemas da teoria e da história das crises econômicas. Elas devem ser obras *verdadeiramente científicas*, penetradas dos princípios da teoria e da metodologia marxista-leninista, do princípio do partidarismo da ciência. (p.12, itálico de Bobbio)

Compreendeste? Sempre pensaste que a ciência seria tanto mais verdadeira quanto mais independente da política o fosse. Aqui aprendes pela primeira vez (é realmente, creio, uma "novidade absoluta" na história da cultura) que a verdadeira ciência é aquela que depende da direção do partido.

Estamos diante de uma verdadeira aberração, diante de uma deformação filosófica e moral. O que os intelectuais comunistas pensam? Não tenho nenhuma dúvida que os intelectuais comunistas que conheço e estimo, por exemplo, a maior parte daqueles que colaboram na revista *Società*, pensam como eu penso, ou seja, pensam que o princípio do partidarismo da ciência é um princípio reacionário. Por isso seria, repito, altamente desejável, a fim de conter a irrupção violenta do totalitarismo, que alguns deles tomassem a palavra para deplorá-lo ou ao menos para esclarecer, diante daqueles que tiram desse princípio motivos fundamentados de escândalo e de indignação, e até bons argumentos para reforçar o seu anticomunismo, as razões que conduzem a política soviética (aqui o comunismo, me parece, não tem nada a ver com isso) a defender com tanta obstinação esse princípio.

Muitos se alegrariam, creio eu, se na vossa revista, que é uma revista de cultura, ao lado dos artigos nos quais fazeis o esforço desesperado (desesperado pelo menos para mim) de demonstrar que Dewey é um filósofo reacionário e imperialista, se pudesse ler um artigo no qual se procurasse demonstrar que o princípio do partidarismo da ciência não é um princípio reacionário, ou, que é, sim, um princípio reacionário, mas vós comunistas também sois. Muitos se alegrariam (e isto poderia também não vos importar nada, mas se não vos importasse nada o julgamento de todos os homens de cultura que não são comunistas, seria um mau sinal), e teríeis também feito uma boa ação em defesa da liberdade da cultura (e isso deveria, à medida que sois homens de cultura, importar-vos um pouco mais). Ademais, se vós o fizésseis, o mundo não acabaria. Não acabaria o comunismo que teria tudo a ganhar e nada a perder distinguindo o que pertence aos princípios do que é produto de uma situação particular, talvez de uma cristalização particular que não é sério nem honesto aceitar ou fazer crer que se aceite como verdade absoluta. Teria tudo a ganhar, digo, o comunismo, porque se há exatamente um princípio que me parece contrário à ideologia marxista, que nasceu no terreno do historicismo, é o do partidarismo da ciência, que corre o risco de dar ao Estado soviético o caráter de uma igreja dogmática. De fato, que a verdadeira ciência seja a ciência fiel às diretrizes do partido significa que há um detentor da verdade absoluta, que é o partido. Não vejo outro precedente histórico do que a tese dos teólogos da Contrarreforma, segundo os quais a verdadeira ciência não era aquela livremente elaborada por Galileu, mas aquela conforme as Sagradas Escrituras. Mas é exatamente essa impressão que para vós faz ruir o mundo, ou seja, acaba com o comunismo, se algum comunista exprime uma crítica legítima àquilo que se pensa e se faz na União Soviética, que suscita as mais tremendas suspeitas. Eu pessoalmente creio que se pode ser um bom comunista sem compartilhar o dogma do partidarismo da ciência. Mas estou curioso para saber o que vós pensais. Aliás, ninguém vos pede para não serdes comunistas. Pede-se no máximo, à medida que sois homens de cultura, para não serdes conformistas, pela simples razão que não se pode ser ao mesmo tempo conformista e homem de cultura, e é conformista, me parece, se se aceita o dogma do partidarismo da ciência sem discuti-lo, ou pelo menos sem esclarecer as razões por que se pode aceitá-lo sem faltar ao dever do homem de cultura.

É por isso que, embora partindo de uma interpretação comum da situação de crise da cultura e de agravamento do perigo totalitário, as consequências que tiramos disso são diversas. Tu te voltas para nós e dizes: "Por que levar a mal os comunistas por causa da política cultural deles, se os não comunistas fazem o mesmo?". Eu, porém, dirigindo-me a vós, digo: "Se vos ressentis com os não comunistas por causa da política cultural deles, por que não se ressentir também com os comunistas?". Vós, ao não aceitar discutir a política cultural do regime soviético, deveríeis por coerência, não digo justificar, mas pelo menos tolerar o outro. Nós, ao invés disso, denunciando a política cultural dos comunistas, estamos depois perfeitamente livres para refutar a dos outros. Deixo para ti julgar qual das duas posições é a mais favorável ao desenvolvimento da cultura, e qual está mais de acordo com as responsabilidades do homem de cultura.

A esta altura percebo que para explicar a diferença nas nossas conclusões é preciso remontar aos princípios. A questão se torna muito ampla, mas procurarei ser conciso. A diferença das nossas conclusões repousa na avaliação diferente que fazemos da importância e da fecundidade da liberdade. Para eliminar todo equívoco sobre a palavra "liberdade", carregada de equívocos, direi que falo de "liberdade" no sentido da teoria liberal, ou seja, de liberdade individual, de liberdade dentro de certos limites da Igreja e do Estado. Vês desaparecer essa liberdade e não te lamentas. Ou melhor, tens ar de dizer: se essa liberdade morrer, é culpa dos próprios liberais que a mataram. Se eles a mataram, e se gabavam disso, o que podemos nós fazer? Com isso mostras acreditar que o problema da liberdade está ligado aos liberais que a introduziram. Para mim o problema se coloca de modo completamente diferente: a liberdade, introduzida pelos liberais, introduzida no sentido que a teorizaram e criaram instituições jurídicas várias para garanti-la, resumindo-a na conhecida fórmula do "Estado de direito", é uma conquista civil, é uma conquista da civilização, uma daquelas conquistas que a humanidade deverá integrar e enriquecer, não deixar dissipar, porque voltar atrás significa barbarização. Que os burgueses hoje estejam dispostos, como dizes, a deixá-la cair a fim de salvar os seus privilégios, significa simplesmente que os burgueses não são mais liberais, não significa absolutamente que a liberdade individual não seja mais um valor para o homem. O problema, portanto, não é deixar cair junto com os liberais a sua liberdade, mas deixar cair os liberais, que não são tais, e salvar a liberdade, salvar, digo, aquelas instituições fundamentais do Estado de direito, fora das quais até agora não me foi dado ver que a liberdade individual possa ser garantida.

O fato de a liberdade dos burgueses ser uma liberdade de poucos não quer dizer que seja liberdade para ninguém. Do ponto de vista das liberdades individuais, admitirás que o Estado totalitário não representa um progresso, mas um pavoroso obscurecimento (menos pavoroso se for considerado uma necessidade histórica, uma espécie de mal necessário; mais pavoroso se ele for exaltado como uma forma de governo superior ao Estado de direito, e se quiser sustentar, por exemplo, que o regime jurídico das repúblicas populares é progressivo e o dos Estados liberal-democráticos é reacionário). Eu estou convencido de que devemos nos preocupar seriamente com essa teorização do Estado totalitário (só para nos entendermos, de partido único) como Estado progressivo, ou pelo menos devemos neste ponto abrir uma discussão que nos permita compreender melhor, antes que o diálogo seja bruscamente interrompido pelas paixões partidárias. Devemos preocupar-nos com o desaparecimento da liberdade individual, exatamente porque a liberdade individual não é uma conquista burguesa, mas uma conquista humana, ou pelo menos a burguesia a conquistou para toda a humanidade. E devemos nos preocupar a respeito de, enquanto homens de cultura, porque cabe primeiramente aos homens de cultura defender os valores da civilização. Não te agrada que eu diga que nós somos os "guardas e depositários" da cultura? Parece a ti uma frase presunçosa? Contudo, apenas se nos dermos conta claramente de sermos "guardas e depositários", e não simples porta-vozes, não recusaremos as nossas responsabilidades. Da ironia sobre o atributo "guarda e depositário" para a aceitação do partidarismo da ciência, o passo, caro amigo, é curtíssimo. Atenção!

Além do mais, essa é uma conquista da liberdade que custou lágrimas e sangue. Mostras que não te apercebeste disso. Se tivesses percebido não terias, num artigo precedente,[1] defendido o direito por parte dos comunistas, que conquistaram o poder, de combater os opositores em nome do fato de que o regime teria "de afirmar e proteger o fruto de uma dura luta (e não de um partido restrito, não de uma clique de homens de negócios ou de uma tendência, *mas de imensas massas humanas*)", quase deixando

---

1 Em *Belfagor*, p.220, 31 mar. 1952.

a entender que os outros, os liberais, não têm esse direito. Pois bem, tampouco o Estado liberal foi conquistado sem uma luta dura. Não preciso dizer isso a ti, que escreveste um ensaio sobre a história do Humanismo, em quais circunstâncias, ao longo de quais séculos e através de quais vicissitudes essa luta se desenrolou. E muito menos que o regime liberal – porquanto, só uma minoria de intelectuais e de revolucionários tinha contribuído diretamente para a sua edificação (mas qual regime não é o fruto das "vanguardas conscientes e organizadas"?) – é o fruto da luta de "cliques de homens de negócios ou de uma tendência"; o que ele introduziu de novo no mundo, o espírito da liberdade individual e a organização de instituições livres, é um bem para "imensas massas humanas". Não acreditas? Não te parece que é muito perigoso e até pouco concludente defender o direito à intolerância com o argumento da "dura luta" e das "imensas massas humanas"? Será que os vossos adversários não teriam o direito de valerem-se da mesma argumentação contra vós? Olhando em minha volta, vejo que são ainda muitos os liberais que, ao defender a ordem liberal, não são movidos unicamente pela cupidez de defender os privilégios de "cliques de homens de negócios", mas agem unicamente porque sabem quanto custou e, portanto, como é precioso o bem da liberdade, e gostariam que este não fosse definitivamente suprimido por "adversários interessados" em fazer dela uma velha civilização. Agora me pergunto: reconheces ou não reconheces a essas pessoas o direito de defender também com a força o regime liberal? Se não o reconheces a eles, por que o pretendes para os comunistas, como se o argumento da "dura luta" e das "imensas massas humanas" valesse apenas para estes últimos e não para os primeiros? Se o reconheces a eles, como poderás ainda protestar contra a política de intolerância dos chamados regimes liberal-democráticos, já que essa política não seria outra coisa que o exercício de um direito?

Enfim, não vale que cites alguma revista estadunidense na qual alguns escritores mostram que não compreendem as razões dos seus adversários e, portanto, não respeitam o princípio de tolerância que eles proclamam. Não é e nunca foi uma objeção válida contra a liberdade o fato de que há ou houve em todos os regimes de liberdade aqueles que fazem mau uso dela. Aliás, devo dar-te o desprazer de dizer-te que talvez nos mesmos dias em que tivesses a sorte de receber aquela revista mal-afamada (pelo menos assim a apresentas), eu tive a sorte de receber da mesma Harvard University um livro intitulado *Soviet Legal Philosophy*, que é uma coletânea de textos de juristas soviéticos feita com aquele cuidado e com aquela objetividade que se exige de um trabalho científico sério. Acrescento que onde não se faz mau uso da liberdade, quer dizer que a liberdade existe. Pior, bastante pior, onde não se faz uso, nem bom nem mau, dela, é porque ela não existe. Contra o mau uso da liberdade podes reagir usando bem aquela liberdade que os outros usam mal. E aqui está a diferença entre a política cultural de um regime totalitário e a política cultural de um regime liberal-democrático. A primeira não deixa lugar para os que não a aceitam. A segunda pelo menos ainda admite a possibilidade (pode considerar-se pouco, mas este é o mal) de afirmar que a política cultural é um obstáculo ao desenvolvimento da cultura. Leio em *Società*, no mesmo número em que publicaste o artigo em discussão, as respostas ao questionário sobre o caso Santhià. Não sei se entre os juristas que responderam há algum comunista; sei com certeza que alguns não o são. No entanto, as respostas concordam, parece-me, em não dar razão ao empresário que demitiu Santhià. E as respostas concordam em não dar razão ao empresário porque cada um dos interpelados pesquisou livremente, pondo de lado as suas convicções políticas, o texto de um código e de uma constituição, e procurou fazer, dentro das suas possibilidades, a pesquisa científica "objetiva". Imaginas o que teria acontecido se também na Itália estivesse em vigor o princípio do partidarismo da ciência?

Hoje há muitas coisas que estão a desabar e merecem cair para sempre. Permita-me, porém, dizer-te que entre as coisas que estão a desabar, o espírito de liberdade é que deixa o maior vazio e, talvez, irreparável. A única coisa que me conforta nesta crise de civilização é que vejo ao meu lado homens de todos os partidos e de todas as classes, que não se resignam em ver a liberdade individual ser subjugada. O que significa que os herdeiros daqueles que combateram pela liberdade agora estejam dispostos a lutar apenas pelos seus privilégios? Quer dizer apenas que os herdeiros do liberalismo não são mais eles, mas aqueles que, não obstante a difusão do totalitarismo no mundo, continuam a proclamar que a liberdade individual é um valor positivo, e estes são apenas homens de cultura, profetas desarmados. Desejaria que vós estivésseis entre estes, é tudo. E estais, caros amigos, apesar de hoje nos querer fazer crer que representa "pouco mal" que a liberdade individual desapareça do mundo. Sois e sereis isto se o Leviatã vier outra vez. Se eu não tivesse essa confiança não teria continuado este diálogo, um diálogo como o nosso tem sentido apenas se ocorrer entre "guardas e depositários" de valores universais. E entre esses valores está a liberdade.

Diálogo entre um liberal e um comunista*

1.

Quem quer que acredite na fecundidade do colóquio entre homens de cultura para além das barreiras erguidas ou das cortinas baixadas pelas políticas oficiais, terá lido com interesse as cartas que Marcello Venturoli e Ruggero Zangrandi trocaram e depois reuniram num volume, premiado no ano passado em Viareggio, e que agora chegou à segunda edição.[1] O espírito que anima Venturoli ao iniciar a correspondência com o amigo é o genuíno espírito do diálogo que consiste em "buscar juntos" a verdade. "Se fôssemos também obrigados a reconhecer," – declara no fim da primeira carta – "depois do que escrevemos, que eu fui incauto nas perguntas e tu surdo às minhas dúvidas sutis demais, estou certo que não podemos censurar-nos de nada, porque em todo caso ambos *servimos à verdade*" (p.19, itálico de

---

* Originalmente publicado com o título "Dizionario dela paura" [Dicionário do medo], na revista *Occidente*, v.8, n.4, p.161-170, jul.-ago. 1952.

1 Venturoli; Zangrandi, *Dizionario dela paura*, p.393.

Bobbio). Por outro lado, a atitude com a qual Zangrandi aceita o diálogo é caracterizada pela exigência de sair do castelo ou, de outro modo, do claustro dos seus preconceitos, dos seus tabus, de abrir-se à comunicação, de romper, em suma, o silêncio: "Apercebo-me" – responde ele – "de tantas coisas que temos a nos dizer que, por anos, *preferimos nos calar* pensando que fosse uma prova de respeito recíproco, ao passo que não se tratou senão de reticência" (p.21, itálico de Bobbio). Aliás, se Venturoli se dirigiu a Zangrandi e não a outros, é porque o conhecia como homem aberto ao colóquio, respeitoso das dúvidas alheias, movido pela "confiança, levada até a candura, que o mal comum não se resolve num mal maior, mas seja resgatado com a *discussão honesta*" (p.14, itálico de Bobbio).

Todavia, não entendi por que essa "discussão honesta" entre dois amigos tenha sido intitulada *Dicionário do medo*. O editor explica que "é espontâneo pensar que os dois protagonistas sejam induzidos a essa forma de colóquio pelo desejo de superar os seus medos recíprocos" (p.10): medo, de um, de estar ora demasiado à direita, ora demasiado à esquerda; medo, do outro, de conceder demais ao seu contraditor com o risco de passar por herege aos olhos dos seus companheiros de fé. A explicação não convence, antes, é preconceituosa, porque convida a ler o livro com desconfiança. Não chamarei de "medos" o que os dois amigos exprimem durante o diálogo, mas, mais simples e apropriadamente, de "dúvidas". Apresentar as dúvidas, aquelas que cada um de nós experimenta nestes anos conturbados, como "medos", é coisa que causa suspeita e irrita: significa assumir diante da dúvida uma atitude de deploração, como se ter dúvida fosse inconveniente, se não absolutamente vergonhoso, de um homem inapto ou vil. Aquele título sugere, por antítese, que num mundo diferente, o dicionário do medo pudesse ser substituído com vantagem por um "dicionário da certeza", que seria, temo, o catecismo do conformista. Parece-me que o maior medo do qual o livro dá prova seja daquele ou daqueles, do editor ou dos autores, não importa,

Diálogo entre um liberal e um comunista

que quiseram chamar, depois de as coisas feitas, uma "honesta discussão" com um nome um tanto desonesto.

2.

A troca de cartas nasce de algumas dúvidas políticas de Marcello Venturoli. Ao aproximar-se dos comunistas a partir de uma posição agnóstica, se sente atraído a se inscrever no Partido Comunista; mas dá-se conta de não estar ainda maduro nem preparado para dar esse passo. Pede ao amigo Zangrandi, pois esse passo decisivo foi dado depois da Libertação, que ilumine o seu caminho. De uma carta a outra, o diálogo de desenrola tocando questões candentes, expondo experiências que nos são familiares, tecendo raciocínios que cada um de nós desenvolveu com os amigos e também consigo mesmo milhares de vezes nesses anos. O diálogo é entremeado de trechos autobiográficos, de contextos ambientais, e de uma longa pesquisa realizada por Venturoli com alguns amigos comunistas em torno das razões de sua inscrição no partido. Alguma concessão ao coquetismo literário não tira calor da imediatez do discurso; sobretudo não esconde a seriedade das intenções e a sinceridade das confissões.

Ruggero Zangrandi, o comunista "recente", percorreu, para chegar à tal meta, uma "longa viagem" (descrita num ensaio publicado por Einaudi faz alguns anos):[2] ainda menino na época da Marcha sobre Roma, forma-se no ambiente do fascismo juvenil romano, cheio de agitações, de ambições, de ilusões generosas e pueris. Ademais, colega de escola e amigo de Vittorio Mussolini, frequenta a casa do ditador e colabora, quando ainda não tinha nem 20 anos, com o *Popolo d'Italia*. Desde o início, é um jovem fascista dissidente, mas daquela dissidência que se manifesta, para aqueles adolescentes que não tiveram outra

---

2 Zangrandi, *Il lungo viaggio*.

escolha e não têm raízes no passado pré-fascista, na tentativa de "purificar" o fascismo, de levar a cabo a revolução incompleta, de realizar o fascismo integral contra os hierarcas degenerados. Trata-se, ademais, de um fascismo de esquerda que quer realizar a revolução social através do Estado corporativo, tão interessado nos desenvolvimentos da política social interna como hostil às aventuras imperialistas fora de casa. Zangrandi é um dos animadores (com o apoio de Vittorio Mussolini) de um movimento que se intitula "fascismo universalista" e que tem uma vida agitada e pouco eficaz entre 1935 e 1938; participa dos *littoriali*, que são naquele tempo um centro de resistência ao regime. Só em 1938 o grupo, composto e decomposto vária vezes segundo os humores, as tendências e as avaliações políticas, sai da ambiguidade e se encaminha para a formação de um movimento clandestino de conspiração antifascista, do qual, em 1939, sai um "partido socialista revolucionário", sem qualquer contato com os comunistas, em polêmica com os liberais-socialistas, com uma estrutura organizativa minuciosamente elaborada e ainda mais rigidamente aplicada, que não impede que Zangrandi seja preso e o movimento dispersado antes de 25 de julho. Com a prisão acaba a "longa viagem". Da prisão, pelo que é dado a entender por alguns acenos, Zangrandi sai comunista. O seu itinerário político vai, portanto, do fascismo dissidente ao comunismo e é, nesse sentido, bastante paradigmático. O antifascismo burguês não tem nenhuma parte nisso; ao contrário, é de notar a desconfiança e quase o rancor que ele e seus companheiros nutrem em relação aos antifascistas burgueses (pintados às vezes em termos um pouco demasiado facilmente caricaturais). Volta sempre a acusação de que eles tenham feito muito pouco para ir ao encontro dos jovens que se debatiam nas inquietações e desejavam não palavras, mas ação. Há um episódio de *Il lungo viaggio* que caracteriza esse estado de espírito misto de inferioridade e de suficiência para com a velha classe dirigente antifascista: alguns participantes dos *littoriali* de Nápoles pedem para ser recebidos por Croce e esse pedido é rejeitado porque – diz Croce – "não tinham a sua aprovação". Zangrandi comenta o episódio falando da "desilusão" que com esse gesto Croce criara naqueles jovens e parece quase querer censurar-lhe o fato de não ter entendido a generosidade daqueles estudantes vestidos com roupa de *orbace** e camisa negra que enfrentavam o risco de ir encontrá-lo. Estranha deformação de julgamento. Só uma hostilidade preconceituosa pode explicar como se podia censurar a Croce um gesto que era perfeitamente consequente com o seu modo de pensar e de agir, e não se intendesse que a recusa em ver os jovens dos *littoriali* tinha um indiscutível valor pedagógico.

Também Marcello Venturoli provém dos jovens do GUF (Grupo Universitário Fascista). Mas, diferente de Zangrandi, não é fascista dissidente; é apenas um fascista débil, daqueles que zombam, mas, tudo somado, acreditam. Terminados os estudos, inicia a carreira de funcionário: primeiro empregado num ministério, depois na GIL (Giuventù Italiana del Littorio – Juventude Italiana do Lictório), acabará, quando estoura a guerra, num destacamento de milícia antiaérea. Tem interesses políticos escassos. Os seus interesses são literários, artísticos, ainda em amplo sentido humanos. Tanto que em 25 de julho é pego de surpresa e não consegue compartilhar da alegria dos outros. Habituado a viver na plataforma do fascismo, agora que lhe falta o chão debaixo dos pés sente-se instável e vacilante. Começa para ele um período de reflexão, de arrependimento, de "vergonha meditada". Mas a crise estoura só depois de 8 de setembro. No entanto, não toma parte ativa na luta: medita, inerte e inquieto, sobre a sua situação e da Itália. Quase se deixa viver numa atmosfera de resignada e dolorosa expectativa. O único episódio (muito tocante) que mexe com ele, mas não o impele a entrar na luta, é o assassinato do seu cunhado, guerrilheiro, nas Fossas

---

* Durante o período fascista, o tecido prescrito para o casaco do uniforme, o próprio uniforme inteiro. (N. T.)

Ardeatinas.* Quando chega a ocupação estadunidense, não levou nem uma bomba nem distribuiu um panfleto. Encontra emprego num escritório organizado pelos estadunidenses e os detesta. Passa para o Ministério da Defesa; portanto, no contato diário com a burocracia e com os militares, dá-se conta que a Itália é sempre a mesma e que as grandes esperanças acesas pela Resistência ruíram. Suas ideias vão sempre mais para a esquerda. Demite-se do escritório e se dedica mais livremente ao jornalismo, que fora, aliás, a sua vocação e a sua profissão marginal também antes.

3.

Os dois personagens são profundamente diferentes. A figura de Zangrandi é mais límpida, mais clara: ele chegou a um porto seguro. No mundo em que vive move-se com segurança, com ideias claras, com seriedade e até sem restrições mentais; tem espírito de compreensão (tanto que o amigo o chama frequentemente de "comunista sem grade"), embora julgue comumente com severidade, que é o reflexo de uma igual severidade para consigo mesmo. Mais complexa e também mais ambígua é a figura de Venturoli: diferente do amigo, não tocou a terra. É ainda um náufrago que se debate nas ondas, vê de longe a praia, e se um braço de socorro não o apoiar, corre o risco de não chegar em terra firme. O fascismo fora a sua ilha: afundado o fascismo, encontrou-se em alto-mar. Agora, para onde se dirigir? Atrás de si, como do outro, não tem nada; um pálido sentido da tradição liberal, nada mais que uma saudade. Contudo, esse passado de quando em quando o seduz. É como um porto tranquilo, ideal, para o qual é bom dirigir o olhar:

---

* Uma ação realizada em 24 de março de 1944 pelas tropas de ocupação da Alemanha nazista em Roma, na qual foram assassinados 335 civis italianos. (N. T.)

Hoje, é verdade, do "belo tempo que foi" restaram só os monumentos feios, palácios pretensiosos, lustres inverossímeis, cálamos monstruosos: contudo, debaixo daqueles palácios e daqueles monumentos, as últimas tubas respeitáveis se inclinaram tremendo de devoção, mantendo apertado, com muito maior força que uma carteira, a sagrada herança dos avoengos: a dedicação à coisa pública, o amor pela justiça, o compromisso com a vida proba e severa; debaixo daqueles feíssimos lustres suspiraram as futuras mães de Gozzano, mas os austeros pais, que tinham estudado latim com o padres e sociologia nos bordéis, ajudaram os ministros da Justiça a aprovar os códigos civis e penais, com um fervor digno deveras de netos menos cínicos e moles. (p.109)

O comunista é, como se pode imaginar, mais duro, menos fácil às efusões: para ele o passado, por mais digno de respeito, é um capítulo encerrado. Aliás, não seria talvez verdade que debaixo daqueles ideais se escondiam hipocritamente instintos menos nobres e sublimes? Ele não tem olhos senão para o presente; e o presente daquela classe burguesa, sobre a qual o amigo tenta ainda algum elogio fúnebre, é desprezível:

> Que outros valores, além desses da carreira e do sucesso, tencionaste apreciar na nossa sociedade, também nos estratos mais elevados e cultos que se interessam, academicamente, por ideias e por problemas? (p.178)

Na paisagem da sociedade do nosso tempo, na qual o outro vê ainda alguma coluna alta e reta na qual se apoiar, este vê apenas ruínas:

> Sabes dessas coisas assim como eu e devo acrescentar que talvez não por acaso a sociedade burguesa está hoje tomada pela ânsia, pela instabilidade, pela incultura, pela busca premente e vã de fugas, não se entende sequer do quê. É que essa sociedade acabou: tem os anos, tem as horas contadas. (p.180)

Mais voltado para a ação, mais tomado pela paixão política, Zangrandi não se deixa atrapalhar por demoras psicológicas, por arrependimentos moralistas: a sua fé é continuamente alimentada pela ação concreta. O outro, ao contrário, letrado, bastante pouco disposto à ação, se perde de bom grado, com uma ponta de prazer estético, na análise interior. A sua vida é como que atravessada pelo sentido da culpa. Como o outro é remido, assim ele se sente e se professa culpado: culpado, antes de tudo, da culpa específica de não ter agido quando os outros se lançaram ao combate e alguns até sacrificaram a vida; depois aquela culpa mais geral que está implícita no seu próprio modo de viver, amor pelo seu conforto, egoísmo, oportunismo, talvez até um pouco de covardia; e, enfim, uma culpa profunda, enraizada no seu próprio destino de homem mediocremente determinado, que se exprime, com amarga desolação, nestas palavras:

> Eu sempre me senti pouco digno de qualquer coisa: ideias, ambientes, pessoas. Uma crença que, a longo prazo, pode ser definida decadente, porque se alimenta de culpas reincidentes. (p.34)

4.

O colóquio nasce e se alimenta da diversidade dos dois interlocutores. Mas da segurança do primeiro, unida à ambiguidade do segundo, derivam os limites deste diálogo. Os dois interlocutores não se encontram no mesmo plano: não partem ambos de princípios firmes pelos quais estão dispostos a chocar-se com igual intransigência. Mais do que um diálogo entre um comunista e um liberal, como foi chamado, esse epistolário-confissão é um diálogo entre um homem de princípios e uma alma inquieta.[3]

---

3 Cf. a bela recensão de M. Mila a esse mesmo livro em *Minerva*, p.285-287, 1951, com quem estou substancialmente de acordo.

Diálogo entre um liberal e um comunista

A relação característica que se revela e se desenvolve no decorrer da correspondência não é a relação entre dois amigos, mas antes entre mestre e discípulo: um ensina qual é o caminho reto, o outro se coloca desde o início na posição de quem deseja ser iniciado na doutrina. Pior ainda, os dois dialogantes levam às vezes a pensar nas figuras do sacerdote e do catecúmeno, ou do confessor e do penitente. Aflora cá e lá também a relação entre o médico e o doente. O diálogo perde assim pouco a pouco o seu significado genuíno socrático, que consiste em juntos buscarem a verdade, porque um dos dois já possui a verdade toda inteira e o outro se entrega à verdade do outro. O diálogo heurístico está em perigo contínuo de transformar-se em sermão pedagógico.

Um segundo limite do diálogo – um diálogo, é claro, que se apresenta como diálogo político – está na outra característica de Venturoli, a sua vocação literária. No seu julgamento sobre coisas políticas ele se deixa guiar mais por impressões do que por princípios, mais pelo seu gosto estético do que pelas suas convicções liberais. Entrega-se às simpatias e às antipatias. Desde o início a discussão se sustenta "sobre as inumeráveis antipatias que *lhe* impedem de aderir ao comunismo e as muitas simpatias, instâncias, afinidades que *lhe* impedem de voltar as costas ao comunismo de maneira definitiva" (p.18). São frequentes os julgamentos baseados no "bom gosto" e no "mau gosto": ver as páginas, aliás bastante argutas e desenvoltas, sobre a pintura soviética, sobre as transmissões da Rádio Moscou, sobre os documentários cinematográficos soviéticos.

5.

Os pontos saos quais Venturoli conduz a discussão são fundamentalmente três ou quatro. Vejamo-los de maneira breve. Pode-se considerar como preliminar ou prejudicial, ou verdadeiramente como "procedural", uma atitude de pura e simples defesa que é logo abandonada: pode-se muito bem servir à causa dos comunistas – diz ele – também estando fora do partido. Esse argumento visa manifestamente contornar o obstáculo.

Mas diante da resposta que a adesão ao partido não implica obediência cega nem conformismo servil, mas apenas cautela no julgar, o obstáculo, quer dizer, o problema central, se for oportuno ou até obrigatório para quem combate a luta política do lado da classe operária, aceitar ou não a ideologia e a disciplina do Partido Comunista, deve ser encarado de frente. Portanto, os dois amigos estão comprometidos na discussão "substancial".

Venturoli combate com todo gosto questões de caráter cultural. A primeira e mais tenaz objeção diz respeito à atitude dos comunistas diante da cultura burguesa: eles travam uma luta a fundo contra a cultura burguesa, que é a única cultura existente, e inclusive fazem dela uma cultura má. A formulação das perguntas não poderia ser mais racional: "Se é necessário por parte dos intelectuais enterrar certos preconceitos burgueses, penso que é igualmente necessário que os comunistas ponham de lado certos preconceitos para com a cultura burguesa" (p.71).

A segunda objeção ataca a questão principal: a liberdade. O Estado comunista suprimiu as liberdades tradicionais de um Estado burguês, as pequenas liberdades privadas que formam uma zona de segurança e de paz ao redor da nossa pessoa, a liberdade de fazer, dentro de certos limites, o seu conforto, de "ter os guetos verdes". Venturoli se pergunta: são de fato incompatíveis a exigência de liberdade da qual a classe média se faz portadora e as exigências de ordem econômica pelas quais o proletariado combate? Ele acha que são conciliáveis e a resposta que dá a essa pergunta se resume nestes termos:

> Creio que as nossas liberdades [...] sejam as mesmas que amanhã o proletariado deverá ambicionar, assim que tiver conquistado o pão que lhe falta. E se isso acontecer em medida maior nos países em que as classes médias representaram no último século uma

civilização mais rica e autônoma, tanto melhor para nós: não creio que os operários de Moscou ou os camponeses das planícies chinesas o censurarão. (p.206)

A última linha de defesa na qual Venturoli se detém é a do destino das classes médias. Pensa que essas classes não são absolutamente assimiláveis pelo Partido Comunista, que não as compreende, antes as repele. Contudo, essas classes têm ainda algo a dizer. Mas enquanto elas permanecerem fora e não forem incluídas, os comunistas não poderão vencer a sua batalha. O comunista responde sem cara feia, mas com firmeza. Talvez se possa censurar-lhe cá e lá um tom didático, ainda que amigavelmente didático. Os seus argumentos nem sempre são novos, mas o tom não é mais propagandístico nem a formulação banal (ou antes, às vezes incisiva, com metáforas acertadas como aquela do trem sobrecarregado, com alusões pessoais e familiares, e eficazes descrições do ambiente, como aquela dos burgueses em férias). Tem o mérito de nunca usar o argumento demasiado fácil ou tímido, que o seu amigo censurará em outros comunistas, do "mal menor": o argumento para o qual todas as objeções dos não comunistas se resolvem de uma vez dizendo que hoje, problema por problema, catástrofe por catástrofe, o comunismo representa o problema menor, a catástrofe mais suportável. O modo de argumentar de Zangrandi é outro, e é característico também da apologética comunista (recentemente usada por Togliatti numa polêmica com Calamandrei):[4] é o argumento do "mal menor". A cultura burguesa será dominada pela discutível cultura proletária? Pouco mal: a cultura burguesa é uma cultura decadente e merece arruinar-se. A liberdade nos regimes comunistas é sufocada? Pouco mal: a liberdade de que falam os burgueses é uma liberdade das minorias, e se

---

4 Cf. a resposta de P. Calamandrei intitulada exatamente "Poco male?" [Pouco mal?], em *Il Ponte*, 1952, p.120.

desaparecer, poucos sofrerão com isso. As classes médias serão absorvidas pelo proletariado? Pouco mal: hoje não contam mais nada e, em parte, já estão proletarizadas, ainda que não tenham se apercebido. Em suma: a sociedade burguesa está à beira do abismo – pouco mal, se morrer totalmente. Ou melhor, unamo-nos para dar-lhe o empurrão decisivo e fazê-la cair rolando até o fundo.

Não escondo para mim que o argumento do "mal menor", usado por Zangrandi, nasce em parte do próprio modo com que Venturoli apresenta os problemas. E ainda uma vez os limites da argumentação dialógica estão já implícitos na posição mental do interlocutor, o qual não defende uma posição de princípio diferente daquela do amigo, mas parece dominado pelo desejo e pela vontade de converter-se. Ele não fala de cultura, mas sempre de cultura burguesa, como se a cultura devesse ser necessariamente burguesa e tenha sido burguesa até hoje. E desse modo abre espaço para a crítica do amigo: se a cultura que ele defende é burguesa, quer dizer que não é universal. E então pode tranquilamente desaparecer sem que o mundo acabe. A verdade é que a palavra "burguês" tornou-se agora uma rede com malhas tão grandes que não serve para pescar mais nada. A certa altura, Venturoli diz que prefere Sartre a De Amicis; mas, se não me engano, cultura burguesa é, segundo o uso polêmico do termo, tanto Sartre como De Amicis. Então se pode perguntar qual é a utilidade de um adjetivo que serve para designar (e aproximar em igual desprezo) autores tão diferentes. Hoje, alguns chamam "burguês" tudo o que se quer rejeitar. "Burguês" tem apenas um significado negativo, é um sinal "não" colocado diante de qualquer substantivo e, portanto, privado totalmente de conteúdo. Não é que se rejeite uma dada forma de cultura, porque tem aquele dado conteúdo que se designa com o nome de "burguês"; mas simplesmente se chama "burguês" tudo aquilo que não se aceita. Também a propósito da liberdade, Venturoli não fala de liberdade individual, que é um valor universal, mas de liberdade burguesa; então se entende que o outro tenha oportunidade em dizer que a liberdade individual não é um valor universal, mas a expressão histórica de uma classe particular. Exatamente por essa colocação limitadora do problema, há continuamente em Zangrandi o pensamento subentendido que se a liberdade individual é uma liberdade burguesa, numa sociedade comunista não saberemos o que fazer com ela; antes nos fará rir só o fato de falar dela.

6.

O equívoco fundamental do diálogo está todo aqui: na identificação entre liberdade individual e liberdade burguesa. Mesmo com toda a simpatia humana pelos dois dialogantes, sou pressionado a pôr em evidência com a máxima franqueza que o equívoco, porquanto comuníssimo, não é menos grave, e ameaça fazer naufragar grande parte das boas intenções. O fato de a liberdade individual ter sido o resultado histórico da luta da classe burguesa pela sua emancipação não quer absolutamente dizer que a liberdade individual seja um valor burguês, destinado a perecer com ela e a ser escarnecido pelos super-homens futuros. A liberdade individual é um valor universal: desafio a encontrar um homem, burguês ou proletário, que descubra ser mais homem renunciando a ela. É um fato adquirido pela classe burguesa, mas é uma aquisição para todos, mesmo se a classe burguesa o tenha realizado de fato para poucos (o que não quer dizer que não o tenha realizado para ninguém, e que, portanto, dá no mesmo suprimi-la para todos). A liberdade individual é o fruto de uma luta secular que a classe dirigente burguesa combateu contra os dois Leviatãs do Estado absoluto e da Igreja absoluta; e contra a volta desses dois poderes criou um complexo de mecanismos constitucionais em garantia do indivíduo, sobre os quais seria aceitável a zombaria, se aqueles que zombam conseguissem construir, como garantias individuais, algo melhor. Por onde passou a revolução burguesa e deixou essas estruturas, é preciso olhá-las com o máximo respeito. E é pelo menos sinal de escassa consideração da história não saber distinguir os países nos quais essas estruturas existem, ou mesmo se funcionam rangendo (mas se trata talvez de fazê-las funcionar melhor, não de destruí--las) e aqueles onde nunca existiram.

Quanto à ideia de tolerância, ela repousa sobre um princípio filosófico, sobre a consciência da historicidade da verdade e, portanto, da incapacidade do homem de atingir uma verdade definitiva e absoluta. Aqueles que estão dispostos a subverter o Estado de direito sem pestanejar, pensam que devem, antes de tudo, derrubar essa profunda convicção da qual nasceram o pensamento e a vida moderna, e substituí-la não só pelo princípio de que a verdade absoluta pode ser alcançada (e, portanto, é legítimo reprimir violentamente o erro), mas também que dessa verdade absoluta é depositário um poder mundano como o Estado (ou o partido). Seria deveras um grande progresso, depois de ter combatido a pretensão das igrejas de estar de posse da única verdade, acabar admitindo que está de posse da verdade absoluta um órgão público coletivo sem revelações sobrenaturais e sem intervenções divinas, como o Estado (ou o partido). Tanto mais porque essa pretensão não é absolutamente nova, mas foi sustentada na época das lutas pela afirmação do princípio de tolerância, exatamente pelos mais encarniçados adversários dos partidos burgueses, aqueles que qualquer progressista modesto de hoje não hesitaria em chamar de reacionários. Gostaria de convidar os dois amigos, se nunca o fizeram, a ler o capítulo XII do *De Cive*, de Hobbes. Aí lerão que entre as teorias sediciosas, ou seja, entre aquelas teorias que não é lícito sustentar no Estado leviatano, a primeira é exatamente aquela de acordo com a qual pode caber ao indivíduo julgar o bem e o mal. E porque sempre é "sedicioso", segundo Hobbes, sustentar que o indivíduo possa julgar o bem e o mal? Porque julgar o bem e o mal *compete apenas ao Estado*. Concordarei, portanto, de bom grado com a tese que é "mal menor" que a civilização burguesa desapareça, quando me convencer de que tudo isso desabará não para permitir que o Estado se desforre do indivíduo.

Não culpo os dois amigos de ter julgado os problemas muito graves, como os da liberdade e da igualdade, examinando poucos anos da história italiana, porque seria falta de generosidade para com jovens muito sérios. Quero, porém, aconselhá-los a ampliar o seu horizonte histórico além dos anos do fascismo e depois dele. O problema da liberdade exige o exame de alguns séculos de história. Se for julgado por um ângulo visual restrito, corre--se o risco de não compreender a sua importância e gravidade. Se examinarmos melhor os princípios sobre os quais esta nossa civilização se apoia, não seremos tão facilmente propensos a considerá-los como conquistas efêmeras de uma classe, que pode também ser atropelada; não precisam ser necessariamente atropelados os valores que ela criou. A civilização burguesa, como aconteceu com todas as outras civilizações, deverá ser desenvolvida e integrada, mas não poderá ser eliminada. Por isso é um "mal maior" que se assista à sua ruína (do que ela realizou de bem e de mal) sem se perturbar, antes dando-lhe, com certa complacência, o golpe de misericórdia. Quero dizer, em suma, interpretando livremente a recente fábula de Calvino, que quem quer todo o bem de um lado e todo o mal do outro terá sempre e somente "meio visconde". Para se ter um visconde inteiro é preciso conseguir reunir as duas metades, mesmo ao custo de renunciar à perfeição (que não é deste mundo), mas com a certeza de recuperar o homem.

Paz e propaganda de paz[*]

1.

As declarações de Stálin sobre o movimento dos Partidários da Paz,[**] contidas no ensaio *Problemi economici del socialismo nell'Urss* [Problemas econômicos do socialismo na URSS], confirmam algumas dúvidas que foram outras vezes formuladas sobre a natureza e a eficácia desse movimento. Dada a autoridade da voz de onde essas dúvidas partem, pode ser oportuno reunir e especificar algumas considerações gerais sobre a questão, que parecem agora mais do que nunca merecer serem expostas organizadamente, a fim não tanto de assumir atitudes fáceis de aprovação ou de condenação quanto de dissipar equívocos e

---

[*] Originalmente publicado em *Occidente*, v.8, n.5, p.161-70, set.-out. 1952.

[**] A expressão em italiano é "Partigiani dela Pace". *Partigiano* tem o significado de "partidário", mas também de "guerrilheiro". Em francês, se usa "Partisans de la paix". *Partisan* tem os mesmos dois sentidos de *partigiano*. Em português, às vezes se usa "partisan". Preferimos traduzir por "partidário" e não usar "partisan" na tradução, lembrando que esse grupo é de "partidários" da paz, mas também "lutadores", "defensores" da paz. (N. T.)

polêmicas fundadas unicamente na paixão partidária e iniciar um discurso em que o choque violento e estéril das acusações seja substituído por uma troca de argumentos históricos e lógicos suscetíveis de exame ulterior.

As considerações que seguem são expostas por ocasião e em vista da anunciada convocação do Congresso dos Povos, que se realizará em Viena em 12 de dezembro [1952]. Como para esse congresso foram convidados e participam comitês e pessoas que não pertencem ao movimento dos Partidários da Paz, e é, portanto, previsível um diálogo entre diferentes pontos de vista, as dificuldades aqui levantadas – referentes, como se verá, em primeiro lugar à natureza do movimento e, em segundo lugar, à sua eficácia – são propostas com o fim de indicar alguns pontos controversos que poderiam ser, também no futuro, objeto de uma discussão esclarecedora.

2.

A paz é um fim altamente desejável para o homem, mas não é dito que seja, em sentido absoluto, o fim último. É um fim último apenas para quem pensa que a *vida* é o bem supremo. De fato, desejar a paz quer dizer desejar aquela situação nas relações humanas na qual é mais fácil conservar a própria vida e a dos seus familiares. Se colocarmos em questão bens superiores à vida como, por exemplo, a liberdade e a justiça, também a paz deixa de ser desejável de modo imediato. Se eu desejo a liberdade mais do que a vida, não posso considerar a paz como fim supremo, o que significa que não estou disposto a obter a paz *a todo custo*, isto é, com o custo de perder a liberdade. Aceito a guerra não porque não ame a paz em si mesma, mas porque amo o bem que a paz pode garantir a mim (a liberdade) mais do que o bem que só a paz (a vida) pode me garantir. A mesma coisa pode ser dita da justiça. Trata-se, como sempre, de uma hierarquia de fins e, portanto, de valores. A paz não é o fim por excelência, mas um dos fins possíveis. A minha atitude diante dos defensores da paz depende do lugar que atribuo à paz na minha hierarquia de valores. Por exemplo, atualmente me encontro numa situação econômica que me permite manter decentemente a minha família, e o Estado do qual sou cidadão me concede de maneira satisfatória aquelas liberdades pessoais que considero necessárias para a felicidade da vida. É presumível que nessas condições eu seja sensível à propaganda da paz, porque, tendo já garantida a atuação de alguns valores altamente desejáveis como a liberdade e o bem-estar, a paz se torna um fim supremo: sei que se a paz não durasse, perderia tanto a liberdade como o bem-estar. Mas se sou escravo e explorado, as coisas mudam: diante do alcance de fins desejáveis, como a liberdade e a justiça, é presumível que o problema da paz passe para o segundo plano. A paz, portanto, visa geralmente conservar um *status quo* particularmente satisfatório. A paz é essencialmente *conservadora*. Há um exemplo histórico ilustre, e eficazmente paradigmático, de construção política fundada no pressuposto que o instinto fundamental do homem é o instinto vital e, portanto, que a lei suprema da sua conduta é a conservação da paz: é o Estado hobbesiano. Pois bem, esse Estado, como se sabe, é contrarrevolucionário, ideado exatamente para demonstrar a legitimidade da restauração contra as pretensões da revolução.

Mas se a paz tem função essencialmente conservadora, surge a legítima suspeita de que não possa ser sinceramente pacifista quem não tem interesse em manter o *status quo*. Acontece que os atuais Partidários da Paz pertencem em sua maioria a movimentos políticos de esquerda, quer dizer, a movimentos que não têm interesse em manter o *status quo* e se propõem a mudá-lo, sem se importar que para a mudança se deva apelar para a violência (que é, evidentemente, o contrário da paz). Que os sociais-democratas da Segunda Internacional eram pacifistas, se explica: eles eram seguidores do método essencialmente pacífico da reforma gradual obtida mediante várias formas de compromisso. Que até os maiores defensores da paz nestes anos sejam pacifistas, os movimentos operários que aderem com maior ou menor intensidade à Terceira Internacional e que viram fracassar, esmagados de maneira miserável pela reação fascista, os esforços pacifistas da social-democracia, parece mais difícil de compreender. Com isso explica-se a desconfiança com que os Partidários da Paz são vistos também por pessoas ou grupos que não podem ser acusados de serem belicistas. Pode realmente parecer que haja algo de ambíguo num movimento político pacifista que é promovido e sustentado pelos seguidores de teorias revolucionárias conhecidas, ou seja, de teorias que ponham o ideal da justiça acima do ideal da paz. É-se tentado a ver, debaixo da superfície, objetivos secretos e turvos, a descobrir simulações, maquinações, insídias, uma gigantesca prova de má-fé.

3.

Em nossa opinião, não há necessidade de recorrer a essas explicações que, por serem astutas demais, correm o risco de serem pueris. Basta examinar com atenção a natureza do movimento que resulta de declarações explícitas. Os Partidários da Paz não constituem um movimento pacifista em sentido genérico. Não podem por isso ser confundidos com aqueles movimentos que defendem a paz como tal, em todos os lugares e em todas as épocas contanto que seja paz, independentemente de qualquer consideração de circunstâncias históricas. Eles formam um movimento realista e não utópico. Eles mesmos não deixaram de pôr mais vezes em evidência a diferença que entre a ação deles e a dos pacifistas genéricos que facilmente os ridicularizam. Eles não são fautores da paz a todo custo, da paz como fim último, mas de uma *determinada paz num determinado momento histórico*. Não dizem: "a paz é um bem", mas "é bom que haja paz hoje entre os dois blocos de poder que lutam pela primazia mundial". Mas por que eles acham que é bom que reine a paz hoje entre os dois blocos? Porque a guerra ameaçaria destruir as conquistas sociais alcançadas nos países socialistas. Então é claro que também para esse novo movimento da paz, embora seja constituído em grande parte por adeptos de teorias revolucionárias, que a paz tem *uma função essencialmente conservadora*. Onde a revolução aconteceu, o revolucionário se torna defensor da conservação do *status quo*. E dado que para garantir o *status quo* é preciso um período de paz, não há nenhuma contradição no fato de que o revolucionário adira a um movimento pela paz.

Resta ver como se pode conciliar a propaganda de paz, que é inevitavelmente conservadora, com o prosseguimento vitorioso de fins revolucionários nos países em que a revolução ainda não está completa. Aqui parece que a conciliação é mais difícil. Pode-se pensar, de fato, que, se a propaganda dos Partidários da Paz fosse verdadeiramente destinada a obter o seu efeito, ocorreria nos países ainda não socialistas uma consolidação do regime capitalista. Para quem de fato acha que o capitalismo está minado por contradições internas e desemboca inevitavelmente na guerra (claro, segundo a velha e renovada teoria, na guerra entre países capitalistas), a contribuição que os Partidários da Paz dão, uma vez que o fazem, à manutenção da paz não pode senão ajudar a impedir que os regimes capitalistas, onde nos encontramos, se dilacerem, e, portanto, contribui definitivamente para a manutenção de semelhantes regimes.

Essas considerações, que foram já formuladas por ocasião de crítica do movimento, podiam parecer até então ditadas pela incompreensão ou até pela má vontade. Hoje, porém, são autorizadamente confirmadas pelas teses expressas por Stálin no artigo citado. Nós as citamos textualmente.

> O mais provável é que o atual movimento pela paz, entendido como movimento para manter a paz, em caso de sucesso levará

a esconjurar uma guerra *determinada*, a adiá-la por certo tempo, a manter por certo tempo uma paz *determinada*, a obrigar à demissão um governo belicista substituindo-o por outro governo, disposto a salvaguardar por certo tempo a paz. Isso, naturalmente, é bom. Ou melhor, é ótimo. No entanto, isso não basta para eliminar a inevitabilidade das guerras entre os países capitalistas. Não basta porque, apesar de todos esses acontecimentos do movimento pela defesa da paz, o imperialismo continua a subsistir, conserva as suas forças, e, por conseguinte, continua a subsistir a inevitabilidade das guerras. *Para eliminar a inevitabilidade das guerras é necessário destruir o imperialismo*. (itálico de Bobbio)

Observe-se que nesta passagem se diz que a paz – que é, note-se, uma paz *determinada* e não a paz em geral – é algo bom, ou melhor, ótimo, mas não representa o fim supremo, e que o fim supremo é a *destruição do imperialismo*. Isso confirma o que dissemos até aqui, quer dizer, que a meta para a qual tendem os Partidários da Paz não é um fim último, mas instrumental, não é uma solução definitiva, mas apenas interlocutória, na espera que outros movimentos estejam em condições de alcançar a meta última.

Mas, esclarecida nesses termos a natureza do movimento, a sua eficácia não é diminuída?

4.

O discurso sobre a eficácia da ação do movimento dos Partidários da Paz é mais longo e complexo. Começamos constatando que essa ação está fundada sobre uma determinada avaliação da situação contemporânea. A avaliação é a seguinte: dos dois grandes blocos de Estados em que atualmente está dividido o mundo, um, o soviético, é pacífico, o outro, o americano, é belicista.

Suspendamos o julgamento sobre a maior ou menor exatidão dessa avaliação. Limitemo-nos a observar que há pessoas certamente amantes da paz também entre os que sustentam a tese oposta, segundo a qual, dos dois blocos, o soviético é mais belicoso do que o americano. Essas pessoas são automaticamente excluídas do grupo dos Partidários da Paz. Mas não são, também elas, à maneira delas, defensoras da paz? Pode-se amar a paz, mesmo se se tem uma ideia diferente daquela dos Partidários da Paz sobre as causas da guerra. Noutras palavras, é possível um acordo entre pessoas amantes da paz em defesa da paz, independentemente do julgamento que uns e outros deem sobre a política das grandes potências. O acordo sobre o julgamento que a paz é um bem é o que os moralistas chamam de acordo sobre atitudes. O acordo sobre o fato de que a União Soviética é um país pacifista (ou vice-versa) é um acordo chamado sobre as convicções. Ora, é sabido que as duas formas de acordo não se implicam necessariamente e que uma não exige necessariamente a outra para os fins de uma ação comum em defesa ou em promoção do bem que é objeto do acordo sobre as atitudes. Duas pessoas de bom gosto concordam facilmente sobre fazer uma boa refeição, porque o seu acordo versa a respeito da opinião comum que eles têm em torno do desejo de uma boa refeição. Não é necessário que estejam de acordo sobre a convicção, digamos, de que um assado seja melhor do que um cozido. Uma associação para o progresso da ciência está baseada no acordo dos membros em torno das vantagens da pesquisa científica. No âmbito dessa atitude comum diante da ciência pode haver completo desacordo sobre o modo de entender a ciência. Pretender que os membros partilhem de uma única concepção da ciência significaria diminuir grandemente a eficácia da associação.

5.

Pode-se objetar que há casos nos quais o acordo sobre as convicções é indispensável para conduzir eficazmente uma ação comum. Para um sindicato operário, por exemplo, o acordo sobre o fato que a diminuição do salário depende exclusivamente da má vontade do patrão dá força à ação para obter melhores salários daquele patrão. Poder-se-ia, do mesmo modo, dizer que para a defesa da paz não é preciso tanto demonstrar as suas intenções pacíficas com aversão ao recurso à violência, declarando preferir as soluções de compromisso etc., mas é preciso eliminar as causas da guerra e, para isso, é preciso estar, antes de tudo, de acordo sobre o fato de que a guerra depende mais desta causa do que daquela. Se estiver demonstrado que a causa da guerra é o imperialismo americano, dir-se-á que um movimento pela paz pode apenas fazer pacifistas genéricos, e deve contar apenas com aqueles que, estando convencidos de que a guerra depende do imperialismo americano, estão dispostos a realizar várias atividades para pôr obstáculos ao seu avanço. Colocada assim a questão, um movimento pela paz só poderia perder o vigor ao admitir entre suas fileiras pessoas que não estão dispostas a partilhar a sua convicção nas causas das guerras.

Suponhamos que se aceite essa objeção. Seguem-se pelo menos duas consequências, que é bom deixar logo claro:

1) Se é verdade que o acordo que une os Partidários da Paz não é apenas o acordo sobre a desejabilidade da paz, mas também sobre a convicção na responsabilidade da América em provocar a nova guerra, aqueles que não pertencem ao movimento e se recusam, quando são convidados, a aderir a ele não podem ser considerados belicistas, desde que o seu desacordo não diz respeito à desejabilidade da paz, mas apenas a certos julgamentos de fato relativos às causas da guerra. É perigoso, portanto, conduzir a polêmica como se de um lado houvesse defensores da paz e, do outro, defensores da guerra, porque a realidade parece diferente: de um lado há alguns que sustentam com certos argumentos que o imperialismo é a causa das guerras; do outro, todos aqueles que sustentam, sobre o mesmo assunto, com outros argumentos, opiniões diferentes.

2) Exatamente porque o acordo dos Partidários da Paz diz respeito não apenas à desejabilidade da paz em geral, mas à convicção de que a causa das guerras é o imperialismo americano, esse movimento é (permitam-me o trocadilho) partidário, no sentido que entre as várias partes em conflito, ou melhor, entre as duas grandes partes em conflito, tomou decididamente partido a favor de uma contra a outra.

Dessa segunda conclusão brota inevitavelmente a pergunta essencial relativa à eficácia do movimento dos Partidários da Paz: é útil que um grande movimento pela paz se coloque, no atual momento histórico, ao lado de um grupo de poder contra o outro grupo? Duas pessoas estão em litígio. Se eu for movido pelo desejo de restabelecer a paz entre eles, meu primeiro cuidado (e dever) será não demonstrar minimamente que tomo o partido de um em dano do outro; melhor, estou convencido que, se quiser alcançar o meu objetivo, a pacificação, deverei comportar-me da melhor maneira possível com imparcialidade. A característica do apaziguador é estar acima da rixa: em todos os ordenamentos jurídicos do mundo (e certamente também nos soviéticos e nas repúblicas populares), os parentes e os amigos, aqueles que têm relações de interesse com uma das partes, são recusados como juízes ou como árbitros. Apaziguadores curiosos os Partidários da Paz. Eles se oferecem para restabelecer a paz entre os contendentes. Mas declaram desde o início sem nenhuma reticência que um dos contendentes tem razão e o outro está errado, que a paz pode ser salva apenas colocando-se de um único lado. Eles se apresentam como partidários da paz, mas se apresentam ao mesmo tempo como parentes, amigos, que têm relações de interesse com uma das partes. A norma sobre a possibilidade de recusar juízes suspeitos de parcialidade não vale para eles. Mas exatamente porque não vale, a eficácia do movimento como movimento de pacificação sai perdendo.

6.

A esta altura surge uma dúvida: é possível que aqueles que dirigem o movimento dos Partidários da Paz não se apercebam dessa flagrante contradição entre a finalidade do movimento e o modo como se quer alcançá-la? Entre a parte do árbitro e a do advogado defensor de uma das partes? A essa dúvida quero dar a seguinte resposta: a posição do movimento não é de apaziguador ou de árbitro, porque ele *na realidade não é um movimento de pacificação.* A contradição entre fim e meio não existe, não porque os Partidários da Paz estejam dispensados por singular privilégio da norma que considera incompatíveis o estado de amigo e o de árbitro, mas simplesmente porque eles não são na realidade (mesmo que muitos deles creiam de boa-fé que o sejam) árbitros e pacificadores.

A situação de fato em que se insere a ação dos Partidários da Paz não é aquela suposta um pouco antes, dos dois contendentes por uma questão controversa. É antes o caso dos habitantes de um país que são ameaçados nas suas posses e vidas por um feudatário prepotente, forte por causa dos seus soldados e da sua riqueza. A situação se torna cada dia mais intolerável e se faz ouvir cada dia mais entre os habitantes oprimidos o desejo de paz. É absurdo pensar nessas condições, em que a prepotência armada se encontra diante da mansidão inerme, na ajuda de um apaziguador imparcial. Há apenas uma solução: reunir as esparsas forças dos súditos e organizar a resistência. Nessa hipótese, partidário da paz não é evidentemente o árbitro imparcial, mas aquele ou aqueles que realizam ações adequadas para libertar o país daquela ameaça de guerra contínua que é constituída pela presença do tirano. Pode parecer um paradoxo, mas o verdadeiro partidário da paz na situação do tirano é o *partidário da guerra* (mesmo se de uma guerra que todos os juristas concordariam em considerar uma "guerra justa").

Considere-se a posição real (e não aquela verbal ou presumida, mesmo se presumida de boa-fé) dos Partidários da Paz.

Foi visto que para eles a ameaça da guerra vem de um lado só. Para eles, portanto, não se trata mais de discutir quem tem razão e quem não tem; isso seria a tarefa do pacificador. A situação é tal que não permite hesitações: o povo industrioso e pacífico tem razão; os senhores prepotentes estão errados. Nessa hipótese, aquele que ama deveras a paz pode fazer apenas uma coisa: impedir que o prepotente esteja à frente. Mas para impedir isso é preciso combatê-lo, expulsá-lo do ninho, destruí-lo. Mas esses não são atos de guerra?

Procuremos ver a coisa com a máxima clareza. A ameaça de guerra vem de um lado só, ou seja, do imperialismo americano. Para conseguir a paz é preciso eliminar a causa da guerra. Mas eliminar a causa da guerra significa, no caso específico, eliminar o imperialismo americano. Pode-se – este é o ponto – eliminar o imperialismo americano com atos de paz, sem cometer atos de guerra (mesmo que de uma guerra justa)? Pode-se declarar que a situação de fato é tal que não permite que se assuma a posição de mediador e ao mesmo tempo pretender que se quer a paz como se a situação fosse pacificável? Ou a situação é tal que pensamos que pode ser resolvida com um compromisso, mas então fazemos muito mal, ao querer a paz, em nos mostrarmos sustentadores de um só lado. Fazendo assim, não só não apagamos o incêndio, mas ainda atiçamos o fogo. Ou então a situação é tal que achamos que não pode ser resolvida com um compromisso porque o erro está de um lado só, e então fazemos muito bem em sustentar quem tem razão, mas fazemos muito mal em crer (posto que cremos de boa-fé) ou em levar a crer que queremos evitar a guerra, uma vez que visamos a uma meta que provavelmente apenas pode ser alcançada com uma ação violenta. Noutras palavras, não é possível, pela contradição que não o permite, revestir-se da roupa atraente do apaziguador e ao mesmo tempo atribuir a si a parte de defensor da guerra justa. A primeira tarefa é de pacificação de uma situação controversa; a outra, de correção de uma situação subvertida. Os Partidários da Paz devem dizer claramente qual das duas querem exercer, porque as duas não podem ser exercidas conjuntamente.

7.

Alguém poderá objetar que a realidade é mais complexa do que qualquer silogismo e que, de fato, os próprios Partidários da Paz, mesmo declarando que o imperialismo americano é o único perigo de guerra, admitem a possibilidade da coexistência dos dois blocos opostos. Ora, afirmar a possibilidade de coexistência significa afirmar que é possível uma solução de compromisso entre os dois blocos. É verdade que, na medida em que os Partidários da Paz fazem essa afirmação sobre a possibilidade de coexistência, assumem mais a figura do apaziguador do que a do advogado de defesa.

Pois bem. Trata-se de saber como se concilia o princípio da coexistência dos dois blocos com o princípio do imperialismo como única causa de guerra. Perdoem-nos se também aqui sacarmos fora algum silogismo. Parece que não se concilia absolutamente. Afirmar que o imperialismo americano é a única causa de guerra quer dizer que haverá perigo de guerra e, portanto, não verdadeira paz, enquanto a América for imperialista. Ao contrário, afirmar a coexistência da América imperialista com a pacífica União Soviética significa que a América pode continuar a ser imperialista sem que haja perigo de guerra. Se a América é perigosa, como os Partidários da Paz sustentam com base no princípio de que as guerras são o fruto inevitável de uma política imperialista, então não se vê como é possível a coexistência. Mas se uma nação pacífica como a União Soviética pode coexistir com a América, como os próprios partidários da Paz proclamam seguindo o impulso natural de todo movimento pacifista, então quer dizer que a América não é perigosa. Não posso dizer ao mesmo tempo que você me ameaça de morte e que, apesar disso, eu posso viver muito bem com você. Tal atitude só pode ser ditada ou pelo medo ou pelo desejo de participar dos seus erros ou mais simplesmente do fato que digo e desdigo, ou seja, me contradigo. Tem-se razão em crer que o comportamento dos Partidários da Paz é deste último tipo. E a contradição nasce, em nossa opinião, ainda uma vez da natureza ambígua do movimento que proclama a paz como fim último, ou como se fosse um movimento pacifista genérico, sem se aperceber (ou pelo menos sem querer deixar transparecer) que a paz para ele, na melhor das hipóteses, é um fim puramente instrumental.

Pois bem, também neste ponto as palavras de Stálin no artigo citado desobstruem o campo dos equívocos e, revelando a real natureza do movimento, circunscrevem, de um modo que pode parecer preocupante, a sua eficácia. Da passagem antes citada, de fato, aprendemos que o fim supremo da política dos países do socialismo é a destruição do imperialismo e que o movimento dos Partidários da Paz não está em condições de atingir esse fim supremo. Dessa tese falta dar um pequeno passo para concluir que para alcançar o fim supremo é preciso uma ação diferente daquela dos Partidários da Paz. E qual pode ser essa ação? Socorre-nos ainda uma frase de Stálin:

> Pode acontecer que, por um concurso de circunstâncias, a luta pela paz se desenvolva em certas zonas transformando-se em luta pelo socialismo, mas isso *não seria mais o atual movimento pela paz, e sim um movimento para derrubar o capitalismo.* (itálico de Bobbio)

Isso significa, noutras palavras, que para alcançar o fim supremo, a ação de paz, que é, como foi dito desde o princípio, essencialmente conservadora, deve transformar-se numa ação revolucionária ("subversão"): quer dizer – é preciso não ter medo das palavras –, numa ação de guerra. É exatamente isso que se queria demonstrar.

Liberdade da arte e política cultural*

1.

Proponho-me a examinar alguns temas (velhos e novos) recorrentes na disputa sobre "arte e comunismo".

Em linha geral, se pode dizer que a discussão nasce do fato de que os liberais (chamamos assim, só para nos entendermos, os defensores da liberdade da arte) afirmam que "a arte é livre nos países de democracia liberal e é, ao contrário, escravizada à política nos países de democracia popular". Esse julgamento pressupõe já resolvida em sentido negativo a questão de valor relativa à desejabilidade da política cultural; mas sobre a questão de valor nos deteremos mais adiante.

Diante dessa afirmação, os comunistas empregam as duas teses defensivas possíveis: 1) não é verdade que a arte seja livre nos países de democracia ocidental; 2) não é verdade que a arte esteja escravizada nos países de democracia popular.

---

* Originalmente publicado em *Nuovi Argomenti*, v.1, n.2, p.245-59, maio-jun. 1953.

Olhando bem, todos os argumentos dos comunistas podem levar a uma ou à outra das duas teses; são, por assim dizer, apenas variações mais ou menos hábeis daquelas. Querendo esmiuçar a questão, poder-se-ia distinguir três tipos de argumentadores: *a*) os que sustentam apenas a primeira tese; *b*) os que sustentam apenas a segunda; *c*) os que sustentam as duas ao mesmo tempo. Os primeiros são os mais fiéis seguidores da teoria que a arte é superestrutura: não protestam contra a acusação de que a arte em um país de ditadura do proletariado seja ideologicamente condicionada, mas a retorquem afirmando que também a chamada arte livre de uma sociedade burguesa está ligada à estrutura econômico-social. E que o artista do Estado proletário conhece o condicionamento e é, portanto, superior (entenda-se mais livre) ao artista do Estado burguês, que é condicionado, mas, como *monsieur* Jourdain, não se deu conta disso. Estes estarão errados ou certos: mas são, entre os três tipos de argumentadores, os mais ortodoxos e coerentes. Os segundos deixam que os liberais se gabem da liberdade da arte na sociedade burguesa: a eles importa demonstrar que também nos países socialistas a arte é livre. São estes que aceitam com muitas reservas a teoria das relações de condicionamento entre estrutura e superestrutura no tocante à arte, como se a arte fosse uma manifestação privilegiada do espírito humano. São, talvez, menos ortodoxos, mas igualmente coerentes. Os últimos, enfim, são os opositores mais tenazes e, talvez, irredutíveis, mas são também os mais refutáveis, porque, sustentando ambas as teses, são refutados tanto quando se demonstra infundada a primeira como quando se demonstra infundada a segunda.

2.

Vejamos agora particularmente, ainda que muito brevemente, as duas teses defensivas. Para a primeira escolho uma passagem de Bianchi Bandinelli, não só porque é clara e diz tudo o que deve dizer, mas também porque devo ao autor e amigo uma resposta (e este meu escrito é, em parte, também uma continuação do "Dialogo sulla libertà" – Diálogo sobre a liberdade). A passagem é a seguinte:

> Aceito o que se chama de o "partidarismo da cultura"; [...] aceito não porque é um "dogma comunista" [...] mas simplesmente porque é um princípio que *de fato sempre existiu, porque a cultura sempre esteve ligada à "Weltanschauung" de uma determinada classe*, representante de determinados interesses, e desenvolveu-se, também nas suas florescências "desinteressadas" (que ninguém nega ou despreza) sobre aquele terreno bem determinado.[1]

O argumento, como se vê, é típico. Consiste em não contestar o fato, mas em atribuí-lo aos próprios acusadores. "Somos violentos? Mas a violência domina a história". Ou: "Por que me censuram de ser ciumento? Sim, eu sou. Mas você também é: os enamorados todos o são".

A essa argumentação típica se pode responder com uma contra-argumentação igualmente típica. Ou seja, responde-se introduzindo uma distinção: há violência e violência, há cuidado e cuidado. No nosso caso, podemos muito bem admitir a tese de que "a cultura sempre esteve *ligada à Weltanschauung* de uma determinada classe", mas acrescentamos: há ligação e ligação. Que a cultura esteja sempre ligada à concepção de mundo de uma determinada classe significa simplesmente (e é algo não contestável e aceito também pelos não marxistas) que o artista, ou o homem de cultura em geral, exprime necessidades, exigências, ideais do tempo, dos quais é portadora, quando há, a classe dominante. O importante é saber qual a relação que existe entre

---

1 Bianchi Bandinelli, Dialogo sulla libertà. *Società*, p.701 (itálico de Bobbio). Este artigo de Bianchi Bandinelli é uma réplica à minha carta publicada nesta coletânea, p.103.

a classe dominante e o artista. É uma relação externa do tipo da relação jurídico-política, obrigatória e coativa? Ou é uma relação interna do tipo da relação pedagógica? A admissão da liberdade ou não liberdade do artista depende exclusivamente do modo como se responde a essa pergunta. Posta a pergunta, porém, nesses termos, a resposta não me parece dúbia. "Livre", nessa acepção, quer dizer não ter outras ligações que aquelas assumidas por convicção interior e não por imposição exterior. "Liberdade", na linguagem filosófica moderna, não significa indiferença do arbítrio, mas "autonomia" (pensar no significado kantiano de autonomia moral), o que não quer dizer "não reconhecer nenhuma norma", mas "reconhecer apenas a norma que cada um de nós dá a si mesmo". Costumou-se considerar um homem tanto mais livre quanto mais age porque está convencido, não porque é obrigado. Diz-se de um homem livre que ele tem personalidade; e personalidade significa, mais uma vez, autonomia de julgamento e de ação.

Agora, quando dizemos que um artista exprime "a concepção de mundo do seu tempo", o que queremos propriamente dizer? Que ele a exprime porque está convencido ou porque é constrangido? O problema está todo aqui: se respondemos que ele foi constrangido (uso essa palavra no sentido técnico-jurídico, porque quando se discute "partidarismo da cultura" nos referimos a um procedimento institucional para a formação e a imposição de determinadas diretivas culturais), cabe ao respondente demonstrar duas coisas: 1) que em todas as épocas, e não apenas nos Estados soviéticos, houve organismos político-jurídicos para a regulamentação coativa do que os pintores devem pintar, os romancistas escrever, os cientistas inventar, os filósofos pensar; 2) que, admitida a existência de semelhantes organismos em determinados lugares e épocas, os verdadeiros artistas, os verdadeiros romancistas, os verdadeiros cientistas, os verdadeiros filósofos foram aqueles que obedeceram com maior disciplina às regras impostas por semelhantes organismos e não mais, por acaso, exatamente aqueles que se rebelaram. Se

Liberdade da arte e política cultural

então, Renunciando a dar essa dupla demonstração, se respondesse com a outra alternativa, vale dizer, que o homem de cultura exprime, sim, a concepção de mundo do seu tempo, mas a exprime por convicção (e é tanto mais artista quanto mais essa assimilação é profunda e espontânea), querer-se-ia admitir exatamente aquele determinado tipo de ligação entre a classe e o artista que não exclui a liberdade, em que, antes, consiste a liberdade como autonomia, ou seja, querer-se-ia reconhecer exatamente aquela diferença entre "ligação" e "ligação" que faz desabar tudo com a primeira tese defensiva.

3.

A esta altura, presumindo que o contraditor comunista prefira a última alternativa à primeira, a disputa não está encerrada, mas se desloca necessariamente para a segunda tese defensiva. "Está bem, estamos perfeitamente de acordo – dirá o nosso interlocutor – que a ligação entre a ideologia da classe dominante e o artista não exclui a autonomia do artista e, portanto, da obra de arte. Mas por que pensam que essa autonomia não existe nos países onde está em vigor o princípio do partidarismo da cultura? Vocês acreditam estar certos quando afirmam que esse princípio implica aquela regulamentação jurídica e coativa da arte que transforma a relação entre classe e artista de relação pedagógico-moral em relação jurídico-institucional e que, por conseguinte, importaria uma diferença substancial entre um artista na sociedade liberal e um na sociedade comunista?"

Sobre esse ponto houve recentemente vários esclarecimentos por parte de intelectuais comunistas.[2] Também aqui escolho, pelos motivos adotados antes, um trecho de Bianchi Bandinelli:

---

2 Cf., por exemplo, a propósito da publicação em *Il Mulino* do artigo soviético "I còmpiti degli storici sovietici nella lotta contro le manifestazione della

As discussões sobre a história e sobre as tarefas dos historiadores soviéticos, que tanto escândalo causaram [...] chegaram ao fim de um longo debate ocorrido em revistas e jornais e resumem de forma conclusiva os problemas que hoje são colocados aos historiadores soviéticos sobre a história da URSS, que apareceram discutindo obras concretas publicadas pela Academia, livros didáticos em circulação nas escolas, artigos de revistas científicas. Se o "partidarismo da cultura" fosse dizer branco ou preto, dirigir-se à direita ou à esquerda, segundo as ordens do Partido, não te parece que seria mais simples dar aquelas "ordens" antes num "comunicado" às academias, às redações e às comissões [...] para a aprovação dos livros didáticos?[3]

Não há dúvida que essa argumentação, baseada como está na atestação da amplidão e profundidade dos debates mediante os quais se chega a estabelecer certas orientações culturais, tende a demonstrar que tais orientações não são arbitrariamente impostas, mas são o fruto de uma convicção amadurecida. Portanto, se fosse assim, a diferença entre "ligação" e "ligação" desapareceria: também nos países soviéticos a ligação, não obstante a novidade do aparato que suscita escândalo, seria pedagógica e não coativa, e a liberdade da cultura estaria salva.

Sobre esse ponto limito-me a deixar algumas pulgas atrás da orelha. Está bom que haja discussão, mas não basta. É preciso que a discussão seja livre. Por exemplo, o debate econômico ocorrido em outubro de 1950 na Academia de Ciências da URSS e relatado na *Rassegna Sovietica*[4] (é o mesmo que já tive ocasião de citar noutro lugar) originou-se de um artigo do *Pravda* que "denunciava os graves erros de caráter objetivista burguês

---

ideologia borghese", as explicações de Zangheri, A proposito della storiografia sovietica. *Il Mulino*.

3 Bianchi Bandinelli, Dialogo sulla libertà. *Società*, p.702.

4 *Rassegna Sovietica*, n.12, p.5 et seq., jun.-jul. 1950.

existentes nas obras dos colaboradores científicos do Instituto de Economia da Academia de Ciências da URSS, L. A. Mendelson e P. K. Figurnov". O relator, por sua vez, afirmava que o coletivo do Instituto de Economia

> não assimilou ainda na medida devida *as diretrizes do Comitê Central do nosso Partido sobre as questões ideológicas*, não compreendeu plenamente os resultados das discussões científicas, que ocorreram *sob a guia do C. C. do P. C. (b) da URSS*, não fez o que era necessário *para realizar as diretrizes* do Comitê Central do Partido sobre a atividade do Instituto de Economia. (itálico de Bobbio)

Pois para que se possa dizer que um debate é amplo e profundo basta que os oradores sejam muitos e as intervenções muito longas, e não tenho razão em levantar dúvidas sobre a existência desses fatos. Para que seja livre, outros requisitos são necessários: as frases relatadas acima autorizam-me a levantar as mais amplas dúvidas sobre se um debate que tem origem na denúncia de um jornal oficial, no qual se constata que certo instituto não segue fielmente as diretrizes do partido, seja livre. Para que um debate possa ser chamado livre, é preciso, antes de tudo, que o resultado não seja pré-constituído: depois da denúncia do *Pravda*, que probabilidade haveria para o debate concluir em não dar razão ao denunciante? Ainda: para que um debate possa ser chamado livre é preciso que cada um possa exprimir livremente a sua opinião. Qual garantia disso poderia haver entre pessoas que foram chamadas a debater exatamente sobre a deploração política sofrida por algumas delas por terem expresso livremente a sua opinião?

Talvez, exatamente por causa da falta desses requisitos, a leitura daquele debate me deu a penosa impressão de uma caça ao homem, na qual vários oradores davam prova muito visível não tanto de amor desapaixonado pela ciência, mas daquele sentimento menos superior que Croce teve de chamar com a expressão, em outros tempos tornada famosa entre as mesmas pessoas, "zelo servil". (A certa altura, houve um infeliz senhor Trakhtenberg que procurou "atenuar o valor político da crítica do livro de Mendelson" afirmando – que depravação cristã burguesa! – que "nenhum dos presentes pode declarar que é infalível". Pois bem, desde aquele momento alguns dos oradores incluíram em sua lamentação e desprezo, além do nome dos incriminados autores do livro em julgamento, também o do indulgente senhor Trakhtenberg.)

Aliás, se os debates culturais fossem livres, por que se cunharia a expressão "partidarismo da cultura"? Ou seja, se os debates fossem tais que, tendo cada um a plena liberdade de exprimir a sua convicção, podendo-se chegar a soluções contrárias às diretivas do partido, o que seria do "partidarismo da cultura"? Essa expressão indica clarissimamente a relação que se quis lá estabelecer entre cultura e política. Por que devemos negar isso? Porque devemos deturpar o sentido com argumentações pouco convincentes? Por que devemos fazer crer que o partidarismo da cultura seja algo diferente do que o nome dá a entender chegando-se a propor, como foi feito por alguém, dar-lhe outra denominação, menos desagradável ou mais aceita aos ouvidos burgueses?

4.

Se nos detivéssemos neste ponto, não poderíamos evitar a impressão de que as teses defendidas pelos comunistas são fracas e facilmente refutáveis. Mas devemos reconhecer lealmente que até agora os vimos combater no campo dos adversários, que é o terreno para eles menos favorável. Observe-se que a proposição inicial, da qual provém toda a polêmica, "A arte é livre nos países de democracia ocidental e é escravizada na política dos países de democracia popular", pressupõe, como já observamos, um juízo de valor: a liberdade da cultura é um bem, a política cultural é um mal. Os comunistas, ao aceitar a discussão sobre essa proposição, aceitam implicitamente também o juízo de valor, com base no qual é formulada, ou seja, dão o seu consentimento à tese liberal que parte de uma avaliação positiva da liberdade da cultura e negativa da política cultural. O que significa toda aquela argumentação em favor do condicionamento da arte burguesa e da formação espontânea das convicções em ambientes culturais soviéticos senão a adesão, em linha de princípio, à tese liberal das relações entre arte e política? Não nos admiremos então da ineficácia da defesa. A gente não se defende bem no terreno inimigo e aceitando as armas oferecidas pelos outros. Quando os comunistas se preocupam em mostrar que o diabo não é tão feio como se pinta, fazem o jogo do adversário, aceitando ou mostrando aceitar a existência do diabo.

Procuremos, portanto, passar da discussão sobre os fatos à discussão a respeito dos valores. É o caminho, aliás, que se segue em todo processo: primeiro se tenta provar que não se cometeu o fato; se não se conseguir, tenta-se demonstrar que o fato não constitui crime. Até agora se discutiu se existe ou não uma política cultural como algo oposto à liberdade da arte. Tendo falhado, como me parece falhar, a prova que a política cultural não existe, não se pode evitar o problema de fundo: "a política cultural é um bem ou um mal?".

Se evitássemos essa discussão ulterior, à qual nos leva inevitavelmente a controvérsia, não teríamos resolvido absolutamente nada. Lembremo-nos de que as grandes contendas que dividem os homens nunca são aquelas sobre as interpretações dos fatos, mas sobre as avaliações que, subentendidas e talvez inconscientes, apoiam tais interpretações. Ou, pelo menos, as interpretações são, às vezes, com um pouco de paciência e com um bom sistema de avaliação, pacificáveis. Não há tribunal, por mais escrupuloso e imparcial, que faça calar as avaliações. Dois torcedores de um time de futebol, que discutem animadamente se foi gol ou não, podem ser levados a aceitar mais uma tese do que a outra por uma minuciosa reconstrução do fato. O que nenhum mediador conseguirá pôr de acordo é que um time vença de preferência ao outro. Ou melhor, se se devesse constatar que não se consegue colocá-los de acordo sequer sobre a questão de fato, seria recomendável buscar a razão exatamente naquilo que a dissensão sobre o valor é tão forte que impede que observem os fatos com espírito imparcial. Aliás, todo tribunal tem a função de estabelecer que fulano roubou; e não de convencer o ladrão que o furto é uma ação má. Se o ladrão levou a pior, é exatamente porque se arrasta no terreno de uma questão de fato que é julgada com base num julgamento de valor pressuposto e desfavorável a ele. Se a discussão não fosse mais sobre a existência ou inexistência do crime, mas sobre o valor ou desvalor do furto, talvez o ladrão encontraria filósofos, sociólogos, biólogos dispostos a lhe dar razão.

5.

Também a questão que divide liberais e comunistas quanto às relações entre arte e política é, em última análise, uma questão de valor e não de fato. Não se trata de verificar se há ou não há em certos países liberdade da arte, se há mais aqui e menos ali: trata-se de estabelecer qual é o *valor da liberdade da arte*. A pergunta última, portanto, que não se pode deixar de fazer, se quisermos compreender as razões profundas da desavença, não é: "A arte é mais livre nos países ocidentais ou nos países orientais?", mas: "É bom ou ruim que a arte seja livre?". Aqui, e somente aqui, os comunistas podem ter as suas razões a fazer valer ou, se preferir, os seus valores a defender.

Pensemos um pouco: toda a polêmica dos liberais se baseia no pressuposto de que a liberdade é um bem para a arte, porque a arte num regime de liberdade progride melhor do que num

Liberdade da arte e política cultural

regime oposto. Mas esse juízo pressupõe outro: que a arte é um bem em si mesmo, cujo progresso é útil, ao passo que a decadência seria um dano. Debaixo do mundo está Atlas, mas debaixo de Atlas está a tartaruga. Deve, pois, haver alguma coisa que apoie o mundo dos nossos raciocínios e das nossas ações. Para o liberal que defende a liberdade da arte, a tartaruga é a crença última de que a arte é um valor final. Se a tirar dele, o seu mundo fica sem apoio. Mas por que não se deveria tirá-la? E quem me impede de pensar que a tartaruga se segura, apoiando-se em alguma outra coisa, talvez menor, mas ainda mais sólida e forte? Quem me impede, sem qualquer metáfora, de crer que a arte não é um valor último, mas apenas um valor instrumental, algo que serve para alcançar outros fins superiores a ela? E se a arte é um valor instrumental, o que me importa que ela progrida, se isso acontece em prejuízo dos valores superiores aos quais ela está subordinada? O liberal quer a liberdade da arte porque crê na arte como bem superior. O mesmo se pode dizer do comunista? Não lhe faremos uma injustiça ao atribuir a ele essa crença? Os valores superiores para um homem, uma classe ou um povo são aqueles, diria o amigo Calogero, pelos quais aquele homem, aquela classe ou aquele povo estão dispostos a morrer. Será que um comunista está disposto a morrer para defender a liberdade da arte? Certamente que não. E porque não? Por esta razão simplíssima mas inabalável: que a arte é para ele um bem instrumental, ou seja, é um bem que serve para conseguir outros bens. Por ora não nos interessa saber se é bom ou mau que para ele a arte seja um bem instrumental; importa-nos saber, ao contrário, que, se a arte é para ele um bem instrumental, isso significa que é possível uma hierarquia de valores diferente daquela defendida pelos liberais. Tampouco nos interessa saber quais são esses valores superiores aos da arte: só para nos entendermos, poderemos chamá-los pelo nome genérico de "justiça". O que nos interessa é que, se a justiça é considerada um valor superior ao da arte, o desenvolvimento da arte deve ser tal que não seja obstáculo para alcançar os fins da justiça. Se considero a caça como pura diversão, posso muito bem contentar-me em seguir o perfil da raposa; mas se vou caçar para me sustentar, preciso da raposa real, mesmo se o jogo é menos belo e mais perigoso. Pense, porém, como seria absurdo se o primeiro caçador quisesse convencer o segundo de que o seu modo de ir à caça é mais útil, e o segundo quisesse convencer o primeiro de que o seu modo é mais bonito.

6.

Admitamos, pois, ainda que por hipótese, que a arte seja um valor instrumental. Então se tornam lícitas algumas perguntas que invertem completamente os termos da discussão: é verdade ou não que a arte pode determinar correntes de gosto, tendências psicológicas, orientações espirituais, em suma, formar uma opinião pública? É verdade ou não que essa opinião pública pode ser formada pela arte ou por algumas correntes artísticas em oposição aos fins perseguidos pela classe política? Se concordarem com essas duas proposições, posto que já esteja dado por admitido que tudo deve estar subordinado naquele particular momento histórico aos fins perseguidos pela classe política, que são os fins de transformação radical da sociedade para dar a todos os homens o direito de viver, então não se vê, verdadeiramente não se vê, por que a arte não deva ser, também ela, controlada, seja conformando-a àqueles fins ou, mais simplesmente, impedindo-a de fazer mal. Aqui, onde se abandonou a questão de fato, e se chegou a captar o sentido da questão de princípio, se compreende a natureza da desavença profunda que separa liberais e comunistas, mas compreende-se que também os segundos tenham os seus argumentos, se quiserem sair do terreno já comprometido sobre o qual os adversários os fizeram descer, e levarem a desavença, sem falsos pudores, a uma discordância não entre diferentes interpretações de um fato, mas, como realmente é, entre diferentes sistemas de valores.

Enquanto se discutia sobre a questão de fato, se a arte é mais livre nos EUA ou na Rússia, os comunistas só podiam levar a pior. Mas, reconduzida a questão aos seus fundamentos, propõe-se a seguinte alternativa: a sociedade deve ser constituída de modo a permitir que os artistas criem grandes obras de arte? Ou então: a arte deve ser criada de maneira a dar a sua contribuição para a formação da sociedade? Vê-se então que a vitória que o liberal obteve no terreno dos fatos é uma vitória sem consequências, ou melhor, pouco firme. A vitória decisiva é aquela no terreno dos valores. Mas tendo chegado a descobrir o novo terreno, percebe-se que ela é muito difícil. Não digo que se deva renunciar a lutar; mas são necessários outros instrumentos, outras armas, ou, se preferirmos, novos argumentos.

7.

Quais são esses novos argumentos? Creio que o liberal seja obrigado a esclarecer antes de tudo uma coisa, que quando defende a liberdade da arte, o *valor supremo que ele defende não é o da arte, mas o da liberdade,* o que significa, noutras palavras, que o problema de fundo não é um problema *estético,* mas um problema *ético-político.*

Efetivamente, quando se discute sobre "arte e comunismo", os problemas que são enfrentados são dois, e bem distintos: um de ordem ético-política e outro de ordem estética. O primeiro corresponde à pergunta: "É bom ou mau que a política dirija a arte?". O segundo, ao contrário, corresponde à pergunta: "A arte soviética (ou seja, de um país no qual existe ou se pensa que existe uma política cultural) é bela ou feia?". Os problemas são tão distintos que se pode muito bem imaginar um artista que dê resposta afirmativa à primeira e não à segunda, e vice-versa.

Fulano, por exemplo, pode estar convencido de que numa sociedade comprometida com a renovação radical das suas instituições seja necessário que a arte esteja subordinada aos fins supremos da política; mas, ao mesmo tempo, rejeita desdenhosamente o realismo (chamando-o assim apenas para lhe dar um nome) soviético. Em suma: está de acordo no plano ético-político, em desacordo no plano estético. É uma posição frequente, ou estou enganado, entre homens de cultura comunista nos países ocidentais. Mas há também o caso oposto: Sicrano é favorável à orientação realista na arte e compartilha os ataques por parte dos comunistas ao decadentismo, à degeneração estética etc.; mas nega duramente que a nova orientação artística possa ser imposta ou sugerida por comitês políticos. Está de acordo no plano estético, em desacordo no plano ético-político. Também essa posição não é imaginária: é bastante frequente entre os intelectuais chamados progressistas.

Agora, se não for exatamente delimitado o campo da discussão, podem nascer confusões ou ilusões: pode-se pensar, por exemplo, que se refutou o comunismo, que é um movimento ético-político, demonstrando que os quadros do pintor X ou do pintor Y são oleografias; ou pode-se considerar que os quadros do pintor X ou do pintor Y não podem ser esteticamente apreciáveis porque o comunismo é uma ditadura.

Entende-se que os dois problemas, o ético-político e o estético, embora distintos, não são, ou se pode achar que não são, independentes. A questão ético-política sobre a maior ou menor desejabilidade da política cultural é uma questão de princípio. A questão estética sobre a maior ou menor validade dos pintores soviéticos é uma questão de fato. Então, existe e quais são as relações entre a questão de fato e a questão de princípio? O artista comunista dos países ocidentais (apenas para me referir ao exemplo citado pouco antes) é livre para crer que a arte soviética seja feia porque os comitês políticos que a promovem não têm gosto artístico, quer dizer, livre para crer que não existe nenhuma relação entre questão de princípio e questão de fato. Isso, porém, não exclui que possa haver também aqueles que pensam que a arte comunista é feia pelo fato, e exclusivamente por isso, de ser regulada pelos comitês políticos. Nesse segundo caso, problema estético e problema ético-político estão estreitamente interligados. E a ligação pode ocorrer através de dois tipos de discurso: 1) a política cultural é má porque a arte soviética é feia; 2) a arte soviética é feia porque existe naqueles países uma política cultural. Com o primeiro tipo de discurso se procura resolver a questão de princípio argumentando a partir do fato, como no caso em que sendo incerto ir ao mar ou à montanha (questão de princípio) eu decida ir ao mar porque estou convencido que Portofino é melhor que Cortina d'Ampezzo (questão de fato). Com o segundo tipo de discurso se procura resolver a questão de fato partindo da questão de princípio, como quem resolve não ir a Portofino porque prefere a montanha.

Mas o fato de se poder ver uma ligação entre as duas questões não exclui que sejam duas questões diferentes e que a questão decisiva seja, em última análise, a ético-política e não a estética, uma vez que apenas da solução que dermos à primeira questão depende se a nossa rejeição ou a nossa aceitação do comunismo é solidamente fundamentada. Posso muito bem compreender que um pintor de arte abstrata, ou simplesmente um bom pintor, esteja indignado com a pintura soviética; mas não estarei igualmente disposto a justificá-lo se ele fizesse dessa sua indignação a única razão para rejeitar o comunismo. Colocá-lo-ia no mesmo plano (embora um pouco mais nobre) daqueles que odeiam a Inglaterra porque lá se come mal.

8.

Infelizmente não se pode dizer que a consciência dessa hierarquia das questões esteja sempre presente, onde acontece que, invertendo-a, se oferece ao adversário cem pontos de vantagem. Por exemplo, quando Croce costumava aduzir como razão da sua aversão ao comunismo o fato de que não cresciam mais os Tolstois e os Dostoievskis, o que fazia senão julgar uma sociedade inteira a partir do desenvolvimento que se alcançara na produção artística, senão subordinar todos os valores da civilização aos da arte? Podia-se tranquilamente responder a ele que, se uma sociedade obtém mais justiça para os oprimidos, não é menos civilizada do que aquela outra fundada no cinismo e no descaramento do privilégio, só porque esta cria um Tolstoi ou um Dostoievski. Então devemos deixar bem claro que, se o liberal quiser lutar com sucesso, não deve lutar no terreno da arte, mas no terreno da liberdade. A pergunta fundamental é: qual sociedade julgamos mais humana, mais civilizada, aquela na qual cresce a grande obra de arte ou aquela na qual é possível a grande obra de renovação humana? A essa pergunta devemos responder: é aquela na qual há maior liberdade, ou seja, aquela na qual a grande obra de arte ou a de renovação humana são compatíveis com a maior liberdade.

Só colocando o acento mais no valor da liberdade do que no valor da arte é possível opor-se eficazmente à política cultural. Ou seja, está-se em condições de esclarecer que a política cultural é rejeitada não porque reduz a arte a valor instrumental, mas porque nega o valor da liberdade, não porque os quadros são feios, mas porque os artistas não são livres para pintar nem quadros belos nem feios. Por absurdo se deveria admitir que se aprecia mais um quadro feio pintado livremente do que um belo pintado por obrigação.

A arte é um dos muitos momentos da vida civilizada do homem, alto, sim, mas não único. Se dissermos que o que importa é a arte, pode-se responder que a humanidade tem outras coisas, igualmente importantes e igualmente boas a fazer. Quanto à liberdade, porém, ela é a própria condição da vida civilizada e de todo progresso humano. Ninguém pode responder também tranquilamente que a humanidade tem muitas outras coisas importantes e boas a fazer antes de pensar na liberdade; ninguém pode responder assim porque sem a liberdade as coisas importantes se revelam secundárias e as coisas boas se tornam tristes. Ou perdemos a confiança na liberdade? Não cremos mais que a civilização liberal, quer dizer, aquele sistema particular de vida no qual os artistas são livres, esteja em condições de transformar o mundo? Que esteja em condições não só de permitir que os artistas deem à humanidade grandes obras de poesia, mas a toda a humanidade, inclusive aos artistas, mais saúde, trabalho, bem-estar? É inútil esconder: a crise da civilização liberal é a crise dessa confiança, é a crise de um sistema e de uma hierarquia de valores em que o primeiro parecia inabalável, e a segunda irreversível. Mas então, se perdemos a confiança na liberdade como condição essencial para o progresso da civilização, a questão da arte se torna secundária. Ninguém lamentará uma civilização que permita que os artistas criem obras de arte, mas deixa que os homens se dilacerem.

Mas para dar uma resposta a esse problema verdadeiramente último é preciso reexaminar o próprio valor da civilização liberal. Mas não quero chegar a tanto. Eu tinha apenas de pôr em destaque que a contenda com a qual nos ocupamos é daquelas que envolvem toda a nossa concepção de mundo e da civilização, toca as próprias raízes das nossas convicções mais profundas e das nossas crenças mais íntimas, e que uma vez comprometidos com ela – e como poderemos não nos comprometer? –, não podemos mais fugir com constatações parciais de fato nem sequer com julgamentos estéticos.

Croce e a política da cultura[*]

1.

O pensamento político de Croce se move entre dois polos: de um lado, a afirmação da atividade política como atividade econômica ou força vital e, como tal, autônoma em relação à moral, tendo as suas próprias razões e leis; do outro lado, a identificação da liberdade com a força moral, que dirige em última instância a política e com a qual toda boa política deve acertar as contas. Ele acentuou, de acordo com a época, ora uma ora outra posição, chegando a ser, para escândalo dos moralistas, defensor do Estado-potência durante a Primeira Guerra Mundial e, ao contrário, exaltador, por despeito aos tiranos, tiranetes e seus servidores da época do fascismo, do ideal da liberdade. Se houve coerência nessa bipolaridade, e de que natureza foi, é problema sobre o qual valeria a pena deter-se; e eu mesmo me proponho a voltar a isso noutra ocasião.

---

[*] Originalmente publicado na *Rivista di Filosofia*, v.44, n.53, p.247-265, jul. 1953.

Tenho agora de destacar que mesmo na mudança das posições, esteve no pensamento e nas preocupações de Croce uma ideia constante: os homens de cultura (especialmente os filósofos) têm uma responsabilidade e uma função política, *enquanto homens de cultura* (ou enquanto filósofos). Hoje se fala insistentemente de uma "política da cultura"; com essa expressão se entende exatamente a política dos homens de cultura como tais, ou seja, quer-se dizer que os homens de cultura – seja qual for a política que eles adotem ou promovam como membros deste ou daquele partido – não podem subtrair-se das responsabilidades práticas específicas que derivam exatamente da sua qualidade de homens de cultura e da consciência de que cabe à cultura uma função de crítica, de controle, de vivificação e de criação de valores que é, no curto ou longo prazo, função política, e é necessária e eficaz sobretudo em tempos de crise e de renovação. Entre todos os problemas atinentes à política que se manifestaram à mente de Croce na sua longa vida, que passou por tempos tranquilos e agitados, de decadência e de grandeza, de paz social e de guerra civil, o problema da política e da cultura foi o que o atingiu mais profundamente, com toda a sua consciência de douto que é tal antes de ser homem prático ou político, mas que tem também um altíssimo senso de responsabilidade civil do douto, quando não é árido erudito, da função esclarecedora da filosofia, quando esta não é academicismo, verbalismo ou virtuosismo de ideias abstratas. E tão profundamente sentiu esse problema que não só se deteve nele para teorizá-lo, mas as várias posições políticas que ele assumiu foram constantemente acompanhadas e apoiadas por uma consideração geral da função política dos intelectuais e são atribuíveis e foram atribuídas por ele mesmo conscientemente a posições mais de política da cultura do que de política militante.

Croce afligiu-se longa e repetidamente com os problemas das relações entre filosofia e política. A julgar pela insistência com que voltou ao tema e por certas passagens, ou ainda pelo tom geral da sua primeira obra autobiográfica ("Contributo alla critica di me stesso" – Contribuição para a crítica de mim mesmo), que escreveu em um momento de grave perturbação política (abril de 1915) – quando a Itália estava para romper a neutralidade – para "esboçar" a história da sua vocação ou missão, e procurou explicar em que sentido a sua obra, que não era de político, mas de filósofo, tinha tido também a sua função civil, a aflição deve ter sido profunda, e foi determinada pela oposição entre a sua inclinação que o levava a isolar-se nos estudos e o senso de dever do filósofo de não fechar-se na torre de marfim, entre o egoísmo do estudioso satisfeito com o seu isolamento e o dever de cidadão. Essa oposição interior o induziu a um contínuo repensar em torno das consequências políticas de uma determinada posição filosófica, e fez com que ele encontrasse, de vez em quando, nas diversas vicissitudes do país, a "consciência tranquila" de que o filósofo tem o seu lugar de responsabilidade na vida civil. Foi exatamente ao esclarecer os termos e elaborar os pressupostos dessa "consciência tranquila" que Croce foi elaborando, desenvolvendo e enriquecendo a sua teoria da política da cultura.

Creio que podem ser distinguidas três fases no seu pensamento, diferentes, mas que se integram sucessivamente uma à outra, na elaboração dessa teoria, que correspondem, *grosso modo*, a três períodos: o primeiro período compreende os anos desde os estudos do marxismo até a Primeira Guerra Mundial; o segundo, os anos da Primeira Guerra Mundial e o pós-guerra imediato, e o terceiro, os anos do fascismo.

2.

O primeiro modo de entender as relações entre atividade filosófica e atividade política foi aquele que podemos chamar, com uma palavra do próprio Croce muitas vezes usada, da *especialidade* ou da *especificação*.[1] A filosofia pertence à esfera teórica; a política (a atividade do político e não, bem entendido, a teoria da política) pertence à esfera prática. Todas as duas são formas distintas da atividade espiritual. Foi tão forte em Croce o sentido da "distinção" das formas espirituais que a encontrou no indivíduo particular (e em si mesmo) como apreciação da especificidade das vocações. E repetiu, toda vez que se propôs o problema dos deveres do filósofo na vida civil, que quem tinha vocação de filósofo, ou mais simplesmente de homem de estudo, tratasse de continuar a desempenhar, e bem, a sua tarefa de filósofo e de homem de estudo, e que nunca lhe tinha acontecido ter encontrado, na história e na vida, um bom filósofo que fosse ao mesmo tempo um bom político, e vice-versa; que se por acaso tivesse acontecido ver o filósofo dedicar-se à vida política e ter sucesso, era de suspeitar que fosse um filósofo medíocre que teria finalmente encontrado a sua verdadeira vocação na direção da coisa pública. Ele próprio procurou ser fiel a essa "separação" das tarefas; e foi difícil para ele porque nos poucos cargos públicos que teve, mesmo não os tendo solicitado, os desempenhou, no entanto, com espírito escrupuloso, nunca esteve à vontade e assim que pôde desvencilhar-se do compromisso, voltou sempre com renovado ardor e prazer aos estudos prediletos.[2]

---

1 São muito numerosas as referências a essa tese nas obras de Croce. Tratam particularmente dela o ensaio, Il disinteressamento per la cosa pubblica. In: *Etica e política*; e o ensaio, La politica dei non politici (1925). In: *Cultura e vita morale*. Cf. também, nesta última coletânea, Specialismo e dilettantismo.

2 Ver em Franchini, *Note biografiche di Benedetto Croce*, p.25: "O próprio Croce confessava que nunca se subtraíra aos deveres públicos, mas que nunca solicitou a honorável honra, porque no cumprimento deles nunca sentiu, embora sempre os tenha cumprido com escrúpulo, aquela satisfação que nasce de realizar alguma coisa com a plena adesão da alma". Em Croce, *Due anni di vita politica italiana*, p.24, se lê: "Aquilo que fiz e faço de política é um esforço contra a minha natureza e o meu passado, um esforço realizado sob o comando, ou a ilusão, do dever".

Tendo crescido em ambiente familiar, como ele mesmo conta em "Contributo", no qual faltava "qualquer ressonância de vida pública e política",[3] com um pai que vivia pregando "que os homens de bem devem dedicar-se à sua família e aos seus negócios, mantendo-se longe da confusão da política",[4] teve o primeiro fervor político quando, em 1895 (tinha então quase 30 anos), se dedicou, através de Labriola, ao estudo das obras de Marx. "Mas aquela paixão política e aquela febre" – conta ele – "não duraram: [...] diminuída a paixão, porque *natura tamen usque recurrit*, e a minha verdadeira natureza era aquela do homem de estudo e de pensamento."[5] Mas voltou à condição de homem de estudo e de pensamento, poder-se-ia acrescentar, não só, como ele declara, tendo queimado o moralismo abstrato com o qual se colocara, nos anos precedentes, diante das questões políticas, mas com a convicção de que o homem de estudo e de pensamento, permanecendo tal e não se fazendo político à força, pode e deve desempenhar uma tarefa útil para a sociedade, que é a de refutar os erros nos quais caem os políticos porque estão dominados pelo objetivo prático que os move, e de desobstruir o caminho para o avanço da verdade, o que, cedo ou tarde, poderá ser útil aos próprios políticos. Ficou clara em sua mente a ideia, que o acompanhou depois por toda a vida, da distinção entre o filósofo e o político, mas, ao mesmo tempo, a ideia da política que faz o filósofo ao seu modo e no seu campo. Quando Labriola censura o jovem Croce – que ele encaminhou aos estudos marxistas, mas que permaneceu

---

3 Croce, Contributo alla critica de me stesso. In: *Etica e politica*, p.368.

4 Ibid., p.368. A essas circunstâncias da infância atribui, pelo menos em parte, o relativo atraso do desenvolvimento nele mesmo dos sentimentos e da ideologia política, dominado que esteve por longo tempo pelo interesse literário-erudito. E nos anos em que levou a vida de erudito e literato, "a política do *seu* país estava diante *dele* como espetáculo no qual nunca *se propôs* a participar com a ação, e pouquíssimo *participava* nela com sentimento e com o julgamento" (ibid., p.376).

5 Ibid., p.383.

relutante em aceitar as ideias socialistas no terreno prático-político – de ser um literato indiferente às lutas da vida, Croce rebate afirmando ser natural que um homem, tomado por "uma paixão taciturna e tenaz pela pesquisa científica", não pudesse sentir o socialismo "do mesmo modo como o sentia um homem de predominante paixão e disposição política", e conclui exatamente referindo-se à teoria da "separação":

> A teoria marxista da mais-valia e o materialismo histórico eram importantes para Labriola sobretudo para os fins práticos do socialismo; a mim importavam sobretudo a fim de que se pudesse ou não partir dela para conceber de modo mais vivo e pleno a filosofia e entender melhor a história.[6]

E se Labriola se iludira de ter encontrado no jovem amigo um colega na defesa do marxismo, Croce não tinha nenhuma ilusão a esse respeito, pois "o que ele [Labriola] chamava de preguiça de literato era, na realidade, angústia de pensador, *a seu modo político em seu próprio círculo*".[7]

Estava claro agora que em consequência do novo interesse pelos problemas políticos, diante da percepção que ele não podia mais rechaçar dos nexos entre atividade do filósofo e política, e dos deveres que cabiam ao filósofo na vida civil, mesmo que esses deveres não fossem por isso mesmo idênticos aos do homem político, estava claro que, mesmo mantendo a atividade teórica distinta da prática, devia preocupar-se em mostrar, antes de tudo a si mesmo e à sua inquieta consciência de cidadão, que a atividade filosófica, à qual era chamado pela natureza e que não tinha nenhuma vontade de sacrificar, nem sequer em pequena parte, à atividade do homem público, era, *em seu próprio círculo, política*.

---

6 Id., Come nacque e come morí il marxismo teorico in Italia (1895-1900). In: Labriola, *La concezione materialistica della storia*, p.290-291.

7 Ibid., p.291 (itálico de Bobbio).

3.

Agora é preciso procurar entender o que Croce queria dizer com essa expressão. Pode-se concluir que ele entendia que a filosofia deve ditar regras de conduta ao político, ou que de uma determinada concepção filosófica se possa extrair uma ideologia política, boa para constituir o conteúdo de um programa de governo. Sobre esse ponto, Croce tinha ideias bem claras, quase obstinadas e pugnazes. Nunca deixou de polemizar contra a confusão entre teoria e prática, que provém desse modo mecânico de entender as relações entre filosofia e política. E quando falou desdenhosamente de "cretinismo filosófico" próprio a essa "miscelânea de filosofia e política" quis se referir a isto, dando um exemplo característico da substituição da proposição filosófica abstrata pela afirmação concreta de fato e pela determinação prática e moral, que no caso é pedida, como acontece, por exemplo, com aqueles que, partindo da proposição filosófica que as coisas humanas são governadas pela força e que toda força é força espiritual, sentenciam que toda força, também a do porrete e do punhal, é força espiritual.[8]

Ao atribuir-se a qualidade de pensador político em seu próprio círculo, Croce tinha outra coisa em mente. Por um lado, partindo do conceito da especialidade das funções, que era o oposto do diletantismo, pensava que a vida civilizada de uma nação tiraria vantagem apenas do progresso da cultura, do esclarecimento dos conceitos teóricos e históricos que vem dos bons especialistas no campo dos estudos. Esse modo ainda genérico e, para dizer a verdade, pouco comprometido (apto aos tempos de paz) de entender a função civil da filosofia (e em geral dos estudos) encontrou a realização mais adequada no período áureo

---

8 Id., Fissazione filosofica e libertà e dovere. In: *Cultura e vita morale*, p.293-306. Cf. também, na mesma coletânea, os seguintes ensaios: Troppa filosofia; Contro la troppa filosofia politica; Ancora filosofia e politica, p.238-253.

da *Critica*, na década da sua fundação no começo da guerra. E o próprio Croce mostrou claramente querer, exatamente nesse sentido, interpretar esse período da "maturidade" alcançada, escrevendo com alguma satisfação numa passagem, bastante significativa, do "Contributo":

> Mas, ao trabalhar na *Critica*, formou-se em mim a consciência tranquila de encontrar-me no meu lugar, de dar o melhor de mim e de realizar *obra política*, de política no sentido lato: obra de estudioso e de cidadão ao mesmo tempo, de modo a não ficar corado absolutamente, como mais vezes me ocorrera no passado, diante de políticos e cidadãos socialmente ativos.[9]

Passagem significativa porque nos mostra Croce menos seguro de si do que a sua clara teoria da separação entre teoria e política, nos tempos da amizade com Labriola e dos estudos marxistas, deixava entrever, e que em consequência desse sentido de inferioridade, desse "corar", vai em busca de uma justificação prática do seu agir.

Por outro lado, ao falar de "obra política", ainda que "em sentido lato", Croce pretendia, talvez também, algo mais preciso, dizer que uma função civil do filósofo estava implícita não apenas na atuação do estudioso que faz bem a sua obra, mas exatamente no próprio modo como ele tinha considerado e realizado a obra do filósofo, naquela filosofia que se identificava com a historiografia, cujo projeto ele havia traçado exatamente no término daquela primeira década; que, em suma, "obra política", sim, devesse atribuir-se ao filósofo, contanto que fosse aquele filósofo particular que é ao mesmo tempo historiador, e tira alimento para o seu filosofar, de maneira não diferente do historiador, da paixão civil, onde toda a sua obra, longe de poder ser traçada pelo teorizar frio dos filósofos metafísicos ou acadêmicos,

---

9 Id., Contributo alla critica de me stesso. In: *Etica e politica*, p.388.

é sempre formada pela matéria incandescente dos problemas que de vez em quando a história coloca aos homens para resolverem, e, entenda-se, aos homens que têm intelecto para compreender e paixão para se comprometer. A passagem mais interessante nesse sentido parece-me uma que surge ao final de uma nota de 1925, na qual (a polêmica com os intelectuais submissos ao fascismo já tinha começado), depois de ter prestado homenagem à tese da especialização que é "a única e sólida universalidade possível", e ter comentado que "não se pode cultivar os estudos, a filosofia, crítica, história, sem ter, ao mesmo tempo, vivo o sentido da política e ardente o afeto pela sociedade e pela pátria, e fazer, portanto, daquele modo especializado, também a política",[10] explica – e aqui a exemplificação não só esclarece, mas dá um sentido pregnante e novo ao seu pensamento – que a *Storia del Regno di Napoli* [História do reino de Nápoles], "a qual nunca teria nascido sem a paixão política tanto do passado como do presente", é obra propriamente política, e não, observe-se, no sentido genérico de que é uma boa obra histórica e, como tal, um serviço prestado à pátria, que não deve ser considerada inferior àquela desempenhada pelo político com os seus atos práticos, mas no sentido bastante mais preciso que "aquele meu livro vai penetrando nas mentes e nos espíritos, e o vejo continuamente citado, por fascistas e não fascistas, nos problemas que concernem à vida italiana e às condições da Itália meridional". E conclui triunfante: "Esta é [...] a minha melhor e mais contínua obra política".[11]

Ao indicar na *Storia del Regno di Napoli* a sua melhor obra política, Croce tinha as suas boas razões. Exatamente no final do livro, como todos se lembram (e recordam, sobretudo, os seus adversários da historiografia, em particular os materialistas históricos), ele escrevia um semelhante elogio aos homens de

---

10 Id., La politica dei non politici. In: *Cultura e vita morale*, p.292.

11 Ibid.

doutrina e de pensamento, "os quais realizaram tudo o que de bom se fez neste país, à alma deste país, que lhe conferiu dignidade e nobreza, que lhe preparou e abriu um futuro melhor, e o uniu à Itália",[12] chegando a dizer que a tradição que compreende bem esses homens é a única da qual a Itália meridional poderia se vangloriar. Não havia, portanto, obra melhor do que essa história em que pudesse empregar a sua consciência, uma vez que exatamente a pesquisa de historiador lhe revelara que a grande história é feita, acima da política contingente, pelos homens de cultura. E com sua obra de pensamento ele se reatava com aquela tradição, falava de igual para igual com aqueles grandes, contribuía, como eles, para a dignidade da pátria.

Deixemos de lado o julgamento que se pode fazer dessa tese historiográfica enquanto questão metodológica. O fato é que, ao formulá-la, Croce deixava bem claro o conceito da importância da função histórica dos intelectuais como tais (e não à medida que se faziam, com sua maior ou menor vantagem pessoal, políticos), chegando até a considerá-la preeminente em relação àquela dos homens ativos, diante dos quais lhe coube, noutros tempos, corar. Se se quiser, era uma desforra do homem de cultura sobre os homens da política ou da "politicagem cotidiana", que deixava transparecer o inveterado e não superado enfado pela política sem adjetivos. Mas era, de qualquer forma que se queira julgá-la, a expressão que foi se reforçando nele da confiança numa função política da cultura, que lhe permitirá falar mais tarde de uma "condicionalidade da filosofia para a política", entendendo com essa expressão o atuar da filosofia na política, mesmo que essa atuação se realize comumente de maneira inconsciente.[13]

---

12 Id., *Storia del Regno di Napoli*, p.281.
13 Id., *Storia d'Italia dal 1871 al 1915*, p.145.

4.

Essa importância revelada e acentuada da função histórica dos homens de cultura não podia ficar sem consequências com relação à questão da responsabilidade que os mesmos têm na sociedade. A função dos homens de cultura, como ficará cada vez mais preciso na mente de Croce até se tornar a essência do seu pensamento na última fase deste, é a de se colocarem como consciência moral da humanidade em seu desenvolvimento. Isso implicava que aos homens de cultura, sobretudo, competia a salvaguarda e promoção dos valores que são exatamente "valores de cultura" distintos dos "valores empíricos"; e essa defesa e essa promoção visam agir tanto contra os teóricos abstratos, ou adoradores da justiça absoluta que trocam os valores empíricos pelos valores absolutos (e se tornam injustos), como contra os materialistas, ou adoradores da força sem justiça, que tornam empíricos os valores absolutos e não veem nada além da pátria ou do partido na sua imediatez e brutalidade.[14] Tenha-se presente este esclarecimento, que é de 1912, e algumas passagens que se leem nesse ensaio, como a seguinte:

> Como se admira quem sacrifica a sua prosperidade material e a sua vida à pátria e ao seu partido, e também suscita reprovação e náusea quem a uma e ao outro sacrifica a verdade ou a moral: coisas que não lhe pertencem, leis não escritas pelos deuses, as quais nenhuma lei humana pode violar.[15]

E se pode ver que já estão postas as bases para aquela polêmica contra a "traição dos clérigos", que inflamará as páginas escritas durante a Guerra e constitui a segunda e mais madura

---

14 Id., Contro l'astrattismo e il materialismo politici. In: *Cultura e vita morale*, p.182-191; citado também em id., *Pagine sulla guerra*, p.29-38.

15 Ibid., p.188.

fase da consciência que Croce adquiriu da função política da cultura.

A polêmica é conhecida por demais para que se deva insistir nela. Mas será bom lembrar que alguns desses acentos não perderam a atualidade hoje; ou melhor, em tempos de guerra ideológica como os nossos, o homem de cultura corre o risco de cair na tentação de servir primeiro ao partido ou ao seu lado do que à verdade pelo menos sete vezes ao dia. Assim que a Itália entrou na Guerra, Croce escreveu poucas mas severas páginas sobre o dever dos estudiosos, nas quais, entre outras coisas, se dizia:

> Mas acima do dever para com a Pátria, está o dever para com a Verdade, o qual compreende em si e justifica o outro; e distorcer a verdade e improvisar doutrinas [...] não são serviços prestados à pátria, mas desonra causada à pátria, que deve poder contar com a *seriedade* dos seus cientistas como com o *pudor* das suas mulheres.[16]

Dois anos depois, procurando justificar perante os críticos malévolos a sua atitude, explicava que ao costume estabelecido de "sofisticar a própria ciência sob pretexto de prestar serviço à pátria" ele tinha oposto a máxima de ouro de "que tudo é necessário dar pela pátria, salvo a moral e a verdade, que não são coisas que pertencem aos indivíduos e do que, portanto, eles possam dispor ao seu arbítrio".[17] E finalmente, alguns anos depois, recordando aquele período, exprimia de novo o seu protesto nestes termos:

> Viu-se na última Guerra, como numa vasta experiência, com quanta facilidade um grande número de estudiosos de todas as nações passaram a sustentar coisas cuja falsidade não podiam ignorar, a fazer teorias que sabiam que eram artificiosas e falsificadas, a

---

16 Id., *Pagine sulla guerra*, p.52-53.
17 Id., La guerra e gli studi. In: *Pagine sulla guerra*, op. cit. p.210.

desdizer vergonhosamente tudo o que tinham por longos anos afirmado e demonstrado; e assim imaginavam cumprir o seu dever de bons patriotas, como se a pátria pudesse tirar proveito da desonra com que cobriam os seus filhos, da corrupção que introduziam em suas almas.[18]

Diante de tal atitude era fácil fazer a repreensão que o intelectual é também cidadão, e com a sua pretensão de imparcialidade, ou pior, de neutralidade, acaba tornando-se totalmente inútil e permanece inerte e estéril contemplador dos acontecimentos com a sua doutrina feita de soberba, de rancor e de sabedoria morta. Mas Croce cuidava de responder também a essa objeção distinguindo a sua atitude daquela de Romain Rolland, pregoeiro da fórmula "acima da multidão", como mais tarde a distinguirá de Benda, denunciador da "traição dos clérigos". Em relação a Rolland, ao "ótimo" Rolland, ele esclarecia que não tencionara absolutamente colocar-se acima da multidão na esfera política, onde valem paixões e afetos, e onde o político deve tomar decisões que são sempre de comprometimento, mas no campo teórico e científico, "porque a arte e a ciência, por tudo o que até agora nos tinha sido dito, são exatamente as duas formas com as quais o espírito humano se retira continuamente e se coloca perpetuamente acima da *mêlée* ou tumulto da prática".[19] Isso queria dizer que a seriedade teórica não excluía o compromisso político. Com relação a Benda, aceitava a polêmica contra os clérigos traidores, que eram aqueles materialistas da política, dos quais tinha falado desde a nota de 1912, que realizavam a "troca ou sofisma de atribuir valor absoluto aos conceitos empíricos de nação, classe e semelhantes, elevando-os a categorias espirituais",[20] mas rejeitava o dualismo entre valores espirituais

---

18 Id., Contrasti di cultura e contrasti di popoli. In: *Cultura e vita morale*, p.308.
19 Id., La guerra e gli studi. In: *Pagine sulla guerra*, p.211.
20 Id., Il "tradimento degli intellettuali". In: *Pagine sulla guerra*, p.348-349.

e valores práticos com que Benda separava, sem possibilidade de síntese, os clérigos dos leigos. Exatamente aqui indicava o perigo da pureza que é a falta total de ideias, da liberdade abstrata que é a morte do pensamento, afirmando que quem se apartasse da vida política e econômica, desprezando-a, não encontraria com o que dar alimento aos seus pensamentos.[21]

5.

Croce combatia, substancialmente, em duas frentes: hoje diríamos, contra a apoliticidade da cultura, quer dizer, contra a cultura que está separada da história em ato por falta de vigor filosófico, por aridez mental ou, pior, por deliberado espírito de evasão; e contra a politicidade da cultura, quer dizer, contra a cultura transformada em serviço público. Contra essas duas posições opostas, ele, por um lado, tomou a defesa, como vimos melhor no primeiro período, de uma cultura que nasce de problemas atuais e assim tem, embora de maneira mediata, uma função política; por outro lado, como nos foi revelado nos anos da Guerra, sustenta a autonomia da cultura, na sua esfera, que é a da teoria, em relação à política. Em ambos os movimentos de defesa se revelava ainda uma vez a consciência que Croce viera formando da importância preeminente da cultura na direção da história. No fundo, tanto os apolíticos quanto os políticos demais pecavam, uns por falta, outros por excesso, contra o primado da cultura; aqueles porque a tornavam inativa, estes porque atribuíam eficácia a ela, mas apenas instrumental, e a despojavam da dignidade que lhe é própria. Poder-se-ia observar que esse conceito da primazia da cultura não esteve imune, nos anos da Guerra, da enfática e, digamos, até tediosa

---

21 Nesse sentido, ver o escrito id., Apoliticismo. In: *Orientamenti*, p.51-62.

sobreavaliação,[22] a ponto de fazer Croce repetir monotonamente algumas ideias como as seguintes: que os povos que são vencidos nos campos de batalha são os mesmos que já foram vencidos no campo do pensamento e da cultura; que o imenso flagelo da guerra não teria sido em vão se tivesse servido para aclarar alguns conceitos sobre o Estado-potência, sobre a força que domina a história, sobre a insipidez das ideologias democráticas e maçônicas, que foram depois, sem mudar uma vírgula, exatamente os seus próprios conceitos. "Se não aproveitarmos esta dura guerra" – exclamava ele – "para nos libertar dos preconceitos abstratamente humanitários e tornar familiar a verdadeira doutrina do Estado, quando nos tornaremos sábios?"[23] E esperava que os italianos tivessem aprendido com a Guerra a "reparar, pelo menos no que é mais substancial e urgente, a fraqueza dos nossos conceitos diretivos";[24] e que, terminada a Guerra, as nações latinas tivessem abraçado o ideal histórico e de luta da vida.[25] Pensamentos esses que, considerados na sua nudez, poderiam ter sido reduzidos em forma caricatural a uma tese não demasiado distante desta: como os italianos ainda estavam embriagados de ideologias iluministas abstratas e não tinham ainda assimilado as ideias do historicismo, bem-vinda a guerra que se encarregaria sozinha, sob a forma de curso intensivo de estudos, de lhes ensinar.

6.

Nos anos sucessivos à Guerra não faltou alimento para a polêmica contra os clérigos traidores. Enquanto, por um lado,

---

22 Tons bastante severos sobre o Croce desse período estão contidos no julgamento de Mautino, *La formazione dela filosofia politica de B. Croce*, p.263

23 Croce, *Pagine sulla guerra*, p.105.

24 Ibid., p.110.

25 Ibid., p.129-311.

Croce declarava que nunca conseguira reconciliar-se interiormente com todos aqueles cultivadores de estudos que durante a Guerra estiveram prontos a "torcer a ciência a serviço das lutas políticas",[26] por outro lado, retomava energicamente a batalha contra filósofos, literatos e homens de ciência servidores do regime fascista. No famoso manifesto dos intelectuais antifascistas (que foi escrito por Croce, como se sabe, em forma de protesto contra um manifesto precedente de intelectuais fascistas, escrito por Gentile e divulgado em 21 de abril de 1925) acentua-se o princípio que

> se os intelectuais, ou seja, os cultivadores da ciência e da arte, como cidadãos, exercem o seu direito e cumprem o seu dever inscrevendo-se num partido e servindo fielmente a ele, como intelectuais têm o único dever de esperar, com a obra da pesquisa e da crítica, e com as criações da arte, elevar igualmente todos os homens e todos os partidos à mais alta esfera espiritual, a fim de que, com efeitos sempre mais benéficos, travem as lutas necessárias.[27]

Numa nota bastante dura, e que teve ampla ressonância, escrita em outubro de 1925, zombava daqueles literatos "que se dedicaram a oferecer a sua ajuda e a prestar os seus serviços de qualidade intelectual e literária ao presente regime político italiano".[28]

Mas enquanto a polêmica iniciada durante a Guerra continuava na mesma direção, tomava novo aspecto na obra de Croce o problema da função histórica do intelectual. Chegamos assim

---

26 Id., *Cultura e vita morale*, p.309. E explicava a razão disso: "Se traíram uma vez a verdade, por que não o farão de novo? Talvez porque, então, a traíram por amor à pátria? Mas não se trai a verdade por amor a nenhuma coisa ou pessoa; e, se se concede que seja lícito traí-la pela pátria, por que não deveria ser lícito depois traí-la pelo filho ou pelo amigo e, no final de tudo, pelo próprio nosso senhor, o qual, também ele, conta para algo?".

27 Id., *Pagine sparse*. Napoli, 1943, p.380.

28 Ibid., p.17.

a um verdadeiro delineamento de uma "política da cultura", que constitui uma terceira e última fase de desenvolvimento do pensamento croceano sobre esse tema. Embora ostentando desprezo pelas "ligas de intelectuais", que se propunham a salvaguardar não se sabe quais direitos da intelectualidade, dava por pacificamente aceito que "as lutas políticas e sociais partem de posições do pensamento e de ideais sonhados pela poesia".[29] Vimos que para Croce, num primeiro momento, a função política do homem de cultura residia na obra da própria cultura, e não era preciso que o autor pensasse nisso, porque, se a obra era de verdadeira filosofia, ou seja, um esclarecimento de verdade, cedo ou tarde exerceria a sua influência. Num segundo momento, diante dos transtornos que a Guerra produzira nas consciências, a esse ideal do homem de cultura que nunca falta se acrescentou o conceito que este era chamado, a sua verdade, não apenas a elaborá-la e enunciá-la, deixando que fizesse sozinha o seu caminho por vias ignoradas pelo teórico e andadas apenas pelo prático, mas também a não traí-la por um amor à pátria mal colocado e a defendê-la contra os adoradores demasiado zelosos da primazia da prática sobre a teoria. O tipo do homem de cultura, almejado e encarnado por Croce, se tornara assim mais aderente à situação da época; e como personagem tinha adquirido mais autoridade e nobreza.

Em um terceiro momento, o homem de cultura é ainda o combatente, mas a luta que trava tem um campo muito mais vasto: não compreende apenas a verdade, a sua verdade que ele deve defender sempre e em toda parte do erro, e daquelas causas de erro particularmente perigosas que vêm da paixão política; mas abrange o que para Croce é o valor supremo da história, o valor da liberdade, que se identifica a um ideal moral. A ideia que Croce está formando agora não é mais a do especialista esclarecedor de conceitos, nem aquela do devoto da verdade, mas a

---

29 Id., L'intellettualità. In: *Etica e politica*, p.194.

do filósofo defensor da liberdade. E de uma política da cultura se pode falar doravante em sentido rigoroso justamente porque está se descobrindo, em tempos de opressão, que a cultura tem uma função política própria, que é exatamente a defesa da liberdade, e essa política, que não pode ser conduzida senão pelo homem de cultura, se torna seu primeiro e supremo dever. Em suma, o problema da relação entre cultura e política se enriquece nesses anos com a teoria, que Croce vai elucidado pouco a pouco, da liberdade.

7.

Aqui não é o caso de deter-se na pesquisa de como Croce, nos anos da crise do Estado italiano, descobrira e justificara histórica e filosoficamente o liberalismo. Seria um longo discurso que, como dissemos no início, é preferível fazer noutra ocasião. Para nós é importante pôr à luz, para fins do tema específico que estamos tratando, que a descoberta do liberalismo se identificou no espírito de Croce com uma nova e muito mais robusta consciência da função ativa dos intelectuais na vida social. A ideia liberal que se apresentou a ele desde o primeiro momento em que começou a teorizá-la – foi um motivo que, como se sabe muito bem, durou bastante tempo, e nos anos da Resistência e do pós- -guerra tornou-se uma doutrina em vários sentidos comentada, exaltada ou hostilizada – não de imediato como uma ideologia em meio às outras ideologias, um programa de partido diferente de outros programas particulares, mas como o próprio ideal moral da comunidade, que como tal abrange todos os partidos, inclusive o próprio Partido Liberal, e supera todos eles.[30] Toda

---

30 Cf. um escrito de 1923, bastante significativo nesse sentido: id., Contro la troppa filosofia politica. In: *Cultura e vita morale*, p.245. E depois, os escritos: id., Liberalismo. In: *Cultura e vita morale* (1925), p.283-288; e id., La concezione liberale come concezione della vita. In: *Etica e politica*, p.284-294.

a doutrina prática de Croce se apoiara na distinção, longamente elaborada e exposta de novo em cada ocasião, entre a política que pertence à esfera da economia, da força vital, e a moralidade que é força espiritual. Sempre que dissertara sobre o Estado, falara de potência, de interesses econômicos, de relações de força; mas nunca tinha exaurido ou acreditado exaurir toda a esfera da prática na atividade do Estado, nunca tinha feito qualquer concessão à aberração da eticidade do Estado. O Estado era, sim, potência; mas ao lado e além do Estado havia a moral que o julga e o redime. Recorde-se que, ao se referir à defesa do Estado-potência, que lhe foi censurada nos primeiros anos do fascismo, ele escreveu com palavras que não queriam nem deviam deixar lugar a dúvidas:

> Naquela polêmica, rechacei constantemente o conceito da força entendida de maneira materialista, e da política enquanto separada e diversa em relação à ética, contra o que eu colocava a força ao mesmo tempo especificada e submetida. Por essa razão sempre rejeitei toda espécie de estatolatria, ainda que se apresente ou se represente como "ideia ética do Estado" e se revista da retórica adequada sobre o "Estado que é o Dever e que é Deus" e semelhantes desacertos. Também nesta parte permaneço na tradição do pensamento cristão, que dá a César o que é de César, mas acima de César eleva a consciência religiosa e moral, a qual apenas torna ética de vez em quando a ação política, mesmo reconhecendo e respeitando e usando a lógica que lhe é própria.[31]

---

31 Id., Avvertenza. In: *Pagine sulla guerra*, p.6. É interessante notar que na *Storia d'Italia dal 1871 al 1915*, ao descrever a influência da sua filosofia nos anos do pós-guerra, Croce detém-se satisfeito exatamente sobre este aspecto: "Ao sentimento e às teorias nacionalistas não deixou, na verdade, de fazer crítica e dirigir sátiras o escritor acima recordado, que estava na frente do movimento filosófico italiano, o qual não só se apercebera daquilo que tal movimento continha do costumeiro irracionalismo e do ávido sentimento, mas também, rejeitando muitas doutrinas de Hegel, refutara, entre as

Ora, diante do regime invasor que estava transformando-se em ditadura, naquele Estado totalitário que consiste por sua natureza na politização sem restos de toda a vida humana, e na redução de toda a atividade humana à política, e dá a César, para continuar o discurso com Croce, também o que é de Deus, Croce se põe a refletir sobre o que é irredutível ao Estado, sobre a consciência moral, e fica claro que essa consciência moral é o próprio ideal da liberdade.

Desse esclarecimento derivam todas aquelas doutrinas particulares que constituem a concepção liberal de Croce: a teoria liberal não é uma teoria política, mas metapolítica; ou melhor, é uma concepção de mundo que veio se desenvolvendo gradualmente no pensamento moderno e está ligada ao imanentismo, ao idealismo, ao historicismo e alcança a consciência e expansão máximas na idade do romantismo, que é a idade da "religião da liberdade"; a história é história da liberdade na medida em que a liberdade é, por um lado, o princípio explicativo do curso histórico e, por outro, o ideal moral da humanidade; na medida em que é ideal moral, a liberdade não pode ser confundida com nenhum princípio econômico, por isso a distinção entre liberalismo político e liberalismo econômico, nem ser colocada no mesmo plano com nenhum outro ideal político, donde a distinção entre liberdade e justiça. Mas disso derivava também outra consequência que nos interessa particularmente: se a liberdade é o ideal moral da humanidade, e por isso o valor da civilização por excelência (lembre-se da distinção anterior entre valores de cultura e valores empíricos), com base no qual, portanto, a humanidade se enriquece e se aperfeiçoa, a liberdade não está historicamente ligada a esta ou àquela classe econômica ou

---

primeiras, a exaltação do Estado acima da moral, e retomou, aprofundou e dialetizou a distinção cristã e kantiana do Estado como severa necessidade prática, que a consciência moral aceita e ao mesmo tempo supera, domina e orienta" (p.259-260).

política (Croce combateu o conceito historiográfico de liberdade como expressão do ideal burguês), mas é patrimônio de todos os homens, à medida que é elevada à consciência moral e, em particular, é patrimônio daquela parte da humanidade à qual foi entregue o ofício e a responsabilidade de defender e promover valores da civilização, e, como tal, tem a "direção da sociedade",[32] quer dizer, os homens de cultura. No momento mesmo em que Croce precisa que o liberalismo não é uma ideologia política, mas um ideal moral, o liberalismo se apresenta como indissoluvelmente ligado a esse outro conceito de que justo por isso o liberalismo é, querendo-se chamá-lo de partido, *o partido dos homens de cultura*. Esse conceito é formulado pela primeira vez assim: "Como partido médio, como idealidade que exige experiência e meditação, sentido histórico e sentido das coisas complexas e complicadas e, em suma, fineza mental e moral, *o liberalismo é o partido da cultura*".[33]

8.

A partir desta última frase se pode medir quantos passos Croce precisava dar, desde a primitiva tímida afirmação do valor político da obra de pensamento, que devia simplesmente servir para não deixa-lo envergonhar-se diante dos políticos, até a afirmação que os homens de cultura têm deveras um partido seu, ainda que diferente dos partidos organizados, e é o partido da liberdade contra os partidos da escravidão. Aquele estudioso que, na primeira fase, parecia que não devia preocupar-se com outra coisa que fazer bem o seu mister, agora se eleva a consciência histórica, a guia espiritual, a pedagogo da humanidade. Doravante,

---

32 Assim se lê num escrito de 1928: id., Contro la sopravvivenza del materialismo storico. In: *Orientamenti*, p.42.

33 Id., Liberalismo. In: *Cultura e vita morale*, p.285 (itálico de Bobbio).

em torno de 1925 em diante, Croce fala da liberdade e do seu destino no mundo, chama os homens de cultura às suas responsabilidades, que são agora, dados as épocas e os costumes, responsabilidades políticas, embora de uma política da cultura, que é política a longo prazo, distinta da política ordinária toda encerrada no efêmero e no provisório, e não hesita em colocar o acento na importância decisiva da cultura e dos homens que a representam dignamente para o resgate da tristíssima história da Europa. Exatamente ao escrever essa história, nas últimas páginas, afirmava:

> Quando, portanto, se ouve perguntar se deve caber à liberdade aquilo que se chama futuro, é preciso responder o que ela tem de melhor: tem o eterno [...] O que vale mais, está em muitos nobres intelectos de toda parte do mundo, que, dispersos e isolados, reduzidos quase a uma aristocrática mas pequena *respublica literaria*, mesmo que tenham fé nela e a cerquem da maior reverência e a persigam com mais ardente amor que nos tempos nos quais não havia quem a ofendesse ou pusesse em dúvida o seu senhorio absoluto, e ao seu redor se aglomerava o vulgo conclamando o seu nome, e com isso mesmo contaminando-o de vulgaridade, da qual agora se limpou.[34]

E nas últimas linhas do "Soliloquio di un vecchio filosofo", que estão entre as páginas mais aflitas e profundas de Croce, ele parece quase ver, entre as ruínas da Guerra (o escrito traz a data de janeiro de 1942), duas histórias diferentes feitas pelo homem, a história política e a moral, e mesmo sabendo que se trata de uma história só nos seus momentos dialéticos necessários, deixa de bom grado a políticos, a militares e a economistas a consideração pela primeira história, contanto que seja concedido a ele, filósofo, que tem a alma religiosamente disposta, confiar-se à outra, "na qual se desenrola o drama que nele prossegue e onde,

---

34 Id., *Storia d'Europa nel secolo XIX*, p.358-359.

ao longo dos séculos, encontra os seus pais e os seus irmãos, aqueles que amaram como ele e como ele souberam sofrer e atuar pela liberdade".[35]

Pode parecer estranho, e certamente foi para muitos motivo de amarga desilusão ou até de pungente crítica, que Croce, terminada a Guerra, tenha pensado poder identificar esse partido da cultura, essa "força não política", como ainda a chamou por último, com um dos tantos partidos que surgiram naqueles anos, o qual era evidentemente uma força política, e tenha feito, para justificar essa aliança que era uma diminuição, daquele partido uma espécie de superpartido que supervisiona os outros do alto da sua neutralidade nos programas econômicos, e mendigar infelizes justificações históricas na equiparação entre classe média e classe cultural,[36] e tenha confundido e contribuído para confundir exatamente o que ele sempre tinha distinguido tão severamente, a política da cultura e a política dos políticos. Mas isso não deve nos fazer esquecer que ele, nos anos da ditadura, personificou aquela missão do douto que ele tinha afirmado, do intelectual que faz a sua parte na história enquanto portador da "força não política, a qual a política nunca pode suprimir radicalmente porque germina sempre de novo no peito do homem, e com a qual deverá sempre, por boa política, acertar as contas":[37] e foi consciência moral de muitos italianos, sobretudo dos jovens, aquela consciência moral que é "voz da humanidade", a qual

---

35 Id., Soliloquio di un vecchio filosofo. In: *Discorsi di varia filosofia*, v.1, p.300. Naqueles anos considerava tarefa principal do filósofo elaborar uma teoria cabal da liberdade, que a pátria do liberalismo político, a Inglaterra, nunca o fizera. Cf. Croce, Principio, ideale, teoria. A proposito della teoria filosofica della libertà. In: *Il carattere della filosofia moderna*, p.104-125.

36 Cf., sobre esse ponto, as quatro coletâneas de escritos: id., *Per la nuova vita dell'Italia*; id., *Pagine politiche*; id., *Pensiero politico e politica attuale*; id., *Due anni di vita politica italiana*.

37 Id., *Indagini su Hegel e altri schiarimenti filosofici*. Bari, 1952, p.159. Chamei a atenção sobre essa passagem em *Il Ponte*, v.10, 1953, p.271-272.

em momentos sublimes irmana os homens, mesmo divididos por interesses ou ideias, e os junta num mesmo sentimento e os leva a uma mesma ação, sejam quais forem as condições sociais, a mais humilde e a mais soberba, o povo e a estirpe à qual pertencem, sejam quais forem as roupas que vestem, burguesas, militares ou talares.[38]

Nem se arrogou méritos políticos pois lhe parecia que não competiam a quem tinha agido exclusivamente através da obra da cultura, de modo que, lembrando aqueles anos sem sombra de magniloquência, com digna sobriedade de linguagem, falou simplesmente do ocasional serviço político que tinha prestado "em defesa da cultura italiana num período de opressão à liberdade".[39] Mas, por trás daquelas palavras, se via que ele tinha finalmente alcançado a "consciência tranquila" de ter realizado o seu dever também na vida civil.

---

38 Id., *Due anni di vita politica italiana*, p.171-172. No diário *Quando l'Italia era tagliata in due*, reconhece que a sua oposição ao fascismo "era não diretamente política, mas antes de tudo moral" (*Quaderni della Critica*, n.7, mar. 1947, p.100).

39 Id., Avvertenza. In: *Pensiero politico e politica attuale*.

Intelectuais e vida política na Itália[*]

1.

O panorama cultural (falo da cultura militante) e o político (falo da política de governo) são, na Itália, um tanto diferentes. Um se mostra (e talvez não o seja) colorido, variado, vivaz; o outro parece (e é) chato, miserável, queimado. Não sei se há outro país na Europa no qual, depois da libertação, nasceram tantas revistas políticas e político-literárias, e embora muitas estejam mortas, algumas sobreviveram, e outras, mais numerosas, vieram substituir as que acabaram de modo a continuar em toda época, em todo sinal de crise, em todo alarme, a nascer e a renascer, vivendo uma ao lado da outra em boa saúde, sem se chocarem, cedendo mútua e cortesmente os autores, modernas e imparciais, cheias de seriedade e de audácia, de compromisso crítico e moral. Citamos algumas: *Il Ponte*, *Belfagor*, *Lo Spettatore*

---

[*] Originalmente publicado em *Nuovi Argomenti*, v.2, n.7, p.103-119, mar.--abr. 1954.

Italiano, Occidente, Comunità, Il Mulino, e, a última a chegar, *Itinerari* e, é claro, *Nuovi Argomenti*.

No nosso clima político de prudente conformismo, como é representado pela maioria dos jornais diários, essas revistas se destacam por um espírito marcadamente anticonformista, que se aproxima, para os conservadores, à insolência, quando não é considerada propriamente uma condenável irreverência com os mitos sagrados. Os clericais têm, não só nos negócios do Estado, mas também, e mais, na sociedade civil, influência sempre crescente; essas revistas, ao contrário, são leigas, de um laicismo às vezes agressivo (e leigos são também os católicos que nelas escrevem). O governo anda à direita; e elas estão inabalavelmente, com acento maior ou menor, à esquerda. A classe dirigente italiana é reacionária ou amiga dos reacionários; e as revistas são progressistas. E poder-se-ia continuar a falar de cultura iluminista contra política obscurantista; de agilidade, mobilidade, quase irrequietismo das ideias e imobilismo da situação de fato; de uma qualificação e requalificação contínua das posições culturais numa sociedade predominantemente não qualificada (ou seja, "fulanista", ou politicamente apática). Enfim, se fosse preciso dizer quais correntes políticas esses "intelectuais" representam, dever-se-ia falar para a maioria deles de "trabalhismo" e de "liberalismo radical", ou seja, de duas orientações políticas que não existem absolutamente como movimentos organizados, como partidos de massa (nem sequer de *élites*) no nosso país.

2.

Na Itália, portanto, esses intelectuais estão na oposição; mas a oposição deles não é uma oposição política. Quero dizer que não tem nada a ver e não quer se confundir com a política de oposição dos partidos de extrema esquerda. Tampouco com os intelectuais comunistas, que têm a sua revista séria e digna, *Società*, na qual há sempre bons artigos. Nas fileiras desses liberais, leigos e progressistas, embora haja alguns amigos dos comunistas, há também um grupelho mais impetuoso de adversários irredutíveis do comunismo. Uns e outros travam graves acusações.

Aqueles que saltaram o fosso ou, com expressão mais drástica, o abismo que separa a concepção liberal da concepção comunista, acusam os liberais, que se agitam numa oposição não organizada e não organizável, de ingenuidade, de timidez, de incompreensão da situação histórica, de esnobismo cultural, de abstenção culpada, de serem as moscas cocheiras* da história, se não até – nos momentos em que o ar se torna mais incandescente – de fazer o jogo da reação. Os liberais, em resposta, deploram a "política cultural" que impera nos movimentos e de forma mais grave nos Estados comunistas, e gritam "traição dos clérigos". Por vezes uns e outros se encontram reunidos em manifestações puramente verbais de oposição (pronunciamentos, manifestos, ordens do dia etc.); mas nunca no terreno da ação concreta. E também no campo do protesto verbal surgem às vezes controvérsias desagradáveis e acrimoniosas como aquela, bem conhecida, se é lícito ou não um intelectual liberal assinar um manifesto no qual aparecem assinaturas de comunistas.

Por que razão o caminho desses intelectuais, chamemo-los de iluministas, está bloqueado também para a esquerda foi dito e repetido infinitas vezes. Eles são os herdeiros da tradição liberal: mesmo nas divergências que existem entre eles, e não apenas de matizes, identificam o desenvolvimento da cultura com o desenvolvimento da liberdade (no sentido em que essa palavra é entendida na doutrina do Estado liberal, como esfera de autonomia frente a todo poder organizado). A posição deles diante do fascismo foi a atitude clássica da revolução liberal, ou seja, de

---

* Referência a uma fábula: quem assume tom e pose de protagonista sem ser útil de modo algum. (N. T.)

resistência à opressão. Creem que a sua função de homens de cultura seja principalmente a de defender o valor da liberdade que a política comunista contrasta ou entende mal (ou, preferindo-se, entende num sentido diferente daquele que é próprio da doutrina liberal).

3.

Não podem não estar na oposição num país retrógrado, no qual quando se trata de política pequenas cabeças fazem grande barulho, mas não se identificam com a única oposição política seriamente organizada, na qual os intelectuais não têm privilégios, mas deveres ou funções. Constituem um bloco de gelo, compacto, preso entre duas correntes de ondas: as ondas não o quebram (talvez o esmigalhem); mas o bloco não domina as ondas, é dominado por elas, e oscila de acordo com a força das correntes, ora mais para a direita, ora mais para a esquerda. Mais perto dos comunistas quando se trata de indignar-se com a miséria, o analfabetismo, a estrutura antiquada do Estado dos barões e dos grandes industriais; mais perto dos liberais quando se trata de protestar a favor da liberdade contra certas ações duras, certas limpezas, certos processos. E naturalmente são acusados ao mesmo tempo de serem "guardas suíços" da reação por uns e "idiotas úteis" do comunismo internacional por outros.

Estando fora dos grandes partidos, exercem sobre a política comum uma influência invisível a olho nu. Visto que a política, num Estado democrático, é feita com os partidos e não com as revistas (talvez com as "revistas de partido") e os intelectuais fazem revistas e não partidos (talvez pequenos partidos, como veremos, que não são nada mais que "partidos de revistas"), eles não influem na realidade política ou, no máximo de maneira bastante mais exígua do que se deixaria supor aquela exuberância de escritos, às vezes fortes, às vezes pungentes, aquela ebulição de ideias, lucidez de análise, sucessão de manifestos, de pronunciamentos, de protestos, que golpeia o observador imparcial das coisas em nossa terra. A opinião pública é formada, num Estado democrático, pelos partidos. Essa elite intelectual, estranha aos partidos, forma no máximo a opinião pública dos intelectuais que, nas disputas democráticas em que os resultados políticos estão em função dos milhões que votam e não das centenas que escrevem e dos milhares que leem, permanece sem peso decisivo, sem alterar a realidade.

Designa-se essa situação com os nomes conhecidos de "distância entre os intelectuais e a massa", de "divórcio entre a cultura e a política", e assim por diante; chama-se os intelectuais de "alienados" ou "desenraizados" da sociedade em que vivem; pode-se tranquilamente dizer que esse divórcio, separação ou alienação é uma característica da sociedade italiana nestes anos de estancamento e de involução política após a Guerra. Não estamos dizendo que isso se dê em honra da cultura que não se abaixa à política comum, ou da política que não se deixa enredar nos laços das ideologias abstratas. Limitar-nos-emos a constatar o fato e a tecer algumas considerações.

4.

O fato de os intelectuais formarem ou acreditarem formar uma classe autônoma, distinta das classes sociais ou econômicas, e se atribuírem, portanto, uma tarefa singular e extraordinária, é sinal de mau funcionamento do organismo social. Numa sociedade funcional, como a inglesa, o problema nem sequer surge. Numa recentíssima pesquisa de *Occidente*[1] acerca da relação entre intelectuais e classe política nos vários países europeus, o articulista inglês não dá nenhuma importância ao fato

---

1 Publicada no fascículo 1 de 1954.

de haver na Inglaterra intelectuais que acreditam formar um grupo na sociedade; são considerados extravagantes, esnobes ou vadios, e ninguém os confundiria com os intelectuais sérios, e seus ofícios de professores, críticos, literatos, artistas não constituem uma razão suficiente para dar-lhes uma qualificação política excepcional. Mas o nosso país não é uma sociedade funcional. É um corpo doente sujeito a convulsões contínuas. Saímos de uma convulsão como a da Guerra e da Resistência, que era, por sua vez, o efeito da convulsão anterior da outra Guerra e do golpe de Estado fascista. E vivemos e agimos nesses anos, todos nós, como se uma nova convulsão fosse iminente. Nas sociedades não funcionais, suas diversas partes em vez de se ordenarem para um fim, se desarticulam; em vez de se harmonizarem, chocam-se umas contra as outras; elas se decompõem e se recompõem de vários modos, e desse jogo de composição e decomposição nasce, destacando-se como um corpo novo, seja ele benéfico ou intruso, a classe dos homens de cultura, com características próprias, com pretensões de guias ou de formadores de consciências, de educadores políticos ou até de protagonistas da história.

5.

Como nasce e age na história a elite dos intelectuais é problema sobre o qual valeria a pena ir mais a fundo. Sabemos do interesse mostrado por Gramsci, que colocou o problema da história e da organização dos intelectuais na Itália como um dos maiores temas ao qual quis dedicar as suas pesquisas; e agora as suas notas (reunidas sobretudo no volume 3 das *Opere*, intitulado *Gli intellettuali e l'organizzazione della cultura*) são as únicas reflexões que possuímos e mereceriam suscitar novos estudos.

Quando Gramsci se ocupava com a questão, em 1930, a discussão sobre a natureza e a função social dos intelectuais

Intelectuais e vida política na Itália

explodira de maneira muito viva. O totalitarismo já se impusera na Itália e ameaçara a Europa. Qual era a tarefa dos intelectuais diante da crise dos regimes democráticos liberais? Como já tive ocasião de dizer noutro lugar, é de 1927 o livro *A traição dos clérigos*, de Benda, que denunciava o perigo sempre crescente da renúncia que os intelectuais vinham fazendo de sua missão de guardas e promotores dos valores espirituais, para se colocarem o serviço dos valores contingentes da política nacionalista. Em 1929, Karl Mannheim, em *Ideologia e utopia*, atribuía aos intelectuais, considerados como indivíduos não ligados a nenhuma classe, a tarefa de criar a síntese das ideologias opostas e, desse modo, promover o avanço da sociedade. E Ortega y Gasset, em 1930, com *La rebelión de las masas* estendia a toda a Europa o diagnóstico feito em *España invertebrada* (1922) sobre a crise da sociedade devida ao divórcio entre elite intelectual e massas. Naqueles anos, Benedetto Croce (a *Storia d'Italia* é de 1928, a *Storia d'Europa*, de 1932), que iniciara em 1º de maio de 1925 as suas declarações públicas de fé antifascista com o protesto contra os intelectuais fascistas, incitava os homens de cultura a resistir à opressão chamando-os à tradição da religião da liberdade e ao seu dever de não subordinar a verdade às paixões de partido. Falo de autores conhecidos e de obras que tiveram vasta repercussão. Mas em torno desses autores e dessas obras a polêmica continuou, e para manter vivo o problema contribuíram os acontecimentos históricos que se seguiram.

6.

Nas sociedades não orgânicas, em processo de reorganização e, portanto, em estado de contínua emergência, são dois os momentos típicos nos quais as minorias intelectuais assumem uma tarefa política, pelo menos mediatamente, e adquirem uma fisionomia característica, e a partir das quais, com um processo

Política e cultura

arbitrário de abstração, toma força a concepção idealista da história segundo a qual são as ideias que movem a história e são os homens de cultura os grandes protagonistas do movimento histórico. O primeiro momento é o da preparação ideológica do processo de transformação. Pensemos, para dar os exemplos costumeiros, nos *philosophes* do século XVIII em relação à Revolução Francesa, ou na *inteligência* russa em relação à Revolução de 1917: aqui os intelectuais se destacam como categoria autônoma, que tem uma tarefa política particular. Historiografia e sociologia se servem habitualmente dessa categoria como de uma categoria da compreensão histórica, válida para a explicação de uma determinada série de acontecimentos. Assim, estando solidamente instaurado o regime fascista, a oposição dos intelectuais foi um movimento característico de minoria que teve, no seu terreno – que era um movimento principalmente ético e pedagógico de persuasão à resistência –, eficácia mais pelo valor de exemplo moral do que por ação diretamente política e, portanto, independente do maior ou menor número dos resistentes (pensemos no que significou e quanto fruto deu, para uma geração de jovens, só o exemplo de Croce).

Nesses períodos nasce a convicção de que o que conta é manter a fé em suas ideias, não se dobrar por fraqueza de espírito ou por ambição diante do poderoso. Os dotes que valem são a firmeza de caráter, o espírito indômito, a coragem moral. A máxima suprema da ação é aquela para a qual Jemolo apela tão frequentemente: "Faze o que deves e aconteça o que for possível". Para fazer o que se deve não é preciso nem de organização nem de massa. Aqui o indivíduo vale pelo seu valor absoluto de consciência moral, e a política é vista sob espécie de história universal (pensar na concepção crociana da história como história da liberdade que, embora não tendo nada a ver com uma teoria política, teve indiretamente um resultado político).

7.

O segundo momento é o do processo revolucionário em ato. Da abstenção, baseada na consciência moral ofendida, se passa para a ação, que segue para a convicção de que o pensamento não seguido de ação é estéril, e pensamento e ação devem ser coerentes. Da tese croceana válida em tempos de opressão, da liberdade como ideal moral que não pode deixar de triunfar porque a história é por definição a história da liberdade, que convida a guardar e praticar o dever de homem livre no seu trabalho cotidiano, se passa – para lembrar-nos também aqui da nossa história – ao programa de Mazzini de "pensamento e ação". A fórmula "faze o que deves e aconteça o que for possível" é substituída por esta outra: "faze o que deves e procura obter o que queres".

Também nessa situação as minorias têm a sua função e o seu prestígio: os intelectuais, de suscitadores de ideias, se tornam guias da renovação em curso. Na Resistência, por exemplo, aqueles mesmos intelectuais que agora se veem à margem encontraram o seu lugar na luta. Tiveram consciência que a tarefa que esperavam estava perfeitamente em uníssono com o movimento de renovação e por isso se punha como imediatamente político. Eles não estavam nem desenraizados nem abatidos pelas facções, porque não havia uma sociedade que os rejeitasse ou diante da qual pudessem permitir-se o luxo de sentirem-se estranhos, mas havia uma nova sociedade a edificar; nem havia, para eles, facções no sentido inferior da política comum, mas dois lados em luta, sendo que um representava, na visão deles, a verdade, a liberdade, a justiça, e o outro a mentira, a escravidão, a prepotência. Ao aceitar o seu lado naquela história, eles se encontraram plenamente inseridos no processo histórico universal. Lembremos, como exemplares, e nobremente representativas dessa atitude, as palavras de Giaime Pintor: "Num certo momento os intelectuais devem ser capazes de transferir a sua experiência para o terreno da utilidade comum, cada um deve tomar o seu lugar numa organização de luta". E ainda:

> Músicos e escritores devem renunciar aos nossos privilégios para contribuir para a libertação de todos. Ao contrário do que afirma uma frase célebre, as revoluções são bem-sucedidas quando os poetas e os pintores as preparam, desde que os poetas e os pintores *saibam qual deve ser a sua parte*.[2]

8.

As condições de hoje na Itália não correspondem nem à primeira nem à segunda das situações descritas; nem, aliás, à situação de uma sociedade orgânica. A sociedade italiana, angustiada desde a iminente e cada vez mais grave falta de resultado de um experimento pacífico de renovação e ao mesmo tempo pela dificuldade de uma transformação revolucionária (e não apenas por razões internas), não repele esses intelectuais como estranhos nem os atrai como protagonistas; não os convida a se contentarem em fazer bem o seu mister, como acontece nas épocas pacíficas, nem a escolher o seu lado, como nas épocas revolucionárias. Na visão deles, os partidos se tornaram facções. E não sabem, para parafrasear as palavras de Pintor, *qual deve ser o seu partido*, ou, pelo menos, sabem: mas esse partido é apenas *o partido deles*, e não o partido dos outros. Daí o sentimento de isolamento, que se tornou penoso pela convicção de que é preciso fazer alguma coisa; o divórcio da sociedade, mas acompanhado de um sentido de culpa ou de uma superioridade teimosa; a separação em relação à opinião pública da maioria, mas amargada pela consciência de uma impotência fatal. Eles constituem sempre uma minoria, mas uma minoria estéril, não de doutos que fazem bem

---

2 Pintor, *Il sangue d'Europa*, p.247 (itálico de Bobbio).

e de maneira útil o seu ofício, nem de guias intelectuais, mas de políticos em férias ou de ideólogos não ouvidos. Entre cultura e política não há nem separação nítida das tarefas nem correspondência recíproca, mas um estado contínuo de atração e repulsão.

Nessa situação, o problema da função dos intelectuais na sociedade adquire um aspecto inquietante: e foi, aliás, nos países que mais sofreram as convulsões que se seguiram à Primeira Guerra Mundial – Espanha, Alemanha, Itália – que o problema foi, como se viu, primeiramente debatido. É claro que, sendo os intelectuais nesse debate atores e autores, tendem a atribuir a responsabilidade da sua esterilidade mais à sociedade do que a eles mesmos, representando a oposição como um choque entre elites adiantadas ao seu tempo e as massas retrógradas, entre cultura progressista e sociedade atrasada. Como exemplo, a simpatia que existe entre os intelectuais desse tipo pelo trabalhismo inglês (é significativo que duas daquelas revistas, *Il Ponte* e *Occidente*, tenham dedicado quase ao mesmo tempo um número ao experimento socialista inglês) poderia ser interpretada como sinal de espírito precursor.

Se raciocinarmos como historiadores e não como paladinos da parte interessada, a questão da responsabilidade não pode ser colocada daquele modo: toda sociedade tem os intelectuais que lhe convém e se a sociedade está tomada de convulsões, atrasada ou doente, os grupos intelectuais não podem deixar de senti-lo. Quanto mais a sociedade é atrasada, mais os intelectuais são retóricos, ideólogos abstratos, desprezadores das técnicas, exaltadores de um saber contemplativo, que se vangloria com a sua total inutilidade. Nas sociedades atrasadas florescem, como é sabido, as utopias sociais. Olhe-se para a nossa cultura e se verá que os intelectuais, mesmo os mais progressistas, são mais humanistas que técnicos, especialistas em disputas teóricas que não mexem sequer uma folha da frondosa árvore social. Do ponto de vista da sociedade, se poderia dizer, invertendo o raciocínio, que o chato não é que a sociedade não os compreenda, mas que eles, almejando ideais abstratos e inatingíveis, não compreendam a sociedade. Por um lado, isso é visto de maneira positiva, como espírito precursor, de outro, é visto de maneira negativa, como utopismo. Permanecendo no exemplo do trabalhismo se poderia perguntar quantos daqueles que fizeram dele o seu ídolo fazem ou sabem fazer o que fizeram e fazem ainda hoje os grupos intelectuais ingleses que influíram e continuam a influir sobre a política trabalhista: investigações e pesquisas sociológicas, planos econômicos de longo prazo, obras documentadas de história social; ou seja, cumprem a tarefa que é própria e natural dos intelectuais numa sociedade funcional.

9.

Quanto mais se delineia a situação de isolamento entre os intelectuais e as massas e esta é reconhecida como uma situação típica, tanto mais se forma a convicção que aos intelectuais cabe, na sociedade, uma tarefa extraordinária, inconfundível com a tarefa dos outros grupos constituídos.

Qual é a natureza dessa tarefa? É geral a tendência a considerá-la claramente distinta das tarefas que a política comum se propõe, assim como da tarefa desenvolvida pelos grupos de interesse que agem através dos partidos tradicionais e de massa. Há vários modos, de fato, com os quais o intelectual costuma tomar posição diante da política comum. Vejamos alguns.

1) A política está enraizada no solo fechado nos limites geográficos, é nacional e nacionalista; a cultura é cosmopolita. Diante da cultura não há barreiras nem políticas nem geográficas. A pátria do homem de cultura é o mundo.

2) A política lida com coisas contingentes e particulares; a cultura maneja apenas valores absolutos e universais. O político conhece apenas as ocasiões e as oportunidades, o homem de

cultura afirma contra as ocasiões móveis, os ideais firmes, e contra as oportunidades cambiantes, a eterna justiça.

3) A política se apoia sobre certa dose de conformismo; a cultura respira apenas numa atmosfera de pesquisa livre. Na vida política o dogma parece necessário assim como a dúvida crítica na vida do pensamento.

4) Na política há necessidade de espírito gregário, ao passo que a cultura é por excelência a mais alta expressão da individualidade. O homem de cultura que cede à política acaba renunciando a uma parte de si mesmo, a qual o caracteriza como homem de cultura.

5) A política é parcial, enquanto a ciência é imparcial. Quem é político não pode ser ao mesmo tempo homem de cultura, porque as paixões que convêm ao primeiro perturbam e desviam o segundo.

6) A política pertence à esfera do econômico, da vitalidade, representa o momento da força. A cultura tem a tarefa de fazer valer diante da força as exigências da vida moral. Contra o político que obedece à razão de Estado, o homem de cultura é o devoto intérprete da consciência moral.

Essas antíteses afloram continuamente, ora uma, ora outra, na desavença entre os direitos da cultura *versus* os da política, e dão, em medida diversa, cor à dissensão entre intelectuais e políticos. Se fizermos um exame de consciência, encontraremos no fundo de certas indignações ou impaciências nossas, dos nossos próprios erros, do "desgosto" com a política, que estes quando são superados também não deixam, de quando em quando, de assaltar-nos e de aplacar a nossa preguiça.

Quando essas antíteses são levadas às consequências extremas, dão lugar a atitudes degeneradas que traem qualquer coisa que não seja a diferenciação, quer dizer, a apoliticidade, o espírito de evasão. O antinacionalismo degenera em cosmopolitismo abstrato; a defesa dos valores supremos em inerte contemplação; a exaltação da dúvida metódica, para usar uma palavra significativa da linguagem filosófica italiana, em problematicismo; o espírito individualista em anarquismo; a imparcialidade em indiferença; o antipoliticismo em pregação moralista.

10.

Se estão contidas dentro de certos limites, as mesmas antíteses intervêm, algumas mais outras menos, para determinar várias atitudes típicas que constituem a fenomenologia das relações entre cultura e política numa sociedade dividida pelas facções. Tais atitudes estão representadas em maior ou menor medida na atual situação italiana.

A primeira atitude poderia ser designada com a célebre fórmula de Romain Rolland: *por cima da multidão*. Difere da atitude pura e simples de evasão, assim como "estar por cima" difere de "estar fora". Assiste-se à divisão da sociedade em facções com um sentimento de horror e de vergonha. É dever do intelectual, guarda da verdade, não deixar-se contaminar pelas paixões que cegam os contendentes, e olhar do alto o campo de batalha na espera da paz ou da trégua que lhe permita descer do pedestal e misturar-se na multidão com espírito puro.

O aspecto positivo dessa atitude é inerente ao fato de que o homem de cultura, se o for verdadeiramente, não pode abandonar o costume de julgar os acontecimentos sob a perspectiva da história universal. Um hábito assim deveria permitir considerar os episódios cotidianos da política do próprio país com a distância, ou, preferindo-se, com a experiência e a maturidade do historiador que não está sujeito aos acontecimentos como o cronista ou o homem de partido. De fato, o homem de cultura que corre atrás dos acontecimentos com os medos, as idiossincrasias, as impressões fugidias do homem da rua, falta a um dos seus deveres que é a cautela no julgamento, a precisão na averiguação dos fatos, o falar com toda a certeza. Mas ai se esse hábito de moderação se transforma na atitude de quem julga os seus contemporâneos visando ao poder, adiando a realização da sociedade justa para depois da contenda na qual ele, para estar por cima, não tomou parte. Não diria que uma atitude semelhante seja muito compartilhada pelos intelectuais, hoje, na Itália.

11.

Uma segunda atitude poderia ser definida com esta outra fórmula: *nem cá nem acolá*. Quem quisesse encontrar também aqui um inspirador célebre poderia lembrar-se de Erasmo. A quem afirma que é preciso escolher, há alguém que responde que o fato de não se decidir por nenhum dos dois lados é também um modo de escolher. A quem protesta que todos devem comprometer-se, há alguém que responde que o único compromisso que ele aceita é com a verdade que os fanáticos abandonaram. Surge a figura do homem de cultura como aquele que rejeita a arrancar um consenso de um ou do outro lado, e mesmo estando diante do incêndio, não contribui para apagá-lo, contudo também não o atiça; se constitui antes como uma barreira que impede que se o amplie. Parece-me que semelhante atitude não é totalmente inexistente entre os intelectuais italianos. Talvez muitos daqueles que os ocidentalistas raivosos chamam de filocomunistas, companheiros de viagem, ou com alguma alcunha menos respeitosa, são apenas pessoas neutras que não sabem decidir-se a dar preferência a um ou a outro partido. O mundo lhes parece uma gaiola de loucos, e não se pode dizer com certeza se os loucos estão mais à direita ou mais à esquerda. Falam mal dos EUA e da Rússia, cujas culturas não apreciam, mas estão voltados para a completa tecnicização; e desconfiam da velha Europa decaída e impotente.

No ativo desses neutros há certa dignidade ou, simplesmente, compostura: não participam nas cruzadas, não compartilham os furores; prefeririam paz à guerra. Mas o passivo deles é maior: no fundo não fazem história; deixam-na fazer-se, não tanto para lavarem as mãos (a posição do neutro não deve ser confundida com a posição do solitário altivo na torre de marfim), mas porque a história já está feita sem eles e está malfeita. É uma aventura com final triste previsto antecipadamente.

12.

A terceira atitude é semelhante à anterior, mas em perspectiva política. Podemos defini-la deste modo: *tanto do lado de cá como de lá*. Com base nesse ideal, o intelectual não deve retirar-se nem esperar, mas deve estar presente onde quer que haja valores positivos. E estes não estão só de um lado. Ele tem o objetivo de libertar esses valores positivos da matéria passional na qual estão misturados, de colocá-los em evidência, de fazer-se portador e persuasor deles. Ele não consegue ver o mundo, como o pintam os propagandistas dos dois lados, dividido em bons e maus. Se lhe fosse perguntado onde está a verdade, onde está o bem, onde está o justo, responderia que não está nem de um lado nem de outro, mas está misturado com a mentira, com o mal, com a iniquidade tanto do lado de cá como de lá. Daí a tarefa, muito nobre, de romper os blocos, de impedir os fechamentos e as divisões, de invocar a tolerância, de buscar o diálogo. Uma atitude não passiva, mas ativa: é preciso correr incansavelmente de um lado para o outro a fim de combater a mentira, para evitar propagandas insensatas, para restabelecer os fatos na sua verdade nua, para defender a liberdade onde quer que esteja ameaçada, mesmo se, no protesto, encontrem ao seu lado rostos pouco tranquilizantes. Nessa atitude contam em primeiro lugar os valores como tais; e os valores supremos a defender são aqueles sem os quais todo progresso da cultura seria impossível: a liberdade e a verdade. Ai de deixar-se tomar pela tentação da astúcia ou do maquiavelismo, que são concedidos aos políticos militantes, não aos que têm o dever de defender a liberdade e a verdade. O único hábito que se destina ao intelectual que assume esse difícil posto, não entre dois fogos, mas dentro de dois fogos, é a intransigência acerca dos valores. Mas para a intransigência não se transformar em pedantismo moral, deve estar acompanhada da máxima abertura, que é uma forma de generosidade mental, sobre as tábuas dos valores em oposição.

Parece-me que o ativo é maior que o passivo, que talvez corra o perigo (a esta altura a descrição corre o risco de se tornar uma confissão) de consumir a sua vocação em si mesmos, satisfeitos com a tranquilidade de consciência que chega ao filantropo por ter cumprido o seu dever e, portanto, adotar um ritmo de compromisso e de trabalho que é lento demais para a história tão apressada do nosso tempo. A propósito dessa atitude falou-se, em oposição à política ordinária, de uma *política da cultura*, considerada como a única ação política concedida ao homem de cultura em tempo de crise. Dela se fez pregoeira a Sociedade Europeia de Cultura num manifesto de 1951, do qual participaram, creio que sem reserva, vários intelectuais italianos, que dizia entre outras coisas:

> *Sur le plan où nous nous sommes placés, qui est celui d'une politique de la culture, au lieu de dire* oui *d'une part et* non *de l'autre, on peut et doit dire* oui *et* oui, *car les valeurs essentielles, où qu'elles soient, ne doivent pas être laissées à la merci de la violence.* *

---

* Trad.: "Do lugar em que nos colocamos, que é o de uma política da cultura, em vez de dizer *sim*, de uma parte, e *não*, de outra, podemos dizer *sim* e *sim*, porque os valores essenciais, onde quer que estejam, não devem ser deixados à mercê da violência". (N. E.)

13.

Considero finalmente uma última atitude, que é a mais ambiciosa e também a mais temerária. O intelectual tem a tarefa da *síntese*. É um modo de pôr-se por cima dos partidos não com um ato de separação ou de desafio, mas com a pretensão de guia. Aqueles que estão imersos na luta política veem apenas um lado da questão, defendem pontos de vista parciais, são portadores de ideologias. O intelectual, ao contrário, ao abranger num olhar mais puro as perspectivas individuais, presume propor uma consideração global ou total da realidade, a qual, exatamente porque é global ou total, não é mais ideologia; e nessa tarefa sintética prepara o futuro. Encontram-se nessa direção as várias formas de "terceira via" como síntese entre liberalismo e socialismo, entre personalismo e solidarismo, entre individualismo e universalismo, da qual se teria abundante colheita se se tivesse paciência para se vasculhar em livros filosóficos, sociológicos, históricos deste meio século (poder-se-ia quase dizer que a terceira via é uma espécie de *superideologia* dos intelectuais que retorna, no nosso século, em mil exemplares e sob as mais diversas formas); e, do mesmo modo, as várias tentativas de europeísmo, entendida a Europa como civilização mediadora-superadora da oposição entre Oriente e Ocidente, entre civilização científica e civilização religiosa, entre espírito técnico e espírito místico, entre materialismo e espiritualismo.

Mais do que programa político, essas sínteses são sentidas e consideradas como motivos culturais. Prova disso é que são defendidas mesmo se a realidade é hostil, mesmo se não há atualmente forças políticas capazes de torná-las eficazes. São ideais abstratos aos quais a realidade deverá adequar-se, mas ignora-se por quais vias e com quais meios. Daí o aspecto negativo de tal posição que é a capacidade de ilusão, a qual pode gerar até uma espécie de indiferença diante da história. Aqui a consciência do intelectual de constituir uma classe separada e que tem uma tarefa extraordinária toca a ponta extrema. Mas no mesmo momento em que o homem de cultura pretende ser o único intérprete do curso histórico e dirigi-lo para a meta que só ele está em condições de ver, coloca-se fora da história.

O ciclo do divórcio entre cultura e política, que iniciou com a atitude de evasão deliberada, desemboca nessa atitude que é uma inserção, sim, mas ilusória, ou uma espécie de fuga mascarada.

14.

Destas várias atitudes, pouco separáveis na realidade umas das outras, o produto mais vistoso e característico, aqui na Itália, foi a tentativa diversas vezes retomada de constituir o *partido dos intelectuais*.

Recordem-se os esforços que Croce fez para demonstrar que, sendo o liberalismo o "partido da cultura", o partido liberal, do modo como se reconstituiu na retomada da vida democrática no nosso país, não era um partido como todos os outros, mas uma espécie de superpartido (que é o que convém a uma superideologia), composto e sustentado pela camada média, que na imagem de Croce vinha identificando-se com a camada cultural. Mas o partido dos intelectuais, apesar dessas teorizações abstratas de Croce, não foi o Partido Liberal, mas o Partido da Ação, que se reencarnou recentemente no movimento de Unidade Popular. Os grupos de intelectuais, dos quais falamos até agora, e cuja existência concreta revelamos ao nos referirmos a algumas revistas de cultura e política, foram os principais sustentadores desses movimentos políticos que se colocam, com espírito de marcada e intolerante independência, entre os dois blocos.

O partido dos intelectuais é um fenômeno um tanto monstruoso do corpo político (inconcebível num organismo político sadio), com o aviso de que o termo "monstruoso" é usado como descritivo e não de valor. Nasce da troca entre política da cultura, que é política de longo prazo, e política ordinária, que é a única política que se pode formular em programas e em organizações de partido e, portanto, da falsa imagem que se pode promover a política da cultura com os mesmos meios com que se promove a ação política ordinária; ou da confusão entre terceira força cultural (que é a chamada síntese ou terceira via) e a terceira força política (que é o centro de governo de quatro partidos, do qual esses intelectuais são em geral adversários). Essa troca, essa confusão são o produto natural e inevitável do isolamento em que vêm a se encontrar os intelectuais numa sociedade não orgânica e da consequente impossibilidade e incapacidade de encontrar uma inserção política nos partidos que eles degradam em facções ou condenam como igrejas. Eles, rechaçados agora para posições de segundo plano, mesmo continuando a cultivar a convicção de serem guias espirituais, não encontram outro caminho de saída política do que o de constituir, como todas as outras forças sociais, um partido que reflita a sua superioridade e seja, por isso, inconfundível com os outros partidos ideológicos (ou de meros interesses). Esse partido, porém, é tão inconfundível que não tem os requisitos usuais do partido em sentido sociológico. Faltam-lhe, sobretudo, dois elementos, sem os quais não se pode falar de partido moderno (e por "partido moderno" entendo o partido na era do sufrágio universal): a organização de massa e um *leader*. Em suma, faltam-lhe o corpo e a cabeça. A força política, quero dizer a força no plano da política ordinária, de semelhante quase-partido, a experiência das eleições que ocorreram nesses anos demonstra bastante claramente. É difícil imaginar sanção histórica mais rigorosa a um partido de proeminentes que este não encontrar nenhuma classe à qual se possa pedir apoio; e a prova mais esmagadora do fato, do qual partimos e que constituiu o fio condutor desta nota, ou seja, do divórcio, existente na Itália, entre a dominante direção cultural e a direção política, é a formação de um partido de cabeças sem séquito.

Mais do que um julgamento de valor, esta constatação-conclusão desejaria ser o fruto de uma reflexão, feita com ânimo no máximo possível pacato, por parte de quem não se sente tão estranho à situação descrita e que divide a responsabilidade; ou, de outro modo, um exame de consciência que não emite condenações, mas espera, de um diálogo honesto, desmentidos ou confirmações.

Espírito crítico e impotência política[*]

1.

O ensaio precedente, que apareceu no número 7 de *Nuovi Argomenti* (mar.-abr. 1954), continha, entre outros comentários, uma resposta de Ranuccio Bianchi Bandinelli.[1] Ele, depois de ter erroneamente atribuído a mim a ideia de que a todas as posições do homem de cultura diante da política, ilustradas no meu ensaio, se devesse preferir aquela que eu tinha chamado de "síntese", expunha acerca do homem de cultura algumas teses interessantes, que desejo citar textualmente:

> O verdadeiro trabalho de síntese que o intelectual ligado ao velho mundo pode realizar nas épocas de grandes agitações da civilização é apenas o de se tornar transmissor humilde, quase artesanal, da técnica da cultura. Porque a cultura tem uma *técnica* sua, elaborada através dos séculos; e os homens às vezes a desprezam,

---

[*] Parcialmente publicado em *Il Contemporaneo*, v.1, n.9, p.4, 22 maio 1954.

[1] *Il Contemporaneo*, 1º maio 1954.

achando que está ligada aos conteúdos que eles rejeitam; não tem uma política autônoma sua [...] Aquilo que fica fora da política, aquilo em que todos podemos nos encontrar, e que é importante transmitir para a civilização humana, é a técnica da investigação científica, o hábito da investigação, a problemática de toda pesquisa no campo intelectual, do mesmo modo que é importante transmitir de uma civilização à outra a técnica da cultura material, que os homens da nova civilização adaptam e plasmam às novas necessidades e aos novos conteúdos.

2.

Eu respondi com a seguinte "Carta ao diretor", publicada no número de 22 de maio do *Il Contemporaneo*:

Ilustre diretor,

no n.6 de *Il Contemporaneo*, o amigo Bianchi Bandinelli expõe e comenta o meu artigo *Intelectuais e vida política na Itália*, publicado em *Nuovi Argomenti*. Quero dizer-lhe que ao lê-lo encontrei-me nesta situação singular: de estar mais de acordo com o comentário do que com a exposição. Percebo que, diante de um artigo em que sou elogiado com amigável indulgência e com rara honestidade intelectual, declarar que estou disposto a aceitar a crítica, que deveria refutar o meu pensamento, mas não a exposição que deveria resumi-lo, pode parecer uma sublimação um pouco caricatural da honestidade. Mas o fato é este: quando Bianchi Bandinelli expõe, atribui a mim ideias não minhas; quando critica, opõe a mim ideias suas que são substancialmente também minhas.

Segundo o meu crítico, eu teria sustentado que a função mais alta do intelectual é a da *síntese*, e que exatamente nessa vocação à síntese estaria a característica da política da cultura por mim defendida e auspiciada. Mas eu não sustentei nada disso. O propósito do meu artigo (que deveria ter sido acompanhado de outros, segundo a intenção dos diretores da revista, sobre o mesmo tema) era descrever alguns tipos de atitude próprios de intelectuais numa sociedade como a italiana de hoje, e não o de levar o público a conhecer qual era a minha posição pessoal. A minha tarefa não era autobiográfica, mas fenomenológica. E era assim porque, dada a natureza do problema e da pesquisa, parecia-me bastante mais útil procurar representar, com aquela imparcialidade que um estudioso afeito à "técnica de investigação" (emprego de propósito a expressão usada pelo meu crítico porque sobre esse ponto, como veremos, se determina com precisão a minha concordância) deveria ser sempre capaz, uma situação histórica e psicológica em que não entrasse os meus fatos pessoais.

Ao falar da atitude da síntese, não poupei críticas muito severas que não deveriam ter deixado lugar a dúvidas acerca do meu pensamento: chamei-o de "ambicioso", "temerário"; falei de "ideais abstratos aos quais a realidade deverá adequar-se, mas ignora-se por quais vias e com quais meios". Acrescentei que desse caráter abstrato deriva "o aspecto negativo de tal posição que é a capacidade de ilusão, a qual pode gerar até uma espécie de indiferença perante a história". E concluí afirmando que semelhante atitude chega até a da evasão, porque é, no final das contas, "uma fuga mascarada". De maneira não muito diferente me expressei num artigo que apareceu na mesma época em *Occidente* (1954, fasc. 1, p.11). Não sei explicar o equívoco do meu cortês contraditor a não ser com o fato de que, sendo esse tipo de atitude considerado por último, a enumeração tenha sido trocada por uma classificação. Se uma das quatro atitudes descritas podia ser atribuída a mim, não era a da "síntese", mas aquela que chamei: "tanto de cá como de lá". Era, de fato, a única da qual tinha dito que o ativo era maior que o passivo; e pelo desejo de não me esconder totalmente atrás do biombo da objetividade e por uma necessidade de sinceridade num artigo que falava de problemas dos quais eu não era, evidentemente, apenas um frio espectador, procurei pôr no caminho o desatento leitor avisando, ainda que entre parênteses, que àquela altura "a descrição corria o risco de tornar-se uma confissão".

É por isso que não tenho nenhuma dificuldade de aceitar as críticas que Bianchi Bandinelli faz ao intelectual tradicional "que se coloca a tarefa de chegar à síntese". Não tenho dificuldade pela simples razão que essa crítica é semelhante à exposta por mim nos artigos citados. O mais interessante, porém, é que a minha concordância com o amigo Bianchi Bandinelli vai além, chegando a acolher a parte positiva e conclusiva do seu artigo, onde afirma que tudo o que aproxima todos os homens de cultura é "a técnica da investigação científica, o hábito da investigação, a problemática de toda pesquisa no campo intelectual". Também nesse caso a aceitação da crítica relaciona-se ao fato de que eu tinha escrito algo semelhante, há cerca de dois anos, num artigo publicado na *Rivista di Filosofia* (1952, fasc. 1),[2] que tinha provocado uma resposta do próprio Bianchi Bandinelli em *Società* (1952, fasc. 2). Desagrada-me ter de citar ainda uma vez, mas me parece importante provar a existência de um acordo sobre um ponto que nos permitirá, creio eu, percorrer um longo caminho juntos: "É inútil lembrar" – escrevia eu – "que cultura significa não apenas método e rigor no trabalho intelectual, mas também cautela, circunspecção, reserva no julgar: quer dizer, controlar todos os testemunhos e examinar todos os argumentos antes de se pronunciar, e renunciar a pronunciar-se antes de fazê-lo apressadamente; quer dizer, não transformar o saber humano num saber absoluto, a ciência em sabedoria profética. Contra o procedimento do dogmatismo o homem de cultura deve defender e exercer em qualquer situação o *espírito crítico*" (p.94). Ao dizer essas coisas, queria atribuir a defesa da verdade como tarefa essencial da política da cultura. E o que, aliás, quer dizer o amigo Bianchi Bandinelli quando fala de "técnica da investigação científica"? Não é exatamente essa técnica a técnica da busca da verdade?

É verdade que naquele mesmo artigo eu atribuía ao homem de cultura também outra tarefa: a de defender a liberdade. Mas também aqui não queria dizer nada mais do que aquilo que diz o meu

---

2 É o segundo ensaio desta coletânea.

Espírito crítico e impotência política

crítico de então e de hoje quando acrescenta, na conclusão do seu comentário, com uma feliz expressão, que "importa transmitir de uma civilização à outra a técnica da cultura material, que os homens da nova civilização adaptam e plasmam aos novos tempos e aos novos conteúdos". Quando falo de liberdade, não falo da liberdade metafísica nem da liberdade como ideal moral da humanidade, nem da liberdade como essência do espírito do mundo. Falo, como estudioso do direito, de certas instituições jurídicas que caracterizam o Estado liberal e fora das quais não há lugar senão para Estados absolutos e totalitários. Se me permitir ainda uma citação, cito o que falei num artigo precedente de *Nuovi Argomenti*,[3] no qual expus a tese de que as instituições liberais não são outra coisa que uma técnica da convivência política, adaptável a diferentes ideologias; e podem sim ser aperfeiçoadas, mas é perigoso destruí-las, como se estivessem indissoluvelmente ligadas à ideologia que contribuiu principalmente para a sua elaboração. Eu poderia dizer, em suma, com as palavras de Bianchi Bandinelli, que para mim as instituições liberais pertencem àquela cultura material cuja técnica é importante transmitir de uma civilização à outra, e cuja conservação e transmissão diz respeito, em primeiro lugar, aos homens de cultura.

Pode ser que Bianchi Bandinelli não considere a técnica da liberdade elaborada pelas instituições liberais como digna de ser salva. Isso significa que o dissenso entre nós não é tanto sobre as tarefas da política da cultura quanto sobre a escolha das técnicas da cultura a transmitir e plasmar de novo. É, porém, mesmo verdade que Bianchi Bandinelli e os seus companheiros políticos se recusam a ser transmissores e reelaboradores da técnica jurídica da convivência livre? Seria como sustentar que a liberdade do indivíduo não é um valor humano e não há nada a fazer para salvá-lo. Este é um ponto sobre o qual não consigo me convencer de que possa haver homens de cultura não dispostos a chegar a um acordo. Parece-me

---

3 Bobbio, Democrazia e dittatura. *Nuovi Argomenti*, n.6, p.3-14, 1954. É o décimo ensaio desta coletânea.

impossível que o muito que ainda podemos caminhar juntos, esclarecidos os equívocos, possa ser bloqueado pela diferente avaliação de um fato de tão enorme alcance histórico e civil como é a técnica da convivência elaborada nas formas do Estado democrático liberal. Obrigado pela hospitalidade e cordiais saudações.

Norberto Bobbio

3.

A direção do *Il Contemporaneo* respondeu a esta minha carta com um artigo de fundo, não assinado, que apareceu no número de 5 de junho, com o título "Tra il dire e il fare" [Entre dizer e fazer]. A essência do artigo era que não bastava ter boas intenções (e entre as boas intenções estava a posição que eu tinha definido como "tanto de cá como de lá"); era preciso maior espírito de iniciativa e não se deixar continuamente ser rebocado pelos outros. Em particular, as três afirmações mais importantes me parece que foram as seguintes: 1) reconhecia-se comigo que é dever do homem de cultura exercer em qualquer situação o espírito crítico; 2) admitia-se que também a política da cultura tinha aspectos positivos, contanto que fosse entendida em sentido ativo e não passivo; 3) desaconselhava-se aos intelectuais uma atitude de imparcialidade que pudesse acabar sendo, na nossa condição presente, abstrata e errônea.

Começo a partir deste último ponto, porque não há divergência, a não ser, talvez, lexical. O anônimo interlocutor diz textualmente assim: "É preciso estar atento às posições maniqueístas. Mas parece também justo que um intelectual não deva deduzir de tal constatação uma atitude de imparcialidade que resultaria abstrata e errônea". E mais adiante comenta: o intelectual "não deve temer filiar-se organicamente a um partido que parece pela sua história, por sua exigência e os seus vínculos

Espírito crítico e impotência política

comuns aquele que se projeta para o futuro e tende a tornar a sociedade melhor".

Tenho a impressão que o autor dessas linhas confundiu "imparcialidade" com "neutralidade". Eu queria dizer, creio, que o intelectual em certas situações não deve ser "neutro", não que deva ser *também* "parcial". Que o intelectual não tenha nenhuma obrigação de ser neutro entre os lados em conflito, antes deva tomar posição (e a neutralidade, aliás, é também uma tomada de posição), não me parece difícil de admitir. Ao contrário, não se pode conceder que ele se subtraia ao dever da imparcialidade, porque onde não há espírito de imparcialidade, não há cultura desinteressada, mas cultura politizada e, portanto, cultura falsa e pervertida. Explico-me: por "neutralidade" se entende habitualmente uma atitude prática; por "imparcialidade" uma atitude mental. Por isso é muito bem possível não ficar neutro, ou seja, preferir estar de um lado a estar no outro, mantendo-se fiel ao método da imparcialidade. E, por outro lado, pode-se ser parcial, muito parcial, numa posição de neutralidade. Ser imparcial não significa não dar razão a nenhum dos dois contendentes, mas dar razão a um ou ao outro, ou talvez não dar razão a nenhum do dois, *conscientemente*. Se, portanto, nas palavras do meu interlocutor se deve ler um conselho a abandonar a atitude de neutralidade, pode-se discutir, e depois de ter discutido e esclarecido os termos da luta em curso, e entrar em acordo. Mas se se deve ler literalmente um convite para se ser parcial (que não quer dizer outra coisa que "partidário", que é sustentar uma causa não porque é justa, mas porque é a nossa causa), digo que se trata de uma lisonja perigosa e é preciso precaver-se contra ela.

Volto às duas primeiras afirmações que merecem um comentário não mais linguístico, mas substancial. Quanto à primeira, o anônimo autor, depois de ter dito que estava pronto a subscrever a minha afirmação que é dever do homem de cultura "exercer em qualquer situação o espírito crítico", acrescentava: "Nós a subscrevemos com plena consciência e cremos que Bobbio não ficará maravilhado e estará bem atento que agora, para subscrever seriamente essa afirmação, *só restamos nós e os poucos liberais, como ele o é"* (itálico de Bobbio). Sobre esta última frase não posso calar as minhas dúvidas. No artigo a respeito dos intelectuais, eu tinha procurado mostrar, sobretudo, uma coisa: que numa sociedade desorganizada como a nossa, o *espírito crítico*, que é o orgulho e o tormento dos homens de cultura, prejudicava a *potência prática*, que é própria dos políticos. O divórcio entre cultura e política, do qual falamos, me foi apresentado como um aspecto do desacordo secular entre a razão livre e a potência mundana. Poderia ter resumido a ideia central daquele escrito com esta fórmula: espírito crítico e impotência prática.

Pois bem, quando os escritores do *Il Contemporaneo* afirmam que também eles, como a minoria impotente dos intelectuais "liberais", têm o espírito crítico, avançam a pretensão, me parece, de terem tido êxito em superar o antigo desacordo, tendo conciliado o espírito crítico e a potência política, e se atribuem o privilégio de serem ao mesmo tempo críticos e potentes, críticos à própria maneira dos intelectuais sem raízes e em contínua tensão, e poderosos daquela potência que lhes vem de ter aderido incondicionalmente à política de um dos grandes partidos em questão. Respondo energicamente: "cômodo demais!". Escrevi um artigo para mostrar o isolamento no qual se vem a encontrar, e não pode não se encontrar, o intelectual que exerce até o fim o dever da crítica. Mas não terei nenhuma dificuldade em escrever outro artigo com iguais bons testemunhos para mostrar os sacrifícios contínuos ao espírito da crítica que é obrigado a realizar o intelectual que decidiu sair do isolamento e "tomar partido". Para os intelectuais comunistas bastaria a sua aceitação reverente de tudo aquilo que se pensa e se faz na União Soviética, ao que corresponde a rejeição indiscriminada de tudo o que se pensa e se faz no outro lado do mundo. Não é esta uma posição maniqueísta, daquelas que – condenadas em palavras e seguidas

Espírito crítico e impotência política

de fato – são incompatíveis com o discernimento, a cautela, a reserva, a desconfiança crítica de que deveria dar prova constante (mesmo quando lhe possa causar aborrecimento) o homem de cultura?

Posso também não entrar na questão sobre qual das duas posições, a do clérigo que vive à margem e a do clérigo que toma partido, seja hoje historicamente a mais oportuna. Digo apenas que são duas posições diferentes e, portanto, não consigo ver como é possível atribuir, com uma segurança que provoca calafrio, os méritos e as vantagens de uma e da outra.

Chegar à última afirmação de que a política da cultura deve ser entendida em sentido ativo e não em sentido passivo pode querer dizer duas coisas (e os exemplos dados pelo autor do artigo deixam a entender ambas): *a*) que os próprios intelectuais devem tomar a iniciativa de denunciar as culpas e os erros dos governantes, e não serem surpreendidos pelas iniciativas políticas dos partidos de oposição; *b*) que devem tomar iniciativas *eficazes* e não se contentarem com desejos platônicos ou artigos dirigidos a poucos leitores.

Com relação ao primeiro ponto, diria que a observação é justa, mas a censura é exagerada. A observação é justa porque o protesto, para ater-me ao exemplo do meu interlocutor, contra a bomba H, se é feita pelo partido comunista, e do mesmo modo se é feita pelos intelectuais que aderem àquele partido, pode ser facilmente suspeita de ser interessada, de ser, por exemplo, ditada pelo temor que o partido ao qual se adere e que se deseja ver vitorioso seja inferior ao outro na potência construtiva daquele engenho. E é bom, por conseguinte, que sejam os homens de cultura independentes, e não os políticos militantes e os intelectuais de partido, a tomar posição. Mas a censura é exagerada porque, ao olhar ao redor, tenho a impressão que aqueles intelectuais dos quais eu falava no meu artigo não fazem outra coisa, e infelizmente fazem sozinhos, que protestos, sob forma de ordens do dia, pronunciamentos, manifestos, congressos de discussão. Se me perguntarem o que fazem os intelectuais independentes na Itália, responderei com uma palavra apenas: protestam. E o bonito é que não protestam só os intelectuais independentes, mas também (com exceção dos comunistas) aqueles de partido contra as próprias direções dos partidos, com as quais estão em perpétuo desacordo.

Passando para o segundo ponto, ainda uma vez voltamos àquela questão principal. Segundo o autor do artigo, os meios para tornar eficazes as iniciativas intelectuais são, por exemplo, as conferências, os debates, as petições populares, os abaixo-assinados. Pode-se responder tranquilamente que, para sua finalidade, também esses meios não foram renegados (antes disso, foi feito abuso deles). Mas são úteis? E para quê? Se não o são, não é esta a prova da alternativa diante da qual fomos colocados numa sociedade desorganizada e que não podemos superar com uma exortação ou, pior, com uma injunção: ou o espírito crítico ou o poder político? Estão seguros os intelectuais comunistas de terem evitado essa alternativa? Certamente, um intelectual comunista tem o poder de fazer muitas coisas que um intelectual independente não tem. Mas tem também a mesma liberdade? E o que mais convém ao homem de cultura: a liberdade ou o poder?

Se algum dia eu escrever um diálogo (como sou tentado a fazer) entre o intelectual tradicional e o que se decidiu a servir à causa, colocaria palavras como estas na boca do primeiro:

> Por que vocês nos censuram de ser impotentes? Não sabem que essa acusação traz outra, que não quisemos repetir: que vocês são mais potentes, mas nós somos mais livres? E se vocês nos censuram de *fazer* demasiado pouco para realizar aquilo que dizemos, nós não lhes poderemos acusar de *dizer* demasiado pouco para dissipar equívocos, dissolver dogmas, refutar erros? E a tarefa do intelectual não é sobretudo dizer o que se deve fazer? Talvez nas suas fileiras não haja nada a dizer? Contudo, de vez em quando,

por parte dos próprios órgãos diretivos do partido são rompidos dogmas (refiro-me sempre e apenas ao campo da cultura) nos quais vocês acreditaram cegamente até o fim. E por que esperam o sinal dos órgãos políticos? Não teria sido a sua tarefa impedir a formação daqueles dogmas? Quem principalmente falta com a tarefa que lhe é atribuída para as obras da cultura: o intelectual que sabe e não faz (porque não pode), ou aquele que sabe e não fala (porque não quer)? Quem é mais culpado: a inércia ou o silêncio? E ainda: com relação ao poder e às suas razões que são de Estado e não da verdade, é mais culpada a incapacidade ou a conveniência, a abstenção ou a complacência, a intolerância ou o zelo?

Democracia e ditadura[*]

1.

Quando os paladinos do Ocidente acusam o regime soviético de ser uma ditadura, os comunistas podem tranquilamente responder, baseando-se nas principais cabeças da doutrina marxista leninista, que: 1) todos os Estados, enquanto tais (portanto, não apenas o Estado soviético, mas também a democracia burguesa), são ditaduras; 2) ditadura por ditadura, a soviética é mais democrática do que a chamada ocidental. (São substancialmente os dois argumentos centrais apresentados por Lenin contra Kautsky no célebre opúsculo, *La rivoluzione proletaria e il rinnegato Kautsky* – A revolução proletária e o renegado Kautsky.)[1]

Que todos os Estados são ditaduras significa – segundo a doutrina de Marx e de Engels, aceita por Lenin – que o Estado, sendo o produto da luta de classes opostas e inconciliáveis, é o instrumento mediante o qual a classe que levou a vantagem

---

* Originalmente publicado em *Nuovi Argomenti*, v.2, n.6, p.3-14, jan.-fev. 1954.

1 Lenin, *La rivoluzione proletaria e il rinnegato Kautsky*. In: *Opere scelte*, t.II.

domina e oprime a outra classe, onde o poder que o caracteriza não pode ser nem *adquirido* nem *exercido* por uma determinada classe (ora será a burguesia, ora o proletariado) a não ser com a violência. O termo "ditadura" serve para indicar nesses contextos o modo necessariamente violento da aquisição e do exercício do poder estatal, ou, se se quiser, a indissolubilidade entre Estado e violência.

Uma resposta tão radical para o problema do Estado leva a pensar na solução dada por Hobbes ao problema da distinção entre monarquia e tirania, que correspondia, *grosso modo*, à distinção feita hoje pelos liberais entre democracia e ditadura. Diante daqueles que acusavam a monarquia de estar degenerada em tirania, Hobbes respondeu que não era possível estabelecer uma distinção entre monarquia e tirania porque o poder estatal *enquanto tal* é absoluto e nele não se pode separar o uso do abuso. Como essa doutrina, sustentando a indissolubilidade entre Estado e caráter absoluto do poder, justificava a tirania, assim a doutrina de Lenin, ao sustentar a indissolubilidade entre Estado e violência, justifica, porquanto não se possa passar sem o Estado, a ditadura. (É verdade que Hobbes limitou-se a equiparar monarquia e tirania apenas no tocante ao exercício do poder, e não à aquisição dele).

2.

Não se trata de discutir se é verdade ou não que o Estado seja o instrumento de opressão de classe e a sua vida histórica seja condicionada pela permanência da luta de classe e que o poder estatal implique sempre o uso da violência, tampouco que Lenin tivesse razão ou não de sustentar contra o seu adversário aquelas teses naquele particular momento histórico. Trata-se de ver se a identificação dos conceitos de Estado e ditadura, que se torna muito confortável para os ditadores, seja historicamente aceitável e dentro de quais limites. De minha parte penso que tanto os liberais quanto os comunistas deviam promover um esclarecimento sobre esse ponto, uma vez que é essencial para os fins do desenvolvimento da convivência dos partidos comunistas com o mundo ocidental.

Para os fins de esclarecimento, é menos importante a questão relativa à *aquisição* violenta do poder. Menos importante, antes de tudo, porque o termo "ditadura" no sentido usual se refere a um modo determinado de exercício do poder e, de fato, não é necessário, para se poder falar de ditadura, que a conquista do Estado tenha sido violenta (pensemos no regime nazista), e ademais, na acusação cotidiana de ditadura dirigida pelos liberais aos comunistas, se prestou atenção ao modo com que se pensa que se exerce o poder nos países comunistas, e não no modo com que foi adquirido. Em segundo lugar, porque, para a própria doutrina comunista, o problema da aquisição violenta, sobretudo nos países ocidentais nos quais se coloca em discussão a natureza ditatorial do Estado comunista, é por ora posto de lado e, na realidade, o medo da ditadura que agita os liberais não nasce do perigo de que um partido comunista tome revolucionariamente o poder, mas que o exerça, depois de o ter adquirido, nas formas tradicionais da ditadura. Enfim, acrescentemos, que o que aconteceu na Inglaterra no pós-guerra, onde um partido operário tomou sozinho o poder por vias pacíficas e governou sem ser perturbado por uma legislatura que realiza reformas socialistas, desmente a necessidade da violência para a passagem do poder da direção burguesa para a direção operária. Sei que a esse propósito se pode objetar que a Inglaterra é um caso singularíssimo e, de qualquer modo, a Itália não é a Inglaterra. Mas essa objeção não vale mais do que a objeção contrária segundo a qual a Itália não é a Rússia; e do mesmo modo que é muito difícil que a Itália possa seguir o caminho da Inglaterra, assim não é fatal nem está prescrito que deva seguir o caminho da Rússia.

3.

O ponto crucial da controvérsia democracia-ditadura se refere à afirmada indissolubilidade entre Estado e violência em relação ao exercício do poder.

O aparecimento dos regimes fascistas nos vinte anos do entreguerras nos Estados burgueses tornou o problema mais complexo e, portanto, menos resolvível com afirmações gerais e peremptórias. Não há dúvida que esses regimes hão de ser considerados como ditaduras no sentido em que essa palavra é empregada na linguagem política, e esses Estados são considerados tais e hostilizados pelos liberais. Se aceitarmos chamar de "ditadura da burguesia" qualquer regime no qual a classe burguesa é a classe hegemônica, devemos admitir que essa ditadura pode ser exercida de duas formas muito diferentes: com uma forma de regimento de tipo liberal-democrático e com uma de tipo antiliberal e antidemocrático, apenas às quais a linguagem política comum reserva o nome específico de ditadura. Assim como o regimento de tipo liberal-democrático não pode ser confundido em relação à sua forma jurídica com um regime de tipo ditatorial – e os liberais burgueses que o combateram demonstraram que não o confundem –, se se persiste em falar, tanto no primeiro caso como no segundo, de ditadura da burguesia, será preciso introduzir uma ulterior distinção entre uma ditadura ditatorial e uma ditadura liberal, mostrando assim claramente – se não se quiser cometer uma tautologia com a primeira expressão e uma *contradictio in adiecto* com a segunda – que a palavra "ditadura" é usada agora em dois sentidos diferentes: na expressão "ditadura do proletariado", no sentido de primazia política de uma classe sobre a outra (mas nesse caso seria preferível a expressão gramsciana de "hegemonia"); na expressão "ditadura fascista", no sentido de uma forma particular de regimento político, caracterizada pela violência. Também por quem aceita a tese marxista do Estado como instrumento de domínio de classe (concepção técnica do Estado oposta à concepção *ética*), deve-se admitir que esse domínio pode ser explicado com formas de regimento propriamente ditatoriais e com outras que não são tais. Se se quiser ainda dizer que um Estado é por sua natureza uma ditadura, isso valerá apenas no sentido que um Estado é a expressão do poder incontestado de uma classe, não no sentido que esse poder seja necessariamente exercido nas formas da ditadura. Mas como todos veem, o termo "ditadura" usado em sentido geral perde toda sua exatidão, e há outros termos, como o gramsciano de hegemonia, que parecem mais apropriados. Ou antes, dever-se-á dizer que quanto mais uma classe tem hegemonia, tanto menos precisa da ditadura para manter o seu domínio.

Tendo-se presentes os dois sentidos da palavra ditadura, vê-se que a resposta dos comunistas – "Todos os Estados enquanto tais são ditaduras" – pode parecer pouco precisa. Deixa aberta a porta para uma resposta imediata: "Está certo que todos os Estados são ditaduras do ponto de vista da relação de classe; mas do ponto de vista da forma de regimento há apenas ditaduras e não ditaduras, ou, se se crê que também os Estados democráticos liberais são formas disfarçadas de ditadura, há Estados que são mais ditatoriais e outros que são menos". Esse esclarecimento é importante porque serve para especificar o sentido da polêmica. De fato, quando um liberal censura a URSS por ser uma ditadura, não pretende falar da ditadura em sentido genérico, pelo qual se pode dizer que todos os Estados são ditaduras, mas no sentido específico daquela forma particular de regimento político, que se distingue da forma liberal-democrática por algumas características, como a supressão das principais liberdades civis e políticas, e a concentração dos poderes nas mãos de um chefe, ou de um pequeno grupo de homens, cuja renovação não ocorre nos modos tradicionais do regime democrático, no sentido específico pelo qual se distinguem validamente Estados que são mais ditatoriais que outros. Em suma, o que é censurado à URSS por parte de um liberal não é mais o fato de ser uma ditadura do proletariado, se com isso se entende um Estado no qual o poder pertence a uma classe distinta da burguesia, mas de ser pura e simplesmente, no sentido estrito da palavra, uma ditadura, ou seja, um Estado cujo poder é exercido numa forma contrastante com a forma liberal-democrática – sobre a qual hoje, depois da derrota do fascismo, para a qual o comunismo deu forte contribuição, se fundamenta a maior parte dos Estados burgueses –, ou seja, numa forma na qual não parece que estejam garantidas as principais liberdades, e não funciona, não obstante as declarações de princípio, o mecanismo habitual da democracia pela renovação dos cargos. A gravidade dessa acusação está sobretudo no fato de que o comunismo não pode retorquir, porque, enquanto podia dizer que todos os Estados são ditaduras como tais em seu sentido genérico, não pode mais dizer isso em sentido específico, a não ser usando a mesma medida para os regimes liberais e os fascistas, a monarquia constitucional inglesa e o *Führertum* de Hitler.

4.

Essa exigência legítima de distinção não é puramente doutrinal. Exprime uma exigência política bem precisa. Realmente, com base na distinção entre sentido genérico e sentido específico de ditadura, o liberal pode apresentar ao defensor do regime soviético um raciocínio deste tipo: "Não estamos discutindo a concepção clássica do Estado e a definição que dela provém não porque não seja uma questão importante, mas porque se pode prescindir dela no nosso discurso. Permanece o fato: como o Estado burguês se exprime em regimes liberais e regimes ditatoriais, não se vê por que também o Estado proletário não possa fazer o mesmo. Se até agora, por razões históricas determinadas – luta no interior primeiro, defesa do cerco externo depois, e sobretudo falta de uma tradição liberal nos países em que até

Democracia e ditadura

agora foi realizado –, o Estado proletário só se pôde manter em forma de ditadura, não se pode dizer que não possa manter-se de forma liberal e democrática em outros países e no futuro". Talvez a forma de regimento liberal seja adaptada apenas ao Estado burguês e a forma ditatorial seja essencial ao Estado proletário? Ninguém ousaria dar uma resposta semelhante. Então só resta propor ainda mais uma vez ao exame dos disputantes o problema verdadeiramente essencial da relação entre tipo de sociedade civil (sociedade com predomínio da classe burguesa ou da classe proletária) e forma de regimento (democrático liberal ou ditatorial).

Esse problema estaria resolvido se fosse dado por demonstrado que o regime liberal-democrático é uma expressão da sociedade burguesa e, portanto, destinado a cair e a morrer com ela. Contra tal demonstração, posto que tenha sido feita, parece-me que se pode fazer valer ainda algum argumento. Partindo da própria concepção marxista do Estado, em que este é um complexo de aparelhos e de mecanismos capazes de garantir o poder, a forma de regimento não tem um caráter de fim, mas *instrumental*. Como todo instrumento, também aquele complexo de sutilezas e de expedientes técnico-jurídicos que caracterizaram uma determinada forma de regimento pode ser usado por qualquer um que se tenha apossado dos segredos do seu mecanismo. Diante de qualquer instrumento não nos colocamos o problema se quem o inventou é bom ou mau, amigo ou inimigo; mas apenas se está conforme à finalidade ou, como se diz, se é funcional. Diante do complicado e delicado mecanismo que é o Estado liberal é ridículo perguntar se foi inventado pela classe burguesa; o importante é perguntar se ele não garante certos valores fundamentais que têm todos os homens, enquanto homens (burgueses ou proletários, chineses ou ingleses, clérigos ou leigos), como a liberdade e a segurança, em medida maior que outras formas de regimento, sobretudo do que aquela forma que liberais e comunistas estão de acordo em chamar de ditadura. Que essa máquina do Estado de direito nas mãos da burguesia funcione excelentemente para garantir liberdade e segurança aos burgueses e muito menos aos proletários é coisa indiscutivelmente verdadeira, mas isso não tira o valor da máquina, a qual, ademais, não é responsável pelo modo como é empregada. Sei também que essa máquina não é absolutamente perfeita; mas o melhor modo de aperfeiçoá-la certamente não é destruí-la.

5.

Demos um exemplo: a doutrina da separação dos poderes é historicamente de origem burguesa; mas a exigência que ela exprime, a defesa contra o caráter absoluto do poder, e as técnicas constitucionais que ela inspirou (independência relativa e recíproca dos órgãos titulares das três funções fundamentais do Estado) não são mais burguesas do que proletárias; são conquistas civis. Essa doutrina foi interpretada e posta em prática de várias maneiras; continuamente são introduzidos nela novos aperfeiçoamentos; mas o princípio em que se inspira não foi recusado nas democracias ocidentais. E toda vez que foi rejeitado, tivemos a ditadura (é claro, a ditadura burguesa). Pois bem, o pensamento oficial da URSS[2] refuta energicamente tal princípio afirmando que "a ordem social soviética é penetrada pelo espírito geral da unicidade da autoridade dos operários", como se houvesse oposição entre unicidade da fonte da soberania e divisão dos órgãos que a exercem, e como se o próprio princípio da unicidade da fonte do poder, a chamada soberania nacional ou popular, não fosse já doutrina tradicionalmente burguesa. Está claro que aqui se confunde o fundamento da autoridade, que reside na sociedade civil, com o meio com que essa autoridade é exercida (e que forma o Estado no sentido

---

2 Ver Vyshinsky (Ed.), *The Law of the Soviet State*, p.319.

Democracia e ditadura

institucional da palavra). O fato de mudar o fundamento não é um argumento para mudar também o meio. Se a separação dos poderes serve para garantir, por exemplo, que a justiça seja administrada sem interferências, ou com o mínimo de interferência, do poder Executivo, não se vê por que essa técnica de governo não deva ser empregada também pela classe operária, que tem o mesmo interesse que qualquer outra classe para que a justiça seja imparcialmente administrada. Sei muito bem que me será objetado que uma coisa são as formas jurídicas e outra coisa o real funcionamento dos órgãos estatais, e que eu seria muito ingênuo em crer que baste a proclamação do princípio da divisão dos poderes para garantir a imparcialidade. Respondo: não estou certo que baste a declaração oficial que os poderes sejam distintos para que a imparcialidade seja garantida; estou, aliás, certíssimo de que basta a negação incisiva e enérgica desse instituto para se excluir qualquer garantia de imparcialidade.

Aliás, apesar das teses oficiais, parece que o regime soviético deu grandes passos em direção ao Estado de direito à medida que ele foi consolidando-se. Prova disso são: a recusa das doutrinas jurídicas extremistas de Pachukanis e companheiros, segundo o qual o direito era uma superestrutura da sociedade burguesa e como tal destinado a desaparecer com a chegada da sociedade socialista; e a redescoberta do direito, por obra da escola encabeçada por Vychinsky, como conjunto de normas coativas impostas pela classe dominante a fim de salvaguardar as relações sociais vantajosas a ela. Essa nova definição propôs de novo o problema do direito nos mesmos termos em que o propõe a doutrina burguesa mais avançada (Kelsen) quando o considera como uma técnica especial para a organização de um grupo social (qualquer que ele seja). Se o direito é verdadeiramente uma técnica de organização social que serve à classe dominante para fazer os seus próprios interesses, não se vê por que pouco a pouco não se deva fazer valer a ideia que entre os interesses da classe dominante estejam também aqueles que são garantidos por um

Estado liberal-democrático e sistematicamente violados por um regime ditatorial. O importante é que se comece a conceber o direito não mais como fenômeno burguês, mas como complexo de normas técnicas que podem ser empregadas tanto por burgueses como por proletários para alcançar certos fins que são comuns a uns e outros enquanto seres sociais. Uma vez separado o direito, como técnica, da sociedade civil, abre-se o caminho para o estudo de todos os aspectos dessa técnica, assim como foi elaborada no decorrer dos séculos, das correções e dos aperfeiçoamentos que sofreu, e não se pode evitar comparar a técnica jurídica de um Estado liberal-democrático com a de um Estado ditatorial, e assim tirar todas as consequências desse confronto.

6.

A exigência de convidar os defensores da ditadura do proletariado a considerar a forma de regimento liberal-democrático pelo seu valor de técnica jurídica mais refinada e mais evoluída é muito mais legítima à medida que é feita valer em vista do desenvolvimento democrático dos países nos quais, bem ou mal, o regime liberal-democrático funcionou, e depois de violenta supressão foi restabelecido. Não sabemos se é possível e se é bom introduzir reformas de tipo liberal na URSS. Sabemos certamente que os regimes liberais existem, por tradição mais ou menos antiga, em certos países, que esses regimes demonstraram muita vitalidade para superar a crise do fascismo e, portanto, neles se coloca um problema bastante preciso e concreto da sua manutenção e do seu reforço contra as insídias da reação fascista que sempre voltam. A julgar pelo empenho com que o Partido Comunista Italiano se opõe às violações, não infrequentes, às injustiças e aos ataques a nossa atual Constituição, que instituiu um governo democrático e parlamentar em bases liberais, poder-se-ia formular a esperança que isso aconteça não só, como dizem os adversários, por conveniência política, mas também por uma maior compreensão da validade funcional e do alcance histórico desse tipo de regime. É verdade que nos preocupam as frequentes declarações, do lado comunista, de completa aprovação dos procedimentos e dos atos do governo soviético, que pertencem à fenomenologia dos governos despóticos de todos os tempos. Mas não temos ainda razão para crer que entre a repetida e confortante homenagem às instituições liberais na atual fase da luta parlamentar na Itália e a homenagem à ditadura na Rússia, se uma dessas duas homenagens seja prestada por conveniência (uma vez que dificilmente são compatíveis) se estaria reservada unicamente à primeira.

Pensamos que há razões objetivas para que a atitude dos comunistas ocidentais diante das instituições liberais evolua na direção de uma maior adesão. Duas dessas razões me parecem proeminentes: em primeiro lugar, a história dos últimos anos desmentiu a doutrina da inevitabilidade da degeneração dos Estados liberais em Estados fascistas, desde o momento em que a derrota coube não aos primeiros, mas aos último; em segundo lugar, o uso e o abuso dos métodos tradicionais da ditadura no regime soviético, pelo menos durante o período de Stálin (não discutimos se foram ou não justificados pelas circunstâncias excepcionais), deve ter agora mostrado suficientemente que o abandono de certas técnicas institucionais e constitucionais, verificadas há longo tempo em alguns países ocidentais, produz graves inconvenientes (por exemplo, no momento da passagem dos poderes) e devem ter derrubado muitas ilusões, como a de que se pode criar um Estado que não se assemelhe imediatamente a uma ditadura assim que se repudia a técnica de governo do Estado liberal-democrático.

7.

Partimos de duas teses comunistas em resposta à acusação dos liberais. Com relação à primeira tese – "Todos os Estados enquanto tais são ditaduras" –, procuramos deixar claro que a proposição é verdadeira enquanto se mantém um significado genérico de ditadura, mas cai assim que forem examinados os vários procedimentos de governo empregados nos Estados que são ditaduras também do ponto de vista formal e nos Estados liberal-democráticos. Permanece de pé, porém, a segunda tese: "Ditadura por ditadura, a soviética é mais democrática que as outras". Contra a tese de Kautsky, que sustentava a incompatibilidade entre democracia e ditadura, Lenin não só afirmou a plena compatibilidade, mas disse que "a democracia proletária é mil vezes mais democrática do que qualquer democracia burguesa".[3] Essa afirmação tornou-se tese oficial da doutrina jurídica soviética, como se pode ver no já citado *The Law of the Soviet State*,[4] onde se explicam as razões por que a democracia soviética deve ser considerada uma democracia "de tipo superior".

Realmente, se a expressão "democracia" for tomada não no significado de "governo do povo", mas de "governo pelo povo", pode não haver incompatibilidade entre ditadura e democracia. Por outro lado, se o termo "ditadura" se refere não a um indivíduo ou a um grupo de indivíduos, mas a toda uma classe, como o proletariado, que em certos países representa a enorme maioria da população, não se pode dizer tampouco que haja incompatibilidade entre ditadura e democracia em sentido próprio (e este é o significado da proposição de Lenin). O problema é que, ao se afirmar que o Estado soviético é uma democracia, e talvez uma democracia mil vezes mais democrática do que as outras, se evita a objeção de que ele é uma ditadura não no

---

3 Lenin, *La rivoluzione proletaria e il rinnegato Kautsky*, p.354.
4 Lenin. In: Vyshinsky (Ed.), *The Law of the Soviet State*, p.160 et seq.

Democracia e ditadura

sentido genérico de ditadura de classe, mas no sentido específico em que a ditadura como forma de governo se distingue do regime liberal. Este é o ponto. Ora, a exposição precedente nos mostrou que aquilo a que se opõe a ditadura como forma de regimento não é a democracia em sentido genérico, mas a liberal--democracia, quer dizer, aquela democracia particular que se realiza num regime liberal. A incompatibilidade, portanto, não se dá entre ditadura em sentido genérico e democracia em sentido genérico, mas entre ditadura em sentido específico, ou seja, como forma particular de regime, e o regime liberal.

A oposição entre regime soviético e regimes ocidentais não é uma oposição entre democracia e não democracia, ou entre maior ou menor democracia, mas entre regime ditatorial e regime liberal. Em suma, não é do caráter mais democrático (no sentido seja de governo do povo, seja de governo pelo povo) que o liberal se gaba diante do comunista, mas da maior liberdade, a qual, para o liberal, é o pressuposto (é preciso demonstrar se ele está certo ou errado) do próprio funcionamento da democracia. Sirva de confirmação o fato de que a frase polêmica de Lenin: "a democracia proletária é mil vezes mais *democrática* do que qualquer democracia burguesa", que pode soar exagerada, mas não é contraditória, soaria falsa se a mudássemos nesta outra: "A democracia proletária é mil vezes mais *liberal* que qualquer democracia burguesa".

Das considerações feitas parece poder-se concluir: 1) nas relações entre comunismo e Ocidente, um dos problemas fundamentais é a relação entre democracia e ditadura; 2) a doutrina soviética oficial, que remonta aos escritos de Lenin de algumas décadas ou mais, merece ser rediscutida na situação surgida após a Segunda Guerra Mundial; 3) dessa discussão se espera a elaboração de uma teoria, que até agora faltou, sobre a inserção da experiência comunista no desenvolvimento da civilização liberal (da qual o comunismo é certamente filho, embora ainda não herdeiro de pleno direito).

A liberdade dos modernos comparada com a da posteridade[*]

1.

Dado que Galvano della Volpe, respondendo ao meu artigo "Democracia e ditadura", diz ter a impressão, ao ler as minhas páginas, de ouvir de novo uma "velha música", que seria a do célebre ensaio *De la liberté des anciens comparée à celle des modernes* [Da liberdade dos antigos comparada à dos modernos] do "impertinente liberal" Benjamim Constant,[1] quero mostrar-lhe desde o título desta minha réplica que não rejeito a censura (e muito menos desprezo a comparação), embora procure, como se vê pela variação, adaptar o assunto aos novos ouvintes.

Antes de tudo, ainda a propósito da velha música, quem quer que tenha familiaridade com textos da teoria política sabe que eles repropõem há séculos alguns temas fundamentais, sempre os mesmos. Por isso olho com desconfiança toda investigação

---

[*] Originalmente publicado em *Nuovi Argomenti*, v.2, n.11, p.54-86, nov.-dez. 1954.

1 Della Volpe, Comunismo e democrazia moderna. *Nuovi Argomenti*, p.130.

dos precursores, porque não há precursor de quem não descobre que tem precedentes (a teoria do contratualismo ensina); também nunca consegui entregar-me à alegria da "descoberta" dos descobridores, como acontece, ao contrário, com Della Volpe, o qual está convencido que Rousseau foi o primeiro a introduzir a distinção de princípio entre soberano e governo, ao passo que me parece algo um tanto velho, pelo menos tão igualmente velho quanto a teoria do mandato político, que pressupunha, exatamente, a distinção entre a titularidade da soberania, que pertence ao povo, e o seu exercício, que pertence aos governantes (e no ótimo livro de Derathé sobre as fontes do pensamento de Rousseau há muito a desencorajar e afligir todo buscador de novidades). Assim, no próprio momento em que me declaro de acordo em crer que a minha música seja velha, convido o amigo Della Volpe a convencer-se de que a sua música não é nova.

2.

Certamente, o meu artigo "Democracia e ditadura" pertence a um gênero conhecido da publicística política, aquele dos escritos que se propõem a corrigir a unilateralidade do radicalismo democrático referindo-se aos princípios liberais que a democracia não torna supérfluos (antes, em minha opinião, pressupõe). Não menos conhecido, porém, é o gênero ao qual pertence o artigo de Della Volpe: o de incluir-se entre os escritos dos fautores da democracia a todo custo, que afirmam que o princípio democrático é de per si superior ao princípio liberal, porque, não só o exclui, mas o engloba e o reforça. (Della Volpe fala, em relação à liberdade igualitária, de uma liberdade "mais universal", de uma *libertas maior*".) Toda a nossa discussão, portanto, é apenas um episódio de uma antiga, não sei quão antiga, contenda.

E se o meu contraditor recordou Constant em relação a Rousseau, eu poderia lembrar, já que estamos no caminho de

A liberdade dos modernos comparada com a da posteridade

citar grandes nomes, John Stuart Mill em relação a Bentham, ao último Bentham, aquele do *Constitutional Code* [Código constitucional] (publicado por Bowring em 1841), que rejeitava como lugares-comuns do liberalismo corrente a declaração dos direitos e a separação dos poderes, e os substituía pelos princípios do radicalismo democrático, pelo poder absoluto da maioria, pelo sistema unicameral, pelo sufrágio universal. Tanto que Mill, na introdução ao *Essay on Liberty* (1859), foi obrigado a repetir:

> Percebeu-se agora que expressões como "autogoverno" e "poder do povo sobre si mesmo" não representam a situação real. O "povo" que exerce o poder nem sempre é o mesmo povo sobre o qual o poder é exercido; e o "autogoverno" não é o governo de cada um por meio de si mesmo, mas de cada um por meio de todos os outros.[2]

Poderia lembrar – ainda um grande nome, talvez o mais apropriado – Tocqueville, porque, dividido como estava entre a admiração-inquietação pela democracia e a devoção-solicitude pela liberdade individual, ele levava dentro de si a discordância entre liberdade e igualdade. Lembram da célebre frase com que se encerra a sua obra maior?

> As nações hoje não poderiam fazer senão com que as condições de vida em seu seio não sejam iguais, mas depende delas que a igualdade conduza à escravidão ou à liberdade, à civilização ou à barbárie, à prosperidade ou à miséria.[3]

---

2 Mill, *Essay on Liberty*, p.3 [trad. it.: *Saggio sulla libertà*, p.26].

3 "Les nations de nos jours ne sauraient faire que dans leur sein les conditions ne soient pas égales; mais il dépend d'elles que l'égalité les conduise à la servitude ou à la liberté, aux lumières ou à la barbarie, à la prospérité ou aux misère" (Tocqueville, *De la démocratie en Amérique*, v.2, p.339).

E quem pode ler hoje essas palavras sem olhar, perturbado e inquieto, ao redor?

3.

Velha disputa, portanto, a que encontra em oposição democracia e liberalismo, nada menos que igualdade e liberdade. O que há de novo, o que a torna nova e, portanto, apesar das repetições, talvez não supérflua, é a diferente perspectiva histórica na qual se insere. Assistimos no século passado à sucessiva e gradual *democratização dos regimes liberais* através, primeiro, da democracia formal, mais ampla e difusa (sufrágio universal, sistema representativo, princípio majoritário), e depois, da democracia substancial, mais tímida, menos ampla (e ainda hoje longe de estar completa também nos países mais avançados), com instituições como a instrução obrigatória, a previdência social assumida pelo Estado, o imposto fortemente progressivo sobre a renda e sobre as sucessões. (O fato de a democracia formal em alguns países, como no nosso, ser uma casca vazia, não deve levar a afirmar precipitadamente que em todos os países nos quais aconteceu a gradual passagem do regime liberal para o democrático a democracia seja apenas formal. A história da Inglaterra, que foi, aliás, o país no qual o regime liberal teve início, é também, sob esse aspecto, exemplar.) Considera-se que o processo de democratização, tanto formal como substancial, não deveria acontecer, e nos países nos quais foi realizado mais intensamente não ocorreu em prejuízo dos princípios liberais. Considera-se, antes, que ele deveria constituir uma integração do liberalismo clássico, um avanço do princípio de liberdade, e que por isso os novos institutos da democracia formal ou substancial (desde o sufrágio universal ao nivelamento da propriedade) não deveriam suplantar aqueles próprios aos regimes liberais (que se resumiam na garantia jurídica de alguns direitos fundamentais de liberdade). Símbolo (embora às vezes não mais que simulacro) dessa convivência de princípios que se afirmaram historicamente em tempos diversos é a proclamação nas constituições contemporâneas dos chamados direitos sociais além e ao lado dos direitos individuais das cartas do século XVIII.

O problema novo e muito importante – pelo menos tão importante quanto o da democratização dos regimes liberais – diante do qual nos encontramos, e que de minha parte procurei pôr em evidência no artigo precedente, é o inverso da *liberalização dos regimes democráticos*. Que uma democracia pura, que não respeita princípios clássicos do liberalismo, devesse necessariamente transformar-se em regime não liberal e despótico – a chamada tirania da maioria com o consequente excesso de estatismo – é acusação velha, uma espécie de motivo recorrente em todos os escritores liberais clássicos. Mas o único exemplo histórico – breve episódio, embora muito eficaz para escandalizar os moderados – era o Terror. A disputa era, ademais, teórica e se desenvolvia mais a golpes de lógica do que de experiência: o alvo polêmico não era tanto um regime real quanto a teoria de um regime, a de Jean-Jacques Rousseau, a qual recentemente, num livro polêmico destinado a imputar a Rousseau grande parte da responsabilidade pela estadolatria contemporânea, foi batizada com o nome infame de "democracia totalitária".[4] Hoje, ao contrário, o problema da democracia não liberal ou totalitária é um problema real, tão real como era, na época da Restauração, o problema de um liberalismo não democrático.

Há realmente países que se proclamam democráticos, ou até de uma democracia "mil vezes mais democrática do que qualquer democracia burguesa", e que realmente iniciaram uma nova fase de progresso civil em países politicamente atrasados introduzindo instituições tradicionalmente democráticas, de democracia formal como o sufrágio universal e a eleição para

---

4 Cf. Talmon, *The Origins of Totalitarian Democracy*.

os cargos, e de democracia substancial como a coletivização dos instrumentos de produção. Mas esses países não são liberais. Do liberalismo rejeitam mais ou menos declaradamente o princípio teórico fundamental, a concepção histórica da verdade, da qual nasceu o espírito de tolerância contra o fanatismo, a atitude crítica contra a atitude dogmática, como foi ainda recentemente ilustrado,[5] e as principais instituições liberais, entre as quais a garantia dos direitos de liberdade, primeiro entre eles a liberdade de pensamento e de imprensa, a divisão dos poderes, a pluralidade dos partidos, a tutela das minorias políticas.

4.

Pode-se contestar que o problema da liberalização de certos regimes democráticos seja um problema real. Mas creio que é difícil e afobado fazê-lo contestando a veridicidade dos fatos sobre os quais se baseia a acusação de antiliberalismo dirigida aos países soviéticos. Mas é possível seguir outros caminhos. Destes, os mais trilhados me parecem ser os três seguintes.

Em primeiro lugar, pode-se sustentar – e é o modo mais radical (no sentido de que corta pela raiz qualquer base para a disputa) – que a concepção e as instituições do liberalismo tiveram o seu tempo, tendo perdido toda a sua função histórica e, portanto, não há motivo para lamentar se regimes mais avançados e mais voltados para o futuro, e não voltados melancolicamente para o passado, não lhes dão a menor importância. Esse modo de argumentar, como destacamos noutras vezes, consiste em transferir a discussão do plano dos fatos para o plano dos valores. A mulher surpreendida em delito pelo marido apelará para os direitos supremos do amor contra os deveres institucionais do matrimônio. Se não puder contestar os fatos,

---

5 Cf. Treves, *Spirito critico e spirito dogmatico*.

estabelecerá uma nova hierarquia de valores com base nos quais os fatos chegam a perder o seu valor negativo.

Mesmo reconhecendo a validade histórica da instância liberal na luta contra o absolutismo monárquico e feudal em favor de uma maior libertação do homem e, portanto, como elemento de progresso histórico, pode-se sustentar, em segundo lugar, que os regimes saídos da revolução socialista realizam de modo mais completo aquela instância e, portanto, tornam supérfluas as instituições precedentes, na medida em que se inspiraram num conceito mais amplo e mais moderno de liberdade. Não se nega que exista um problema da liberdade em geral. Afirma-se que nos países de democracia progressiva o problema foi mais bem resolvido do que nos regimes liberais burgueses porque a liberdade de todos substituiu a liberdade do burguês e que, por isso, eles constituem na história humana, entendida como história da libertação do homem alienado, uma fase mais evoluída (ou até a última fase antes da libertação final). Aqui a argumentação não pula dos fatos para os valores, mas, permanecendo no terreno dos fatos, dá a eles uma interpretação diferente: os fatos continuam a ser o que são, mas o seu sentido é diferente daquele que é atribuído a eles pelos adversários. Um industrial demite alguns operários: contra aqueles que o repreendem em nome dos valores sociais ele poderia invocar os seus valores, ou a liberdade de empresário e todos os princípios sagrados da economia de mercado; mas não é improvável que se limite a observar que a medida deve ser considerada como um ato disciplinar contra operários negligentes e, portanto, como ato que tem, apesar das aparências, um indiscutível valor social.

É possível, enfim, uma terceira resposta. Concede-se aos adversários, de modo diferente do que acontece na primeira resposta, que a liberdade é um valor. Concede-se, de modo diferente do que se afirma na segunda, que esse valor não foi realizado nos regimes de democracia progressiva. Mas sustenta-se que esses regimes são os únicos com possibilidade de resolver essa questão no futuro, tendo só eles posto a condição necessária e suficiente (principalmente a abolição da luta de classe) para tal solução. Não se contestam os fatos, não se rejeitam os valores; nem se procura dar aos fatos uma interpretação benévola. Concorda-se com os adversários sobre os valores; concorda-se também sobre a interpretação dos fatos. O que muda é o modo diferente de julgar a relação entre os meios e os fins. Ou seja, considera-se que a realidade soviética, por desapiedada que seja, oferece sempre um instrumento para realizar o fim supremo, sobre o qual liberais e comunistas estão de acordo, a liberdade, mais adequado e perfeito do que os regimes que são contrapostos a ele. Para dar um exemplo aqui, desencadeada a guerra, os chefes responsáveis pelo país procurarão justificá-la (sobretudo em caso de derrota) não contestando nem o desejo da paz nem a crueldade da guerra, mas proclamando a sua convicção que aquela guerra sempre foi o único modo para alcançar a "verdadeira" paz no mundo.

5.

Eu não diria que Della Volpe tenha dado preferência a um ou outro desses três modos de argumentação. Parece-me que ele seguiu ao mesmo tempo todos os três. Quando diz que a liberdade civil não é outra coisa que a liberdade dos burgueses e a identifica "estreitamente" com a liberdade de uma classe (p.138), rejeita o valor fundamental do liberalismo, ou seja, procura desvalorizar a doutrina liberal ao não aceitar um dos seus princípios fundamentais. Quando, logo em seguida, sustenta que há uma liberdade comunista e que essa liberdade, enquanto liberdade igualitária, é superior à liberdade defendida pelos liberais, é como se dissesse que o problema da liberdade não se aplica, não porque não seja um problema, mas porque com uma interpretação dos fatos diferente daquela dada pelos adversários se percebe que agora o problema foi resolvido. Enfim, ao afirmar, no encerramento do ensaio, que "deve-se pensar que 'na sociedade de livres' marx-engelsiana, enquanto sociedade sem classes, *para a qual foi encaminhada a democracia soviética atual*, se dissolve e se supera verdadeiramente a antinomia das duas liberdades" (p.141), nos faz saber que ele crê que a liberdade é um valor, que na atual sociedade soviética esse valor ainda não foi alcançado, mas que pode ser alcançado no futuro apenas através desta nova forma de organização social. Esse tríplice modo de argumentação corresponde a uma sequência deste tipo: 1) "Não reconheço a você o direito de me condenar porque o que para você é um bem para mim é um mal"; 2) "Sim, o que é mal para você, o é também para mim, mas olha que a ação realizada, se a examinar corretamente, não é, como crê, uma ação má, mas uma ação boa"; 3) "O que é mal para você, o é também para mim, e a ação que eu realizo é uma ação má, mas, tenha paciência, eu a fiz para o seu bem".

Nas páginas seguintes examinarei um a um esses três argumentos, em minha opinião, de grande peso porque neles se resume a polêmica dos escritores marxistas contra o liberalismo. Mais precisamente, o primeiro argumento nas seções 6-8, o segundo, nas seções 9-18, e o terceiro, nas seções 19-25.

6.

Comecemos pelo primeiro argumento.

As liberdades civis reivindicadas pela doutrina liberal pretendiam ser valores universais, ao passo que são valores de classe, representando a ideologia individualista e os interesses econômicos egoístas da classe burguesa. Por isso, estando a classe ausente ou em vias de dissolução, também os valores levados com ela não têm mais razão para sobreviver.

Esse modo de raciocinar me faz lembrar os camponeses daquele município que não queriam saber de usar a água potável porque o aqueduto fora construído pela administração do partido rival. O problema, evidentemente, não é saber por mérito ou por culpa de quem as instituições livres foram introduzidas, mas se as instituições livres são para os homens um benefício ou uma desgraça.

Além disso, essa identificação da doutrina do Estado liberal com a ideologia burguesa do Estado repousa numa consideração histórica inadequada. A doutrina do Estado liberal se apresenta em seu surgimento (nas primeiras doutrinas contratualistas dos chamados monarcômacos) como a defesa do *Estado limitado* contra o *Estado absoluto*. Por Estado absoluto se entende o Estado no qual o soberano é *"legibus solutus"*, e cujo poder é, portanto, sem limites, arbitrário. O Estado limitado é, ao contrário, o Estado no qual o supremo poder é limitado seja pela lei divina e natural (os chamados direitos naturais inalienáveis e invioláveis), seja pelas leis civis através da constituição pactuada (fundamento contratualista do poder). Todos os autores aos quais se faz remontar a concepção liberal do Estado repetem monotonamente esse conceito; e toda a história do Estado liberal se desenrola na busca de técnicas aptas a realizar o princípio da limitação do poder.

Pode-se distinguir, para maior clareza, duas formas de limitação do poder: uma limitação *material*, que consiste em subtrair dos imperativos positivos e negativos do soberano uma esfera de comportamentos humanos que são reconhecidos livres por natureza (a chamada esfera da liceidade); e uma limitação *formal*, que consiste em pôr todos os órgãos do poder estatal sob as leis gerais do próprio Estado. A primeira limitação se baseia no princípio da *garantia* dos direitos individuais por parte dos poderes públicos; a segunda, no *controle* dos poderes públicos por parte dos indivíduos. Garantia dos direitos e controle dos poderes são os dois traços característicos do Estado liberal. O primeiro dos dois princípios deu origem à proclamação dos direitos naturais,

A liberdade dos modernos comparada com a da posteridade

o segundo, à divisão dos poderes. Pode-se dizer de forma breve que proclamação dos direitos e divisão dos poderes são as duas instituições fundamentais do Estado liberal entendido como *Estado de direito*, ou como Estado cuja atividade é limitada em duplo sentido, ou seja, material e formalmente.

7.

Ora, é verdade que essa doutrina da limitação dos poderes nasceu em circunstâncias históricas determinadas, por ocasião da luta contra a monarquia de direito divino, e foi elaborada principalmente por escritores burgueses. Mas, para quem quiser tirar dessa constatação a consequência que a doutrina liberal é uma doutrina burguesa, tem-se o direito de pedir que responda a estas duas perguntas: 1) se acredita verdadeiramente que a única forma possível de Estado absoluto seja a monarquia de direito divino, ou pensa que todo grupo dirigente tem a tendência natural a transformar o seu poder em poder absoluto o máximo possível, no sentido de *"legibus solutus"*; 2) se não acredita, admitida essa tendência natural, que o ordenamento jurídico deva prever expedientes capazes de impedir os seus efeitos e que entre esses expedientes os que se mostraram mais eficazes até agora são aqueles elaborados pela doutrina liberal.

Com essas duas perguntas queremos pôr os opositores da doutrina liberal diante das consequências das suas eventuais respostas. Se eles responderem, em relação ao primeiro ponto, que não é verdade que todos os grupos dirigentes tendem a abusar do poder, devem fazer essa resposta concordar com a tese, da qual gostam particularmente, que todos os Estados, enquanto tais, são ditaduras; se derem a resposta contrária, então a exigência da limitação dos poderes do Estado, formulada pela primeira vez com rigor pelos teóricos burgueses, mostra a sua perene vitalidade. Em relação ao segundo ponto, se eles responderem que as técnicas até agora empregadas para a garantia dos direitos e do controle dos poderes não surtiram qualquer efeito, há de se ver por que nunca durante o período e nos países nos quais essas instituições atuaram o socialismo pôde crescer e tornar-se quase sempre partido de governo. Mas se derem a resposta contrária, há de se perguntar por que essas técnicas não devem valer também num Estado diferente do Estado burguês.

Os marxistas podem rebater que a doutrina liberal, ao combater o poder absoluto da monarquia unida à classe feudal, serviu à classe burguesa para conquistar o poder, ou seja – aceitamos a lição marxista –, para formar o seu Estado de classe (e isso seria outro motivo para identificar Estado liberal e Estado burguês). Mas também aqui há duas observações: 1) a doutrina liberal, enquanto teoria do Estado limitado, punha abstratamente limites não só à monarquia absoluta, mas a qualquer outra forma de governo e, portanto, ao próprio governo da burguesia (a qual conhece bastante bem o seu Estado absoluto, que é o Estado fascista); 2) enquanto doutrina do Estado representativo, punha em prática condições que teriam permitido a novos grupos sociais, que estavam prestes a se tornarem mais representativos que a burguesia, chegar ao poder. De modo diferente da teoria que ela combateu, que visava justificar uma forma particular de governo (a monarquia hereditária), a doutrina liberal, nas suas linhas principais, não é a justificação do Estado dominado pela classe burguesa, ao menos não mais do que é justificação do Estado dominado por qualquer outra classe, salvando-se também aqui de meter-se no absurdo de sustentar que só o Estado dominado pela classe burguesa precisava de limites (e por que não o Estado dirigido pelo partido comunista, que Gramsci comparava, saltando três séculos de experiência liberal, ao príncipe maquiavélico, protótipo do poder absoluto?), ou que os limites impostos pelo Estado à doutrina liberal eram tais que serviam de vantagem exclusiva à classe burguesa no poder (também o direito de liberdade religiosa, de imprensa, de associação?).

8.

Toda vez que volto a refletir sobre o curso histórico destes últimos séculos, convenço-me cada vez mais que a doutrina liberal, embora historicamente condicionada, exprimiu uma exigência permanente (que pode certamente ser aperfeiçoada na ação prática, mas não deve ser negligenciada e muito menos desprezada no seu valor normativo): essa exigência, para dizer com a fórmula mais simples, é a da *luta contra os abusos do poder*. E é permanente, como toda exigência de libertação, tanto porque todo poder tende a abusar como porque na estrutura formal tomada pelo Estado de direito, extrema elaboração da concepção liberal do Estado, há algumas bases para reprimir todo atentado contra as garantias da liberdade individual, de qualquer parte que venha, também da parte da burguesia. Quando, de fato, com os regimes fascistas ocorreu tal atentado, houve a luta contra eles, e não podia deixar de haver, também pelos partidos marxistas em nome dos princípios transmitidos pelo liberalismo, ou seja, em nome daqueles limites ao poder do Estado que tornam a convivência social mais civilizada ou menos selvagem.

Ainda hoje, contra os abusos do poder, por exemplo na Itália, os comunistas invocam a Constituição, invocam exatamente aqueles direitos de liberdade, aquela separação dos poderes (a independência da magistratura), aquela representatividade do Parlamento, aquele princípio da legalidade (nenhum poder extraordinário ao Executivo), que constituem a mais ciosa conquista da burguesia na luta contra a monarquia absoluta. E como? Aquelas mesmas liberdades que foram invocadas pela classe burguesa contra os abusos da monarquia, agora são invocadas pelos representantes do proletariado contra os abusos da classe burguesa? Qual prova melhor da permanência de uma exigência para além da ocasião histórica do que a qualidade de uma instituição para além do uso ou do mau uso que estão fazendo dela os seus criadores? Por essas razões não consigo ver como se pode eficazmente defender a tese de que a doutrina liberal do Estado, com essa expressão se entende a teoria que proclama e defende os direitos de liberdade, tenha perdido todo valor, uma vez que aqueles que deveriam superá-la continuam a servir-se dela para os seus fins. Responderão que perdeu todo valor de princípio, mas conservou um valor prático? Deixo aos eventuais defensores da liberdade como *instrumentum regni* (que é acolhida quando serve e rejeitada quando não serve mais) a penosa e não invejável responsabilidade de uma resposta a essa pergunta.

9.

Compreendo bem, porém, que se possa contornar o obstáculo, ou melhor, saltar a vala, sustentando que as garantias individuais no Estado liberal têm valor até que, dada a constituição da sociedade em classes, o indivíduo e os grupos minoritários sejam inevitavelmente expostos aos abusos da classe dominante, mas que, realizada a sociedade com uma só classe, os perigos do abuso de poder não existem mais, e a liberdade que se desenvolve aí não é a liberdade mínima do indivíduo de não ser posto na cadeia sem mandado de prisão, mas aquela grande de todo o povo de dispor livremente do seu destino. E assim chegamos ao segundo argumento dos escritores antiliberais. Falamos, portanto, da *"libertas maior"*.

Essa disputa é muito velha, tão antiga quanto a ilusão dos democráticos puros de que a democracia, ou seja, a soberania popular, substitua o liberalismo. Também Della Volpe cede ainda a essa ilusão, e mostra, portanto, que crê que a liberdade democrática não é apenas uma liberdade diferente da liberdade liberal, mas uma liberdade em um plano mais alto, chegando a absorvê-la e, ao absorvê-la, a elimina. Aqui convém distinguir o tratamento em duas partes, com base na distinção antes mencionada entre limitação material (§ 10-13) e limitação formal (§ 14-17) do Estado.

10.

No tocante à relação entre limitação material do Estado e doutrina democrática, comecemos observando que estão em questão dois usos diferentes da mesma palavra "liberdade" e que se não se quiser perpetuar as confusões que são características da linguagem política, é preciso esclarecer essa diferença. Quando falo de liberdade segundo a doutrina liberal, pretendo usar esse termo para indicar um estado de não impedimento, assim como, na linguagem comum, se diz "livre" o homem que não está na prisão, a água que corre sem represas, a entrada num museu nos dias de festa, o passeio num jardim público. "Liberdade" cobre a própria extensão do termo "liceidade" ou esfera daquilo que, não sendo nem mandado nem proibido, é permitido. Como tal, se opõe a *impedimento*. Em palavras pobres se poderia dizer que o que caracteriza a doutrina liberal do Estado é a procura de uma diminuição da esfera das ordens e de uma ampliação da esfera das permissões: os limites dos poderes do Estado estão marcados pela esfera, mais ou menos larga segundo os autores, pela liceidade.

O próprio termo "liberdade", na doutrina democrática, tem outro sentido (que é próprio da linguagem técnica da filosofia): significa "autonomia", ou o poder de dar normas a si mesmo e de não obedecer a outras normas senão aquelas dadas a si mesmo. Como tal, se opõe a *constrangimento*. Por isso se diz "livre" o homem não conformista, que raciocina com a sua cabeça, não olha ninguém na cara, não cede a pressões, lisonjas, miragens de carreira etc.

No primeiro significado o termo "liberdade" vai bem acompanhado com "ação": precisamente, uma ação livre é uma ação lícita, que posso fazer ou não enquanto não impedida. No segundo significado vai bem acompanhado com "vontade": exatamente, uma vontade livre é uma que se autodetermina. Os dois significados são tão pouco substituíveis que se poderia a rigor falar tanto de uma ação limitadora da liberdade, livremente desejada ("não fumo porque decidi não fumar após uma reflexão madura"), quanto de uma ação livre, cuja liberdade não foi desejada livremente ("voltei a fumar porque o meu médico me deu a permissão"). No primeiro significado se fala de liberdade como de algo oposto à lei, a toda forma de lei, por isso toda lei (proibitiva e imperativa) é restritiva da liberdade. No segundo significado se fala de liberdade como sendo campo de ação conforme a lei; e se distingue não mais a ação não regulada da ação regulada pela lei, mas a ação regulada por uma lei autônoma (ou aceita voluntariamente) da ação regulada por uma lei heterônoma (ou aceita por força).

Ambos os significados são legítimos, cada um no seu âmbito. E ai de quem se meter na discussão sobre qual das duas liberdades é a verdadeira. Essa disputa desejaria levar-nos a crer que há, não sei por qual decreto divino, histórico ou racional, um único modo legítimo de entender o termo "liberdade" e que todos os outros estão errados. A quem sustenta que a verdadeira liberdade consiste na ausência de leis, pode-se objetar com que direito ele afirma considerar como um estado de liberdade o da criança que brinca de esconde-esconde com os colegas, se as regras da brincadeira são não menos numerosas e rígidas do que as da escola. A quem defende que a verdadeira liberdade consiste na autonomia, pode-se perguntar por que não se pode chamar de ação livre aquela do homem que caminha no bosque sem seguir uma senda obrigatória.

Igualmente vã é a discussão sobre qual das duas liberdades é a *melhor*. Aqui intervém o fato que o termo "liberdade" tem, além de um significado descritivo (ambíguo), também um apreciativo (não ambíguo), à medida que indica um estado desejável. Eu diria, porém, que tanto a liberdade como não impedimento quanto a liberdade como autonomia indicam estados desejáveis pelo homem. O problema em torno da melhor liberdade se reduziria a esta pergunta: quais dos dois estados é o mais desejável, o do não impedimento ou o da lei espontaneamente aceita? Parece-me evidente que é difícil responder a semelhante pergunta prescindindo da situação concreta: quero dizer que é difícil comparar a satisfação que sinto em poder ir ao exterior sem ter de pedir o passaporte (liberdade como não impedimento) e a que sinto ao fazer eu mesmo o programa de minha viagem à Espanha em vez de aceitar o itinerário de uma agência turística (liberdade como autonomia).

11.

Grande parte da discussão entre fautores do liberalismo a todo transe e fautores da democracia a todo transe não vai além da vã disputa se a verdadeira liberdade (política) é o não impedimento ou a autonomia, e qual das duas, posto que ambas são legítimas, é politicamente a melhor, ou seja, a mais apta para fundar a república ótima. As duas principais máximas dos disputantes são: 1) "O Estado deve governar o menos possível, porque a verdadeira liberdade consiste em não ser amarrado por demasiadas leis"; 2) "Os membros de um Estado devem governar-se por si, porque a verdadeira liberdade consiste em não fazer a regulamentação da sua conduta depender de outros, mas só de si mesmos".

É conhecida a razão histórica pela qual o conceito de liberdade como não constrangimento acabou prevalecendo sobre o conceito de liberdade como não impedimento, até se tornar, para a escola democrática radical, exclusivo. Apesar das resistências e das reclamações dos fanáticos do *laissez-faire*, as limitações da liberdade individual por parte do Estado foram aumentando. Era preciso resignar-se a uma diminuição da liberdade, talvez ao seu desaparecimento, à vida ameaçadora do Estado totalitário, ou seja, do Estado que se põe no limite como o compressor de toda esfera de liberdade individual? O conceito de liberdade como não constrangimento sugeria o remédio: se o Estado se torna sempre mais invasor e essa invasão é inevitável, que seja feita de modo que os limites se tornem, na medida do possível, autolimites, no sentido de que os limites à liberdade são postos por aqueles mesmos que os deverão sofrer. Se não é possível evitar que os cidadãos do Estado sejam mais *impedidos* que antes, pelo menos que seja feito de modo que os cidadãos sejam menos constrangidos, *coagidos*. Os pedagogos conhecem bem esta regra: eles sabem que muitos dos comportamentos que consideram úteis para o desenvolvimento mental e físico das crianças são limitativos; o único modo de corrigir o incômodo desse estado limitativo é provocar a colaboração ativa das crianças para a própria determinação consciente dos limites.

A atitude com base na qual se considera que a liberdade como autonomia poderia resolver todos os problemas deixados abertos pela dificuldade de realizar de maneira satisfatória a liberdade como não impedimento era uma consequência do erro acima indicado sobre o que é uma verdadeira liberdade ou, de qualquer modo, que uma liberdade é melhor do que a outra, e que bastaria identificar a verdadeira liberdade, ou a liberdade melhor, para que fosse resolvido de uma vez por todas o problema do governo civil.

12.

São muitas as razões pelas quais acabou a ilusão democrática do democratismo puro à maneira de Rousseau, em que a liberdade como autonomia substituiria completamente a liberdade como não impedimento.

A razão mais frequentemente adotada, sobre a qual não cabe aqui nos demorarmos, é que a autonomia tecnicamente realizável na sociedade mais radicalmente democrática é sempre muito mais hipotética do que real. Antes de tudo, aqueles que tomam as decisões mais comprometedoras para a orientação política não são todos os cidadãos, mas uma exígua representação deles. Em segundo lugar, as decisões dessa exígua representação são tomadas por maioria. Daí se seguem duas dificuldades: que fundamento tem a pretensão de que as decisões dos representantes sejam exatamente aquelas que teriam tomado os cidadãos individuais se eles, e não os representantes, tivessem se encontrado na situação de dever e de poder decidir? E se ainda tem sentido falar de autonomia no caso da vontade da maioria, com que fundamento se pode falar de uma vontade autônoma a propósito da minoria que é obrigada, pelos princípios do mesmo sistema, a conformar-se com as decisões da maioria? Por isso é verdade que a instância liberal do poder limitado surgiu para combater o Estado absoluto de poucos, o que levou a pensar que, ampliado o poder da minoria para a maioria, absolutamente para todos, não fosse mais preciso limites; mas é verdade também que essa ampliação para a maioria e para todos é institucionalmente imperfeita (e dificilmente é aperfeiçoável) e, portanto, as razões que existiam para a limitação do poder do príncipe subsistem ainda hoje para a limitação do poder da maioria, que é sempre um poder diferente do poder de todos (irrealizável).

13.

Há, porém, uma razão mais séria, de que a mesma vontade como autonomia pressupõe uma situação de liberdade como não impedimento. Noutras palavras, uma situação geral de ampla liceidade é condição necessária para a formação de uma vontade autônoma. Pode haver uma sociedade na qual os cidadãos gozam de certas liberdades sem que eles mesmos as quisessem (pensemos nas constituições *octroyées*). Não pode existir uma sociedade na qual os cidadãos deem origem a uma vontade geral no sentido de Rousseau sem exercer quaisquer direitos fundamentais de liberdade.

O conceito de autonomia é, em filosofia, muito sinuoso. Mas aqui, felizmente, não se trata de compreender o que os filósofos entendem com essas palavras. No uso político, o termo indica algo mais fácil de se compreender. Indica que as normas que regulam as ações dos cidadãos devem ser o máximo possível conformes com os desejos dos cidadãos. Para que os desejos dos cidadãos sejam conhecidos é necessário que o maior número possível deles possa exprimir-se livremente (ou seja, sem impedimentos exteriores). Se nós estivéssemos convencidos que o melhor modo de fazer leis é que alguns sábios providos de sabedoria universal infusa as fizessem, não teríamos que nos preocupar demais com as liberdades individuais. Para o pastor, que pensa que é o único juiz do bem comum do rebanho (ainda que esse bem comum acabe na tosa e no matadouro), é absurdo que as ovelhas tenham outra liberdade que não a de obedecer às suas ordens. As liberdades individuais começam a ficar interessantes quando surgem as primeiras suspeitas sobre a infalibilidade dos poucos iniciados, e se começa a crer que os poucos iniciados fazem bem em escutar sugestões, críticas e objeções dos outros. Isso se dá com maior razão, ademais, quando se pretende, como na doutrina do governo democrático, que não seja absolutamente mais os iniciados, mas os próprios cidadãos ou os seus representantes que dão as leis aos cidadãos. Em suma, uma deliberação autônoma só pode formar-se em ambiente de liberdade como não impedimento.

Como Della Volpe mostra consideração por Kelsen, "o maior jurista burguês vivo", limito-me a citar a passagem na qual Kelsen, em sua obra maior, fala das relações entre liberalismo e democracia:

> Numa democracia, a vontade da comunidade é sempre criada através de uma contínua discussão entre maioria e minoria, através de um livre exame de argumentos pró e contra uma dada regulamentação de uma matéria. Essa discussão ocorre não apenas no

Parlamento, mas também, e principalmente, em reuniões políticas, nos jornais, nos livros e em outros meios de difusão da opinião pública. Uma democracia sem opinião pública é uma contradição em termos. Enquanto a opinião pública pode surgir onde são garantidas a liberdade de pensamento, a liberdade de palavra, de imprensa e de religião, a democracia coincide com o liberalismo político, embora não coincida necessariamente com o liberalismo econômico.[6]

14.

As instituições democráticas (as primeiras entre todas são o sufrágio universal e a representação política) são, portanto, um corretivo, uma integração, um aperfeiçoamento das instituições liberais; não são nem uma substituição nem uma superação delas. Quando uso a fórmula "democracia liberal", em vez de simplesmente democracia, não a uso, como parece pensar Della Volpe (o qual entende "liberal" como "burguês"), em sentido limitativo, como se acreditasse que ao lado da democracia liberal pudesse haver uma democracia não liberal. Pelo nexo não eliminável existente entre liberdade como não impedimento e liberdade como autonomia, quando falo de democracia liberal falo daquilo que para mim é a única forma possível de democracia efetiva enquanto democracia sem outro acréscimo, sobretudo se entende que "democracia não liberal" indica em minha opinião uma forma de democracia aparente.

Para dar um exemplo, tem-se o caso típico de democracia sem liberdade quando todo um povo (com o mais amplo sufrágio) é chamado a eleger os seus representantes numa lista única aprovada pelo partido que se identifica com o governo (como aconteceu até agora, se não estou mal informado, na União Soviética). Os admiradores desses regimes são livres para chamá-los de

---

6 Kelsen, *Teoria generale del diritto e dello stato*, p.293.

"democracia", desde que estejam dispostos a concordar que aqui democracia também não significa mais formação autônoma de vontade, desde o momento em que não se vê como se pode chegar a uma deliberação autônoma sem liberdade de discussão e de escolha. Mas se democracia não significa mais formação de vontade autônoma, mas alguma outra coisa difícil de se exprimir e de entender, cai todo interesse na discussão em torno das relações entre liberdade como não impedimento e liberdade como não constrangimento, que pressupõe, pelos menos entre os disputantes, um acordo de princípio sobre o valor da liberdade.

15.

Até aqui tratamos do problema das relações entre democracia e liberalismo com referência à teoria da limitação material do poder do Estado. Foi dito que a doutrina liberal contém também uma teoria da limitação formal do poder que se realiza de maneira predominante na chamada separação dos poderes. A polêmica dos democratas a todo transe com relação ao liberalismo sob o aspecto formal se dirige contra a teoria da separação dos poderes. Há um eco bem claro disso no mesmo artigo de Della Volpe.

O raciocínio dos democratas a todo transe, neste tema, é em geral deste tipo: tendo a teoria liberal surgido em reação ao Estado absoluto de poucos, entende-se que tenha posto em prática instituições capazes de frear o abuso de poder; mas a democracia, ao ampliar o poder de poucos para muitos, de muitos para todos, torna supérflua qualquer limitação, pois, se é facilmente pensável o abuso de poder de poucos em prejuízo de muitos, não é mais pensável abuso algum por parte de cada um para consigo mesmo; e assim, embora seja pensável um controle onde há controladores e controláveis, o controle não é mais possível onde os controladores se identificam com os próprios

A liberdade dos modernos comparada com a da posteridade

controlados. Portanto, a teoria do abuso de poder e da consequente limitação do poder, obtida com o chamado equilíbrio dos poderes iguais e opostos, nasceu de condições históricas particulares que não existem mais em regimes democráticos. Os democráticos, que são também marxistas, reforçam esse raciocínio com um novo argumento tirado da teoria de classe da história: a necessidade do controle recíproco dos poderes nasce da divisão da sociedade em classes, então a teoria da separação dos poderes não é senão uma ideologia da classe burguesa em ascensão obrigada a dividir o domínio com as antigas classes feudais. Por isso, segundo os marxistas, e Della Volpe com eles, tendo a divisão da sociedade em classes desaparecido ou estando em vias de desaparecer com a conquista do poder por parte do proletariado, também a instituição dos poderes separados, em torno do qual o direito público burguês fez tanto estrépito, não tem mais razão de existir. Com as palavras de Della Volpe ao se referir a Vychinski: no Estado democrático proletário o fundamento da autoridade "não está na 'sociedade civil' burguesa, mas na massa proletária organizada dos trabalhadores" (p.133). Uma "massa organizada" não permite aquelas divisões que são, ao contrário, necessárias numa sociedade desorganizada, como é a sociedade burguesa. É assim mesmo?

16.

Do mesmo modo que, em relação à questão dos limites materiais do poder, a democracia se apresentava como soberania autônoma oposta à soberania heterônoma, assim, em relação à presente questão dos limites formais do poder, ela se apresenta com a sedutora roupa da soberania *universal* oposta à soberania particular e particularista dos regimes pré-democráticos.

Não é preciso muitas palavras para mostrar que essa pretensa universalidade é uma miragem não menos que a pretensa autonomia. Basta por um momento chamar a atenção para a diferença entre democracia direta e democracia indireta (que é a única realizável, até hoje, também nos países soviéticos). Basta lembrar que entre cidadãos e corpo soberano se interpõem associações para a formação da opinião pública, como os partidos (e se o partido é único, tanto pior), e que as decisões são tomadas não por unanimidade como acontece ainda na comunidade internacional, onde verdadeiramente todos os membros são soberanos, mas por maioria. A universalidade, não menos nas sociedades burguesas do que nas proletárias, é, se quisermos, uma ideia limite, mas não é e não pode tornar-se, por mais concessões que se façam ao prazer atraente de iludir-se com a descrição da terra de riqueza e vida fácil, uma realidade.

17.

Pode-se rebater dizendo que a sociedade fundada na "massa orgânica dos trabalhadores" é mais homogênea que a "sociedade civil burguesa": que não se trata, portanto, de universalidade, como nas teorias democráticas ao modo de Rousseau (a vontade de uma sociedade democrática é a vontade de todos), mas de *homogeneidade* (a vontade de uma sociedade democrática proletária é uma vontade compacta). Admitamos isso. Mas aqui nos deparamos com uma confusão tradicional acerca da teoria da separação dos poderes e é preciso esclarecê-la. Não é possível refazer toda a história da doutrina, sobre a qual foram espalhados e se espalham rios de tinta. Parece-me necessária, porém, uma distinção clara entre dois aspectos da doutrina que, mal distintos na origem, continuam ainda hoje, como no caso da homogeneidade, a produzir confusões ilustres.

Com a doutrina da separação dos poderes se entende historicamente duas doutrinas diferentes: 1) uma teoria das formas de governo, segundo a qual a melhor forma de governo é aquela na qual as várias classes que compõem a sociedade participam com os seus corpos especiais na direção da coisa pública. Essa teoria não é de origem burguesa e é quase tão velha quanto a ciência política: reproduz a doutrina clássica, aceita já pelas mais antigas constituições inglesas, do governo misto, ou seja, do governo no qual participam de maneira equilibrada o rei, os aristocratas e o povo, e, portanto, retendo alguma coisa de todas as três formas tradicionais de governo é superior a cada uma delas; 2) uma teoria da organização estatal, segundo a qual o melhor modo de organizar o poder é fazer com que as várias funções estatais sejam exercidas por órgãos diferentes. Aqui não se distinguem mais as classes (monarquia, aristocracia, democracia), mas as funções (executiva, legislativa, judiciária). As duas teorias foram e continuam a ser confundidas porque historicamente foram defendidas juntas: a classe burguesa na Inglaterra pedia a participação no poder contra a monarquia e a aristocracia aliadas, ou seja, o governo misto e, ao mesmo tempo, a realização desse governo misto mediante a atribuição de uma função específica (a legislativa) ao órgão representativo da classe burguesa.

Essa simultaneidade de fato levou frequentemente a identificar a divisão das classes (burguesia e aristocracia feudal) com a divisão das funções (legislativa e executiva); e não se pode negar que em Hobbes, que rejeita o governo misto para rechaçar a divisão das funções, e em Locke, que afirma a divisão das funções para afirmar o governo misto, essa confusão existe. Mas quando somos levados a um plano teórico, a confusão entre os dois problemas é um verdadeiro erro, o qual se deve corrigir caso se queira ainda continuar a discutir com o propósito de entendimento. O que se divide com base na teoria do governo misto são as classes ou, se se quiser, os poderes; o que se divide segundo a teoria da divisão dos órgãos são as funções. Também não nos sintamos obrigados a fazer coincidir as classes com as funções por uma razão que os juristas marxistas não deveriam ter nenhum motivo em refutar: que as classes mudam e as funções permanecem. O problema da divisão das funções é um problema que interessa a qualquer sociedade independentemente de sua composição social. Segundo os marxistas, atravessamos um período, pelo menos em certos países, de ditadura da burguesia. Mas as funções não são distintas? No entanto, há apenas uma classe no poder. Mas pode-se usar o exemplo mais elementar: uma associação de caçadores de marmotas constitui sociologicamente um grupo homogêneo. Mas se você for ler o estatuto que a rege verá quase certamente que a função deliberativa pertence à assembleia dos sócios, a função executiva a um comitê restrito que é responsável perante a assembleia, e a função judiciária (quer dizer, para as controvérsias que nascem no seio da associação) a um colegiado de árbitros. Divisão de órgãos, divisão de funções. Por acaso a "massa orgânica dos trabalhadores" constitui um grupo mais homogêneo do que os componentes do clube dos caçadores de marmotas? Então a réplica baseada no fato da homogeneidade não constitui um bom argumento, porque visa apenas a um dos dois modos em que é tradicionalmente entendida a doutrina da separação dos poderes, ou seja, a teoria do governo misto, ou, pelo menos, a teoria da divisão das funções enquanto, e só enquanto, baseada na divisão das classes.

18.

A teoria da separação dos poderes, na sua segunda e moderna acepção, diz muito mais sobre a teoria do governo misto e, portanto, não pode ser combatida com argumentos como o da "massa orgânica", que foi dirigido contra uma acepção mais antiga, com a qual, para falar a verdade, ninguém se preocupa mais. Enquanto se acreditar que a teoria da separação dos poderes afirma a participação no poder em corpos separados de todas as classes, tem-se razão em rebater: "Onde não existe mais classes, o que se quer separar?". Mas quando a teoria não propõe a divisão das classes, mas a divisão dos órgãos, fundada sobre a distinção das funções, é preciso encontrar outros argumentos.

Retomando o que tinha escrito no artigo precedente, por divisão dos poderes hoje se entende um conjunto de aparelhos ou instrumentos jurídicos que constituem o chamado Estado de direito. Como todos sabem, esses meios de técnica jurídica são a distinção das funções e, de maneira correspondente (embora não perfeita), a distinção dos órgãos. Esses meios fundam-se em algumas máximas da convivência humana (como são as classes que a compõem) redutíveis a dois grandes princípios: 1) *o princípio de legalidade*; 2) *o princípio de imparcialidade*. Mas precisamente a distinção das funções, que significa a dependência das funções executiva e judiciária da legislativa, serve para garantir o princípio de legalidade: ela estabelece de fato que, salvo casos excepcionais, não podem ser criadas normas gerais a não ser através do procedimento formalmente mais rigoroso que é próprio dos órgãos que exercem a função legislativa. A distinção dos órgãos, a qual significa a independência do órgão judiciário em relação ao executivo e ao legislativo, serve para realizar o princípio de imparcialidade: este, de fato, estabelece que as pessoas chamadas a desempenhar funções jurisdicionais devem ser diferentes daquelas que exercem as funções legislativa e executiva. Um e outro princípio destinam-se a frear dois abusos de poder que são característicos de toda sociedade na qual há governantes e governados e, portanto, de todo Estado classista ou não: o abuso proveniente do juízo arbitrário (não fundamentado numa norma geral) e o que deriva do julgamento parcial (feito por uma das próprias partes em questão). Da limitação desses abusos deriva uma dupla garantia da liberdade do indivíduo em relação ao poder Executivo, o qual vem a ser, com respeito à relação funcional, dependente do poder Legislativo, enquanto, com respeito à relação pessoal, o poder Judiciário é independente dele e, portanto, o poder Executivo não pode prevaricar com respeito ao

Legislativo, pela dependência da função, nem com respeito ao Judiciário, pela independência pessoal deste último.

Então, o que preocupa os defensores da democracia liberal se resolve neste único problema: o Estado soviético é ou não um Estado de direito, ou um Estado no qual há instrumentos aptos para garantir o princípio de legalidade e o de imparcialidade? Se o for, por que se obstinar contra a teoria da divisão dos poderes como se a legalidade e a imparcialidade dos juízos fossem ninharias que interessam apenas aos Estados burgueses? Mas se não o for, cabe aos seus defensores demonstrar que o Estado soviético pôs em prática outros e melhores instrumentos para concretizar aqueles princípios. Para demonstrar isso, porém, não conta o "fundamento da autoridade", ou seja, se o titular da soberania é a sociedade burguesa ou a massa orgânica dos trabalhadores. Contam apenas os "meios". Della Volpe diz: "Mudado o fundamento da autoridade, mudam-se os meios" (p.135). Não. Os meios mudam se os fins mudam, mas não se o fundamento muda. Quem, porém, teria coragem de demonstrar que os fins, ou seja, legalidade e imparcialidade mudaram, ou que legalidade e imparcialidade não são mais fins apreciáveis para o cidadão do novo Estado proletário?

19.

O terceiro modo com que os defensores da ditadura do proletariado respondem às preocupações dos liberais é, como foi dito, o que faz maiores concessões aos adversários: concede-lhes tanto a apreciação da liberdade como valor supremo quanto a constatação que de liberdade ainda não se pode falar no Estado democrático popular. A nova linha de defesa fica, se quisermos, mais recuada, mas talvez seja mais sólida. Pode ser dividida em dois argumentos: 1) o Estado proletário não se preocupa com a liberdade porque o problema da liberdade não pertence ao

Estado, o qual é o órgão de repressão de classe e, enquanto tal, instrumento de violência e de coerção, quer estejam no governo os proletários, os burgueses ou a classe feudal; 2) a liberdade é o fim último da história e é um fim que só através da ditadura do proletariado pode ser alcançado. O Estado burguês, portanto, apesar do nome, não é mais liberal do que o proletário; quanto ao Estado proletário, ele não é liberal, mas é a única via possível para a obtenção final do estado de liberdade (que coincide com a extinção do Estado). Com esses dois argumentos se concede aos adversários o valor do fim; mas ficam prevenidos sobre a falta de valor do meio que eles empregaram para alcançá-lo. E, ficando estabelecido o fim (pelo menos aparentemente), se contrapõe o meio idôneo ao meio inidôneo.

Essa tese baseia-se na oposição dos dois conceitos de *Estado* e *liberdade*, considerados como reciprocamente excludentes. Ela é, com respeito à tradição marxista, a mais ortodoxa e tem o mérito da clareza. Está exposta numa célebre passagem da carta de Engels a Bebel (18 de março de 1875) a propósito do Programa de Gotha:

> Não sendo o Estado senão uma instituição temporária da qual devemos nos servir na luta, na revolução, para manter subjugados com a força os inimigos, falar de um "Estado popular livre" é *puro absurdo*; enquanto o proletariado ainda tiver *necessidade* do Estado, precisa dele *não no interesse da liberdade*, mas no interesse da sujeição dos seus adversários, e *quando se tornar possível falar de liberdade, então o Estado como tal cessa de existir*.[7]

Retomada por Lenin, que admira Engels por ter golpeado implacavelmente "a absurda união das palavras 'liberdade' e 'Estado'", a tese é interpretada no seu significado dominante de

---

7 Engels, Lettera a Bebel, 18 marzo 1875. In: Marx; Engels, *Il partito e l'Internazionale*, p.251 (itálico de Bobbio).

alternativa entre Estado e liberdade: "Enquanto existir o Estado, não há liberdade; quando reinar a liberdade, não haverá mais Estado".[8]

20.

Sou imediatamente obrigado a observar que toda a tradição de pensamento político liberal e democrático se move, com respeito à relação Estado-liberdade, na direção contrária. Em vez de termos opostos, Estado e liberdade são considerados nessa tradição como termos que se implicam: o esforço de toda doutrina que se move no âmbito da tradição liberal e democrática é de demonstrar que a liberdade só pode realizar-se no Estado (é claro, no Estado liberal ou democrático) e que fora do Estado (o chamado estado de natureza) não há absolutamente liberdade, mas licenciosidade, ou há liberdade, mas não garantida. Essa conciliação entre Estado e liberdade ocorre em duas direções; aquela que vai de Locke a Kant, segundo a qual o principal dever do Estado é garantir a liberdade natural e, portanto, permitir efetivamente aquela existência segundo a liberdade, que no estado de natureza permanece uma exigência, mas insatisfeita, e é a tradição mais propriamente liberal para a qual o dever do Estado não é o de sobrepor as suas leis às leis naturais, mas fazer com que, mediante o exercício do poder coativo, as leis naturais sejam realmente atuantes. A outra direção, que vai de Rousseau a Hegel, dá ao Estado a tarefa de eliminar totalmente a liberdade natural, que é a liberdade do indivíduo isolado, e transformá-la em liberdade civil, ou seja, na liberdade entendida como perfeita adequação da vontade individual à vontade coletiva, e é a tradição mais propriamente democrática, na qual o acento é posto mais na comunidade do que no indivíduo. Para ambas, a única

---

8 Lenin, Stato e rivoluzione. In: *Opere scelte*, t.II, p.191.

liberdade possível é aquela que se instaura no Estado, mas para os primeiros a verdadeira liberdade é a *liberdade pela comunidade*, para os segundos é a *liberdade na comunidade.*

A alternativa de Lenin – ou Estado ou liberdade – está fora dessa tradição: é expressa com força, por exemplo, pelo grande teórico do absolutismo, Thomas Hobbes, para quem a liberdade pertence apenas ao estado de natureza, ao passo que é própria do estado civil a completa sujeição ao poder soberano. Também para Hobbes, como para Lenin, onde há Estado não há liberdade, e onde há liberdade não há Estado. A diferença entre Hobbes e Lenin não está nos termos da alternativa, mas no valor diferente que é atribuído a eles: o que vale para Lenin é a liberdade, o que vale para Hobbes é o Estado. Enquanto para Lenin o Estado ideal é o estado de liberdade (e, portanto, o Estado tende inevitavelmente para a liberdade e é tanto mais perfeito quanto mais tende para ela), para Hobles o Estado perfeito é o estado civil (e, portanto, a liberdade anárquica tende para o Estado, e o Estado é tanto mais perfeito quanto mais apaga os vestígios do estado natural de anarquia). A doutrina marxista é sempre uma doutrina da liberdade, alcançada através da eliminação do Estado que representa a violência da luta de classe, a de Hobbes é uma doutrina da paz, alcançada através da eliminação da liberdade natural que é a violência dos instintos naturais. O fim da história é, nas duas teorias, a supressão da violência; mas a supressão da violência coincide em Lenin com a eliminação do Estado, e em Hobbes, com a sua exaltação.

Para encontrar um esquema análogo ao marxista, onde são equivalentes não só os termos da alternativa, mas também o seu valor, é preciso, talvez, remontar à concepção agostiniana da cidade terrena como domínio do pecado e, portanto, da violência, à qual se opõe a cidade celeste como reino da graça e, portanto, da liberdade. A filosofia marxista, foi dito outras vezes, é a laicização de uma concepção escatológica da história. Aqui, na dialética de Estado e liberdade, essa interpretação fica transparente: a alienação religiosa (o pecado) que não pode ser eliminada senão pela graça, em que o reino acabado da liberdade não é deste mundo, é substituída pela alienação econômica (a exploração do homem pelo homem) que pode ser eliminada pelo próprio homem com a supressão da propriedade privada e, portanto, o reino da liberdade, próximo ou distante que esteja, se realizará neste mundo. O momento da violência e o da libertação se opõem inexoravelmente: onde há um não pode haver o outro; e o destino positivo do homem, lá na transvaloração religiosa, cá na transformação terrena, está na passagem de um estágio ao outro.

21.

Não foi por acaso que me demorei nestas referências históricas. Servi-me delas para afirmar minha estranheza, para mostrar que também desse ponto de vista marxismo e liberalismo estão em duas posições opostas. E devendo fazer uma crítica geral (o amigo Della Volpe entendeu aonde eu queria chegar), um liberal começaria respondendo que aquela alternativa, onde há Estado não há liberdade, é peremptória demais, que a verdadeira liberdade é uma ideia limite, sobre a qual se pode disputar entre filósofos, mas é de escassa vantagem numa discussão política, e que o problema político que os homens racionais sempre se colocaram não é o de realizar o reino da mais dura violência para subir ao da mais pura liberdade, mas o de acomodar liberdade e violência numa determinada situação histórica.

Ademais, a ideia de que a liberdade só brilhará quando o reino da violência tiver terminado habitua, como todas as ideias messiânicas, a aceitar o Estado de fato e a esperar inermes o belo dia. Prefiro a vigilância racional sobre o destino daquela liberdade imperfeita, que se mistura cada dia com a violência, à segurança fideísta na liberdade perfeita que se seguirá necessariamente ao último período de ditadura. Acho essa segunda atitude mais sadia e mais útil. A primeira atitude se assemelha à do prisioneiro que espera o dia da soltura e, sabendo que não pode fazer nada, se aflige e suspira. A segunda se assemelha à atitude do marinheiro (também ele prisioneiro no seu navio) que sabe que chegar ao porto depende não só do decreto do céu, que pode mandar bonança ou borrasca conforme o capricho, mas também da sua habilidade.

Pessoalmente, creio que o governo soviético, para realizar uma liberdade maior, não esperará o dia x do desaparecimento do Estado, isto é, o dia em que não mais haverá necessidade de coação, mas agirá com as forças que já se movem e fazem pressão no interior do próprio Estado, e se arranjará com aquela liberdade menos inteira, mas mais concreta, que os liberais reivindicaram contra o Estado absoluto. Vimos nestes anos os doutos soviéticos retirarem-se às vezes com estrépito de posições teóricas demasiado avançadas e insustentáveis: a lógica formal, considerada antiquada e colocada no sótão da lógica dialética, volta com honra; o direito não é mais a superestrutura da sociedade burguesa, mas um meio técnico necessário para a conservação também da sociedade proletária. Não falo da linguística, que representou uma virada sobre a qual ainda não esgotei os comentários. Tenho a impressão que até o partidarismo da cultura, que zelosos exegetas se esforçaram para explicar a mim, incrédulo, como princípio de doutrina, ao passo que é apenas um expediente político, esteja para acabar; e, se não estiver muito errado, se falará cada vez menos a respeito, até alguém começar a considerá-la uma doutrina reacionária e atacar os seus pertinazes defensores.

Não passarão muitos anos – seja-me permitida essa inocente profecia – para aplaudirmos como novidade, nos manuais jurídicos soviéticos, o reaparecimento do Estado de direito.

22.

Não insisto neste tipo de argumentação porque sei perfeitamente que opor uma mentalidade a outra é, entre os modos de argumentar, o mais ocioso e ao mesmo tempo o mais inútil e odioso. Passo para argumentos mais particulares. Como o que está em questão é a chegada da liberdade após o desaparecimento do Estado, merecem ser considerados com alguma atenção ainda dois pontos: 1) a extinção do Estado; 2) o futuro estado de liberdade.

Do primeiro ponto eu não trataria, pois me parece muito uma mania, uma espécie de fixação, se Della Volpe não lhe desse peso e se, sobretudo, eu não receasse que ao não falar disso arriscaria dar fôlego a quem, para defender uma ditadura que provoca perplexidade também nos bem-dispostos, nos viesse dizer que é preciso ter paciência porque ela é o momento final antes da emancipação total, ou seja, chegasse a justificar um regime totalitário sob o pretexto de que depois virá a liberdade definitiva. Quem caísse na armadilha do imperialista que o convence a combater uma guerra duríssima garantindo-lhe que é a última, considerá-lo-íamos ingênuo.

Antes de tudo, o que significa "extinção do Estado"? Segundo os textos, significa eliminação gradual da coação, considerada com razão como o elemento característico daqueles aparelhos de execução de regras gerais e individuais nos quais consiste o Estado. E a coação estaria, como se sabe, destinada a desaparecer com o nivelamento dos conflitos de classe, para os quais foi instituída. Esse silogismo seria impecável se a premissa maior – "A coação foi instituída para reprimir os conflitos de classe" – não fosse uma atrevida generalização. Basta folhear um dos nossos códigos para perceber que os atos ilícitos que pedem a intervenção da coação são em número bastante maior do que aqueles que a base classista da sociedade pediria. Será que numa sociedade sem classes não haverá mais matrimônios infelizes, acidentes de automóvel, crimes sexuais? E se eles ocorrerem, a quem caberá a tarefa de proclamar a separação ou o divórcio, o ressarcimento do prejuízo e a pena, senão a um juiz, e a quem caberá cumpri-los senão a funcionários munidos de força?

23.

Quanto à ideia que os marxistas fazem do estado final de liberdade, no qual não haverá mais necessidade de coação, ela contempla uma situação na qual os homens obedecerão espontaneamente a todas as regras postas para a convivência recíproca ou, como diz Lenin, "os homens *se habituarão* a observar as condições elementares da convivência social sem violência e *sem submissão*",[9] ou com fórmula análoga, mas mais explicada:

os homens *se habituam* pouco a pouco a observar as regras elementares da convivência social, conhecidas por todos há séculos, repetidas há milênios em todos os mandamentos, a observá-las sem violência, sem constrangimento, sem submissão, sem aquele *aparelho especial* de constrangimento que se chama Estado.[10]

A noção principal nesses contextos é, evidentemente, a de "hábito".[11] Parece, portanto, que o estado final da humanidade pode ser alcançado quando cada um tiver o hábito de cumprir o seu dever. E como, segundo a definição da ética clássica, no hábito de cumprir o seu dever consiste a virtude, pode-se especificar que o Estado desaparecerá quando todos tiverem se tornado virtuosos. É como dizer que não haverá mais necessidade do direito e, portanto, do Estado quando os homens forem todos

---

9 Lenin, Stato e rivoluzione. In: *Opere scelte*, t.II, p.182.
10 Ibid., p.187.
11 Cf. ibid., p.192, 196.

morais. Nunca foi colocado seriamente em dúvida, pela razão não demasiado misteriosa, que por definição o homem moral é aquele que faz o seu dever sem ser obrigado, donde se deduz sem mais dificuldades que se todos os homens se tornarem morais, não haverá necessidade de constrangimento.

Há uma dificuldade, que está alojada na asserção de que esse estado de moralidade coletiva é possível, e que o modo de torná--lo possível é a abolição dos conflitos de classe. Quero admitir que seja possível. Devemos ainda perguntar: estamos seguros de que o estado final, que damos por alcançável, ou, se preferir, por já alcançado, seja um estado desejável ou, pelo menos, seja o único estado realmente desejado pelo homem? Esse estado de liberdade, como aparece pelos textos, é um estado de não constrangimento. É aquele estado de não constrangimento que identificamos anteriormente com a liberdade como autonomia. Mas já mostramos que a liberdade como autonomia é insepa-rável da liberdade como não impedimento. Eis, então, a nossa última dúvida: o que acontecerá com a liberdade na hipotética ordem futura? Confessamos que estamos preocupados. É uma feliz miragem o fato de cada um cumprir espontaneamente o seu dever, ou seja, desempenhar, sem ser obrigado, a função social que lhe foi determinada. Mas mesmo numa sociedade de insetos guiada pelo instinto cada um executa espontaneamente as suas funções. Este é, portanto, o estágio final da humanidade? O que distingue a sociedade humana perfeita de uma sociedade orgânica de insetos? Para mim, não há dúvida, é a liberdade como não impedimento, quer dizer, a presença, ao lado e antes da liberdade de fazer o seu dever, da liberdade de agir, pelo menos em algumas esferas, conforme seu desejo, ou seja, não ter apenas *deveres na sociedade* (mesmo que agradáveis), mas também uma esfera mais ou menos ampla de *direitos frente à sociedade*.

24.

O fato é que há dois modos bem diferentes de conceber a extinção do Estado (antes, uma distinção): o modo suposto pelos marxistas é um só. O outro emerge de algumas doutrinas liberais do século passado (a mais típica talvez seja a de Spencer): o Estado se extingue, segundo essa outra hipótese (ou pelo menos se reduz aos termos mínimos), por sucessiva diminuição das matérias sobre as quais é chamado a exercer o seu poder coativo, primeiro as atividades espirituais, depois as econômicas, depois cada vez mais aquelas esferas de comportamentos nas quais tradicionalmente a atividade pública invadiu a atividade privada, até que o Estado não seja senão um supremo coordenador de atividades exercidas apenas pelos indivíduos que perseguem o seu interesse iluminado. Na doutrina marxista, o processo de extinção do Estado ocorre por uma via completamente diferente: o Estado se extingue enquanto *constrangimento*, deixando aberto o campo para o livre desenvolvimento da autonomia, ao passo que na doutrina liberal clássica o Estado se extingue enquanto *impedimento*, abrindo sempre zonas mais largas para a liberdade pessoal. O termo final hipotético da primeira forma de extinção é representado por uma sociedade orgânica em que cada um cumpre o seu dever; da segunda, por uma sociedade atomística na qual cada um exerce os seus direitos.

Estamos agora no momento culminante: até na doutrina da extinção do Estado se revela a antítese entre a teoria marxista e a teoria liberal clássica. De um lado, o universalismo, para o qual a sociedade é o todo e o indivíduo é a parte, ou mesmo o produto; do outro lado, o individualismo clássico para o qual o indivíduo é o todo que produz com suas obras a sociedade. Expliquemo-nos com um exemplo. O Estado é concebido tanto por um como pelo outro como ordem: mas há dois modos de entender a ordem, como *coordenação* e como *subordinação*. O primeiro modo é aquele ao qual visa o agente de trânsito, pois a finalidade dele não é impor a cada condutor uma meta determinada, mas permitir que ele vá sem incidentes para onde melhor lhe parecer. O segundo modo é aquele ao qual visa o general que deve colocar em unidade as várias partes da sua divisão para conduzi-la à meta que apenas ele estabeleceu. O liberal imagina o Estado antes como uma estrada na qual cada um anda por conta própria com a única obrigação de respeitar as regras do trânsito; o socialista imagina o Estado como uma divisão militar. O governo para um deveria exercer a função do agente de trânsito (eu proporia substituir pela velha e anacrônica expressão de Estado-guarda noturno e a outra função por Estado-vigia urbano); para o outro, a do general.

Penso que nenhum dos dois tem razão completamente. Mas com referência em particular à extinção do Estado, parece mais fácil imaginar a extinção do Estado concebido como agente de trânsito do que a extinção do Estado concebido como general. O primeiro pode ser substituído por um semáforo; nenhum mecanismo pode substituir o segundo. Quero dizer que para executar o atraente plano da extinção do Estado, o caminho do universalismo me parece verdadeiramente o mais longo. Mas essa não é a dificuldade, uma vez que ambas as metas são fruto da imaginação. A dificuldade séria para mim é que, tendo chegado depois de tanto custo à fase final preconizada pelo marxismo, dever-se-ia tomar consciência que há outra liberdade da qual ninguém tinha falado e sem a qual a liberdade de fazer o seu dever pareceria uma austera, sim, e incompleta conquista: quero dizer a liberdade não apenas de fazer o que se deve, mas também de fazer ou não fazer aquilo que não se deve.

25.

Creio, e não é de hoje, que individualismo e universalismo são duas hipostasiações inúteis. Ou, para usar termos mais correntes, que o Estado não deve ser apenas um agente de trânsito ou um general, mas que possa ser as duas coisas de acordo com as circunstâncias. Os maiores aborrecimentos ocorrem quando um governo se mete a atuar como agente de trânsito onde é preciso um sábio general, por exemplo, na distribuição da renda, ou atuar como general onde se precisa de um ajuizado e discreto agente de trânsito, por exemplo, no campo da atividade cultural. Assim, no que se refere à meta final, não diria que o Estado perfeito é aquele da falta de constrangimento. Parece-me mais racional dizer que é o Estado no qual o máximo de não constrangimento pode ser conciliado com o máximo de não impedimento.

Mas estas são coisas do futuro. A única liberdade que nos é permitida não é aquela perfeita e futura, mas aquela mais imperfeita possível, mas realizável *hic et nunc*. É por isso que todo discurso que visa fazer-me crer que a ditadura de hoje é justificada com vistas à maior liberdade de amanhã me deixa desconfiado. A mim interessa que, deixadas as profecias, cada um de nós dê a sua contribuição para defender a liberdade onde quer que for ameaçada no mundo em que vivemos. Hoje se corre o risco de sufocar sob o peso das correntes por amor profundo pela liberdade. Todos já ouvimos os lúgubres patrocinadores da direita: "É preciso instaurar a ditadura para salvar as liberdades do passado". Já ouvimos os inflamados paladinos da esquerda: "É preciso reforçar a ditadura para salvar as liberdades do futuro". E a liberdade do presente? Talvez a essência de todo esse discurso possa estar contida no pensamento que o título me sugeriu. Contra os reacionários continuemos a defender a liberdade dos modernos em relação àquela dos antigos. Mas não nos esqueçamos de que é preciso igualmente defendê-la contra os progressistas demasiado audazes, da liberdade da posteridade.

Cultura velha e política nova[*]

1.

Numa sociedade democrática em formação, como a nossa, os intelectuais não podem ficar de lado, como acontece numa sociedade funcional na qual cada coisa caminha para o seu rumo, ou numa sociedade totalitária na qual não há alternativas a ou não participar ou colaborar. Não estamos mais, felizmente, em tempos de regime totalitário, mas também não estamos, infelizmente, numa sociedade democrática estavelmente constituída. Croce acreditava, na primeira década do século, que a situação política italiana fosse tal que o homem de cultura devesse cuidar de fazer bem o seu ofício e deixar a política aos políticos. A nossa situação é diferente. Não podemos pensar o que ele pensava e, se disséssemos aquilo que ele dizia, não teríamos, como ele tinha ou dizia que tinha, a consciência tranquila. Se compararmos a história, como faz Camus, à arena na qual se desenrola a perpétua luta entre a vítima e o leão, não cremos que os intelectuais

[*] Originalmente publicado em *Il Mulino*, v.4, n.7, p.375-87, jul. 1955.

devam ficar de fora como se a coisa não lhes dissesse respeito nem que, tendo se sentado na arquibancada, tomem a atitude de espectadores indiferentes e contentes que admiram o espetáculo e discutem sabiamente, na saída, entre eles. Tampouco gostaríamos que o seu modo de participar fosse o de quem toma o partido do leão, que sempre tem razão, ou de quem se dirige à vítima para convencê-la com palavras suaves que o seu destino é o de se deixar comer. Não nos agradam os intelectuais acima da multidão, mas tampouco nos agradam a isenção dos cínicos e a compunção dos consoladores.

Num ensaio precedente sobre os intelectuais e a vida política na Itália, eu tinha de propósito tomado uma atitude impessoal. Antes de chegar à avaliação, quis tentar uma fenomenologia. Já tive ocasião de dizer por qual razão a imparcialidade, que é uma atitude teórica, não deve ser confundida com a neutralidade, que é uma atitude prática. Pode-se ser imparcial sem ser neutro. Debaixo daquela máscara de impassibilidade havia um propósito polêmico. Penso que o intelectual deve dar exemplo de medida e moderação, numa palavra, de disciplina mental. Lançar-se com grande empenho na crônica dos acontecimentos cotidianos, formular julgamentos sobre tudo e todos com aquela informação pouco segura que vem das primeiras páginas dos jornais, fazer prognósticos de curto e longo prazo sobre notícias incontroladas, dar conselhos ou lições não solicitados e com grande estrépito sobre fatos não essenciais olhando o particular e perdendo de vista o conjunto, o raciocínio sofístico de quem tem argumentos fracos e o raciocínio contraditório de quem tem pressa de chegar de qualquer maneira a uma conclusão, são atitudes que não convêm a eles. Infelizmente, a cultura militante não é avessa a isso como deveria. E assim se passa do extremo de uma cultura acadêmica, que tem, talvez, quanto à exatidão, escrúpulo, precisão, os papéis em ordem, mas é frígida e indiferente, ao outro extremo de uma cultura militante bem enraizada nos problemas do tempo, mas tendenciosa. O meu modelo seria – entendo que é difícil, no entanto, creio que essa tensão entre cultura acadêmica e cultura militante seja mais forte na Itália que alhures e devemos realizar qualquer esforço para diminuí-la – o homem de cultura rigoroso e apaixonado ao mesmo tempo, que tem bons estudos e forte paixão cívica, com uma capacidade de controle crítico que não se embota em contato com os problemas cotidianos. Ele sabe que há problemas econômicos, políticos e sociais cuja solução, de um modo mais do que noutro, condiciona a sua própria vida de homem de cultura, mas quando os enfrenta e discute, leva na discussão aquele hábito da pesquisa controlada, aquela vocação ao saber desinteressado, aquele respeito pelo adversário que aprendeu, ou deveria ter aprendido, no estudo dos problemas "eternos". Acrescento que a tarefa de esclarecer os termos de uma questão às vezes é mais difícil e, talvez por isso, menos agradável do que a de proclamar aos quatro ventos a própria opinião.

Mas como no meu artigo sobre os intelectuais quis procurar qual a opinião pessoal do autor sobre o negócio inteiro, e me são atribuídas pelo menos duas intenções antitéticas que eu nunca tive – a primeira, que eu celebrava o intelectual que se coloca acima dos opostos para construir a síntese teórica a fim de triunfar sobre os rivais (a ideia da "terceira via" dos ambientes liberais); a segunda, que olhando preocupado o atual divórcio entre cultura e política, acabasse por fazer a apologia do intelectual que se junta a uma determinada situação histórica, da qual este seria, segundo os méritos ou as atitudes pessoais, o cantor, o ilustrador, o pregador ou o propagandista (a ideia do intelectual orgânico dos ambientes marxistas) –, julguei útil retomar todo o discurso em perspectiva mais autobiográfica.

2.

Com respeito às relações entre cultura e política, a minha geração viveu três fases diferentes. A primeira, quando eu era estudante, coincide com a chegada e a consolidação do Estado totalitário: foi a fase da "traição dos clérigos". O livro de Benda, que então me causou grande impressão, é de 1927, ano em que eu entrava na universidade (embora o tenha lido alguns anos mais tarde). Já Croce, porém, desde a Primeira Guerra Mundial, acusara os intelectuais que contaminam a cultura com a política, ao prestar baixos serviços aos governantes do momento. Na faculdade jurídica que eu frequentava, esse "baixo serviço", embora fosse exercido sem ênfase, quase como um aborrecido dever profissional, consistia em procurar convencer-nos que o Estado fascista não era uma ditadura, mas um Estado de direito, a continuação, ou melhor, o aperfeiçoamento do Estado monárquico constitucional instaurado pelo estatuto albertino. A oposição legal naqueles anos fora arrasada e se recuperava nos grupos clandestinos dos quais eu me aproximei muito mais tarde. Não poderia conscientemente afirmar que eu tivesse feito então claramente a minha escolha e estivesse consciente da natureza daquela traição. Tendo crescido em ambiente burguês-patriótico, entre aqueles que tinham resistido ao fascismo (e tive a sorte de que alguns estivessem entre os meus professores de liceu e de universidade) e aqueles que tinham cedido, não fui por muito tempo persuadido que os primeiros tivessem historicamente razão. Estava propenso a dar razão a eles no plano moral, mas não no plano político. Gentile, com a sua teoria do Estado ético, teve parte principal na criação desse estado de espírito e talvez seja por isso que hoje não posso relê-lo sem despeito ou vergonha. Só posso vê-lo na veste do retórico ou do corruptor. Os meus colegas filósofos que falam dele ainda com reverência me parecem pessoas que viveram em outro mundo com outros afetos, outras experiências, outras memórias, num mundo com o qual creio que não tenho mais nada em comum. No mundo dos meus afetos e das minhas memórias está, porém, como exemplo, um professor de italiano que certa manhã entra na classe – eu frequentava a segunda série do liceu – com o aspecto de homem acometido por grande dor, e lê em *La Stampa* a breve notícia de Paris da morte de Piero Gobetti: foi, acrescentou ele, um dos seus melhores alunos, e era grave perda para a Itália. Era, provavelmente, a primeira vez que eu ouvia aquele nome e não teria tido uma impressão duradoura dele se um colega, o mais autorizado por sabedoria e consciência moral, não tivesse comentado e ilustrado, ao sair da escola, a insólita lição.

A segunda fase foi a da Resistência. A relação entre política e cultura parece, em relação à primeira fase, invertida. Enquanto lá a cultura estava a serviço da política, cá a política, a nova política, era dirigida pela cultura, à qual parecia que era atribuída a tarefa extraordinária de colocar-se à frente da renovação nacional. O que tinham sido os intelectuais até agora? Nada. O que estavam para se tornar? Tudo. Depois do abatimento chegara o momento do resgate. Passei aqueles anos em grande parte na Universidade de Padova. Um inócuo, e talvez também pouco aprofundado, exercício sobre o materialismo histórico bastava para estabelecer entre professor e estudantes uma comunicação mais profunda e pura, para romper a crosta fragilíssima da ortodoxia e dar a nós ares de conspiradores. Cada dia vínhamos ao Instituto de Filosofia do Direito jovens de diversas partes do Vêneto. Vínhamos, inclusive, para pedir luzes. E porque eu de luzes tinha pouco ou nada, faziam-se reuniões, aperfeiçoavam-se os contatos, faziam-se e refaziam-se os planos para a futura organização do Estado. Eu era um daqueles que acreditavam na força agora irresistível do Partido Comunista, dava pouco crédito aos velhos socialistas e aos católicos, pensava que os intelectuais deveriam fazer o seu trabalho junto com as classes novas para uma reforma radical da estrutura do Estado italiano. Estava predestinado, como cada um pode ver, a militar no Partido da Ação. Entre os professores e os estudantes que se encontravam ora num instituto universitário, ora debaixo da cobertura de uma estação, ora num bar de periferia, e teciam e teciam de novo os fios de uma vasta conjuração, havia um certo ar de 1848 ou de partidários de Mazzini. Não sem motivo, a Revolução de 1848 foi chamada por um historiador inglês de "Revolução dos Intelectuais". Com isso não quero dizer que a Resistência tenha sido uma revolução de intelectuais (bastaria ler as cartas dos condenados à morte para se convencer do contrário) e tampouco quero dizer que os intelectuais que participaram tenham feito uma revolução de intelectuais, ou seja, de mesa, com os livros, com os opúsculos, com os jornais clandestinos, em suma, com o papel impresso: o mais caro dos amigos paduanos, Antonio Giuriolo, literato, morreu no Apenino de Módena, combatendo contra os alemães. Quero dizer que os intelectuais, enquanto tais, como escritores de livros e elaboradores de ideias e construtores de programas, como representantes da vida da cultura e do espírito, tiveram uma parte importante. Não creio que exagero ao dizer que a Universidade de Padova foi, por atuação primeiro de Concetto Marchesi e depois de Egidio Meneghetti, e de tantos outros dos quais se lê nas crônicas daqueles anos, o centro propulsor da resistência vêneta. E quando em novembro de 1945 Ferruccio Parri, então presidente do Conselho, vem entregar a medalha de ouro concedida à Universidade, por ocasião da abertura do ano acadêmico, e os estudantes o receberam chamando-o "Maurizio, Maurizio", me pareceu que a nova Itália, nascida da luta partidária, reconhecia a universidade, a cultura, como um dos pilares do novo Estado.

Foram ilusões. Mas não foi ilusão, antes foi para nós aquisição bem sólida, ter aprendido que os intelectuais não traem quando fazem política, como nos tinha insinuado Benda, para o qual o clérigo é um asceta contemplador de valores puros, mas apenas quando fazem certa política. Cultura e política não são incompatíveis: depende da política que se faz. Incompatível é a vida e o progresso da cultura com os mitos rudes e violentos de um Estado autocrático; mas não é incompatível com uma política libertadora, que então se chamou progressiva, e que agora eu preferiria chamar – postos a nu os mal-entendidos e aplacadas as impaciências – democrática. A condenação dos intelectuais feita por Benda podia induzi-los a se fecharem em si mesmos. Mas entre isolamento e traição veio se esclarecendo então a posição que se chamou de cultura comprometida. Tratava-se de escolher a política que nos parecesse mais consoante com os deveres fundamentais do homem de cultura, que são, como tive ocasião de dizer outras vezes, a promoção da liberdade e a busca da verdade, e uma vez escolhida, fazê-la seriamente; e não já deixar-se escolher pela política e comportar-se, depois de ter cedido os seus direitos e delegado os seus poderes, como medrosos sempre descontentes ou como astutos satisfeitos.

3.

Mas, quando aprendemos bem aquela lição (e sobre a cultura comprometida correram rios de tinta), aconteceu algo que não se esperava. Os acontecimentos políticos tomaram outro rumo do que o que tínhamos previsto e contra o qual acreditávamos ter resistido. E para os intelectuais como nós, radicais, mas não fanáticos, odiadores dos velhos mitos e pouco inclinados a criar novos, chegou logo o tempo – não mais que dois ou três anos – em que não havia mais nada a fazer. Exatamente quando – finalmente –, depois de anos se espera e de preparação, estávamos prontos a ir a campo, a luta se deslocou para fora do nosso alcance. Num breve espaço de tempo, estávamos, quase todos, como homens de cultura que se dedicam a problemas políticos, desempregados. Agora que tínhamos aprendido a nadar, o mar secara. Agora que estávamos muito bem preparados na teoria do compromisso político, não havia ou não víamos grupo, seita, partido pelo qual valesse a pena comprometer-se. E esta é a terceira fase que dura até hoje. O que fazem os intelectuais na Itália? Protestam. E protestam não só fora dos partidos, mas cada um dentro do seu partido. Falei do Partido da Ação. O Movimento de Unidade Popular é até hoje um movimento de protesto por parte de um grupo de intelectuais contra os partidos socialistas. Os intelectuais liberais protestam em *Il Mondo* contra o seu próprio partido. Grupos de intelectuais católicos, quando se reúnem em congresso (ver, por exemplo, o XVII Congresso Nacional do Movimento Licenciados da Ação Católica, realizado em janeiro passado), mostram uma sensibilidade aos problemas sociais que não é certamente compartilhada pela classe política do partido ao qual pertencem: cada gesto ou escrito deles soa como uma admoestação aos políticos surdos e uma declaração de descontentamento. Os comunistas não protestam? Não sei na Itália: poderiam até não ter razão para isso. Mas veja-se o que aconteceu no Estado-guia, que se é verdadeiro guia deveria ser também para aquilo que diz respeito à atitude dos intelectuais. No II Congresso dos Escritores Soviéticos, muitos se queixaram de questões não apenas organizativas, mas de diretiva cultural, e parece-me que se aquele congresso teve uma finalidade, foi a de afirmar exatamente o direito e o dever do protesto.

Não digo que o protesto do homem de doutrina contra o extremo poder do Estado não tenha a sua grandeza. Socorrem-nos exemplos, em todos os tempos, que veneramos. Contudo, é preciso distinguir os períodos das grandes crises e das grandes mudanças, nos quais o protesto tem uma tremenda força subversiva, ou aqueles da opressão nos quais ele é o único remédio que sobrou para os homens de julgamento livre, dos períodos de reconstrução, de necessária colaboração, como o nosso, no qual as lamentações, os gritos de dor, os angustiados ou indignados apelos aos poderes públicos são atos de impotência. A missão do titã que se levanta contra a ordem constituída exige uma voz que perturbe e abale. Não é para todos e para qualquer tempo. Quando é preciso, como nestes anos, um paciente e produtivo trabalho comum, há necessidade de gente modesta, laboriosa e sem manias de grandeza. E no lugar do titã vemos comparecer a sua cópia caricatural. São as multidões de pequenos zaratustras provincianos que proclamam: "É preciso refazer o mundo;

é preciso recomeçar tudo do início". Além de tudo, atrás do pequeno titã caminha como o seu gênio maligno o decadente que lhe insinua: "O mundo andou sempre pelo mesmo caminho, não há nada, exatamente nada, a fazer". Para o primeiro, a história está sempre na expectativa de uma grande revolução, da qual ele é o vidente e profeta incompreendido. Para o segundo, não acontecerá nada, porque nunca aconteceu nada, porque a história humana é a história da força, do pecado ou da corrupção ao longo dos séculos.

Nem românticos nem decadentes. Gostaríamos de ser iluministas. Mas exatamente os velhos iluministas não se limitavam a protestar contra os poderes constituídos: propugnavam reformas, projetavam novas instituições, agiam sobre a opinião pública para transformar a sociedade. Temos, pois, o direito de nos chamarmos iluministas no sentido histórico da palavra? Por trás do velho iluminista havia pelo menos estas três coisas: 1) fé na razão contra a ressurreição de velhos e novos mitos; 2) aspiração a empregar a ciência para fins de utilidade social contra o saber contemplativo e ociosamente edificante; 3) confiança no progresso indefinido da humanidade contra a aceitação de uma história que se repete monotonamente. De minha parte, aceito de boa vontade o primeiro e o segundo ponto. Mas me enganaria se dissesse que estou disposto a compartilhar o terceiro. Com o risco de usar uma fórmula que pode parecer paradoxal, eu sou um iluminista pessimista. Se se preferir, sou um iluminista que aprendeu a lição de Hobbes e de De Maistre, de Maquiavel e de Marx. Além disso, parece-me que a atitude pessimista convém mais ao homem de razão do que a otimista. O otimismo comporta sempre certa dose de paixão, e o homem de razão não deveria ser apaixonado. E são otimistas aqueles que creem que a história é um drama, mas consideram-na como um drama com final feliz. Eu sei apenas que a história é um drama, mas não sei, porque até agora ninguém me deu provas irrefutáveis, se é um drama com final feliz. Os otimistas são os outros, aqueles como

Gabriel Pery, que ao morrer de maneira gloriosa deixou escrito: "Em breve prepararei amanhãs que cantam". Os amanhãs chegaram, mas não ouvimos os cantos. E quando olho ao redor, não ouço cantos, mas rugidos.

Eu não gostaria que essa profissão de pessimismo fosse entendida como um gesto de renúncia. É um ato de salutar abstinência depois de tantas orgias de otimismo, uma ponderada rejeição de participar no banquete dos retóricos sempre em festa. É um ato mais de saciedade do que de desgosto. Ademais, o pessimismo não refreia a atividade, antes a torna mais orientada diretamente à finalidade. Entre o otimista que tem como máxima: "Não te movas, verás que tudo se acomoda", e o pessimista que replica: "Faze de qualquer modo o que deves, mesmo que as coisas forem de mal a pior", prefiro o segundo. Tenho o meu metro para julgar os meus semelhantes, que fundamenta-se na antítese seriedade-fatuidade, na qual os sérios encarnam o bem, e os fátuos, o mal. Não digo que os otimistas sejam sempre fátuos, mas os fátuos são todos otimistas. Não consigo mais separar na minha mente a cega confiança na providência histórica ou teológica da vaidade de quem crê que está no centro do mundo e que tudo acontece ao seu sinal. Aprecio e respeito, porém, aquele que age bem sem pedir nenhuma garantia de que o mundo melhore e sem esperar não digo prêmios, mas nem sequer confirmações. Só um bom pessimista se encontra em condições de agir com a mente desimpedida, com a vontade firme, com sentimento de humildade e plena devoção no seu dever.

4.

Encontramo-nos, dizia, desocupados. Mas como encontrar uma ocupação? A cultura, da qual éramos herdeiros e expoentes, era uma cultura apta para a construção de uma sociedade democrática? Aqui falo da filosofia, não só por razões de ofício, mas também porque ela é ou pretende ser o espelho da cultura de uma época.

Pois bem, temos conhecido nos anos de crise na Itália uma filosofia da fuga, da qual já tanto se falou, que acabou com a última fase do pensamento de Heidegger na idolatria do primitivo, que é aquela atitude pela qual toda a história, considerada como um emaranhado inexplicável, é condenada e repelida, e se almeja, impelidos pela nostalgia do paraíso perdido, a volta daquele *Urwelt* – do qual fala Hölderlin – na qual *"jeder die Erde streifte wie ein Gott".** Mas muito mais enraizada na nossa história recente, e muito maior domínio exerceu sobre o nosso pensamento, a filosofia da fuga, que vai do atualismo ao espiritualismo e na qual o filósofo procura não mais um refúgio para se proteger das responsabilidades de homem do seu tempo, mas um subterfúgio mediante o qual assume responsabilidades fictícias. Manifesta-se a figura do filósofo como hábil manipulador de palavras e sutil tecedor de silogismos, que com palavras e silogismos cria um belo sistema e se fecha dentro dele, como uma aranha que tece a sua teia e depois descansa esperando que as moscas caiam nela. Não tem importância se o mundo é mais largo e maior. Para ele, o mundo é aquilo que o sistema abarca, são as moscas, muitas ou poucas, que caem na teia. Não importa que o mundo seja duro e áspero, e desenrole o seu curso entre abalos e ruínas. O sistema é logicamente perfeito e harmônico, e isso basta para que o seu criador fique satisfeito consigo e confiante no destino da humanidade. E o sistema pouco a pouco se torna fim em si mesmo, acariciado e afagado por si mesmo, e ao olhar para fora nunca encontra fatos, mas outros sistemas semelhantes a ele, complexos arranjos de fórmulas ideais, e a história da filosofia toma o aspecto de uma incessante e monótona disputa entre fórmulas ideais na qual a palavra adquire um valor sagrado e absoluto. Mas a voz daqueles disputantes alcança os

---

* Trad.: "Pré-histórico [...] cada um cultiva a terra como um Deus". (N. E.)

homens que vivem a vida cotidiana? E, se alcança, que conforto leva a eles? Então amadurece a situação na qual nos encontramos hoje com a filosofia: as pessoas não se interessam pela filosofia porque os filósofos não se interessam pelas pessoas, mas apenas por si mesmos. E uma filosofia que não se interessa pelos homens, pelas suas misérias ou pelos seus erros, é uma filosofia inútil, e inúteis são tanto a filosofia da fuga como a filosofia do evitamento: todas as duas sabem bem que o mundo é um escândalo, mas uma esconde isso, opondo ao mundo escandaloso um mundo sem misérias e erros, ou fora da história ou no fim da história; a outra o disfarça, dizendo que, sim, o mundo é um escândalo, mas assim está estabelecido por decreto eterno, ou é racional porque real ou a verdadeira sociedade, o verdadeiro Estado não é aquele externo que faz as leis, manda pagar taxas, nos leva a morrer numa guerra qualquer, mas é aquele interior a cada um de nós: *"societas in interiore homine"*, que é uma sociedade magnífica onde não há nem senhores nem escravos, nem oprimidos nem opressores.

Que benefício essas filosofias podem trazer para a construção de uma sociedade democrática? Nessas circunstâncias se entende a tentação do iluminismo, tanto mais forte quanto mais nossos pais espirituais menosprezaram aquela filosofia, de uma filosofia esclarecedora que contribua para combater a ignorância e a escravidão que deriva dela, de uma filosofia, como disse noutro lugar, militante. Militante para quem? Talvez para um partido, para uma seita, para uma confissão? Militante não quer dizer partidário, nem sectário, nem devoto. É um modo de filosofar de quem não está a olhar as coisas do alto de uma sabedoria ossificada, mas desce para estudar problemas concretos e, só depois de ter realizado a sua pesquisa minuciosa e metódica, toma posição. Tomar posição não quer dizer ser partidário, obedecer às ordens, opor furor contra furor, quer dizer dar ouvidos a todas as vozes que se levantam da sociedade na qual vivem e não àquelas tão sedutoras que provêm da nossa preguiça ou do nosso medo exaltados como virtude do afastamento e da imperturbabilidade, quer dizer escutar os chamados da esperança e não apenas aqueles que nos dita um exasperado amor por nós mesmos, que passou por iluminação interior. E só depois de ter ouvido e procurado entender, deve-se assumir a sua parte de responsabilidade. Falar de filosofia militante significa perguntar a um filósofo não apenas o que pensa, mas também de que lado se coloca. É estranho: mas sempre encontrei os filósofos da evasão e da evitação no outro lado.

5.

Mas essa filosofia esclarecedora nada mais é que uma tentação, é ainda e apenas um programa de poucos, não se tornou atmosfera, costume. Surpreendeu-me o fato de que um jovem da *Terza Generazione*, de um grupo progressista que tem os olhos abertos para as coisas do nosso país, respondendo ao meu artigo já citado sobre os intelectuais, tenha empregado, para indicar a função do intelectual, palavras um pouco solenes demais, que convêm mais a uma concepção da filosofia como sabedoria do que a uma concepção do filosofar como esclarecimento: "Os intelectuais constituem uma hierarquia e uma função numa sociedade que reconhece a verdade como valor humano supremo";[1] e tenha sentido a necessidade de escrever "Tradição histórica" com "t" maiúsculo. E não só me surpreendeu, mas também me feriu, o fato de que tenha atribuído a principal causa da "anomalia", porque o intelectual na nossa sociedade não tem mais uma função específica sua, à concepção empirista da consciência.

Se a fonte exclusiva do conhecimento [explica ele] é a sensação e, portanto, a noção do dado natural, histórico, exterior,

---

1 G. B., Intellettuali e vita politica in Italia. *Terza Generazione*, n.8, maio 1954, p.27.

Política e cultura

então a função do intelectual é a de ser um repertório de dados [...] Ele se reduz a técnico e se põe em função claramente subordinada em relação a quem o dado histórico põe, em relação ao "prático" e ao prático mais macroscópico, o político. Pode-se ver claramente como a divisão da humanidade em "chefes" e "massas" é uma consequência de tal grave erro e da consequente crise da função professoral dos intelectuais. De fato, como é falso que o autêntico e libertador processo cognoscitivo do homem se reduza a uma simples percepção de dados exteriores, quando é, ao contrário, a criação de uma visão própria e orgânica de tudo segundo princípios universais não redutíveis ao dado experimental; a simples percepção de notícias não consegue tornar criativamente cognoscitivos e, portanto, livres os homens e os deixou entregues à agitação desarranjada da desordem.

Não sei verdadeiramente de onde o autor desse trecho tirou a notícia histórica de que o empirismo reduz a filosofia a uma coleta de dados: em qualquer manual, creio, teria encontrado a noção mais exata, segundo a qual o empirismo é a filosofia que propugna o método chamado empírico ou, como se diz hoje, da verificação empírica como critério proeminente ou exclusivo da verdade. Agora, eu entendo que uma das condições para devolver à filosofia a sua função social e, em particular, a sua função numa sociedade democrática, ou que tende a se tornar tal, seja o abandono da mentalidade *especulativa*, que é ainda a velha concepção da filosofia como sabedoria secreta que faz do filósofo um sacerdote, intérprete de uma verdade absoluta da qual só ele é o depositário acima do vulgo, e a formação sempre mais ampla nos filósofos e nos homens de cultura de uma mentalidade *positiva*, pela qual o filósofo, em vez de se colocar acima das questões propostas pelas diversas ciências e pela experiência comum, se põe em seu meio e leva a sua contribuição de esclarecimento conceitual. A quem despreza com muita segurança o ensinamento do empirismo temos o direito de perguntar: "O que

Cultura velha e política nova

você quer substituir pela experiência? A revelação, a iluminação interior, a sabedoria oculta, a magia?". Não diria, afinal, que no nosso país, que se gaba pela boca dos seus filósofos de academia o primado do "gênio especulativo", do que até agora não foram mostrados os grandes serviços prestados à reforma da nossa atrasadíssima sociedade, seja preciso, ainda uma vez, encorajar o vício do visionário, das grandes sínteses que não têm nenhuma base nos fatos, mas talvez seja preciso ensinar o filósofo a considerar-se socraticamente um artesão que ajuda os outros artesãos a compreender melhor o seu ofício, a um maior rigor no estudo dos fatos e a uma maior discrição na formulação de teses gerais, a trabalhar mais, em suma, como trabalha aquele que produz coisas úteis, e a imitar menos jogadores absorvidos num jogo intricado e reservado, que interessa, como todos os jogos, sobretudo àqueles que nele participam.

Consigo ainda menos entender de onde o nosso jovem autor tirou a outra notícia histórica que nos oferece no trecho citado, quer dizer, que "a divisão da humanidade em 'chefes' e 'massas'" seja uma consequência de a filosofia empírica prevalecer em certo curso da história europeia. Não é preciso incomodar Marx e o marxismo para apresentar ao autor a nossa suspeita de que aquela divisão tenha razões mais profundas e mais graves, mas o fato de ele não ter se detido nem sequer com o mínimo frêmito de incerteza diante de uma afirmação tão peremptória e errônea é a melhor prova da avaria que a presunção do filósofo produz na mente de jovens seriamente posicionados diante dos casos da nossa história, pois com a aproximação de dois eventos postos em relação sem uma documentação suficiente o filósofo crê ter o direito, que qualquer outro estudioso não teria, de sustentar uma tese geral com ar de quem a conhece melhor e deve ser reverentemente ouvido. Um estudioso qualquer, não corrompido por esse vício de falar por asserções apodíticas, teria começado, antes de enunciar teses gerais sobre a história, estudando o lugar e as épocas da difusão do empirismo. Não teria sido difícil para ele perceber que o país no qual o empirismo é considerado como filosofia nacional é também o país onde o sentimento democrático, para o qual eu creio que o nosso jovem autor junto com os seus amigos olha com amor, se desenvolveu em mais ampla medida. E como? Quer-se promover a democracia na Itália e se rejeita como corruptora aquela mentalidade que tantas provas históricas – que podem também ser refutadas, mas deveriam ser atentamente examinadas – confirmam como a mais consoante com o desenvolvimento de uma sociedade democrática? Não queremos dar-nos conta que uma das razões do divórcio entre política e cultura, do qual todos somos bons em lamentar-nos, mas não em corrigir-nos, é esse preguiçoso apego ao "nosso gênio especulativo"? Como à renovação da política em sentido democrático deveria corresponder uma renovação da cultura, e como a democracia está baseada no princípio do diálogo, do consenso e do progresso social, assim uma cultura adaptada a uma sociedade democrática deveria ser não dogmática, mas crítica, não fechada, mas aberta, não especulativa, mas positiva?

6.

Então, diante da pergunta se a cultura na Itália está à altura da tarefa de reconstrução da democracia, eu deveria responder, diante desse exemplo, que não. Mas não quero fazer generalizações apressadas a partir de um caso (que me parece, aliás, bastante preocupante como sintoma). Quero dizer apenas que, se existe o divórcio entre políticos e intelectuais, a culpa (se se pode falar de culpa na análise de uma situação histórica) não é toda dos primeiros.

Acrescento, porém, que esse meu julgamento seria abstrato se não levasse em conta a relação entre intelectuais e sociedade; que também os intelectuais são, em certo sentido, a expressão da sociedade na qual vivem; e que cultura e sociedade se condicionam mutuamente tanto que qualquer discurso sobre a possibilidade de renovação cultural na Itália não pode deixar de levar em conta os diferentes tipos de sociedade que se desenvolvem paralelamente em nosso país, uma sociedade dominantemente industrial e outra dominantemente camponesa, uma com longas tradições individualista-burguesas e sindical-socialistas, e outra ainda semifeudal e anárquica; não se pode deixar de levar em conta, digamos esquematicamente, que existe uma Itália do Norte e uma Itália do Sul, as quais representam, nos momentos avançados de sua cultura em luta contra a cultura tradicional, clerical, retórica, humanística, duas direções bem diferentes e caracterizadas: a primeira, uma direção de tipo científico desde o sensualismo de Romagnosi ao pré-positivismo de Cattaneo, à escola positivista; a segunda, uma direção de tipo historicista com as suas alternativas espiritualista e materialista (as duplas Spaventa-Labriola, Croce-Gramsci). Também hoje, se de uma renovação cultural se pode falar, já se veem os sinais de que ela acontece em duas direções, numa direção iluminista, própria do liberalismo radical, e numa direção histórico-materialista, própria do neomarxismo: sendo a primeira representante da Itália da revolução liberal, a outra da Itália da revolução comunista, simbolizadas respectivamente por Gobetti e por Gramsci. E dessas duas direções me parece que a primeira floresce sobretudo na Itália do Norte (os grupos neopositivistas estão em Milão, Turim, Bolonha), a segunda, no Sul (o centro de irradiação do neomarxismo são cidades como Nápoles e Bari).

Não tenho o poder profético de estabelecer qual das duas Itálias, a da revolução liberal ainda não acabada ou a da revolução comunista ainda por fazer, há de prevalecer. Mas, olhando a história dos últimos cinquenta anos, parece que se pode fazer com certa segurança esta afirmação: que os países que não chegaram a completar a revolução liberal (e a Itália está entre eles?) tiveram ou terão a revolução comunista. Ou talvez a Itália represente a experiência de um terceiro caminho? Já disseram isso os fascistas, dizem-no também com maior autoridade alguns ambientes católicos. Eu pessoalmente creio pouco nos terceiros caminhos. Creio, ao contrário, fortemente (mas disse que sou pessimista) nos caminhos errados e ainda não estou convencido, quando olho em minha volta, se noto de maneira imparcial desaparecidos os vapores do entusiasmo, a história destes dez anos, as insuficiências, as lentidões e os passos falsos das orientações culturais que se movem na direção de uma renovação; espero que não seja exatamente este o nosso caminho.

Benedetto Croce e o liberalismo[*]

1.

É possível indicar o início das reflexões de Croce sobre o liberalismo a partir de uma alusão, que, apesar de sua brevidade, é bastante indicativa dos desenvolvimentos futuros, contida numa "anotação" dos primeiros meses de 1923: "Contro la troppa filosofia politica" [Contra a demasiada filosofia política].[1] A "anotação" "Liberalismo", para a qual se voltou principalmente a atenção de alguns críticos, é de dois anos mais tarde.[2] Na "anotação" de 1923, Croce aproveitava a ocasião das primeiras tentativas desajeitadas dos gentilianos para justificar

---

[*] Parcialmente publicado em *Rivista di Filosofia*, v.46, n.3, p.261-286, jul. 1955.

[1] Croce, Contro la troppa filosofia politica. *La Critica*, 1923.

[2] Id., Liberalismo. *La Critica*, 1925. Os críticos aos quais faço alusão são De Ruggiero, *Storia del liberalismo europeo*, p.363-64; e Alfieri, I presupposti filosofici del liberalismo crociano. *La Rassegna d'Italia*, p.132. Esse autor acrescenta também que a "anotação" não foi aceita em *Etica e politica*, porque teria exposto o volume ao perigo de um confisco. A verdade é que não foi aceita em *Etica e politica* (1930) unicamente porque já havia sido aceita na segunda edição de *Cultura e vita morale* (1926).

mediante a filosofia idealista o novo curso da política italiana que levara ao fascismo, para enunciar três teses que constituem três pontos firmes de sua filosofia política: 1) nenhuma ação prática pode ser deduzida imediatamente de uma teoria, porque é um ato de amor e de ódio, e é a criação de cada instante; 2) a teoria idealista da liberdade é liberal porque é dialética "e reconhece com a necessidade da luta o ofício e a necessidade de todos os mais diferentes partidos e homens"; 3) a teoria dialética ou liberal da história combate, sim, as teorias opostas, como são a católica e a democrática, mas as combate enquanto teorias porque enquanto partidos ou fatos políticos não as pode combater, mas as abraça e as compreende. A primeira tese acentuava a distinção entre teoria e práxis,[3] a segunda e a terceira esboçavam pela primeira vez uma teoria do liberalismo. Dentre essas últimas, uma apresentava a necessidade da luta ou dialética das ideias como elemento característico de uma concepção liberal (ou idealista) da realidade, a outra apresentava a distinção entre o liberalismo como concepção da história (ou metapolítica, como dirá mais tarde) e o liberalismo como partido político particular.

Alguns meses mais tarde (setembro de 1923), escrevendo uma resenha aos *Elementi di Scienza Politica* de Mosca,[4] continuava, por um lado, a agora velha polêmica contra "a idiota religião maçônica" baseada nas "três palavras vazias, 'liberdade, igualdade, fraternidade'", e defendia, por outro lado, junto com Mosca, o Estado liberal como "a forma mais madura da vida política europeia". Quanto à relação entre teoria e prática, repetia que o livro de Mosca, sendo de ciência e de crítica, não era nem democrático nem antidemocrático de modo exclusivo; ele de fato

---

3 Voltava a esse tema distinguindo a unidade mediata de teoria e práxis, que ele defendia, a partir da unidade imediata, que era uma confusão, defendida pelos atualistas, num artigo sucessivo: Ancora filosofia e politica. *La Critica*, 1925.

4 *La Critica*, v.21, p.374-378, 1923, depois como prefácio, exceto uma nota, à quinta edição da obra de Mosca, publicada por Laterza em 1951. Encontra-se também, completa, em Croce, *Nuove pagine sparse*, v.2, p.168-74.

combatia a teoria política democrática, mas não as tendências democráticas, "porque estas existiam no campo dos fatos, e o cientista não poderia negá-las sem mutilar a realidade e com isso torná-la ininteligível ou fanática".[5]

2.

No ano seguinte, apareciam em *La Critica* alguns escritos com os quais Croce fazia a primeira tentativa de delinear uma filosofia da política. São os conhecidíssimos ensaios "Politica 'in nuce'", "Per la storia della filosofia della politica" e "Storia economico-politica e storia etico-politica",[6] que formaram o pequeno volume *Elementi di politica*, publicado pela Laterza em 1925.[7]

O problema que Croce colocava para si nesses ensaios não era tanto o do liberalismo (para cuja elaboração se voltará mais tarde com maior empenho), mas o da política, como uma das formas da atividade prática, e da sua justa colocação entre as atividades do espírito, onde chegava à elaboração de uma teoria do Estado enquanto tal, e não desta ou daquela forma de Estado, com a dupla redução da realidade do Estado à realidade das ações políticas realizadas por todos aqueles que participam dela (sejam os governantes ou os governados) e das ações políticas às ações úteis. Não se propondo a tarefa de estabelecer qual Estado seria o melhor ou com qual ordem ele simpatizava, mas apenas a tarefa de examinar imparcialmente o conceito de Estado, não via nenhuma diferença, a não ser de grau, entre o mais liberal dos Estados e a mais opressora das tiranias com respeito à velha questão da relação entre força e consenso. Continuava, porém, com a velha acidez, a velha apaixonada (e quão passional) polêmica contra

---

5 Ibid., p.377.
6 *La Critica*, 1924, respectivamente p.129-154; 193-208; 334-342.
7 Posteriormente publicado em *Etica e politica*, p.211-284.

as teorias democráticas ou jacobinas, mais precisamente contra as teorias igualitárias, considerando-as intrinsecamente impossíveis e denunciando sua "falsidade total".

3.

Se para aqueles escritos se pode falar de abertura para novas posições ou de arrependimento em relação às velhas teses que se tornaram "perigosas", isso se dá a propósito de dois conceitos cuja reformulação representa um primeiro passo decisivo para a teoria do liberalismo: quero dizer os conceitos de Estado ético e de partido político.

Quanto ao conceito de Estado ético, que nos anos seguintes se tornará um dos alvos, talvez o maior, da sua polêmica contra os atualistas, a posição que Croce tinha até então assumido era ambígua. É verdade que já num ensaio de 1912, "Il concetto del divenire e l'hegelismo" (é bom lembrar isso a todos aqueles que, por um movimento de reação contra os servis exaltadores que apenas veem luz em Croce, veem apenas sombra nele),[8] Croce, contra a exaltação hegeliana do Estado, sustentava que "pelo Estado se poderá sacrificar tudo [...] até a salvação da sua alma, mas nunca a moralidade, pela contradição que não o consente".[9] É verdade que bem no meio de sua encarniçada batalha contra o falso moralismo em política, durante os anos da Primeira Guerra Mundial, não se esqueceu de colocar o problema dos limites da doutrina do Estado-potência, sustentando que a identificação do Estado com a categoria da força (ou utilidade) não queria dizer que tudo é lícito a ele, mas apenas o que, exatamente, lhe é útil;

---

8 Está publicado em apêndice a Ciò che è vivo e ciò che è morto della filosofia de Hegel (1906). In: *Saggio sullo Hegel seguito da altri scritti di storia della filosofia*, p.144-171.

9 Ibid., p.156.

Benedetto Croce e o liberalismo

e que dificilmente a crueldade para com o inimigo poderia ser considerada uma ação vantajosa.[10] O que, aliás, não significava ainda subordinação da política à moral, porque não se tratava de limites éticos, mas de limites intrínsecos à própria categoria da utilidade, ou seja, exatamente daquela adequação dos meios aos fins em que consiste o critério fundamental da avaliação da ação utilitária, ou oportunidade ou conveniência ou conformidade ao fim, como se quiser chamar.

Mas quando se deparou com a teoria do Estado ético devolvido à sua honra nos anos da guerra por Gentile,[11] segundo o qual a ação do Estado, em vez de resolver-se na categoria do útil, eleva-se a supremo valor ético (de uma eticidade superior àquela dos indivíduos), não se pode dizer que ele logo tenha tomado a questão de frente; antes a tivesse habilmente contornado, sustentando que os dois conceitos do Estado amoral e do Estado ético são verdadeiros, e devem ser pensados dialeticamente naquele processo espiritual "pelo qual o Estado se coloca, num primeiro momento, como mera potência e utilidade, e dele se eleva a moralidade, não repelindo de si aquele seu primeiro caráter, mas negando-o, ou seja, conservando-o ao superá-lo".[12]

Apenas nas páginas de 1924, embora ainda rendendo homenagem (mais do que verbal) à fórmula do Estado ético ou de cultura, pelo qual se deve entender o Estado que "não tolera nem acima de si nem ao seu lado outras formas de associação, pois todas devem estar sujeitas a ele ou então devem ser por ele

---

10 Id., *Pagine sulla guerra*, p.105-107.

11 Cf. Gentile, *I fondamenti della filosofia del diritto* (1916), onde se leem frases como as seguintes: "A substância consciente de si, na qual o espírito, isto é, o indivíduo, atinge a sua concretude, é substância ética. Pela primeira vez ela é entendida como tal [...] na filosofia hegeliana. E é um ponto que, embora duro de entender por todos os sobreviventes do jusnaturalismo – kantianos ou católicos –, pode-se dizer que represente a mais significativa conquista de Hegel na sua doutrina do Estado. Na qual a eticidade é o selo da substancialidade e espiritualidade do Estado" (p.112, ed. 1937).

12 Croce, Lo Stato etico. In: *Etica e politica*, p.182.

297

negadas e anuladas" (p.230), rechaça energicamente a exaltação do Estado iniciada por Hegel, e repetida na Itália por Spaventa e pelos epígonos da escola, que levara ao erro de conceber a vida moral na forma inadequada da vida política, ou seja, de confundir política e moral. Cunhando para esses adoradores do Estado a desdenhosa fórmula de inventores de uma "concepção governativa da moral", conclui que o Estado é "a forma elementar e estreita da vida prática, pela qual a vida moral sai por todos os lados e transborda, espalhando-se em riachos abundantes e fecundos" (p.233), com aquela distinção entre política e moral que será o fundamento e a guia da sua concepção liberal do Estado.

4.

É bem sabido que teria sido uma ideia pobre e pouco meditada (abstratamente moralista e não historicista) se fossem feitos partidos políticos na década do magistério cultural de Croce. Longe, naqueles anos, da política ativa, aborrecido com a luta dos partidos que lhe parecia degenerar em fragmentação atomística de seitas, lamentava a decadência da unidade social e da disciplina nacional, não exigia programas, mas fé, e invocava uma concepção religiosa da vida, exigia que cada um se convencesse de que o homem "não é nada como individualidade abstrata e é tudo na medida em que concorda com o todo".[13] Esse estado de espírito, que era o mais distante que se poderia imaginar de um sentimento liberal, levava-o a recolocar a sua confiança exclusivamente nos homens de boa vontade, pela incapacidade filosófica, como explicava numa nota de 15 de janeiro de 1912 dirigida aos redatores da *Unità*, "a falar para homens de partido", e por desconfiar das oposições e distinções dos partidos, "tanto mais

---

13 Id., *Fede e programma* (1911). In: *Cultura e vita morale*, p.166. Cf., também, id., *L'aristocrazia e i Giovani* (1911). In: *Cultura e vita morale*, p.172-182.

que a experiência nos mostra que o partido que governa ou desgoverna é sempre um só e tem o consenso de todos os outros, que fingem fazer oposição".[14]

Convidado por Salvemini a esclarecer a questão,[15] respondia com o conhecido ensaio "Il partito come giudizio e come pregiudizio" (1912), no qual com uma apressada analogia (mas era a intolerância pela sociologia que o fazia trocar com um disfarce sociológico uma realidade social bem sólida, embora não agradável, por um produto da abstração da ciência social, o que era o produto mais ou menos determinado da sociedade) comparava os partidos políticos aos gêneros literários, nada mais que pseudoconceitos ou, em suas próprias palavras, "conceito logicamente absurdo, porque formado graças à indébita transferência da dialética hegeliana dos conceitos puros para as classificações empíricas; e pernicioso na prática, porque destrutivo da consciência da unidade social"; e concluía constatando que "a verdadeira ação política exige sempre libertar-se dos partidos para fitar, acima deles, unicamente a salvação da pátria".[16] Espreitava, sem muito disfarce, entre as linhas, a ideia que o melhor partido seria aquele dos homens de boa vontade que agiam de comum acordo, acima dos partidos existentes, pelo bem comum.

Croce partia exatamente da rejeição dessa tese nas novas reflexões sobre os partidos que se mostravam a ele em 1924. O partido dos conservadores ou dos homens honestos lhe parecia agora viciado no defeito de não ser nem partido nem político. E os partidos não eram mais comparados aos gêneros literários, mas eram mais adequadamente considerados instrumentos necessários para a ação política que acompanham aquelas pseudo-teorias que são as ideologias e aquelas regras genéricas de ação

---

14 Id., È necessaria una democrazia? In: *Pagine sparse*, v.1, p.312.

15 Id., *Pagine sparse*, v.1, p.313.

16 Id., Il partito come giudizio e come pregiudizio. In: *Cultura e vita morale*, p.195-197.

que são os programas, sendo umas e outros meios eficazes de ação e como tais inutilmente impugnados e refutados pelos abstratos sonhadores de uma unidade acima das partes. A unidade, a síntese – exatamente aquela mesma unidade social da qual ele dez anos antes se fazia nostálgico louvador – agora não lhe parecia trabalho dos partidos, nem daqueles que estão no governo, mas da providência ou da história.[17]

No lugar da teoria pré-liberal dos partidos – como era a que havia muito tempo dominara nos teóricos da política (ainda repetida pelos escritores da Restauração), segundo a qual, se o fim do Estado é o *bonum commune*, toda divisão de programas e de ideologias é condenável – aflorava novamente a bem mais madura concepção que podia dizer-se "liberal" do Estado, já proposta por alguns escritores do século XVIII, principalmente por Montesquieu, segundo a qual os partidos com a sua alternância no poder, ao contrário de serem danosos ao Estado, o conservavam em perpétua saúde e tornavam possível o seu progresso civil. Croce se colocou como defensor dessa teoria exatamente num trecho no qual, a propósito das ideologias, afirmava que a ideologia à qual se referia o liberalismo com o seu gradual progressismo era a teoria correta e verdadeira do "desenvolvimento histórico por antinomias".[18] Nesse trecho estava o sinal de uma nova orientação no estudo da política, e era uma orientação que tinha em si algo de arrependimento e também a mais forte consciência da complexidade do problema.

5.

Aliás, quando Croce escrevia a "Politica 'in nuce'", a ruptura com o fascismo ainda não ocorrera; e nas páginas desse ensaio

---

17 Id., Politica "in nuce". In: *Etica e politica*, p.237-240.
18 Ibid., p.238.

havia uma expressão incontestável de sua atitude de não reprovação diante das violências fascistas. A propósito das teorias democráticas sobre as quais tinha declarado, como se viu, a falsidade total, ele lançava-se contra os defensores destas, que eram naqueles anos as vítimas das expedições punitivas dos grupos fascistas, dirigindo-se aos novos paladinos da violência com palavras que, se não eram de encorajamento, também não eram de desaprovação e muito menos de indignação.

A "liberdade" e a "fraternidade", que aquela teoria faz seguirem-se à ideia da "igualdade", são tão vazias e, como tais, abertas a todo arbítrio, que bastam para explicar os vitupérios lançados contra aquelas nobres palavras por homens de vivo sentido histórico e político, que se tornaram, em ódio a elas, apaixonados partidários daquela "força", parcial e grosseiramente entendida: da força, se diria, de pegar em primeiro lugar a tapas os crédulos daquelas formas insípidas e aqueles que as vão repetindo à maneira dos tolos.[19]

E ainda mais claramente num artigo do mesmo ano, "Fatti politici e interpretazioni storiche", lembrando o nexo ideal que ligava fascismo e futurismo, advertia que não se devia estender ao primeiro a sua reprovação do segundo, e comentava:

> As minhas negações, como as de todo homem racional, são sempre *secundum quid*, e não excluem que o que é censurável por um lado seja admirável por outro [...] Eu negava que com o futurismo, movimento coletivo, volitivo, gritador e arruaceiro, se pudesse criar poesia, que é coisa que nasce em raros espíritos solitários e contemplativos, no silêncio e na sombra; mas não negava, antes reconhecia, o caráter prático e praticista do movimento futurista. Fazer poesia é uma coisa, e fazer a murros é outra, me parece; e quem não tem êxito no primeiro ofício, não é dito que não possa tê-lo muito

---

19 Id., Politica "in nuce". In: *Etica e politica*, p.226.

bem no segundo, e tampouco que a eventual chuva de murros não seja, em certos casos, útil e oportunamente administrada.[20]

Quem quiser saber mais exatamente o que Croce pensava do fascismo e qual era a sua posição política até a ruptura (que aconteceu só nos primeiros meses de 1925), deverá ler, sobretudo, três documentos: uma entrevista concedida ao *Giornale d'Italia*, de 27 de outubro de 1923; uma segunda entrevista concedida ao *Corriere italiano*, de 1º de fevereiro de 1924, a propósito das eleições; e uma nova entrevista ao *Giornale d'Italia*, de julho de 1924, em seguida ao "prudente e patriótico" voto favorável à ordem do dia de confiança no governo, dado no Senado.[21] Na primeira entrevista, embora declarando firmemente a sua posição liberal, aceita a nova situação criada pelo governo fascista como remédio inevitável para a anarquia. Na segunda entrevista, nega que o fascismo tenha elaborado ou esteja a elaborar uma nova ideologia, mas justifica a sua ação política destinada a salvar a autoridade do Estado, e avalia, lamentavelmente, "quão grande benefício foi o cuidado com o qual o fascismo submeteu a Itália, que penso ser melhor que a convalescente não se levante cedo demais do leito, com o risco de uma grave recaída". Na terceira entrevista, enfim, já desiludido, mas não arrependido, deplora, mas aceita como fato político o crime Matteotti, reconhece que o fascismo respondeu a necessidades reais e fez muitas coisas boas; quanto ao seu voto de confiança no Senado, considera-o não como um voto de entusiasmo, mas de dever, e auspicia a volta ao regime liberal como único modo de salvar o fascismo como elemento forte e salutar da futura competição política.

---

20 Id., Fatti politici e interpretazioni storiche. In: *Cultura e vita morale*, p.269-270.

21 Id., *Pagine sparse*, v.2, p.371-380.

6.

Diante do fascismo naqueles anos, Croce assumira a atitude do conservador, preocupado com as ameaças à estabilidade do velho Estado que provinham do avanço das classes populares. Ele considerara o fascismo, como foi visto, uma reação salutar que deveria ter dado novo vigor a um corpo enfraquecido e colocar de novo em pé o velho edifício do Estado liberal que estava desabando, um movimento que tinha valor de instrumento e nunca deveria ser elevado a valor de fim (permanecendo o fim, para sempre, o Estado liberal clássico, a cuja restauração aquele movimento devia visar e depois, alcançado o fim, desaparecer) ou, preferindo-se, um medicamento, amargo mas útil, que produz irrefutáveis efeitos durante a doença e, depois, quando o corpo voltou à saúde, teria sido jogado fora.

Nessa atitude não havia apenas surdez política ou excessiva trepidação pela defesa dos interesses constituídos e preferência pelo homem de ordem que nada há de pedir ao Estado a não ser que lhe permita realizar em paz o seu trabalho; mas também um reconhecimento ou, talvez, não mais que uma satisfação, doutrinal. Croce, de fato, repetira por anos com Maquiavel que os Estados não são governados com pais-nossos; uma das suas teorias à qual era mais afeiçoado era que a política é o domínio da força ou da mera utilidade, e nenhuma voz lhe era mais desagradável e mais levantava a sua indignação e tornava ardentes as suas palavras que aquela dos moralistas, dos idealistas "tolos", dos pacifistas ingênuos ou hipócritas. As violências dos grupos de ação não eram feitas para escandalizar, para indignar um observador tão desencantado sobre a "verdade efetiva" dos Estados. Eram parte do jogo, às vezes cruel, sempre áspero e pouco respeitoso das regras morais, da história das nações. Em segundo lugar, os fascistas combatiam aquilo que ele sempre combatera – democracia, socialismo, maçonaria – e além disso estavam possuídos, por amizades traídas e vitórias mutiladas, por ódio feroz contra a Intesa,* contra a qual as páginas de Croce sobre a guerra não pouparam críticas e sarcasmos. Lendo hoje as mais abomináveis páginas dos ideólogos fascistas – como por exemplo o *Manifesto* de Francesco Coppola, com o qual a revista *Politica* iniciava as suas publicações (15 de dezembro de 1919) e no qual se exaltava o ideal imperialista contra o democrático, o militarismo contra o pacifismo, a força contra o direito –, não se pode esconder um gesto de surpresa, ou de vergonha, ao constatar quantas sementes Croce espalhou nas suas páginas sobre a guerra para uma colheita tão copiosa de erros históricos e de horrores morais.[22]

Croce, porém, não foi fascista; bastam para mostrá-lo as passagens lembradas pouco antes. Para ele o fascismo não era e não podia se tornar uma doutrina, um credo, mas era apenas uma prática política restauradora de uma legalidade violada. E exatamente na primeira das entrevistas citadas, na qual mostrava que aceitava o governo de Mussolini como insubstituível, fazia plena e franca profissão de fé liberal, porque liberal não podia deixar de sentir-se quem saíra da tradição do Risorgimento, e não só não a renegava, mas pressagiava que "os liberais italianos, retomando consciência da sua melhor tradição", deveriam restaurar "o partido liberal, devolvendo a ele aquele elevado caráter ético, que teve na sua forma original", e concluía que o dever deles não

---

* Intesa é um acordo entre o Estado italiano e uma confissão religiosa diferente da religião católica. (N. T.)

22 Como se sabe, Croce colaborou nos primeiros números da revista com alguns artigos políticos, que se encontram respectivamente nos fascículos de 19 de janeiro de 1919, p.206-212; de 24 de abril de 1919, p.48-60; de 24 de novembro de 1919, p.12-17. Esses artigos estão agora reunidos, o primeiro número indicado com o título "Sopravvivenze ideologiche" e o segundo com os títulos "La guerra italiana, l'esercito e il socialismo"; "Disegni di riforma nazionale"; "La vittoria". In: id., *Pagine sulla guerra*; o terceiro número indicado com os títulos "L'onestà politica"; "La nausea per la politica". In: id., *Etica e politica*. Sobre essa colaboração, que suscitara um comentário de Gramsci, ver as explicações de Croce em *Nuove pagine sparse*, v.1, p.331, nota 1.

era de se tornarem fascistas, ou seja, "vestir a personalidade de homens que têm outro temperamento, percorreram experiência diferente e pertencem em grande número à geração mais jovem".[23]

7.

Tampouco, como se propõe ou se insinua hoje por aqueles que o rechaçam ou o repudiam, e se dizia então por aqueles que tentavam monopolizá-lo,[24] Croce foi um teórico (ainda que sem o saber) ou precursor do fascismo. Quanto à teoria da política, seria não generoso, além de estulto, esquecer que esse conceito da força, que domina a vida dos Estados, inseria-se numa visão geral da história em que, ao lado e acima da atividade utilitária, era colocada a consciência moral que comanda a força para redimi-la, na qual, enfim, se a política era toda utilidade,

---

23 Id., *Pagine sparse*, v.2, p.373. Esta é uma versão diferente da mais célebre nota aposta ao ensaio "La politica dei non politici", na qual afirma que, se um romano se encontrasse no mundo dos ostrogodos, o seu dever não seria se tornar ostrogodo, mas permanecer romano (In: *Cultura e vita morale*, p.290). E era também uma resposta antecipada ao elogio da barbárie feito por Gentile numa conferência de março de 1925, agora em *Che cosa è il fascismo*, p.32-33.

24 Podem ser vistos citados por Garin, *Cronache di filosofia italiana*, p.303-304. Mas certamente o maior, e para Croce também o mais inoportuno, desses seus admiradores foi o próprio Gentile, que na *Epoca* de 21 de março de 1925, a propósito do artigo de Croce, "Liberalismo", escrevia: "No fundo do despeitado mal-estar contra o fascismo, com o qual hoje Croce dá uma mão aos variegados liberais italiano [...] se verificaria que toda a educação filosófica e a constante e mais profunda inspiração do pensamento de Croce faz dele um genuíno fascista sem camisa negra" (Gentile, *Che cosa è il fascismo*, p.54). Croce respondeu no *Giornale d'Italia* de 24 de março (agora em *Pagine sparse*, v.2, p.352), e Gentile replicou na *Epoca* de 25 de março, reafirmando imperturbável que "toda a substância do seu pensamento é, *malgré lui*, perfeitamente fascista", e que "os jovens agora se voltam a ele e o saúdam como seu pai espiritual, apesar de ele, como tantos outros, não querer reconhecer os seus filhos" (Gentile, *Che cosa è il fascismo*, p.161).

a utilidade não era toda a vida do espírito. O problema das relações entre moral e política foi um dos maiores em torno do qual Croce se afligiu.[25] E nunca fez concessões ao imoralismo *fin de siècle* que se propagava: se os moralistas faziam-no perder a paciência, não menos o incomodavam os imoralistas, que pregavam que a consciência moral era um preconceito de classe ou uma manifestação da alma servil. Basta lembrar que (para ilustrar os vários aspectos do problema seria preciso um estudo à parte), na *Filosofia della pratica*, publicada vários anos antes da guerra, protestando contra o antimoralismo enquanto "triste ressonância de insalubres condições sociais e de doutrinas unilaterais e mal-entendidas (marxismo, nietzschianismo)", escrevia:

> O antimoralismo pode ser justificado como polêmica contra a hipocrisia moral e a favor da moralidade efetiva contra a moralidade linguaruda; mas perde todo significado e justificação quando, enchendo frases vazias ou combinando proposições contraditórias, esforça-se por pregar contra a própria moralidade. Ele crê que celebra desse modo a força, a saúde, a liberdade; e vangloria, ao contrário, a servidão às paixões desenfreadas, a aparente saúde do doente e a força aparente do maníaco.[26]

Quanto à polêmica antidemocrática, é preciso dizer que Croce sempre combatera, também aqui, em duas frentes: contra a democracia igualitária, por um lado, e contra o nacionalismo, por outro; e se tinha fornecido armas aos fascistas para abater o que eles combatiam, certamente não tinha oferecido pedestais para os odiosos ídolos que adoravam. Contra D'Annunzio e os dannunzianos, era alto o elogio que ele tecera das "austeras virtudes, que Carducci exaltava", e se entre essas virtudes estava o

---

25 Por último, ver Sartori, L'identificazione di economia e politica nella filosofia crociana. *Studi politici.*

26 Croce, *Filosofia della pratica*, p.294.

ideal guerreiro, este nunca se pervertera no poeta vate da Itália "naquela coragem de aventureiro e naquela ferocidade de bárbaro, que depois se chamaram imperialismo e militarismo".[27] No ensaio "Di un carattere della più recente letteratura italiana" (que é de 1907), opondo a fé sincera dos tempos precedentes àquela "indústria do vazio" que é a insinceridade, afligia-se ao ver o imperialista insurgir no lugar do patriota, o místico no lugar do realista, o esteta no lugar do positivista; e do imperialista, que idolatra o ideal "feio" da força pela força em contraste com os ideais mais do que feios, palermas do pacifismo, dizia que queria conquistar, guerrear, bombardear, derramar rios de sangue, mas não sabia contra quem nem por quê, com que meios e para quais fins queria fazer tanto barulho.[28] E depois, talvez nos escritos do tempo de guerra, nos quais combateu a sua batalha contra a traição dos clérigos, não tinha insistentemente repetido, como é por demais sabido, que acima do dever para com a pátria havia o dever para com a verdade, que se devia dar tudo à pátria, exceto a moral e a verdade? Àqueles que se espantavam que ele tivesse assinado o *Manifesto* de Romain Rolland, respondia em 5 de agosto de 1919 que ele era, sim, *enraciné* [enraizado], mas absolutamente nada nacionalista, antes odiava o animal, ou melhor, a fera nacionalista como se odeiam as falsificações daquilo que nos pressiona.[29] Além de ser, naqueles anos, precursor daqueles que teriam sacrificado a verdade à nação, punha já naquela polêmica contra a traição dos intelectuais as premissas, como já tive ocasião de apontar,[30] da sua oposição ao fascismo. De modo que ele pode tranquilamente escrever numa carta a

---

27 Id., Anticarduccianesimo postumo; Le varie tendenze, e le armonie e disarmonie di G. Carducci. In: *La letteratura della nuova Italia*, v.2, respectivamente p.6-7, p.40.

28 Id., Di un carattere della più recente letteratura italiana. In: *La letteratura della nuova Italia*, v.4, p.195.

29 Id., Sentimento patrio e nazionalismo. In: *Pagine sparse*, v.2, p.198.

30 Cf. p.178.

Vossler, de 27 de maio de 1925, e nós podemos sem nenhuma expressão de surpresa ouvir: "Eu nunca fui nacionalista, mas simplesmente patriota ao velho modo bonachão e burguês. Não consigo digerir o que acontece agora na Itália e em outros lugares. Mas passará".[31]

8.

Aliás, diante dos importunos e improvisados apologetas que o ovacionavam por ter "preconizado o novo Estado fascista", o próprio Croce não ficou em silêncio, assim como elevará o seu protesto vinte anos mais tarde contra aqueles que se aproveitaram da mesma atitude para condená-lo.[32] Contra os apologetas aprontou substancialmente, acho importante acentuar, dois argumentos em sua defesa, que merecem alguma consideração: a distinção entre teoria e prática, e a distinção entre a democracia que ele sempre combatera e o liberalismo do qual se professava seguidor.

Assim que ele toma consciência, não sem dificuldades, de que a sua filosofia estava misturada com as paixões políticas tão veementes naqueles anos, e procura tirar justificações teóricas de algumas aberrações práticas, ergueu à guisa de muralha entre ele e os militantes a teoria dos distintos: ele até agora fora o teórico, eles, que eram os práticos, estiveram atentos a não deduzir mecanicamente de conceitos filosóficos receitas ou programas de ação prática; teoria e prática são duas coisas diferentes e por isso a prática não se reduz a termos intelectuais, mas se justifica em si mesma, enquanto ato de amor e de ódio, na voz da consciência; aqueles que deduzem uma teoria para justificar uma

---

31 Id., *Carteggio Croce-Vossler*, p.296.
32 Ver id., Durezza della politica (1945). In: *Pensiero politico e politica attuale*, p.60-66; e id., Stato e Chiesa (1947). In: *Due anni di vita politica italiana*, p.96-98.

prática que deveria apenas ser justificada pessoalmente, abusam da filosofia, que não deve ser colocada a esse serviço de natureza imediatamente política. Não apreciava particularmente aqueles que procuravam dourar um brasão para o fascismo, voltando-se a Gioberti, a Mazzini ou ao idealismo; e ele, por sua vez, renunciava sem lamentação ao louvor de precursor ou profeta.[33] Ele batizou essa forma de confusão com o nome de "cretinismo filosófico" num "artigo" de 1925, que marcava a sua ruptura definitiva com Gentile.[34]

A acusação de "cretinismo filosófico" ou de trapalhada mental era uma retaliação contra aqueles que o acusavam de incoerência. Mas tinha todo o ar de ser uma resposta interlocutória. Nada mais estranho ao espírito de Croce que a filosofia "medicinal", que dá receitas para a ação. E alguns anos mais tarde, num capítulo da *Storia come pensiero e come azione*, tornará Taine alvo de duras críticas, considerando-o como encarnação de uma filosofia que quer dar respostas a perguntas que não são de filosofia, mas de resolução prática.[35] Mas se do seu pensamento fossem

---

33 Cf. os seguintes ensaios: Contro la troppa filosofia politica; Ancora filosofia e politica; Fatti politici e interpretazioni storiche; La politica dei non politici. In: *Cultura e vita morale*.

34 Id., Fissazione filosofica. *La Critica*, p.252-256 (*Cultura e vita morale*, p.293-301), como exemplo dessa confusão citava "o filósofo que [...] sentencia que toda força e, por isso, também, a força do porrete ou do punhal, é força espiritual" (p.296). Gentile, num discurso em Palermo de março de 1924, dissera: "Toda força é força moral, pois se dirige sempre à vontade; e qualquer que seja o argumento empregado – desde o sermão ao porrete –, a sua eficácia não pode ser outra que aquela que finalmente o homem solicita interiormente e o persuade a consentir" (Gentile, *Che cosa è il fascismo*, p.51). Ao publicar esse discurso acrescentava uma nota para dissipar os equívocos que lhe tinham valido o nome de "filósofo do porrete".

35 Entre muitas formulações desse conceito, particularmente incisiva é a que se encontra na resenha de Westphal, *Feinde Bismarks. La Critica*, v.28, p.453-454, 1930, onde se conclui: "Eu uma vez, ao ver empregar certas teorias estéticas minhas como propaganda de futurismo, e algumas outras políticas para propaganda de sistemas reacionários, disse que teria colocado, a partir

tiradas receitas tão enjoativas ao seu paladar, era tudo culpa dos médicos preocupados em nobilitar as suas curas inexperientes com ilustres doutrinas ou tampouco, em grande ou pequena parte, das teorias que serviam demasiado docilmente de pretexto àquelas contrafações ou deformações? Creio compreender que, ao abrigo daquela fúria contra os adversários, nascesse o meditado propósito de repensar os principais problemas da teoria política e que, portanto, aquele contra-ataque fosse apenas uma primeira e mais fraca tentativa de represamento que deveria ser seguida de argumentos mais sólidos. A filosofia não dá receitas para a ação, contudo deve, segundo outra teoria croceana bem conhecida, preparar a ação. E se a ação na qual começava a sentir-se comprometido era a resistência à ditadura, não podia não sentir-se igualmente comprometido a esclarecer um pensamento que até então colocara a ênfase mais na força que na liberdade, e preparava, estivessem errados ou certos os que se valessem dele, não programas liberais, mas práticas de iliberdade.

9.

A via do esclarecimento partiu do desenvolvimento do segundo argumento que ele opusera aos seus acusadores: a distinção entre a democracia, a qual sempre combatera, e o liberalismo. Numa "resposta supérflua" aos costumeiros gentilianos que queriam puxá-lo para o seu lado, publicada no *Giornale d'Italia* de 30 de julho de 1925, afirmava que "uma coisa é jacobinismo, maçonaria, democratismo, e outra coisa é liberalismo, superação e correção daqueles e – como mostra a história dos estudos políticos – em contínua oposição a eles".[36] Esse argumento não tinha mais o

---

de então, sobre aquelas teorias, um cartaz avisando: 'Estas não são coisas de comer'" (p.454).

36 Croce, *Pagine sparse*, v.2, p.387.

aspecto de uma defesa hábil e um pouco capciosa, mas constituía o princípio de aprofundamento de um problema, que o teria conduzido à teoria filosófica do liberalismo.

Até então acreditara que podia desembaraçar-se das críticas mais incômodas dizendo que ele era liberal por tradição e por temperamento, e opondo à sua filosofia, qualquer que fosse a interpretação antiliberal que pudesse ser dada, a sua fé e o seu sentimento de homem de ação. E para dizer a verdade, quando lhe fora oferecida a ocasião de falar como político, nos poucos meses do seu ministério (de junho de 1920 a junho de 1921), fez declarações públicas de liberalismo.[37] Na entrevista de 1923, já lembrada, afirmou que ele era liberal não por deduções filosóficas, mas do mesmo modo que se sentia napolitano, e especificava:

> E como pode não se sentir liberal quem se criou nos primeiros cinquenta anos da nova Itália unitária e liberal, e respirou aquele ar, e se aproveitou daquelas iniciativas, daqueles contrastes, daquele rápido crescimento e modernização da vida italiana?[38]

E até aqui parecia que os dois argumentos, o da distinção entre teoria e prática e o do seu liberalismo, apoiavam-se mutuamente. Queria-se uma prova de que não se podia deduzir uma atitude prática de um conceito filosófico? Pois bem, ele era, ou parecia, *na teoria* um defensor do Estado-potência, mas *na prática* era e sempre fora um liberal. Os fascistas podiam exaltar a sua filosofia, mas ele, como homem de afetos e de ação, era um liberal, "e não dos menos fervorosos", e desse seu liberalismo, que era prático e não filosófico, não tinha felizmente de "justificar-se

---

37 Ver, sobretudo: id., La libertà della scuola. In: *Pagine sparse*, v.2, p.252-262. Croce fala como "representante da ideia liberal, à qual se deve a criação da escola de Estado, altíssima conquista do Estado moderno, que defenderemos com todas as forças" (p.265).

38 Id., *Pagine sparse*, v.2, p.373. Afirmação análoga se lê numa carta de outubro de 1925 referida por Alfieri, *I presupposti filosofici del liberalismo crociano*, p.119.

Política e cultura

filosoficamente, porque não tem nada a ver com a teoria filosófica que propugno".[39]

Mas exatamente aquelas tentativas de atração por parte de pessoas com as quais por "tradição" e por "temperamento" não queria ter nada em comum, induziram-no a pensar uma vez mais nas razões daquela tradição e nos caracteres daquele temperamento para reforçar as bases da sua oposição, e por isso mesmo passar do liberalismo professado ou espontâneo ao liberalismo pensado e refletido, da práxis para a teoria do liberalismo. Até agora ele fora um liberal inconsciente. Diante do alastramento de doutrinas opostas, que confundiam conceitos distintos e turvavam a história da Itália para pescar nela não se sabia que títulos de nobreza, não podia mais contentar-se em fazer declarações sentimentais. Era preciso remontar aos princípios, era preciso uma filosofia da liberdade. Aqui começava a separação da posição meramente interlocutória. Para os seus adversários teria um argumento mais sólido a opor sem ser o da irredutibilidade de uma posição de política prática a uma teoria filosófica: a sua filosofia, aquela filosofia que eles arrastaram na poeira das suas controvérsias mesquinhas, era uma filosofia da liberdade. Não tinham compreendido isso, nem ele tinha percebido com clareza. Doravante devia esclarecê-la a si mesmo e explicá-la aos outros.

O momento crucial dessa passagem do liberalismo prático para o teórico foi o ano de 1925, quando tomou posição pública de oposição com o protesto contra o *Manifesto dos intelectuais fascistas*, que traz a data de 1º de maio.[40] Em *La Critica* daquele ano, aparece o "artigo" "Liberalismo", seguido daquela espécie de retratação sobre o fascismo, que está contida nas "palavras pronunciadas na reunião do conselho nacional do Partido Liberal

---

39 Resenha de Maggiore, Stato forte e stato etico. *La Critica*, v.23, p.374, 1925.

40 *La Critica*, v.23, p.310-312, 1925. Agora em *Pagine sparse*, v.2, p.380-384. Há um comentário sobre o *Manifesto* em *Nuove pagine sparse*, v.1, p.356-57.

Italiano, em Roma", em 28 de junho.[41] A elaboração de uma teoria filosófica da liberdade seguiu a partir de então por quinze anos e marcou, como foi observado, um interesse predominante de Croce pela historiografia, e durante esse período ele foi, como dito e agora seria mesquinho contestar, a consciência moral do antifascismo italiano. As principais etapas dessa elaboração são as seguintes. Em 1927-1928 aparecem nos *Atti della Reale Accademia di Scienze morali e politiche* de Nápoles: "Il presupposto filosofico della concezione liberale" [O pressuposto filosófico da concepção liberal] (v.50, p.289-299, 1927); "Contrasti d'ideali politici in Europa dopo il 1870" [Contrastes de ideais políticos na Europa depois de 1870] (v.51, p.60-75, 1928); "Liberismo e liberalismo" [Livre-comércio e liberalismo] (ibid., p.75-80); "Di un equivoco concetto storico: la 'borghesia'" [De um conceito histórico equivocado: a "burguesia"] (ibid., p.106-125);[42] "Stato e Chiesa in senso ideale e la loro perpetua lotta nella storia" [Estado e Igreja em sentido ideal e a sua perpétua luta na história] (ibid., p.135-42). Esses artigos foram reunidos num opúsculo com o significativo título *Aspetti morali della vita politica* [Aspectos morais da vida política] (1928), dando a entender que a teoria do Estado até agora defendida e que dera lugar a tantos mal-entendidos se referia aos aspectos utilitários ou meramente políticos, mas que estes não exauriam todo o campo da vida prática do homem.[43] Seguem, em 1928, a *Storia d'Italia dal 1871 al 1915* [História da Itália de 1871 a 1915]; em 1930, o ensaio "Antistoricismo" [Anti-historicismo];[44] em 1932, a *Storia d'Europa del sec. XIX*; em 1933, o ensaio "Vecchie e nuove questioni intorno

---

41 *La Critica*, v.23, p.314-15, 1925, agora em *Pagine sparse*, v.2, p.385-87.

42 Este último também em *La Critica*, v.26, p.261-274, 1928.

43 Foram, pois, acrescentados aos *Elementi di politica*, dos quais agora fazem parte. Podem ser vistos em *Etica e politica*, p.284-353. Aí foi inserido também o ensaio "Constant e Jellinek", que apareceu nos *Atti* acima recordados de 1931 (v.53, p.246-49).

44 *La Critica*, v.27, p.401-410, 1930, agora em *Ultimi saggi*, p.246-59.

all'idea dello Stato" [Velhas e novas questões acerca da ideia do Estado];[45] em 1938, *La storia come pensiero e come azione* [A história como pensamento e como ação]; em 1939, enfim, o ensaio no qual foram recolhidas as linhas fundamentais de uma filosofia do liberalismo, e que podem muito bem ser consideradas a síntese e o ponto de chegada desta pesquisa: "Principio, ideale, teoria: a proposito della teoria filosofica della libertà".[46]

10.

Para seguir Croce nessa elaboração da teoria do liberalismo que durou mais de uma década será bom reunir em torno de poucos pontos fundamentais as muitas páginas de origem diversa escritas por ele.[47] E assim como diversas vezes Croce nos recomendou que olhássemos o que um filósofo combate para compreender quais problemas se coloca, será bom lembrar que, naqueles anos, serviram de estímulo e atrativo ao seu pensamento (e não apenas ao pensamento político) as aberrações e os despropósitos de Gentile e dos gentilianos (como bem disse Garin, "Croce reencontrou a si mesmo no fogo da luta; e no choque com um adversário digno dele e que fala a sua linguagem, encontrou a sua linguagem mais pura"),[48] e que esses seus adversários insistiam nestes três pontos: 1) a declaração de morte do liberalismo como produto das correntes utilitaristas e mate-

---

45 Nos *Atti* citado (v.54, p.143-52, 1933), depois em *Orientamenti*, p.9-31; enfim com o título, Amore e avversione allo stato. In: *Ultimi saggi*, p.300-312.

46 Cf. Croce, Principio, ideale, teoria: a proposito della teoria filosofica della libertà. In: *Il carattere della filosofia moderna*, p.104-125.

47 É inútil dizer que um conhecimento completo do pensamento de Croce exige uma leitura também das notas, artigos e recensões que apareceram em *La Critica* naqueles anos e nas quais repetidamente ele volta aos conceitos, esclarecendo-os cada vez mais.

48 Garin, *Cronache di filosofia italiana*, p.443.

rialistas dos séculos XVIII e XIX; 2) a exaltação do Estado ético; 3) o fascismo como o verdadeiro herdeiro dos ideais do Risorgimento (o fascismo como o verdadeiro liberalismo).

Contra a primeira afirmação, Croce sustenta a tese de que o liberalismo não só não morrera, mas não poderia morrer, porque não era seita ou partido, mas era uma concepção total da vida, como ele gostava de dizer, uma concepção metapolítica, ou antes, era a concepção de mundo produzida pela filosofia moderna imanentista e historicista, além da qual o pensamento humano não tinha ido (e da qual se professavam pregadores aqueles mesmos que o renegavam);[49] uma filosofia, portanto, não definitiva, mas certamente última e ainda não superada. Deixando de lado os escrúpulos relativos à possibilidade de justificar uma teoria política com uma teoria filosófica, Croce envidou muitos esforços em procurar mostrar, e depois repetiu em todas as ocasiões, que liberalismo e idealismo (ou melhor, historicismo) eram estreitamente aparentados, ou melhor, o primeiro era o filho legítimo do segundo. Enquanto ainda no artigo "Liberalismo" se limitara a caracterizar o *liberalismo* politicamente como o regime que permite a livre competição,[50] no ensaio de 1927, "Il presupposto filosofico della concezione liberale" [O pressuposto filosófico da concepção liberal], indicava no liberalismo uma concepção metapolítica porque coincidia com uma concepção total do mundo, na qual se espelhava nada menos que "toda a filosofia e a religião da Idade Moderna, concentrada

---

49 Há de se recordar que Gentile tinha repetidamente dito que o fascismo, não o liberalismo, era uma concepção total da vida, ou antes, uma religião (Gentile, *Che cosa è il fascismo*, p.38-39).

50 "Mas é de uso bem mais amplo e contínuo a obra do liberalismo, que não se fixa apenas sobre uma parte da vida social, mas olha o todo, e não é útil apenas nos casos de desordem e de confusão, mas concerne a vida que se diz normal e cujos contrastes regula à medida que se tornam fecundos, cujos perigos atenua reduzindo ao mínimo a perda que eles produzem" (Croce, Liberalismo. In: *Cultura e vita morale*, p.285).

na ideia da dialética, ou seja, do desenvolvimento, que, graças à diversidade e à oposição das forças espirituais, aumenta e nobilita continuamente a vida e lhe confere o seu significado único e inteiro".[51] Observe-se como o conceito de livre competição era desse modo justificado filosoficamente mediante a ideia da dialética e do desenvolvimento, e como dessa maneira Croce procurava deduzir da sua concepção filosófica exatamente o que recusava aos seus adversários, o liberalismo ou o que ele acreditava que era o núcleo do liberalismo. Na continuação do ensaio, opondo a liberdade moderna, produto do historicismo, à liberdade antiga e à medieval, aceitava como sinais de uma nova nobreza as acusações de formalista e agnóstico que eram feitas à concepção liberal pelos adversários, e ainda uma vez ressaltava a ligação estreita que unia a ideia liberal ao historicismo.[52]

E ele deu ainda um passo adiante na reflexão filosófica sobre a liberdade quando acolheu de Hegel e mais genericamente do romantismo – e se tornou depois uma ideia constante – a tese de que a própria ideia da liberdade era o único critério que permitiria explicar o curso histórico e, portanto, que a história seria, toda ela, história da liberdade. O ensaio que ele escreveu logo depois do antes citado "Contrasti di ideali politici dopo il 1870" começa com estas palavras:

> Quando na era romântica e idealista se chega ao pensamento de que a história da humanidade não é outra coisa que a história da liberdade, com essa frase se pôs junto o critério para interpretar a história da humanidade e o ideal ou a religião que lhe é intrínseca.[53]

---

51 Tiro a citação de *Etica e politica*, onde leva o título "La concezione liberale come concezione della vita". O trecho citado é da p.285.

52 Embora ele tenha rejeitado a acusação de ter contaminado a filosofia com uma tendência prática ao observar que o ideal de liberdade não é um ideal de partido, mas "o próprio ideal puríssimo da consciência moral" (id., *Pagine sparse*, v.3, p.471-472).

53 Id., Contrasti di ideali politici dopo il 1870. In: *Etica e politica*, p.302.

Esse conceito da história como história da liberdade encontrou a sua primeira explicação no célebre capítulo introdutório da *Storia d'Europa* e foi particularmente dedicado a ele o ensaio sobre o anti-historicismo, no qual se chegava a afirmar, com base no conceito da história como história da liberdade, a inseparabilidade entre sentimento histórico e sentimento liberal.[54] Em *La storia come pensiero e come azione* atribuía à liberdade a tarefa de "eterna formadora da história" designando-a como o "próprio sujeito de toda história".[55] Enfim, no ensaio conclusivo de 1939, partindo da tese espiritualista de que "tudo o que o homem faz é feito livremente", repetia que a liberdade é "força criadora da história, seu verdadeiro sujeito, tanto que se pode dizer [...] que a história é história da liberdade".[56]

Considerar o liberalismo como uma concepção total da realidade, como expressão da filosofia moderna que é historicista e imanentista, serviu a Croce para tomar posição mais clara contra os ideais políticos que tinha até então combatido na prática. Antes de tudo contra toda forma de ideal autoritário, sob cujo conceito compreendia tanto o autoritarismo teológico quanto o autoritarismo socialista e democrático.[57] Em segundo lugar, contra a democracia, que era uma realidade empírica, ao passo que o liberalismo era um conceito regulador (e o erro dos homens da direita fora considerar também o liberalismo como uma realidade empírica).[58] Contra o ideal autoritário fazia valer a concepção historicista como concepção dialética da história que nunca se detém numa posição definitivamente alcançada, mas sempre cresce sobre si mesma num contínuo processo de

---

54 Id., Antistoricismo. In: *Ultimi saggi*, p.255.
55 Id., *La storia come pensiero e come azione*, p.46.
56 Id., Principio, ideale, teoria: a proposito della teoria filosofica della libertà. In: *Il carattere della filosofia moderna*, p.109.
57 Cf., sobretudo, id., La concezione liberale come concezione della vita. In: *Etica e politica*, p.285 et seq.
58 Cf., sobretudo, id., *Storia d'Italia*, p.9 et seq.; e id., *Storia d'Europa*, p.39 et seq.

autodesenvolvimento. Contra o ideal democrático fazia valer a oposição entre a concepção romântica da razão histórica e a concepção iluminista da razão abstrata. Não era mais, como cada um vê, oposição de ideais políticos, mas, num e noutro caso, de filosofias e, como teve de dizer repetidamente, de religiões. A liberdade era a substância de uma nova religião que se opunha tanto às antigas e novas religiões transcendentes quanto à fé iluminista na razão abstrata.

11.

Polemizando contra o Estado ético, essa concepção grosseira "mal extraída do pensamento hegeliano ou tirada da parte mais contestável dele, tornada pedante pelos tratadistas alemães, repetida com pia unção, mas sem crítica pelos hegelianos italianos, e tanto adaptada à oratória das prédicas edificantes como imprópria ao entendimento da história",[59] Croce deixou claro outro dos pontos fundamentais para a sua teoria do liberalismo: a distinção entre moral e política, que ele veio concebendo na perpétua luta entre o Estado e a Igreja.[60] Pôs a claro que "o momento do Estado e da política é sim um momento necessário e eterno, mas um momento, e não o todo; e a consciência e a ação moral constituem outro momento, não menos necessário e eterno, que segue ao primeiro, estendendo-se a partir da unidade e na unidade espiritual".[61]

---

59 Resenha a Fiorentino, *Lo stato moderno e le polemiche liberali. La Critica*, v.23, p.61, 1925. Sobre esse tema, cf.: Croce, Hegel e il politicantismo politico. *La Critica*, v.29, p.398-99, 1931; id., Ancora di stato ed etica. *La Critica*, v.31, p.316-17, 1933; id., La fine dello stato etico. *La Critica*, v.37, p.322-323, 1939.

60 Id., Stato e Chiesa in senso ideale e loro perpetua lotta nella storia. In: *Etica e politica*, p.339-45.

61 Id., Giustizia Internazionale (1928). In: *Etica e politica*, p.347. Particularmente importante sobre esse ponto é o ensaio Vecchie e nuove questioni intorno all'idea dello stato. In: *Orientamenti*.

Quanto ele prezava essa oposição entre o Estado e a consciência moral se pode ver pela importância que dedica a ela, exagerando a realidade histórica como nunca instrutiva, na *Storia d'Italia*, onde, num dos resumos autobiográficos daquela obra, falando de nacionalismo e imperialismo nascentes na Itália nos primeiros anos do século, adverte que o filósofo "que estava à frente do movimento filosófico italiano",

rejeitando muitas doutrinas de Hegel, rejeitara, entre as primeiras, a exaltação do Estado acima da moral, e retomara, aprofundara e tornara dialética a distinção cristã e kantiana do Estado como severa necessidade prática, que a consciência moral aceita e ao mesmo tempo supera, domina e orienta.[62]

Mas o passo decisivo ele deu quando descobriu que a consciência moral se identificava com a consciência inspirada pelo ideal da liberdade, e liberdade e ideal moral coincidem. Formulação clara desse princípio apareceu, pela primeira vez, na *Storia d'Europa*, onde a liberdade como ideal moral é considerada como "complemento necessário" da concepção da história como história da liberdade.[63] Retomado em *Storia come pensiero e come azione*,[64] encontra a sua mais ampla expressão no ensaio conclusivo de 1939, no qual se lê:

Se formos ao fundo desse ideal, verificaremos que ele não é em nada diferente nem distinguível da consciência e ação moral, e que todas as virtudes morais e todas as definições que foram dadas pela ética terminam na consciência e vontade de liberdade e nelas se resolvem.[65]

---

62 Id., *Storia d'Italia*, p.259-260. Há expressões análogas na "Avvertenza" [Advertência], que é do mesmo período (1927), colocada na segunda edição das *Pagine sulla guerra*.

63 Id., *Storia d'Europa*, p.16 et seq.

64 Id., *Storia come pensiero e come azione*, p.46 et seq.

65 Id., Principio, ideale, teoria: a proposito della teoria filosofica della libertà. In: *Il carattere della filosofia moderna*, p.111.

Política e cultura

Através dessa elevação do liberalismo a ideal ético Croce determinou uma nova distinção, aquela entre liberalismo político e liberalismo econômico,* cuja carga polêmica fica evidente quando se recorda que os adversários do liberalismo se aproveitavam da redução da ideia liberal a programa econômico para acusá-lo de hedonismo, utilitarismo, materialismo e assim por diante. No ensaio de 1928, que leva justamente o título "Liberalismo e liberismo", desenvolveu o conceito, já anteriormente referido,[66] que, enquanto o liberalismo é um princípio ético, o "liberismo" é um princípio econômico o qual, convertido ilegitimamente em princípio ético, transforma-se na moral hedonista e utilitária. Dessa distinção tirava a consequência que a primazia deve ser reconhecida não ao liberalismo econômico, mas ao liberalismo ético, e que nos casos e tempos determinados não devia haver preocupação se uma medida fosse mais ou menos economicamente liberal, mas se fosse mais ou menos liberal, porque o que conta é a liberdade que promove a vida espiritual na sua inteireza e não aquela que promove uma maior quantidade de riqueza.[67] Na *Storia d'Europa*, a propósito das relações entre liberalismo e comunismo, especificava que a oposição entre eles não estava no plano da economia, porque "o liberalismo não coincide com o livre-comércio", com o qual tem concomitâncias puramente provisórias e contingentes na medida em que considera a liberdade econômica como tendo valor empírico e válida em certas circunstâncias e não em outras.[68] E no ensaio conclusivo de 1939, no qual todos os problemas, à medida que são resolvidos, são resumidos, a diferença entre liberalismo e livre-comércio era apresentada

---

* Aqui existe um trocadilho em italiano que é intraduzível: *liberalismo* é o nosso liberalismo político e *liberismo* é o livre-comércio ou liberalismo econômico. (N. T.)

66 No ensaio La concezione liberale come concezione della vita. In: *Etica e politica*, p.288.

67 Id., Liberalismo e liberismo, p.317-18.

68 Id., *Storia d'Europa*, p.41-42.

como diferença de forma e matéria, "porque diante da consciência moral a vida econômica passa à matéria".[69]

12.

A ala moderada dos fascistas, com Gentile à frente, procurava demonstrar que o fascismo era um desenvolvimento natural da história da Itália, ou até o restaurador dos ideais do Risorgimento depois das décadas de degeneração democrática. Contra os liberais degenerados Gentile repetia continuamente que o fascismo, em vez de ser antiliberalismo, era o verdadeiro liberalismo. Para demonstrar a continuidade entre Risorgimento e fascismo, ele alternava dois argumentos: por um lado, sustentava que o Risorgimento não era Estado liberal, porque o núcleo dele estava fora o movimento de Mazzini;[70] por outro, sustentava que quando o Risorgimento fora liberal com a direita histórica, tinha sido um liberalismo não negativo e individualista, como o entendiam os liberaloides antifascistas, mas positivo e estatal, exatamente como o entendiam os fascistas, que eram os verdadeiros continuadores da tradição liberal do Risorgimento.[71]

Croce reagiu imediatamente contra uma e outra afirmação.[72] Aliás, enquanto julgamento histórico, entre liberais moderados

---

69 Id., Principio, ideale, teoria: a proposito della teoria filosofica della libertà. In: *Il carattere della filosofia moderna*, p.118-119.

70 Gentile, Il liberalismo de B. Croce. In: *Che cosa è il fascismo*, p.155. [Giuseppe Mazzini (1805-1872) foi um político e revolucionário do Risorgimento, o movimento que entre 1815 e 1870 buscou unificar a Itália. – N. T.]

71 Id., La tradizione liberale italiana (1924). In: *Che cosa è il fascismo*, p.125-36. Trata-se de um prefácio ao opúsculo di Fiorentino, F. *Lo Stato moderno*. Roma, 1924.

72 Contra a primeira, com o artigo Polemiche ingrate, no *Giornale d'Italia* de 24 de março de 1925, agora em *Pagine sparse*, v.2, p.354-356. Contra a segunda, com uma resenha do livro de Fiorentino, em *La Crítica*, v.23, p.59-61, 1925; e com o prefácio ao volume de *Lettere politiche* de S. Spaventa, organizado por G. Castellano, Bari, 1924. Cf. *La Critica*, v.23, p.316-18, 1925.

e seguidores de Mazzini do período do Risorgimento, a sua propensão foi sempre pelos primeiros.[73] E se dos representantes da direita histórica, como Silvio Spaventa, não desaprovava o ideal do Estado forte, estava pronto logo depois a precisar que a diferença entre a posição liberal e a posição iliberal não era que a segunda recorresse à força e a primeira o fizesse menos, mas simplesmente que uma punha a força a serviço de um ideal utilitário, a outra em apoio a um ideal liberal.[74] Depois se dedicou a preparar a sua meditada e documentada resposta nas duas grandes obras históricas daquele período: a *Storia d'Italia* e a *Storia d'Europa*. Na primeira, mostrou que o período da Itália medíocre oposta à Itália sublime tinha sido uma trabalhosa idade de consolidação do Estado italiano, e os anos de maior fortuna e bem-estar tinham sido aqueles nos quais tinham sido vividos mais profundamente os ideais liberais que eram os próprios ideais do Risorgimento;[75] na segunda obra, exaltou o século que saía do historicismo e do romantismo e através das guerras pela independência nacional terminava com as décadas da longa paz europeia designada como idade da liberdade, e inseria o movimento nacional do Risorgimento nesse movimento geral de vivificação e ampliação dos ideais liberais, opondo a ele o surgimento dos movimentos irracionais e ativistas que marcavam a sua decadência e preparavam o fascismo.

---

73 Para compreender a posição de Croce em relação a Mazzini me parece muito significativa aquela passagem na vida de Carlo Poerio. Para caracterizar a situação em Nápoles antes de 1948, escreve: "Nem a propaganda de Mazzini penetrou em Nápoles, onde encontrava obstáculo na superior mente e cultura dos nossos liberais, e também depois não teve partidários a não ser em poucos e de pouca inteligência" (Croce, *Una famiglia di patrioti*, p.38).

74 Prefácio à quinta edição de *Materialismo storico ed economia marxistica*, 1927, p.xv. Sobre a relação entre direita histórica e fascismo, cf. id., *Che cos'è il liberalismo*. In: *Per la nuova vita dell'Italia*, p.105.

75 Cf. o ensaio autobiográfico (que refere cartas recebidas após a publicação do livro), id., *Vent'anni fa*. In: *Nuove pagine sparse*, v.1, p.314-36; e aí a bela recordação do Risorgimento (p.332), que mostra o espírito com que Croce escreveu aquela obra.

13.

Com o ensaio de 1939, a teoria do liberalismo de Croce teve uma arrumação quase definitiva. Depois desse ensaio, as muitas páginas que ele escreveu sobre liberdade e liberalismo destinavam-se a acentuar polemicamente as teses centrais ou a ilustrar este ou aquele corolário conforme as ocasiões e os adversários. Dominante não só no seu pensamento, mas também nas suas preocupações de homem que participava com paixão nos acontecimentos daqueles anos, permaneceu o conceito de liberdade como ideal moral que não pode morrer porque pertence ao próprio espírito, e passada a tempestade voltava a brilhar. Leia-se no "Soliloquio di un vecchio filosofo", que é de 1942, a trepidação pela liberdade do passado e a esperança na renovação: nem pessimismo inerte nem otimismo demasiado cândido.[76] Inspirando-se nessa ideia dominante, tomou posição sempre de novo contra as contaminações que os não filósofos, os professores pedantes, os pseudopolíticos e os politiqueiros faziam dessa ideia com conceitos empíricos e práticos. A sua defesa do liberalismo continuada incansavelmente até os últimos anos foi a defesa do ideal da liberdade que se identifica com a própria consciência moral. E foi conduzida, sobretudo, em três direções: contra o marxismo, contra a democracia, contra o liberalismo econômico.

Frente ao marxismo, do qual Croce, com o passar dos anos, destacou sempre mais o aspecto teológico e escatológico, tomou a posição do filósofo que combate uma filosofia diferente.[77] Em relação à democracia e ao liberalismo econômico combateu o erro lógico de misturar uma categoria do espírito, como a da liberdade, com exigências práticas somente resolvíveis na

---

76 Id., Soliloquio di un vecchio filosofo. In: *Discorsi di varia filosofia*, v.1, p.291-300.

77 Neste ensaio, não me ocupo com as relações entre a filosofia croceana e o marxismo.

prática. Foram memoráveis naqueles anos, com respeito ao par liberdade-democracia, ou liberdade-justiça, as polêmicas com Guido Calogero, que continuou depois na polêmica com o Partido da Ação,[78] com respeito ao par liberalismo político--liberalismo econômico, a polêmica com Luigi Einaudi,[79] que continuou na discussão em torno do ressuscitado Partido Liberal.[80] Contra os propugnadores da síntese justiça-liberdade fez valer a sua velha oposição aos ideais iluministas, ao jacobinismo matematizante, ao igualitarismo da quantidade. Contra os partidários do livre-comércio, continuou a bater e a rebater o prego da distinção entre a liberdade que pertence ao espírito e a economia que pertence à matéria, por isso o ideal liberal não pode estar

---

78 Ver principalmente o escrito Libertà e giustizia (1943), em *Discorsi di varia filosofia*, v.1, p.261-77, o qual depois dos escritos citados até 1939 é o mais importante sobre o nosso tema. A polêmica direta com Calogero teve início com o artigo Scopritori di contradizioni, *La Critica*, v.40, p.63, 1942. Mas a crítica do programa dos liberal-socialistas fora expressa nas Note a un programma politico (1941), agora em *Per la nuova vita d'Italia*, p.93-95. Ainda contra Calogero, cf. Giustizia e libertà. Una questione di concerti (1945). In: *Pensiero politico e politica attuale*, p.102-3. Para um julgamento sobre o Partido da Ação, cf. também Il partito liberale, il suo ufficio e le sue relazioni con gli altri partiti (1944). In: *Per la nuova vita dell'Italia*, p.132. Em geral, sobre as relações entre liberalismo e democracia, cf. a nota Liberalismo e democrazia (1943), a propósito de Tocqueville, ibid., p.115-19. Para as respostas de Calogero, cf. o volume *Difesa del liberalsocialismo*, em particular L'ircocervo, ovvero le due libertà, p.26-37.

79 Cf. a nota Liberalismo contro il duplice dogmatismo liberistico e comunistico. *Rivista di storia economica*, v.6, p.43-45, 1941, agora em *Pagine sparse*, v.3, p.30-33. De Einaudi, cf. sobretudo os ensaios: Liberismo, borghesia e origine della guerra; Liberismo e liberalismo; Liberismo e comunismo, agora no volume *Il Buongoverno*.

80 Cf. os breves escritos de 1943-1944 publicados em *Per la nuova vita d'Italia*, p.85-136, dos quais os primeiros oito saíram no opúsculo L'idea liberale. A esses escritos há de se acrescentar Il partito liberale, i suoi intenti e i suoi metodi (1946); Per il congresso Internazionale del Partito liberale in Oxford (1947); Ancora di liberalismo, liberismo e statalismo (1947); Discorso di congedo dalla presidenza del Partito liberale italiano (1947). In: *Due anni di vita politica italiana*.

vinculado à solução deste ou daquele programa econômico, mas a todas as reformas e medidas aceitas nos tempos e lugares oportunos conforme promovam maior liberdade. E quando passa a interessar-se pelo ressuscitado Partido Liberal, a sua maior preocupação foi a de desvincular o partido do compromisso com um programa econômico-liberal, como estava nos propósitos dos seus maiores defensores, como se, para ser fiel ao conceito que ele teorizara do liberalismo, o Partido Liberal devesse ser um partido *"sui generis"*, partido e superpartido ao mesmo tempo, parte e todo, fragmento e síntese, partido no meio dos outros partidos, mas ao mesmo tempo partido que abarca os outros partidos e supera os seus aspectos particulares.

14.

Expus pormenorizadamente o pensamento de Croce sobre o liberalismo porque, para os fins de esclarecimento do debate político na Itália nesses anos acho que é importante saber se e dentro de quais limites seu pensamento pode dizer-se liberal. Assiste-se, por um lado, à pretensão dos seguidores de estrita observância de elevar Croce a filósofo do liberalismo, a fazer dele o primeiro pensador a elaborar uma filosofia completa do liberalismo. Por outro lado, os adversários, sobretudo os marxistas, mostram a tendência a jogar fora junto com a sua filosofia, considerada como conservadora, reacionária, quando não verdadeiramente filo-fascista, também o liberalismo.[81] Essas duas posições,

---

81 Ainda recentemente entre os admiradores e adversários de Croce, acendeu-se um debate a propósito da resenha de Salvemini ao livro de A. Mautino em *Il Ponte*, p.810-12, maio 1954. Cf. as reações de Vinciguerra na mesma revista, p.1251-1253, jul.-ago. 1954; e a resposta de Salvemini, La politica di B. Croce. *Il Ponte*, p.1728-44, nov. 1954. Essa discussão foi a ocasião que me levou a escrever o presente ensaio, o qual retoma, desenvolvendo-a, uma conferência sobre o liberalismo croceano proferida em Turim em novembro de 1953.

embora sejam antitéticas com respeito aos resultados, partem da mesma premissa: que a filosofia de Croce e a filosofia do liberalismo são uma coisa só, que Croce foi o melhor, se não o único, intérprete autorizado pela providência histórica a formular uma teoria do liberalismo. É uma premissa que me parece baseada principalmente no escasso conhecimento da história do liberalismo, pelo qual na Itália o próprio idealismo foi em grande parte responsável, e numa escassa experiência de política liberal, em que acabam por tirar vantagem os adversários do Estado liberal e pode seguir-se apenas um aumento de confusão das línguas, já tão frequente nos debates políticos.

Digo imediatamente que, não obstante as muitas dúvidas que tenho como dever levantar sobre a teoria do liberalismo de Benedetto Croce, não tenho absolutamente a intenção de diminuir a função liberal que o seu pensamento e a sua personalidade tiveram nos anos do predomínio fascista. Há quem por ódio ao liberalismo ou por ódio a Croce preferiria desconhecer os méritos e o valor prático da posição antifascista do autor da *Storia d'Europa*. Quem quer que tenha participado das ânsias e das esperanças daqueles anos, é claro que falo de intelectuais, não pode esquecer que a estrada real para converter ao antifascismo os duvidosos era fazer ler e discutir os livros de Croce, que a maior parte dos jovens intelectuais chegou ao antifascismo através de Croce, e aqueles que já tinham chegado aí ou sempre tinham estado, tiravam conforto de saber que Croce, o representante mais alto e mais ilustre da cultura italiana, não se dobrara à ditadura. Toda crítica à posição de Croce durante o fascismo é rancorosa e malévola polêmica. Como tal, não merece discussão. O que me cabe discutir é se hoje, nos anos da reconstrução de um Estado liberal e democrático na Itália, a teoria política elaborada por Croce nos anos em que combateu o fascismo em nome do ideal moral da liberdade é útil para nós, e qual fruto acreditamos poder tirar para orientar o nosso pensamento sobre os problemas do presente. O que está em questão nas páginas seguintes não é a personalidade moral de Croce, mas unicamente a sua doutrina política em função do desenvolvimento da vida democrática na Itália.

15.

Voltemos por um momento à afirmação, repetidamente feita por Croce nos momentos mais dramáticos da vida italiana, segundo a qual não era possível manter-se à parte e cada um era obrigado a escolher o seu lugar, quer ele fosse um liberal por temperamento ou por sentimento. Croce sabia muito bem, ao fazer essa afirmação, que ninguém poderia ter reconhecido nele um liberal por doutrina. Na realidade, a formação cultural de Croce ocorrera inteiramente fora da tradição do pensamento liberal. É um fato desconcertante, e como tal merece um comentário, que aquele que se tornaria um corajoso paladino da liberdade e, segundo alguns, um insuperado teórico do liberalismo, nunca tenha demonstrado, no período da sua formação, interesse pela história do liberalismo, antes tenha mostrado forte atração pelos escritores estranhos àquela história ou completamente iliberais.

O seu primeiro mestre em política tinha sido Karl Marx, e embora o fervor pelos problemas do marxismo tivesse sido, como ele mesmo teve de confessar, mais teórico que político, é certo que esse contato com o marxismo representou o início do seu interesse pela política depois dos primeiros anos de estudos eruditos, e que o interesse que acabou sendo prevalentemente teórico pelo marxismo certamente deixou profundos traços nas suas orientações políticas. Como documento fundamental há a passagem do prefácio da terceira edição dos ensaios marxistas escrito durante a guerra (1917) e que, embora conhecidíssimo, somos obrigados a citar:

Essa coisa [que a teoria da luta de classe não deva ser considerada mais válida] não deve impedir de admirar para sempre o velho pensador revolucionário (sob muitos aspectos bastante mais moderno que Mazzini, a quem entre nós se costuma contrapô-lo): o socialista, que entendeu como também aquilo que se chama revolução, para se tornar coisa política e efetiva, deve fundamentar-se na *história,* armando-se de *força* ou *potência* (mental, cultural, ética, econômica), e não mais confiar nos sermões moralistas e nas ideologias e falatórios iluministas. E, além da admiração, guardaremos – nós que então éramos jovens, nós por ele amestrados – também a nossa gratidão por ter contribuído para nos tornarmos insensíveis às seduções alcinescas (Alcina, a decrépita maga desdentada que se disfarçava sob o aspecto de jovem florescente) da Deusa Justiça e da Deusa Humanidade.[82]

O segundo autor fora Georges Sorel: "Veja," – escrevia a um amigo – "por algum tempo eu me apaixonei pelo socialismo *à la* Marx, e depois pelo socialismo sindicalista *à la* Sorel; esperei de um e do outro uma regeneração da presente vida social".[83] Sobre as relações que ele teve com Sorel, estamos bem informados pelas cartas publicadas em *La Critica* de 1927 a 1930; e nos dá uma notícia precisa sobre as razões da sua simpatia intelectual pelo teórico da violência a longa resenha, que é ao mesmo tempo um julgamento abrangente sobre a obra de Sorel e um retrato incisivo daquele personagem extraordinário, publicada em *La Critica* de 1907, onde Sorel aparece como abominador dos moralistas, dos jacobinos, dos retóricos, afirmador "de uma moral austera, séria, despojada de ênfases e de palavrórios, de uma moral combativa, apta a guardar vivas as forças que movem a história e as impedem de estagnar e se corromper".[84] Quando,

---

82 Croce, *Materialismo storico ed economia marxistica,* p.xiii-xiv.
83 Id., Cultura tedesca e politica italiana (1914). In: *Pagine sulla guerra,* p.22.
84 Id., *Conversazioni critiche,* 4. ed. 1950, I, p.309.

alguns anos mais tarde, Croce decretou numa entrevista simulada em *La Voce* que o socialismo, também na sua última encarnação sindicalista, morrera,[85] não foi certamente, como quer fazer crer numa tentativa de reabilitação póstuma depois de tantos anos,[86] por ter abraçado a fé liberal. Que houvesse uma nova fé depois que a chama socialista estivesse apagada, ele sabia muito bem e pregava, mas essa nova fé, apesar de ele ter dito que revogou muitos anos depois aquela profecia, não tinha nada a ver com a doutrina liberal. Num artigo de 1911, intitulado exatamente "Fede e programma" [Fé e programa], que pode parecer a integração positiva da crítica contida na profecia, deplorava o atomismo social (exatamente aquilo com que um liberal deveria ter se alegrado), a decadência do sentimento da unidade social e da disciplina nacional, dado que os indivíduos "não se sentem mais ligados a um grande todo, parte de um grande todo, sujeitos a ele, que cooperam com ele, que tiram o seu valor do trabalho que realizam no todo", e proclamava a necessidade de uma nova fé, que havia de se fundamentar, entre outras coisas, na convicção de "que o indivíduo administra uma herança recebida do passado e a transmitir aumentada para o futuro, que o homem não é nada enquanto individualidade abstrata, e é tudo à medida que concorda com o todo". Nem teria havido renovação até que família, pátria, humanidade não recuperassem o seu sentido genuíno e não aquecessem os corações "como sempre o aqueceram desde quando a história é história".[87] Era o ideal político, como cada um vê, do perfeito homem da ordem, para o qual

---

85 Id., La morte del socialismo (1911). In: *Cultura e vita morale*, p.150-59. Sobre a polêmica que esse artigo suscitou, cf. a resposta de Croce em *Pagine sparse*, v.1, p.299-301.

86 Id., Colpi che falliscono il segno (1947). In: *Due anni di vita politica italiana*, p.142-45, no qual, acentuando com obstinação os conceitos do infeliz artigo de 1911, acrescentou também que aquela nova fé à qual acenara no fim do artigo sem declarar, era a fé no caminho da liberdade.

87 Id., Fede e programma. In: *Cultura e vita morale*, p.163, 166.

o Estado, esse ente ideal, sempre benéfico porque por essência intérprete das necessidades e dos interesses coletivos, sempre tem razão, e os indivíduos que buscam perseguir os seus interesses da melhor maneira que podem, dando às vezes alguma aflição aos governantes, estiveram sempre errados. Em suma, quanto mais iliberal se pudesse imaginar.

Para Croce, portanto, o socialismo estava morto, mas o liberalismo ainda não tinha nascido. O que tinha nascido era uma espécie de socialismo patriótico, que estava tão longe do liberalismo quanto o socialismo em sua primeira forma. No final de 1914, no início daquela guerra na qual ele teria exaltado a teoria germânica do Estado-potência, escrevia que se tinha acendido nele a esperança "de um movimento proletário situado e resolvido na tradição histórica, de um socialismo de Estado e nação" e pensava que aquilo que não tivessem feito os demagogos da França, Inglaterra e Itália, teria feito "talvez a Alemanha, dando o exemplo e o modelo aos outros povos".[88] Passando do socialismo marxista para o socialismo da cátedra, o que se via em pé de igualdade era exatamente a tradição do pensamento liberal. Em julho do mesmo ano, como presidente do comitê eleitoral do Partido da Ordem,* que reunia liberais moderados e católicos contra o "Bloco" dos partidos do progresso, por ele depreciativamente apostrofado com Sorel como "um grupo de apetites democráticos engrinaldado com frases banais", tomara parte na campanha pelas eleições administrativas de Nápoles e, depois que o Bloco venceu, escreveu que "a gentalha" napolitana não mudara nada desde o tempo dos Bourbon porque, tendo partido Franceschiello [Francisco II das duas Sicílias], tinham se formado outros ídolos nos demagogos da esquerda.[89]

---

88 Ibid., p.22.

 * Em italiano, Fascio dell'ordine. (N. T.)

89 Cf. os poucos documentos dessa campanha eleitoral em *Pagine sparse*, v.1, p.408-411.

Durante os anos da guerra apresentou um terceiro autor, Treitschke, mais de acordo com os seus ideais conservadores do que os dois precedentes, cuja obra publicou na Laterza em 1918, recomendando a leitura e o estudo de "tanta sabedoria que aí está reunida e exposta de forma simples e substanciosa";[90] e já desde o início da guerra o defendia, como historiador e como teórico da política, contra os ataques e os insultos dos escritores democráticos,[91] e dele, sobretudo, trazia argumento para reforçar o conceito do Estado-potência, que não era um segredo de fábrica para a prosperidade da Alemanha, mas

> [...] é um princípio diretivo universal, útil igualmente a todos os Estados, e que a todos os Estados aconselha a "potência" e não a "impotência"; empregar todas as suas forças para obrigar os outros à mesma energia de vida em vantagem da humanidade, que só com o trabalho e com os esforços se salva da morte e da podridão.[92]

Esses três autores oferecem continuamente a ele ocasião de remontar àquele que podemos muito bem dizer que é o seu quarto autor, mas que pela importância histórica deveríamos ter nomeado por primeiro, Nicolau Maquiavel, ao qual repetidamente atribuiu o mérito de ter descoberto a autonomia da política e de pertencer, por isso mesmo, à história do pensamento com maior direito que muitos frios filósofos escolásticos e com quem se tinha ocupado numa nota, que já continha a essência da sua interpretação, num dos seus ensaios marxistas juvenis,[93] e que não cessou em seguida de citar toda vez que lhe acontecia

---

90 Id., *Pagine sulla guerra*, p.235.

91 Ibid., p.79 et seq.

92 Ibid., p.84.

93 Id., Per la interpretazione e la critica di alcuni concetti del marxismo. In: *Materialismo storico ed economia marxistica*, p.105-7. Sobre o argumento, conferir o ensaio de Sasso: Benedetto Croce interprete del Machiavelli. *Letterature moderne*.

lançar raios contra os pacifistas, os moralistas, os idealistas de meia-tigela que teriam pretendido que os Estados fossem governados com os pais-nossos.

16.

Não só os autores de política pelos quais Croce tinha predileção eram estranhos, ou diretamente hostis, à tradição liberal, mas ele era contrário, com paixão constante e veemente, por toda a vida, e às vezes ridicularizou aquele movimento de pensamento do qual tinha nascido a teoria do Estado liberal, e ao qual estava historicamente ligada: o jusnaturalismo, que ele juntou na aversão ao iluminismo, tudo concebido e condenado em bloco como expressão da mentalidade setecentista contraposta à mais madura mentalidade histórica oitocentista, como racionalismo abstrato contraposto a racionalismo concreto. Dessa guerra aberta contra a teoria dos direitos naturais bastariam, para mostrar o seu perseverante encarniçamento, entre as tantas que poderiam ser respigadas em todas as obras, duas declarações entre as quais transcorre um espaço de tempo de bons 62 anos. A primeira declaração, muito conhecida, encontra-se nos "Pensieri dell'arte" [Pensamentos da arte], que trazem a data de 1885 (Croce ainda não tinha 20 anos), onde se fala dos "direitos inatos" como de "espirituosa invenção dos filósofos do século passado";[94] lê-se a segunda na carta enviada em 1947 ao Comitê promotor de uma coletânea de ensaios sobre os direitos humanos, aos cuidados da Unesco:

> As declarações de direitos [...] fundamentam-se todas numa teoria que a crítica, que veio de muitos lados e saiu vitoriosa, abandonou: a teoria do direito natural, que teve os seus motivos

---

94 Croce, Pensieri dell'arte. In: *Pagine sparse*, v.1, p.476.

contingentes do século XVI ao XVIII, mas que filosófica e historicamente é absolutamente insustentável.[95]

Ao jusnaturalismo-iluminismo Croce atribuía duas grandes responsabilidades: uma mais estritamente teórica, de ter dado alimento às doutrinas do Estado ótimo dos falsos idealistas, os quais, desconhecendo a realidade do Estado que é força, contrapunham a ele as seduções alcinescas do humanitarismo, do pacifismo, do abraço universal dos povos e, enfim, uma concepção fraca da vida que é luta perpétua; uma mais estritamente política, de ter oferecido o fundamento filosófico à ideia igualitária segundo a qual todos os homens, sendo iguais por natureza, devem ser iguais em direito, e a variedade dos talentos, dos caracteres e das forças, de onde nasce o movimento histórico, fica desconhecida num nivelamento mortífero. Croce acentuou, conforme as ocasiões, ora uma ora a outra acusação, mas estiveram geralmente juntas e são, nos contextos nos quais são expressas, dificilmente separáveis. Aliás, ambas derivam do mesmo erro filosófico que ele considerava o vício de todo o movimento iluminista: o abstracionismo. Abstracionismo no julgamento histórico, no primeiro caso; abstracionismo no julgamento político, no segundo. Se quisermos dar a eles um nome facilmente reconhecível na terminologia croceana, o primeiro coincidia com a mentalidade maçônica, o segundo com a mentalidade democrática.

A polêmica antijusnaturalista, em particular contra a mentalidade maçônica e contra a mentalidade democrática, teve o seu momento culminante durante a Primeira Guerra Mundial, mas ocorreu também antes e depois, e constitui um motivo recorrente na historiografia croceana. Contra a primeira, tinha já expresso todo o seu pensamento em 1910, acusando-a de abstracionismo e de simplismo, de cultura "ótima para comerciantes,

---

95 Croce. In: Unesco, *Dei diritti dell'uomo*, p.133.

Política e cultura

pequenos profissionais liberais, professores de escola primária, advogados, medicozinhos" (ah, como estes deviam mostrar-se dez anos depois muito melhores discípulos da teoria para espíritos fortes que Croce estava pregando!).[96] Contra a segunda, não deixou de mostrar a sua hostilidade sempre que se encontrou diante de uma encarnação histórica dela, quer fosse o jacobinismo da Revolução Francesa, o movimento de Mazzini do Risorgimento, o socialismo dos anos depois da unidade; e a esse propósito Gramsci observava que a historiografia croceana devia ser considerada como um renascimento da historiografia da Restauração.[97]

17.

Exatamente nessa condenação sem apelo do jusnaturalismo e do democratismo acho que vejo uma das principais razões da insuficiência do liberalismo croceano e da sua correlata esterilidade nos anos da reconstrução. Penso que com essa condenação Croce se colocava na impossibilidade de reunir dois conceitos que, embora não pudessem não confluir numa ideia acabada do Estado liberal, e que ele teria oferecido, se aceitos, argumentos muito válidos na oposição, que ele se esforçou por conduzir não só politicamente mas também teoricamente, à concepção autoritária do Estado. Antes de tudo não viu, ou apenas entreviu, que o jusnaturalismo tinha colocado os alicerces não apenas da concepção democrática do Estado, mas também da concepção liberal; em segundo lugar, nunca deu sinal de ter se dado conta que o

---

96 Id., La mentalità massonica. In: Cultura e vita morale, p.143-50. Acusações análogas podem ser encontradas em id., La storicità e la perpetuità della ideologia massonica (1918). In: Pagine sulla guerra, p.255-263.

97 Gramsci, Il materialismo storico e la filosofia di Benedetto Croce, cf. sobretudo p.184 et seq.

igualitarismo era um aspecto apenas, e talvez não o mais importante, da concepção democrática do Estado.

Procuremos examinar separadamente os dois pontos: a teoria do Estado liberal em oposição ao Estado absoluto nasce ao mesmo tempo com a teoria dos limites do poder do Estado. No Estado absoluto o poder original é considerado acima de toda limitação jurídica. No Estado liberal, o poder soberano é exercido por uma pluralidade de órgãos que agem nos limites das leis. Quando, no século XIX, os juristas elaboraram a sua teoria, formularam o conceito de Estado de direito. Mas já desde o século XVI, com as primeiras teorias políticas calvinistas,[98] e mais ainda no século XVII na Inglaterra até a sistematização de Locke, o jusnaturalismo oferece o principal apoio à concepção dos limites do poder estatal, o qual é considerado como limitado porque acima da lei positiva é posta a lei natural da qual derivam para os indivíduos direitos originais, que precedem a instauração da sociedade civil, que a sociedade civil uma vez constituída não pode de modo algum violar, mas deve garantir ao custo de dissolver-se e de abrir o caminho à afirmação do direito de resistência, que é ele mesmo um direito natural. Essa ideia do Estado limitado pelos direitos naturais, de um Estado cuja função não é criar uma ordem jurídica nova, mas tornar possível, através do exercício do poder coativo, o cumprimento das leis naturais, passa pela experiência política inglesa e pela teoria de Locke às declarações dos direitos que acompanham, primeiro nos Estados americanos, depois na França, e cada vez mais até os nossos dias em quase todas as constituições do mundo civilizado, a formação do Estado moderno.

Pode-se hoje contestar legitimamente, e foi muitas vezes contestada, a validade da teoria do direito natural como esteio

---

98 Com respeito às origens do liberalismo, Croce distinguiu o calvinismo, cuja contribuição positiva reconheceu, do jusnaturalismo, que restringiu com uma interpretação história discutível as teorias igualitárias do século XVIII. Cf. id., *Etica e política*, p.299. E para a contribuição dada pelo calvinismo ao liberalismo, cf. id., *Vite di aventure di fede e di passione*, p.211.

para a teoria e para a prática do Estado liberal. O que não pode ser recusado é o nexo histórico entre jusnaturalismo e liberalismo, e a constatação que a teoria dos direitos naturais, seja como for que hoje se queira julgá-la filosoficamente, foi a principal inspiradora daquela técnica particular da organização estatal que é a técnica dos limites jurídicos do poder, fundada principalmente sobre a garantia dos direitos individuais por parte dos órgãos do poder público e sobre o controle do poder público por parte dos cidadãos, e na qual consiste a característica principal do Estado liberal. A ideologia da qual certa técnica tirou o seu apoio caiu, mas a técnica permaneceu. Não nos preocupamos aqui com quais outras bases ideológicas tenha encontrado e se as encontrou. O importante é que até agora nenhum ordenamento que quis pôr em ato um poder não despótico pôde passar sem essa técnica. Ora, Croce, ao não dar nenhuma importância ao nexo entre jusnaturalismo e liberalismo, e, aliás, contrário como era à primeira das duas orientações, não estava nas melhores condições para se aperceber disso e acabou por jogar fora junto com o jusnaturalismo a teoria dos limites do poder do Estado, ou seja, aquela teoria que diferencia ainda hoje uma doutrina liberal de outra doutrina que não é liberal.

Surpreende de fato que ele tenha passado ao lado dessa teoria quase sem se dar conta. Entre os escritores políticos cuja doutrina analisa brevemente nos *Elementi di politica*, não há um só que pertença à tradição do pensamento liberal (o que demonstra que, mesmo depois do interesse pela teoria do liberalismo, não teve nenhuma curiosidade de ir às fontes): Benjamin Constant.[99] Ora, Constant, o protestante e anglicizante Constant, justamente naquele escrito que Croce tinha diante dos olhos (*A liberdade dos antigos comparada com a liberdade dos modernos*), exprimia uma das mais claras formulações, que em seguida se tornou exemplar, da doutrina do liberalismo clássico entendida

---

99 Id., Constant e Jellinek. In: *Etica e política*, p.294-302.

como doutrina dos limites do poder do Estado, como afirmação da "liberdade em relação ao Estado", em oposição à teoria antiga (ou àquela que Constant reputa tal) da "liberdade no Estado". Esse modo de ver a liberdade dos modernos era produto da doutrina jusnaturalista de origem calvinista que opusera a esfera privada do cidadão à esfera pública, o *forum internum* ao *forum externum*, numa palavra, o indivíduo ao Estado. Constant, fizesse ou não apelo imediatamente aos jusnaturalistas e à tradição calvinista, apresentava-se como o herdeiro e o continuador daquela tradição. Croce indicava em Constant aquele que teria encaminhado a solução do problema moderno da liberdade, mas, em vez de se apoiar naquilo que constitui o elemento fundamental daquele escrito, sublinha um aspecto secundário, que consiste em Constant ter entendido a liberdade moderna não como hedonista, mas como ética, em tê-la entendido como ele, Croce, entendera, e deixa passar que aquela liberdade ética da qual Constant falava era naquele discurso, naquele contexto, o próprio fundamento da teoria jusnaturalista do Estado, para a qual o valor ético do indivíduo ultrapassa os fins utilitários do Estado e por isso mesmo impõe a ele limites intransponíveis, em suma, que a liberdade ética e a teoria dos limites do poder se implicavam. Croce, porém, os separava e, enquanto punha em evidência o conceito ético de liberdade, desembaraçava-se com um gesto de enfado ou, pior, de impaciência, da teoria dos limites do poder, como de teoria jurídica, empírica, não especulativa, quando, comentando a doutrina de Jellinek, afirmava que a filosofia "não sabe nem do indivíduo frente ao Estado, nem do Estado frente ao indivíduo, ou seja, como um fora do outro e tratados como duas entidades, quando são, ao contrário, os dois termos de uma relação, sendo um definível pelo outro".[100]

---

100 Ibid., p.299. Assim também na *Storia d'Europa*, a propósito de Constant, condenava o erro de caráter abstrato "que se renova sempre que se procura definir a ideia da liberdade por meio de distinções jurídicas" (p.13).

Na realidade, por trás daquela indiferença por uma teoria empírica, não especulativa, escondia-se um modo diferente de conceber o indivíduo e o Estado, que estava em nítida antítese com a concepção de Constant: ocultavam-se uma concepção não personalista do indivíduo (o indivíduo como partícula do Espírito universal) e uma concepção universalista do Estado (o Estado como totalidade da qual o indivíduo empírico é parte). Mas ambas as concepções eram o fundamento normal de uma doutrina política que certamente Constant teria considerado como "liberdade dos antigos" e à qual se teria adaptado melhor a fórmula de "liberdade no Estado";[101] e é aquela doutrina que, formada no período de restauração romântica pelas teorias orgânicas, e como tal estranha e contrária à tradição do pensamento liberal, serviu depois de maneira excelente aos vários ditadores para justificarem cada golpe contra a liberdade e, é claro, sobre a liberdade empírica e não sobre a liberdade especulativa.

18.

Toda vez que Croce combateu a teoria e os ideais democráticos, mostrou que não via na democracia outra coisa que o triunfo do mecânico, meramente quantitativo, materialista, princípio do igualitarismo. Para ele a democracia significa o dogma da igualdade abstrata de todos os homens, velho e anacrônico dogma setecentista, superado pela concepção historicista que, na fase mais madura do seu pensamento, identificava sem dúvida com

---

101 Ver, por exemplo, esta passagem: "O amor ao Estado é colaboração com o Estado, é inserir no Estado e colocar na vida política o melhor de nós mesmos [...]; e é essa participação que, com outra palavra, se chama a liberdade. Ela não é, portanto, oposição ao Estado, ofensa à sua majestade, mas é a própria vida do Estado [...] Nem é concebível a liberdade no Estado que não seja liberdade política ou, como foi dito, colaboração para a vida" (id., Vecchie e nuove questioni intorno all'idea dello stato. In: *Orientamenti*, p.15-16).

a concepção liberal da vida. Ao fazer isso elevava a conceito de democracia um uso não digo arbitrário, mas certamente unilateral daquele termo muito abusado. No uso corrente e técnico do termo, "democracia" indica não só o regime igualitário, mas também o Estado com soberania popular em oposição ao Estado com soberania principesca, o Estado fundado no consenso em oposição ao Estado fundamentado na força. No primeiro sentido ele é comumente oposto ao Estado aristocrático ou de privilégio, no segundo ao autocrático ou despótico. Nesse segundo sentido, "democracia" não indica mais um certo ideal, mas antes uma certa técnica de organização estatal, para cuja elaboração, não menos que para a formulação daquele ideal abstrato, deu impulso o jusnaturalismo através da doutrina da origem contratualista do Estado.

No trabalho de esclarecimento de termos discutidíssimos como "liberalismo" e "democracia", um demasiado ambíguo e o outro demasiado vago, pode constituir, em minha opinião, um primeiro passo acentuar que os dois termos são empregados tanto para indicar certa técnica de organização estatal como certo ideal político. Por "liberalismo" se entende não só, como já foi visto, o Estado fundamentado na técnica dos limites do poder estatal, mas também o Estado que tem como ideal o desenvolvimento máximo do indivíduo como centro autônomo de criação de valores. Por "democracia" se entende não só o Estado que tem por ideal a igualdade, política, social, econômica etc., mas também o Estado fundamentado na técnica do consenso. Ao contrapor liberalismo e democracia, porém, Croce não levou absolutamente em conta o significado técnico desses termos, mas tomou ambos como significantes ideais, até concepções filosóficas opostas. E assim como a oposição, como ele a viu, não podia ser mais clara – tratava-se nada menos que da antítese entre iluminismo e historicismo –, não se colocou na melhor condição de ver que liberalismo e democracia, antes de constituírem movimento antitético, foram muitas vezes considerados, do

Política e cultura

ponto de vista das respectivas técnicas, como completando-se de modo a dar origem à concepção liberal democrática do Estado, hoje dominante em todos os países de tradição liberal, e cometeu o erro histórico, mais vezes repetido e que teve nas novas gerações de discípulos um efeito desorientador, de considerar o ideal liberal como mais maduro com respeito ao ideal democrático e, embora cronologicamente posterior (um do século XVIII, o outro do XIX), enquanto, prescindindo de todo juízo de valor sobre qual dos dois ideais é o melhor, é pura questão de fato que, considerados esses termos no seu legítimo uso técnico, a organização do Estado democrático (fundado exatamente no consenso) representa uma conquista sucessiva, através do gradual alargamento do sufrágio, com respeito ao Estado liberal fundado na garantia dos direitos de liberdade.

Como lhe tinha acontecido de topar com um genuíno escritor liberal, Constant, sem perceber que havia não já e não apenas uma profissão de fé nos ideais de liberdade, mas uma teoria da organização estatal que continha o núcleo do Estado e que se chamou então e se chama ainda liberal, assim se encontrou com o maior teórico moderno da democracia descuidando-se do que tinha tornado célebre aquela doutrina, quer dizer, a tentativa mais audaciosa e mais consequente até então realizada de explicar e justificar uma organização estatal fundada no máximo consenso dos cidadãos. As poucas páginas que ele dedicou a Rousseau nos *Elementi di politica*, além de ser um pretexto para rebater os costumeiros erros do jusnaturalismo, contêm uma rápida apresentação do autor do *Contrato social* como de um espírito matematizante, incapaz de compreender a história e a realidade, totalmente absorto numa construção abstrata que, se forneceu armas e bandeiras aos inovadores, o pensamento mais maduro só pode considerar como fantasia e vacuidade.[102] Ainda uma vez Croce visava direto os ideais e não se preocupava com

---

102 Id., Elementi di politica. In: *Etica e politica*, p.256-260.

problemas de estrutura. Mas desse modo a sua semissecular diatribe contra a democracia não só corria o risco de ser iníqua, mas no fim se virava contra ele mesmo, contra a sua altiva atitude de homem de cultura que defende a liberdade da espiral do autoritarismo. De fato, como se podia defender a liberdade hostilizando um grande movimento político que era historicamente caracterizado em primeiro lugar por ter defendido o princípio da soberania popular, ou seja, da soberania que se exprime através da participação ativa de um número sempre maior de cidadãos no governo da coisa pública? Mas a técnica do consenso, realizada pelos Estados democráticos, não era imaginada em função daquela autonomia maior do indivíduo que era o fim principal do Estado liberal? Nesse sentido de "democracia", liberalismo e democracia não eram solidários? Era possível imaginar um Estado liberal que não fosse também, se não no sentido do ideal, pelo menos em sentido estrutural, democrático? E então como podia Croce rejeitar a democracia e aceitar o liberalismo justamente no momento em que o aparecimento do Estado totalitário, que era antiliberal (isto é, opressor da liberdade) e antidemocrático (isto é, hierárquico), mostrava-os estreitamente ligados? Podia fazê-lo apenas sob a condição de predispor o alvo na sua linha de tiro, ou seja, aceitando a democracia pelo ideal que ela representava não para as soluções jurídicas que tinha avançado, e de separar a contemplação dos ideais, que era a única que lhe parecia digna do filósofo, da busca dos meios necessários para realizá-los, que diminuía a preocupação cotidiana de políticos empíricos.

Na verdade, quando nos *Elementi di politica* tratou da questão da relação entre força e consenso, mantendo-se na atmosfera rarefeita da disputa especulativa, sem se preocupar absolutamente em ver quais problemas de organização do poder soberano haveria por trás dos mitos do Estado-força e do Estado-consenso, saiu-se com a fácil argumentação dialética que, usada muito amplamente pelos nossos pais espirituais, foi sumamente deseducativa e levou gerações inteiras de jovens preguiçosos a crer que havia alguém específico que os tornasse donos do saber e, ao contrário, era um poderoso sonífero que os fez cair na letargia, segundo a qual "força e consenso são em política termos correlativos, e onde um está nunca pode faltar o outro", razão pela qual "não há formação política que se subtraia a esse acontecimento: no mais liberal dos Estados como na mais opressiva das tiranias, sempre há o consenso, e sempre é forçado, condicionado e mutável".[103] Este que era um modo, como cada um vê, não já de resolver o problema, mas de saltá-lo.

19.

Aquele mesmo fervor que Croce teve em impedir o passo ao jusnaturalismo, que tinha inspirado o liberalismo, empregou em exaltar o romantismo (o filosófico e não o moral),[104] que tinha gerado apenas teorias políticas iliberais. Está fora de discussão que o século XIX tenha representado um grande movimento de progresso no desenvolvimento das instituições liberais: o que nos deixa perplexos é que Croce, esquecendo a cautela que sempre tinha recomendado de não tirar consequências práticas demasiado apressadas de conceitos filosóficos, colocou no princípio daquele movimento o romantismo especulativo, que teria posto "as promessas teóricas do liberalismo",[105] e opôs ao binômio jusnaturalismo-democratismo, cuja fragilidade vimos, o outro binômio romantismo-liberalismo, que nos parece não menos carregado de mal-entendidos ou pelos menos de exageros, desde o momento que não se pode deixar de constatar que os dois maiores representantes do romantismo filosófico, Hegel

---

103 Ibid., p.221.
104 Ver a distinção em *Storia d'Europa*, p.48 et seq.
105 Ibid., p.50.

e Comte, nos deixaram como seu testamento político dois livros, os *Elementos de filosofia do direito* de 1821 e o *Système de politique positive* dos anos 1851-1854, que não se poderiam imaginar mais antitéticos ao espírito do liberalismo e mais estranhos à tradição do pensamento liberal, chegando a não querer acrescentar a mais óbvia constatação de que na idade do romantismo tomaram força os ideais políticos do nacionalismo e do socialismo que às vezes confluíram na corrente liberal, mas mais frequentemente a hostilizaram ou lhe puseram obstáculos (como o próprio Croce várias vezes advertiu).

Deixemos a De Ruggiero, que escreveu uma obra importante sobre o liberalismo que noutros tempos nos foi cara, a responsabilidade de ter afirmado que "o liberalismo alemão oferece, contra as aparências, um interesse histórico particular, não só pela grande elevação histórica das suas expressões doutrinais, mas também pela singularidade do seu desenvolvimento",[106] (e isso num livro no qual os dois personagens mais importantes dos quais se fala no capítulo dedicado ao liberalismo alemão são Hegel e Treitschke!); e ainda de ter posto no centro da sua história da ideia liberal o pensamento de Hegel – que teria tido o grande mérito de ter tirado da identificação kantiana da liberdade com o espírito a ideia de um desenvolvimento orgânico da liberdade – como síntese entre o racionalismo abstrato dos revolucionários e o historicismo abstrato dos reacionários, como compêndio e antecipação do moderno constitucionalismo alemão. Croce, mais prudente e mais equilibrado, não se deixou desviar pela sua admiração por Hegel até fazer dele o filósofo por excelência do liberalismo, antes, como vimos, não se cansou de criticar a sua concepção da eticidade do Estado, e se admirou a tradição política alemã pela elaboração do conceito de Estado-força, não a admirou igualmente pela contribuição dada à ideia

---

106 De Ruggiero, *Storia del liberalismo europeo*, p.223.

e à prática liberal.[107] Mas a esta altura é legítimo fazer a pergunta: quais são os escritores românticos que teriam dado novo vigor à teoria do liberalismo? Certamente, Croce não escondeu a sua admiração pelos escritores reacionários da Restauração que "devem ser lidos pelo forte sentimento que os anima pelo Estado como autoridade e consenso, e como instituição que transcende o arbítrio dos indivíduos abstratos; lidos também pelo seu anti-igualitarismo e pelo seu antijacobinismo".[108] Mas deveria deles o novo século ter tirado novas luzes para o avanço da liberdade? Numa breve lista de escritores por ele reputados liberais, recorda Constant, Royer-Collard, Tocqueville e Macaulay.[109] Mas podem ser comparados, tendo em vista uma fundamentação teórica do liberalismo, exatamente o que Croce gaba como efeito benéfico da renovação filosófica produzida pelo romantismo, com o Locke do século XVII ou com o Montesquieu e o Kant do século XVIII? O que há em Constant e em Tocqueville, para lembrar os maiores, que já não houvesse no constitucionalismo de Locke, no garantismo* de Montesquieu, no liberalismo jurídico de Kant?

Na Inglaterra, na primeira metade do século XIX, a teoria do liberalismo se desenvolvera além da crítica do jusnaturalismo feita por Bentham; ou melhor, tinha encontrado um fundamento mais de acordo com a tradição empirista inglesa e não mais sujeito às críticas às quais por toda parte a teoria dos direitos naturais era submetida, no utilitarismo de Stuart Mill. Se

---

107 É uma tese constante dos livros historiográficos escritos durante a resistência contra o fascismo. E já no ensaio "Contrasti d'ideali" fala da unidade da Alemanha que fora feita "prescindindo das forças e da educação liberal" (in: *Etica e politica*, p.314).

108 Id., *Etica e politica*, p.267.

109 Id., *Conversazioni critiche*, p.320.

* O termo "garantismo" indica uma concepção política que defende a tutela das garantias constitucionais do cidadão diante de possíveis abusos por parte do poder público. (N. T.)

Croce admira a sincera fé liberal de Mill, aliás "mesquinha e vilmente arrazoada devido aos conceitos de bem-estar, de felicidade e de prudência", rejeita asperamente "as pobres e falazes teorizações dele".[110] Aliás, não parece que ele tenha dedicado muita atenção à história do pensamento político inglês. É surpreendente o fato de que na breve história da filosofia da política, que se segue à "Politica 'in nuce'", não tenha sido considerado sequer um escritor inglês, mas de Hobbes a Locke, de Hume a Bentham não faltava certamente o material de estudo e de reflexão. Voltou várias vezes à ideia que a Inglaterra tinha ensinado muito sobre os conceitos liberais durante os séculos XVII e XVIII, mas também aprendeu muito dos povos do continente no século XIX.[111] E só nos escritos mais tardios se pode observar alguma referência mais frequente aos méritos da Inglaterra na filosofia política, mas sempre com a ressalva que o liberalismo, nascido na Inglaterra, se desenvolvera noutro lugar e, de qualquer modo, na Inglaterra tinha encontrado aplicação prática, mas não uma suficiente elaboração doutrinal.[112] Ainda uma vez Croce estava a procurar não as instituições do Estado liberal, sobre as quais os escritores ingleses tinham recolhido considerações úteis para a posteridade, mas o conceito filosófico da liberdade, para o qual era preciso, segundo ele, que o pensamento humano chegasse a uma concepção de imanentismo absoluto ou a um espiritualismo absoluto que fosse ao mesmo tempo historicismo absoluto, e ao não encontrar vestígios dele no pensamento inglês, lamentava que "o filho primogênito do liberalismo", que ficou por dois séculos enviscado no empirismo sensualista e utilitário,

---

110 Id., Principio, ideale, teoria. A proposito della teoria filosofica della libertà. In: *Il carattere della filosofia moderna*, p.114-115.

111 Id., *Storia d'Europa*, p.17-18.

112 Id., Libertà e giustizia (1943). In: *Discorsi di varia filosofia*, p.269; id., Ancora sulla teoria della libertà (1943), p.100; id., Liberalismo e cattolicesimo (1945). In: *Pensiero politico e politica attuale*, p.69; id., Per il congresso internazionale del Partito liberale in Oxford (1947), p.109.

Política e cultura

juntamente com o agnosticismo e o possibilismo religioso, tivesse sido "por longo tempo o menos capaz de demonstrar filosoficamente o seu ideal e o seu fim próprio".[113] O que não tinha encontrado na pátria de Milton e de Mill, Croce, e infelizmente com ele em coro os idealistas italianos, acreditaram que tinham encontrado na pátria de Fichte e de Bismarck, e de todos quantos frequentaram os mestres dos ditadores para aprender a lição da liberdade.

Também sobre Croce e, em geral, embora mais gravemente, sobre os idealistas italianos que se consideravam e se gabavam herdeiros da tradição hegeliana napolitana, pesaram dois preconceitos filosóficos que remontavam a Hegel: que o empirismo inglês não fosse digno de constar na história do pensamento filosófico, e que o povo alemão tivesse feito na teoria, ou seja, mediante a filosofia idealista, a revolução que os outros povos, especialmente o inglês e o francês, tinham feito na prática. O primeiro preconceito exonerava-os de pesquisar as relações entre a mentalidade triunfante na Inglaterra, que era a empirista, e o sucesso da política liberal inglesa e, para usar a terminologia própria deles, entre a teoria e a práxis; o segundo preconceito deixava o coração deles em paz diante de tanta diferença entre o curso da história inglesa e francesa e o curso da história italiana e alemã, porque a providência quis pelos seus imperscrutáveis desígnios que aos ingleses e aos franceses fosse atribuída a tarefa de realizar a liberdade, aos alemães, e quiçá também aos italianos, a de compreender a sua essência; àqueles vivê-la sem saber o que era, e a nós fazer a filosofia dela em situação de perpétua servidão.

---

113 Id., Principio, ideale, teoria. A proposito della teoria filosofica della libertà. In: *Il carattere della filosofia moderna*, p.114.

20.

Quais eram, portanto, os conceitos que Croce derivava da filosofia romântica para a elaboração da sua filosofia da liberdade? Como se viu, ele tinha em alta estima, embora interpretando-a de modo diferente, a expressão, que já foi usada por Hegel e repetida e divulgada, como o próprio Croce observa, por Cousin, Michelet e outros escritores franceses (entre os quais Quinet), da história como história da liberdade, entendendo com isso que a liberdade como força criadora da história é o verdadeiro sujeito da história. "Na verdade, tudo o que o homem faz é feito livremente, sejam ações ou instituições políticas ou concepções religiosas ou teorias científicas ou criações da poesia ou da arte ou invenções técnicas e modos de aumentar a riqueza e o poder."[114]

Não é fácil entender que utilidade se pode tirar de tal conceito para uma melhor compreensão do liberalismo, ou que melhora ele poderia dar para a teoria do Estado-liberdade. Já é difícil entender em que sentido Croce usava o termo "liberdade" e é de duvidar que o usasse sempre no mesmo sentido. Na expressão "história como história da liberdade", parece que está a indicar a própria essência do Espírito, ou seja, a força criadora, ou criatividade, do Espírito,[115] em oposição a atitudes como repetição, imitação, manipulação artificiosa e semelhantes.[116] É o

---

114 Ibid., p.109.

115 Ver a equivalência dos dois termos, "criatividade" e "liberdade", no seguinte contexto: "Ao liberalismo como ao comunismo, o liberalismo diz: aceitarei ou rechaçarei as vossas propostas individuais e particulares segundo elas, nas condições dadas de tempo e de lugar, promoverem ou deprimirem a criatividade humana, a liberdade" (id., *Pagine sparse*, v.3, p.31).

116 Em *Etica e politica* se diz, ao contrário, que a liberdade "é a vida que se quer expandir e gozar de si, a vida em todas as suas formas e sentida por cada um de modo próprio, naquela infinita variedade, naquela individualidade de tendências e obras onde se entrelaça a unidade do universo, e se explica que, assim entendida, a liberdade nada mais é que a alegria de fazer" (p.222).

velho conceito teológico de liberdade como atributo divino. Daí a expressão "história como história da liberdade" significa que a história é o produto da atividade criadora do Espírito ou do Espírito enquanto por essência é atividade criadora. É sabido, porém, que na linguagem da doutrina liberal "liberdade" indica "ausência de vínculos ou de impedimentos".[117] Nessa acepção não tem sentido falar de liberdade sem responder à pergunta: "de que coisa?"; isto é, sem se indicar de qual impedimento ela é liberdade. Mas é justamente essa acepção que é rechaçada declaradamente por Croce onde ele descreve a vocação liberal da época da restauração:

> Era, portanto, inteiramente óbvio que à pergunta sobre qual seria o ideal das novas gerações se respondesse com aquela palavra "liberdade" sem outra determinação, porque qualquer acréscimo teria ofuscado o conceito; e estavam errados os frígidos e os superficiais que se maravilhavam disso ou o tornavam objeto de escárnio e, acusando aquele conceito de formalismo vazio, interrogavam irônicos ou sarcásticos: "O que é a liberdade? A liberdade de quem ou do quê? A liberdade de fazer o quê?".[118]

Contudo, exatamente a seguir à eliminação de sucessivos impedimentos se passou do Estado absoluto para o Estado liberal, e só com base na presença de certos não impedimentos e não de certos outros se julga hoje sobre a maior ou menor liberdade de um ordenamento jurídico. Não há passagem do conceito teológico de liberdade como essência do Espírito universal para o conceito empírico, útil em política, de liberdade como não impedimento; do primeiro conceito não se extrai nenhuma luz para

---

117 Para considerações terminológicas sobre a palavra "liberdade" e sobre a distinção entre vários tipos de liberalismo, cf. Cranston, *Freedom. A New Analysis*.

118 Croce, *Storia d'Europa*, p.18.

compreender o segundo. A teoria da liberdade do Espírito é tão estranha à teoria do liberalismo quanto a teoria do liberalismo é estranha à teoria da liberdade do Espírito. Pode-se muito bem imaginar uma teoria em metafísica espiritualista e em política iliberal, assim como uma teoria politicamente liberal inserida numa filosofia naturalista. E para dizer a verdade, os exemplos históricos encorajam essa imaginação. E não há passagem, sobretudo porque, se o sujeito da história é o Espírito (e não o indivíduo singular, com o qual o liberal se preocupa) e esse Espírito é por essência criador e, portanto, livre, não se pode excluir que ele, para realizar a si mesmo, deva poder servir-se tanto dos regimes liberais quanto daqueles não liberais e, portanto, a existência de regimes iliberais é perfeitamente compatível com a liberdade da história: tão compatível que eles existiram e existem, e se apesar disso a história é a história da liberdade quer dizer que a liberdade se torna real também por ação deles, e que os atos de déspotas e de opressores pertencem à história da liberdade com o mesmo direito que os atos dos homens de governo liberais.[119] O que está totalmente de acordo com o conceito de Croce, o qual foi obrigado a reconhecer que mesmo os momentos de opressão pertencem, bem ou mal, à história da promoção da liberdade, e pertencem a ela por duas razões: primeiro, porque os ditadores não podem, mesmo sem querer, passar sem realizar obras de liberdade; segundo, porque não há crueldade de opressão que possa eliminar os opositores que, embora escondidos ou calados, mitigam a dureza do presente e lançam as sementes para o futuro.[120]

---

119 Para uma crítica nessa direção ao conceito de história como história da liberdade, ver: Gramsci, *Il materialismo storico e la filosofia di Benedetto Croce*, p.195 et seq.

120 Croce, Principio, ideale, teoria. A proposito della teoria filosofica della libertà. In: *Il carattere della filosofia moderna*, p.110.

Sem dúvida, na história se veem também regimes teocráticos e regimes autoritários, regimes de violência e reações e contrarreformas e ditaduras e tiranias; mas a única coisa que sempre ressurge e se desenvolve e cresce é a liberdade, a qual, naquelas várias formas, modela os seus meios, ora os modifica com seus instrumentos, ora se vale das suas aparentes derrotas como estímulo para a sua própria vida.[121]

Isso significa que para a história da liberdade são necessários também os regimes de não liberdade ou, noutras palavras, que esses regimes, não liberais do ponto de vista do seu ordenamento, são liberais para os fins que alcançam, ou seja, embora sendo não liberais no sentido iluminista da liberdade como não impedimento, são liberais no sentido romântico de liberdade como criatividade. A filosofia, comenta Croce, vê

[...] um Napoleão, destruidor, também, de uma liberdade tal só na aparência e de nome, da qual ele tirou a aparência e o nome, arrasador de povos sob o seu domínio, deixar atrás de si esses mesmos povos ávidos de liberdade e tornados mais experientes do que realmente eram e ativos em implantar, como pouco depois fizeram em toda a Europa, as suas instituições.[122]

Isso a filosofia vê, mas, exatamente, a filosofia romântica da liberdade; mas o que a filosofia, uma certa filosofia, vê não é dito que seja visto do mesmo modo por uma certa teoria política, por exemplo pela teoria do Estado liberal. Continuando o exemplo de Croce, Napoleão pertence à história da liberdade. Mas pertence também à historia dos Estados liberais? Uma coisa é

---

121 Id., Antistoricismo. In: *Ultimi saggi*, p.255. Ver a anedota de Francesco de Sanctis que encerra o ensaio "Liberalismo", e aquela que poderemos chamar de hino à liberdade de *La storia come pensiero e come azione*, p.47-50.

122 Id., *La storia come pensiero e come azione*, p.48-49.

justificar Napoleão *sub specie* de história universal; outra coisa é elaborar uma teoria do liberalismo que possa ser oposta aos regimes autoritários, entre os quais, exatamente, está também o de Napoleão.

Não há passagem da filosofia da liberdade para a teoria do liberalismo por outra razão ainda:

> [...] dado que a liberdade [explicou Croce] é a essência do homem, e o homem a possui na sua qualidade mesma de homem, não se há de tomar literal e materialmente a expressão que é preciso "dar a liberdade" ao homem, pois ela não pode ser-lhe dada porque ele já a tem em si. Não pode ser-lhe dada nem pode ser-lhe tirada; e todos os opressores da liberdade puderam, no entanto, apagar certos homens, impedir mais ou menos certos movimentos de ação, obrigar a não pronunciar certas verdades e a recitar certas mentiras, mas não tirar a liberdade da humanidade, ou seja, o tecido da sua vida que, ao contrário, como é sabido, os esforços da violência em vez de destruí-la a fortalecem e onde estava enfraquecida a restauram.[123]

Se não se entende a liberdade como algo que caracteriza certo modo de conceber as relações sociais no Estado, e tem as suas instituições validadas pela experiência histórica, mas é concebida sem dúvida como a essência do homem, que o homem leva consigo aonde quer que vá e em qualquer condição que se encontre, não é difícil tirar a consequência que o homem é sempre livre dado que a essência é por definição indestrutível. Mas justamente ele é sempre livre no sentido da história como história da liberdade, embora possa não ser, antes possa ser em cadeias, no sentido da teoria liberal.

---

123 Id., *Libertà e giustizia*. In: *Discorsi di varia filosofia*, v.1, p.262.

21.

Da filosofia romântica Croce não tirou apenas o conceito da história como história da liberdade, mas também aquele outro, que devia cada vez mais prevalecer e deixar mais comovida a sua voz e alta a sua mensagem nos anos de opressão, da liberdade como ideal moral. Exatamente na *Storia d'Europa*, como foi visto, considerava o ideal moral da liberdade como "complemento prático" da concepção da história como história da liberdade.[124] Dessa consideração da liberdade como ideal moral, através das páginas da *Storia come pensiero e como azione*, na qual definia a atividade moral como aquela que "garante a liberdade",[125] passava, no ensaio de 1939, a identificar com absoluta certeza a ação promotora de liberdade com a ação moral, o ideal prático da liberdade com o ideal moral[126] e, em suma, o princípio do liberalismo com o próprio princípio moral "cuja fórmula mais adequada é a da sempre maior elevação da vida e, portanto, da liberdade sem a qual não é concebível nem elevação nem atividade".[127]

Não quero indicar aqui qual era o reflexo dessa identificação sobre o problema das relações entre política e moral porque, como já foi dito, o problema é de tal importância e complexidade (um dos problemas dominantes no pensamento croceano) que merece um estudo à parte. Ainda uma vez interessa-me compreender o nexo, se houver um, entre a liberdade entendida como ideal moral e a teoria do liberalismo. Foi, de fato, sobretudo a propósito dessa identificação que Croce disse com a maior clareza, e repetiu não só como filósofo, mas como político, em

---

124 Id., *Storia d'Europa*, p.16.
125 Id., *La storia come pensiero e come azione*, p.44.
126 Id., Principio, ideale, teoria. A proposito della teoria filosofica della libertà. In: *Il carattere della filosofia moderna*, p.117.
127 Essa definição da moral como "elevação da vida" que coincide com o "desenvolvimento da liberdade" se encontra num dos últimos escritos: Intorno alla categoria della vitalità. In: *Indagini su Hegel e altri schiarimenti filosofici*, p.134.

Benedetto Croce e o liberalismo

muitas ocasiões nos anos da reconstrução, que apenas se da liberdade se fizesse consciência ética ela nunca mais poderia estar comprometida com as instituições históricas que, precisamente por serem históricas, são passageiras, ao passo que a liberdade como ideal moral é em si eterna. A liberdade no singular, explicou na *Storia d'Europa*, nunca se adapta nem se exaure nesta ou naquela particularização sua, nas instituições que criou; "e por isso não só [...] não se pode defini-la por meio das suas instituições, ou seja, juridicamente, mas é preciso não colocar um vínculo de necessidade conceitual entre ela e estas, que, sendo fatos históricos, a ela se ligam e desligam por necessidade histórica".[128]

Diante dessa separação entre ideal da liberdade e técnica da sua realização política há de se observar que, se essas instituições deram forma a certo tipo de Estado que se veio caracterizando como Estado liberal em oposição a outros Estados que, por serem caracterizados por outras instituições, eram ditos totalitários, a diferença entre a liberdade como ideal e a realização do Estado liberal se tornava agora irrecuperável. E tornava--se irrecuperável exatamente porque a teoria do liberalismo, embora partindo do pressuposto da liberdade como ideal, era a teoria daquelas instituições e não de outras, e a história do liberalismo era a história das várias tentativas, ora exitosas ora fracassadas, mas nunca abandonadas a partir do início da idade moderna, de criar, renovar, corrigir certas instituições, tanto que a eliminação e a má aplicação daquelas instituições tinham dado lugar a Estados que não eram mais liberais e contra os quais o próprio Croce resistira em nome do ideal moral. E essas instituições, embora diferentes e moduladas de maneira diferente de acordo com os tempos e os lugares, e certamente enquanto produtos históricos nunca perfeitos e definitivos, tinham em comum o caráter de perseguir o mesmo fim, que não temos

---

128 Id., *Storia d'Europa*, p.18.

nenhuma dificuldade em chamar de ideal prático da liberdade, com meios semelhantes e convergentes, ora refreando a invasão dos poderes públicos na atividade individual, ora consolidando e assegurando, por mais larga ou mais estreita que fosse segundo as necessidades, nunca, porém, abolindo a chamada esfera de liceidade do indivíduo em relação ao Estado, distinguido sempre o que no homem pode participar no Estado daquilo que não pode participar, enfim salvaguardando o indivíduo da total redução a membro da coletividade, da redução de toda a sua atividade a atividade pública ou política, na qual consiste exatamente a natureza dos Estados totalitários.

Contra essa separação entre o ideal moral e as suas realizações históricas são sempre válidas as objeções que foram movidas a Croce, por um lado, por Einaudi, que confessou o "aperto no coração" ao ver com que desdém Croce falava dos meios, ao passo que para ele a perseguição do fim não podia ser dissociada da busca dos meios idôneos;[129] e aqui, em apoio à tese de Einaudi se poderia acrescentar que, historicamente, a teoria do liberalismo é exatamente a teoria daqueles meios e, proibida a discussão sobre os meios, se fala de liberalismo de modo inoportuno; por outro lado, Calogero, que afirma que, se o liberalismo consistia em perseguir o ideal moral sem outros adjetivos, todos eram ou teriam gostado de dizer-se liberais, a não ser que encontrasse as diferenças na análise ou na vontade daquelas instituições particulares que são os diversos meios propugnados por cada um para o objetivo comum,[130] e a não ser também que aqui se acrescentasse que o que permite distinguir numa situação histórica determinada quem é liberal de quem não é liberal é exatamente as considerações dos meios que propugna, e não o fim idêntico do qual todos são igualmente fervorosos defensores.

---

129 Einaudi, *Il Buongoverno*, p.254 et seq.

130 Calogero, *Difesa del liberalsocialismo*, sobretudo p.32 et seq.

Nós nos servimos da noção de liberalismo e de Estado liberal – e para isso é importante esclarecer o seu conceito – para dois fins diferentes: ou para distinguir de maneira historiográfica um Estado liberal de um autoritário, ou para propor esse tipo de Estado, de maneira política, como modelo de ação. Nem a um nem ao outro emprego ajuda a identificação da liberdade com o ideal moral e o consequente afastamento do ideal das instituições em que se realiza. Não ao primeiro objetivo, porque a presença operante ou ausência da liberdade como ideal é provada (e não há outra maneira de prová-la) pela existência ou não e pelo maior ou menor funcionamento daquelas instituições, como a garantia dos direitos de liberdade, a representatividade de alguns órgãos fundamentais do Estado, a divisão dos órgãos e das funções, a legalização da oposição política, o respeito pelas minorias e assim por diante. Que se depois se quisesse dizer que o ideal moral, enquanto próprio de todo homem, como não pode desaparecer e sempre renasce, assim nunca faltou e em cada época teve os seus confessores e os seus mártires, dever-se-ia responder com maior razão que não sendo o liberalismo de todas as épocas e de todos os países, não pode coincidir com aquele ideal, mas é um modo particular da sua realização, caracterizada pelo fato de que aquele mesmo ideal brilha com uma luz talvez mais branda, mas mais difusa, não é dom generoso de poucos, mas costume de muitos, e tanto mais, portanto, para definir o seu conceito não se pode prescindir das instituições que o realizam. Tampouco essa identificação do liberalismo com o ideal moral vem em nossa ajuda para alcançar o segundo objetivo, porque para instaurar e manter um Estado liberal é preciso que o ideal se realize em instituições sólidas, e eu devo saber, antes de tudo, quais instituições quero conservar e quais rejeitar, e a luta política é luta, em nome de ideais ou de ideologias sim, mas também pró ou contra esta ou aquela instituição.

Acontece assim que, quando chegou o momento da reconstrução do novo Estado liberal depois do tempo da oposição ao

Estado autoritário, a filosofia da liberdade calou-se; e se falou foi para colocar-se, incontaminada e incorruptível, acima dos partidos que a todos reconhecia e consagrava. Mas que ensinamentos poderia ter transmitido? O Estado liberal era um complexo, há longo tempo provado e de novo, instrumento de organização social, um mecanismo delicado e sujeito a contínuos aperfeiçoamentos, de cujo aparelho era preciso assenhorar-se para pô-lo em movimento. O que sabia de tudo isso a filosofia da liberdade, que é a mesma coisa que a elevação da vida em todo tempo e em todo lugar qualquer que seja o caminho percorrido para consegui-lo? Quão alto fora o magistério croceano nos anos da resistência, tão contrariado foi no período da renovação, no qual aqueles mesmos jovens que tinham combatido nos mais diferentes partidos em nome do ideal moral da liberdade, se encontraram despreparados diante das enormes tarefas técnicas que a organização de um Estado democrático requeria. Croce foi o mentor da oposição; não podia ser o sábio conselheiro da reconstrução. Mais que um teórico do liberalismo, foi o inspirador da resistência à opressão; nem podia ser teórico de um problema com o qual, no fundo, nunca tinha, teoricamente, se interessado muito durante toda a sua vida de estudioso, e quando se defrontou com aquele problema impelido pelas circunstâncias, tinha tirado inspiração não dos empiristas ou utilitaristas ingleses, nem dos jusnaturalistas ou iluministas, nem dos juristas nem dos economistas, daqueles que tinham elaborado uma teoria em contínuo progresso do Estado liberal, mas exatamente daqueles escritores românticos que teriam contribuído com a exaltação da Liberdade para obscurecer ou, pelo menos, para oferecer pretexto e argumentos para o obscurecimento dos ideais liberais. Ele pregou com acentos muito nobres (cujo eco ainda ressoa na nossa mente e pelos quais lhe somos gratos) a religião da liberdade. Pregou-a mais do que então e depois a teorizou. E exatamente porque se tratava de religião, falou mais como sacerdote do que como filósofo, e relendo agora aquelas páginas, somos reaquecidos mais pelo calor da oratória do que por quem tenha sido agarrado pelo rigor dos conceitos. Mas quando a religião, como acontece com todas as religiões, teve de ser institucionalizada, ou seja, quando a religião da liberdade teve de transformar-se em Estado liberal, aquelas páginas e muitas outras que escreveu depois ficaram mudas e estão agora quase esquecidas.

22.

Eu não teria coragem de mandar para a escola de Croce os que quisessem hoje compreender o liberalismo. Aconselhá-los-ia antes a lerem os velhos monarcômacos, Locke, Montesquieu e Kant, o *Federalist*, Constant e Stuart Mill. Na Itália, mais Cattaneo que os hegelianos napolitanos, inclusive Silvio Spaventa; e colocaria em suas mãos mais o *Buongoverno* de Einaudi que a *Storia come pensiero e come azione* (embora tenha sido certamente o livro mais importante dos movimentos de oposição). Ou, sim, diria a eles para ir à escola de Croce, mas não do Croce filósofo da política, mas daquele que nunca se cansou de ensinar que o filósofo puro é um vadio e que a filosofia que não nasce do gosto e do estudo dos problemas concretos é vanilóquio, se não diretamente falatório. No fundo, se hoje nos mostramos um pouco impacientes com as teorizações croceanas sobre a liberdade, é porque aprendemos demasiado bem a lição croceana de que as teorizações que não nasceram do amor pelo objeto e da pesquisa adequada são construções de papel. Croce não teve pela atividade política nem amor nem profunda inclinação, como várias vezes declarou, nem nos pareceu que fosse grande conhecedor de coisas políticas,[131] e se leu escritores de política passou de

---

131 De Caprariis, La storia d'Italia nello svolgimento del pensiero politico di Benedetto Croce. *Literature moderne*, sustenta, recentemente, que Croce teria se preparado de 1919 a 1924 para o exame dos problemas do Estado através

Maquiavel e dos teóricos da razão de Estado, que, acentuando o momento político, o levaram a resolver a política na força, aos escritores do período da Restauração que, acentuando o momento moral, o levaram a resolver a moral na liberdade, saltando os dois séculos respectivamente do Iluminismo inglês e francês ao longo dos quais se formou a teoria do Estado liberal moderno, que é aquele Estado que coloca a força a serviço da liberdade e se define ao modo kantiano como a existência, garantida coativamente, das liberdades externas. Comportou-se no domínio da filosofia política um pouco como não admitiu nunca que alguém se comportasse no domínio da poesia, como aquele que, absorto em coisas demasiado grandes, desdenha as pequenas, e apercebe-se que aquelas coisas grandes e sublimes não são úteis aos outros, e o filósofo é olhado com suspeita e mofa.

Do alto da esfera filosófica Croce vinculou tanto a concepção liberal à filosofia que fez dela uma manifestação de uma determinada filosofia: da filosofia imanentista moderna em oposição à transcendentista medieval, e depois mais particularmente do historicismo em oposição ao Iluminismo. Quem aprendeu a lição metodológica dele de partir dos problemas concretos, e procurou aplicá-la ao estudo do liberalismo, é agora urgido pela dúvida se deveras aquela ligação é útil para a compreensão do liberalismo. Observa que o espírito liberal nasceu de concepções religiosas e teológicas como as do calvinismo e até agora ninguém encontrou argumento melhor contra o poder excessivo do Estado do que o valor absoluto da pessoa. E observa igualmente que concepções imanentistas, de historicismo absoluto, como

---

de assíduas leituras de escritores políticos. Mas cita apenas as resenhas de uma coletânea de escritos de Lenin e dos *Elementi* de Mosca. Passei a vista pelo índice de *La Critica* daqueles anos; mas não encontrei muito mais aí: a resenha do *Príncipe* feita por F. Chabod (1924) e a de uma reimpressão dos escritos do florentino sobre o Estado. Pouco, para dizer a verdade, demasiado pouco diante das muitas resenhas de livros de estética e de crítica literária, para poder tirar uma conclusão qualquer.

o materialismo histórico, favoreceram e continuam hoje a sustentar a prática de regimes não liberais. Mais que uma oposição de concepções filosóficas totais, a oposição entre liberalismo e autoritarismo veio se esclarecendo a ele como uma oposição de mentalidades ou de atitudes espirituais, uma empírica de quem procede gradualmente, examinando uma questão por vez e não aceita outro critério de verdade senão a verificação experimental, a outra especulativa de quem acredita que está em posse, só ele, da verdade uma vez por todas e está disposto a impô-la por todos os meios. E daqui brotou a convicção que para formar a mente a um modo liberal de ver, de julgar e de agir, é útil ler mais os escritores ingleses do que os alemães, mais os iluministas que os românticos. E também o problema, ou o enigma, do liberalismo que teria tido uma pátria prática e uma pátria teórica, não é mais um problema e muito menos um enigma quando ele observar que ele primeiramente se desenvolveu e ainda hoje floresce onde mais forte foi a tradição empírica, enquanto nas pátrias que alimentaram os gênios especulativos houve comumente vida infeliz e de breve duração.

Croce destacou o liberalismo como valor absoluto pelas instituições empíricas, colocando a ênfase no fim e não nos meios. No momento em que o valor era obscurecido ou traído, esse seu apelo à dignidade do fim foi suscitador de energias morais como então se exigia. Hoje que ninguém discute ou ousa discutir sobre a primazia daquele fim, também aqueles que talvez o renegassem se dispusessem de meios para realizá-lo, convém pôr o acento sobre os meios. De fato, se o valor da liberdade é respeitado e também os seus antigos e novos adversários inclinam a fronte diante dele, o método liberal, como coisa de menor momento que se alimenta de pequena empiria e não de grandes especulações, corre continuamente o risco de ser posto à parte ou momentaneamente suspenso e reservado para tempos melhores. Hoje a consciência liberal não pode prescindir da vigilância sobre os meios que ao longo da cansativa criação do Estado moderno foram moldados e postos à prova. E quem se inspira nessa consciência deve esforçar-se para persuadir os impacientes demais ou os resignados demais que manter estabelecidos os meios não é menos importante que ter estabelecido o fim, e que onde os meios são negligenciados também o fim falta e, para incitar aqueles que se preocupam com a sorte da democracia na Itália para não demorar demais sobre a concepção especulativa da liberdade, que é obrigada a considerar momentos de liberdade também os despotismos, mas a perseverar na pesquisa e na prática dos problemas concretos de uma convivência livre, das quais apenas é lícito esperar que o despotismo de ontem não gere por contragolpe o despotismo de amanhã.

Liberdade e poder[*]

1.

A participação de Roderigo di Castiglia[1] na discussão que se iniciou entre mim e Galvano Della Volpe "sobre o tema da liberdade" é coisa de que posso apenas alegrar-me, ainda que a intervenção tenha sido severamente crítica. Aliás, o que deve preocupar um liberal (uso essa palavra em sentido não estritamente político) não é que outros refutem as suas ideias, mas que se recusem a discuti-las. Ademais, à parte um conselho, que creio não dever seguir, e uma repreensão, que creio não merecer, o artigo oferece muita matéria para novas considerações sobre o problema da liberdade que só pode ser favoravelmente acolhido

---

[*] Originalmente publicado em *Nuovi Argomenti*, v.3, n.14, p.1-23, maio-jun. 1955.

[1] Na revista *Rinascita*, p.733-736, nov.-dez. 1954. [Roderigo di Castiglia é o pseudônimo de Palmiro Togliati (1893-1964), político antifascista e líder histórico do Partido Comunista Italiano. Foi secretário-geral do PCI de 1927 a 1964, sucedendo Antonio Gramsci. – N. T.]

por quem, como eu, há anos tinha formulado, e se pode bem compreender em qual direção, um "convite ao colóquio". Desembaraço logo o campo daquele conselho e daquela repreensão. A Roderigo di Castiglia parece que o problema da liberdade não é coisa difícil como o meu artigo levaria a crer, e me aconselha em tom amigável a não o complicar inutilmente. Confesso que não consigo considerar fácil um problema que não vejo se há outro mais debatido, e em torno do qual se emaranham tantos equívocos – e parece-me que também no artigo de Roderigo se apresenta um mais grave, e para dissipá-lo, sobretudo, sou levado a retomar a discussão. Confesso que, sendo-me proposto, no artigo sobre "A liberdade dos modernos comparada com a da posteridade", a tarefa de análise conceitual que me levou a distinguir entre a liberdade como é entendida pela doutrina liberal e a liberdade como é entendida pela doutrina democrática, não consigo entender por que com aquela análise gerei uma confusão, a menos que me seja demonstrado que aquela distinção não resiste, ou seja, é supérflua. Eu acreditava ter contribuído para esclarecer uma questão um tanto obscura. E eis que o meu interlocutor me acusa de ter obscurecido uma questão perfeitamente clara. Não fiquei surpreso com isso, como deveria, apenas por causa do hábito totalmente intelectualista de buscar a explicação antes de formular um julgamento de aprovação ou de condenação, e compreendi, ou pensei compreender, que por trás dessa interpretação diferente se escondia um velho jogo de retorsão entre o doutrinário e o político, em que o segundo costuma censurar o primeiro de complicar as coisas simples com aquela mesma segurança com a qual o primeiro costuma censurar o segundo de simplificar as coisas complicadas. A cada um o seu dever. Por outro lado, não desejaria que o meu sábio interlocutor tivesse tomado como exemplo um menos sábio personagem de Balzac, o sutil e astuto Bixiou, o qual, depois de uma disputa cansativa entre empregados de não sei qual ministério sobre a distinção exata entre empregado e funcionário, a fim de acabar com a discussão, sai com esta sentença: *"À côté du besoin de définir, se trouve le danger de s'embrouiller".**

Quanto à repreensão, tendo eu dito que um liberal não pode tolerar a supressão da liberdade medíocre de hoje em troca da liberdade total e presumida de amanhã, Roderigo estabelece uma comparação entre aqueles que hoje estão sufocando a liberdade com a desculpa de protegê-la e aquele, ou seja, o abaixo subscrito, que "trata de ameaças à liberdade do presente que viriam das liberdades do futuro" e que por isso acaba dando "ainda que de modo indireto e objetivo" uma contribuição "se não para reforçar o argumento dos atuais inimigos da liberdade, pelo menos para criar, em sua vantagem, a confusão". Estranho julgamento, segundo o qual o criador de confusão não é quem comete o erro, mas quem chama a atenção para ele, não o jogador incorreto, mas o autor do manual que desaconselha o jogo incorreto, não o pecador, afinal, mas o inócuo escritor de máximas morais. Julgamento, além de estranho, injusto, porque nesse caso o autor das máximas não aproveita absolutamente a ocasião da constatação do erro (posto que haja erro) para invocar os raios do céu sobre quem erra, mas do mesmo modo que aconselha quem erra a não perseverar no erro, desaconselha fortemente aquele que se erige a juiz a puni-lo. Acreditei, de fato, poder livremente acentuar o que considero o iliberalismo do Estado soviético porque, quanto a medidas ilegais contra aqueles que colocam esse Estado como modelo, tenho a consciência tranquila.

2.

Entende-se que o problema substancial, sobre o qual me proponho demorar-me e para o qual o artigo ao qual respondo,

---

* Trad.: "Ao lado da necessidade de definir, encontra-se o risco de confundir". (N. E.)

fora das polêmicas conhecidas, constitui uma contribuição digna da máxima atenção, é se no caso concreto há o pecado e onde está alojado: fora da metáfora, se realmente há oposição entre liberalismo e comunismo, e de que natureza ela é. A tese central de Roderigo, segundo a qual se comunismo e liberalismo são inconciliáveis não implica que sejam inconciliáveis o comunismo e a ideia da liberdade, se articula em duas afirmações: 1) o regime liberal não tem valor absoluto, mas é o produto de determinada situação histórica que deu origem a novas liberdades, mas suprimiu outras e, com a mudança da situação histórica, devido ao surgimento de novas classes sociais na cena da história, veio cada vez mais se revelando como um regime de privilégio; 2) o regime socialista, longe de suprimir a liberdade de maneira abstrata, suprime as liberdades que se tornaram privilégios e cria novas formas de liberdade dando impulso novo, corajoso e benéfico ao processo de libertação dos homens.

Creio que não devo discordar nem de uma nem da outra dessas afirmações. No tocante à primeira questão, no meu artigo citado, e em outros precedentes, não quis deixar no leitor nenhuma dúvida sobre o fato de que, se por "regime liberal" se entende o regime característico da classe burguesa em ascensão, ele é um fato histórico e, como todos os fatos históricos, está sujeito a mudanças. Acerca da segunda afirmação, declaro – o que quer que valha essa declaração – que não posso imaginar hoje um desenvolvimento no processo de libertação sem a contribuição que para ele deram e continuam a dar os movimentos socialistas em luta contra alguns privilégios burgueses. Mas onde está a oposição? Parece-me que a oposição nasce do fato de que aquelas duas afirmações de Roderigo não esgotam o problema da liberdade como valor humano digno de ser perseguido e, portanto, não tiram o valor da tese principal daquele meu artigo no qual se falava de liberdade em sentido diferente do usado pelo meu contraditor. Por isso, também dessa vez, como no caso da discussão com Della Volpe, se se quer dar um passo à frente, é preciso desencalhar a disputa dos equívocos terminológicos. Isso é o que pretendo fazer nas páginas seguintes, mesmo ao custo de ser considerado, como buscador de complicações, um reincidente.

"Liberdade", como já tivemos ocasião de dizer, é uma daquelas palavras prestigiosas que de per si suscitam uma multidão de emoções favoráveis. Num discurso de tipo oratório, destinado mais a persuadir que a convencer, a atrair consenso, talvez a enredar, como é o discurso político, ninguém quer privar-se do uso daquela palavra. Mas como as ideologias políticas são tantas e tão diversas, acontece que cada uma pode proclamar-se defensora da liberdade com uma única condição, de entender por "liberdade" algo diferente do que as outras pessoas entendem. Observamos no ensaio precedente que a liberdade da qual falam os liberais não é a mesma liberdade da qual falam os democratas, a primeira significando mais uma condição de não impedimento referida à ação, a segunda significando um estado de autonomia referido à vontade. Agora queremos mostrar que a liberdade da qual falam os socialistas na expressão "liberdade socialista", e na polêmica que eles travam contra o liberalismo, e é a acepção, como veremos, aceita por Roderigo no seu artigo, não coincide com a liberdade dos democratas nem com a liberdade dos liberais.

3.

Para captar a diferença de significado entre a liberdade dos liberais e a dos socialistas, observe-se uma das argumentações mais comuns das publicações socialistas contra a liberdade liberal: "O Estado liberal concedeu, sim, as chamadas liberdades civis, mas são liberdades puramente formais. Que importância tem a liberdade de imprensa para quem não consegue capital para imprimir um jornal, a liberdade de circulação para quem não tem dinheiro para pagar a viagem, a liberdade de possuir para o assalariado que gasta tudo o que ganha em suas necessidades? A verdadeira liberdade não consiste na possibilidade abstrata de fazer, mas no poder concreto. Livre não é aquele que tem um direito abstrato sem o poder de exercê-lo, mas aquele que além do direito tem também o poder de exercício. Ou, melhor dizendo, o primeiro é apenas formalmente livre, o segundo é livre também substancialmente". Digo que esta oposição entre liberdade dos liberais e liberdade dos socialistas é possível pelo simples fato de que no contexto o termo "liberdade" foi conquistando um significado bem diferente do que tinha na doutrina liberal. Em resumo, observo que com o mesmo termo os liberais entendiam algo como uma "faculdade de fazer ou não fazer", e os socialistas entendiam, porém, algo como um "poder de fazer". Os primeiros põem o acento mais sobre o não impedimento por parte do poder jurídico em relação com o que me é permitido ou não fazer; os segundos, mais sobre o poder ou potestade que o Estado atribui a mim fornecendo-me os meios para fazer algo. Para os primeiros, a liberdade não é separável da independência, para os segundos, não é separável da potência, tanto que se costuma falar, no primeiro caso, de liberdade em sentido negativo, como liberdade em relação a alguma coisa e, no segundo caso, de liberdade em sentido positivo, como liberdade para fazer alguma coisa. Os ingleses, por aquela sensibilidade particular que têm para as questões linguísticas, chamaram a atenção para a distinção entre *freedom from* (ou liberdade em relação a alguma coisa) e *freedom to* (ou liberdade para fazer alguma coisa) que corresponde à distinção entre liberdade como não impedimento e liberdade como poder. Eu diria, porém, que na linguagem comum, o significado corrente do termo "liberdade", referido aos atos humanos, é o primeiro e não o segundo. Apenas na linguagem técnica, jurídica e política, o termo "liberdade" pode tomar também o segundo significado. Se digo, por exemplo, que na sociedade lombarda os Arimanni eram os cidadãos livres para portar armas, não entendo apenas que eles não

Liberdade e poder

fossem impedidos, mas que tinham o poder; e não há dúvida que na noção de "homem livre" em oposição a "escravo" ou "servo da gleba" ou, na linguagem socialista, em oposição a "assalariado", está implícito não apenas que ele tem uma faculdade abstrata de fazer ou não fazer, mas também certos poderes reais, ao passo que a própria noção de homem livre tem um significado mais restrito, limitado ao significado de liberdade como não impedimento, se contraposto a "súdito". Não é sem motivo que a oposição característica da teoria liberal é a de "cidadão-súdito", e a da teoria socialista a de "senhor-escravo". Para nos deixar mais cautelosos contra as ciladas da linguagem, observo ainda que enquanto a expressão "cidadão livre" significa, na linguagem técnica, um membro da comunidade que tem determinados poderes inclusive, por exemplo, o de portar armas, a expressão "cidadão livre" é usada na linguagem comum para indicar aqueles que se desvincularam de uma situação de sujeição tendo, por exemplo, terminado o serviço militar, e não estão mais impedidos.

Ora, a diferença entre os dois significados de "liberdade" repercute na atitude prática que assumimos diante do problema da maior ou menor liberdade que se quer instaurar e, portanto, do fim que se quer alcançar. Para quem entende por liberdade um estado de não impedimento, introduzir maior liberdade significa *diminuir os vínculos* e, portanto, ótimo é aquele ordenamento no qual a esfera de liceidade é a maior possível. Para quem, ao contrário, entende por liberdade o poder de agir, introduzir maior liberdade significa *aumentar as oportunidades* e, portanto, ótimo é aquele ordenamento no qual são maiores e mais amplas as providências em favor dos cidadãos. Uns e outros estão livres para dizer que com as suas exigências promovem liberdade, contanto que haja entendimento sobre o fato que pedem coisas diferentes e têm em mente fins diversos. O grande problema político, aliás, é se eles pedem, embora usando o mesmo termo, não só coisas diferentes, mas também incompatíveis, quer dizer, se "diminuir os vínculos" e "aumentar as oportunidades" são duas operações que podem ser feitas ao mesmo tempo e dentro de quais limites e em quais condições.

Também a linguagem técnica do direito conhece esta distinção entre a situação de não impedimento (liberdade negativa) e a de poder (liberdade positiva), distinção expressa por duas figuras típicas de qualificação dos comportamentos que são a *faculdade* e o *poder* (ou potestade). Um proprietário de alguma coisa tem a faculdade de gozar dela, mas tem o poder de invocar a intervenção dos órgãos judiciários para rechaçar um incômodo. O ordenamento jurídico concede uma faculdade na medida em que elimina certos vínculos e deixa ao sujeito uma esfera chamada de liceidade, e confere um poder na medida em que atribui a um sujeito, para que possa alcançar determinado objetivo, certa porção do poder original constitutivo do próprio ordenamento. Não digo que também entre juristas essa distinção seja sempre clara. Ela é obscurecida por duas circunstâncias dependentes da linguagem: antes de tudo, ambas as situações são muitas vezes designadas, também na linguagem técnica, com o nome de "direito subjetivo", em segundo lugar, tanto pela ação do titular de uma faculdade quanto pela ação do titular de um poder existe em italiano um só verbo: "*potere*" [poder]. Mas que a distinção não possa ser suprimida está mostrado pelo fato de que pode haver faculdade sem poder (por exemplo, tenho a faculdade de ir caçar porque nenhuma lei me impede, mas não tenho o poder porque não tenho o porte de armas) e também poderes sem faculdade (são os chamados poderes obrigatórios, aqueles cujo exercício é obrigatório, como, por exemplo, o poder do juiz de publicar, naquelas determinadas circunstâncias e seguindo aquelas determinadas regras, uma sentença).

4.

Se procurarmos agora aplicar o resultado dessa diferenciação ao discurso de Roderigo di Castiglia com relação à liberdade, percebemos que nesse discurso o termo "liberdade" é usado sempre no sentido de poder e nunca no de não impedimento. Quando ele diz que os regimes liberais "afirmaram certas liberdades no momento em que suprimiam certas outras [...] a liberdade de exigir dízimos, enquanto afirmaram a liberdade de vender e comprar", a expressão adquire o seu pleno significado se o termo "liberdade" for substituído pelo termo "poder". É melhor ainda quando logo depois afirma que "pagar os impostos não é um limite à liberdade, mas um modo de adquirir certos serviços"; a frase tem sentido só se por "limite à liberdade" se entender "limite ao poder de fazer". Se, de fato, se pode compreender bem que pagar os impostos não constitui uma limitação do poder, mas através da compra de certos serviços um aumento dele, seria contraditório dizer que a imposição de taxas não seja um vínculo, e por isso quem paga as taxas seja em relação à extensão da esfera de liceidade igualmente livre ou até mais livre que quem não as paga. A mesma oposição sobre a qual se concentra todo o artigo entre liberdades burguesas e liberdades socialistas reproduz a clássica oposição entre os poderes que a burguesia adquiriu para si na luta contra o regime feudal e os novos poderes que através da socialização dos meios de produção um regime socialista atribui ou pretende atribuir ao proletariado. A passagem do regime liberal para o regime socialista é entendida pelo proletariado como a passagem de um estado de impotência para um estado de maior potência e, naturalmente, se se chama de liberdade a potência, esse estado de maior potência é também um estado de maior liberdade.

É evidente que não se pode fazer nenhuma objeção séria ao uso da palavra liberdade mais de um modo do que do outro. Não tenho nenhuma intenção de transformar uma discussão sobre coisas tão importantes numa questão de dicionário, tanto mais porque, se pesquisarmos no dicionário, como vimos, ambos os usos do termo "liberdade" – e talvez muitos outros ainda – são reconhecidos e, portanto, se tornaram legítimos, pelo menos pela força do costume. Sinto-me obrigado apenas a chamar a atenção para o fato de que, quando a doutrina liberal fala de liberdade, usa o termo no sentido de não impedimento e, portanto, não se pode refutá-la como se ela usasse o termo no sentido de poder. O que um liberal aprecia e não se cansa de recomendar é que dentro de limites sempre de novo mutáveis seja garantida certa liberdade pelo Estado (ou pela Igreja ou pelo Superestado ou pelo partido organizado e assim por diante); que qualquer que seja a classe social que tem as chaves do poder, ela não governa despótica e totalitariamente, mas assegura ao indivíduo uma esfera mais ou menos larga de atividades não controladas, não dirigidas, não obsessivamente impostas; que se distinga uma esfera do público e uma esfera do privado, e o homem não seja todo ele resolvido no cidadão; que aquilo que não pode ser submetido ao Estado, como a busca da verdade e a consciência moral, não lhe seja submisso, e a virtude não seja obrigada a refulgir, como acontece exatamente em tempo de despotismo, nas ações dos santos e dos heróis, mas possa brilhar com luz menos viva, mas mais constante, na prática cotidiana também dos cidadãos que não têm nem pernas de santo nem fígado de herói; que a vida humana não seja estatizada, politizada, partidarizada, não seja uma contínua parada na praça pública ou um congresso permanente onde todas as palavras são registradas e transmitidas para a história, mas tenha os seus cantos escuros, as suas pausas, os seus dias de férias. E isso eu chamo de doutrina liberal da liberdade, porque encontro um constante vestígio seu nos escritores liberais além das teses que eles tinham excogitado para a solução dos problemas sociais, econômicos, internacionais. A literatura liberal está marcada pela paixão que a anima contra o despotismo, pelas *Vindiciae contra tyrannos* dos escritores

Liberdade e poder

calvinistas de 1500 às recriminações contra o *Esprit de conquête* dos românticos da Restauração. E essa paixão se traduziu em instituições, e são essas instituições, as quais visam garantir a liberdade e a segurança do indivíduo contra a invasão do aparelho estatal, que caracterizam o Estado liberal e não outras caducas, ou que já caíram, e sobre as quais continuar discutindo é uma perda de tempo. Hoje, o que sobra da luta contra o absolutismo, e que em minha opinião é digno de sobreviver, é uma certa técnica da organização estatal que, certamente, é apenas uma parte das técnicas das quais se pode valer o Estado moderno democrático (por exemplo, da teoria política do Estado baseado no consenso derivou o método do sufrágio universal), mas é uma parte, em minha opinião, bem viva, tão viva que vimos com dor o seu desaparecimento nos anos do fascismo e vimos com alegria (todos, também os amigos de Roderigo de Castiglia) o seu reaparecimento nas normas da nossa Constituição.

Que na luta contra o absolutismo político e o feudalismo econômico uma determinada classe, a burguesa, tenha conquistado certos poderes, que esses poderes chamados liberdade se tornaram privilégios, é uma interpretação histórica que estou muito disposto a aceitar. Mas desejaria que me fosse dito que aqueles que ontem saudaram com alegria o retorno de instituições liberais tivessem em mira apenas aqueles privilégios, ou que houvesse entre eles por acaso alguém que pensasse mais nas garantias contra o abuso do poder público e cantando hinos à liberdade aclamasse não já a liberdade como poder de poucos, mas antes a liberdade como não impedimento de todos. E se esse modo de entender a liberdade sacudiu os espíritos e fez realizar ações memoráveis nos anos dos quais ainda está viva a lembrança, não sei por que não se possa dizer que há um veio da tradição liberal que não está absolutamente esgotado, e cuja clareza mental e sabedoria política queremos que se tenha presente como um elemento constitutivo e não eliminável da nossa vida civil.

5.

É muito fácil desembaraçar-se do liberalismo se ele for identificado com uma teoria e prática da liberdade como poder (em particular do poder da burguesia), mas é bastante mais difícil desembaraçar-se dele quando é considerado como a teoria e a prática dos limites do poder estatal, sobretudo numa época como a nossa na qual reapareceram tantos Estados onipotentes. E é difícil porque a liberdade como poder de fazer algo interessa àqueles que são os felizes possessores, a liberdade como não impedimento interessa a todos os homens, também àqueles que que tiverem que se tornar os titulares dos novos poderes, instituídos por um regime social diferente do regime burguês.

Damos o costumeiro exemplo: diante do liberal que exalta a liberdade de imprensa, o socialista responde que o que importa ao cidadão não é que ele tenha a faculdade de fazer um jornal, mas que tenha também o poder. Eu estou disposto a dar razão ao socialista com uma única condição: que a liberdade como poder não seja conferida em prejuízo da liberdade como faculdade, noutras palavras, que os cidadãos que se tornaram livres para imprimir um jornal (no sentido de ter o poder para isso) possam imprimi-lo *livremente* (no sentido de não serem impedidos de manifestar as suas ideias). De outro modo, que raio de poder demos a ele? Quereis chamar de poder o do cavalo doméstico a quem as ferraduras nos cascos permitem correr aonde o cavalo selvagem não chega, se ao adquirir as ferraduras perdeu a liberdade de mover-se segundo o seu capricho? Quando o socialista diz em tom de censura ao liberal: "Vocês deram a todos a liberdade (puramente formal), mas não deram junto o poder de exercê-la", oh! como é fácil a retorsão: "Pois bem, vocês têm dado a todos o poder, mas tiraram a liberdade!". E o poder sem liberdade nem é sequer mais poder, mas aparência de poder, poder executivo e não criativo, do mesmo modo que aquela enorme grua em forma de cegonha que vejo da minha janela me dá a impressão de potência e digo que é potente aquela máquina que desliza na rua e me ensurdece. Posso falar de um poder como de uma liberdade, se se trata de um poder que pressupõe uma esfera de liceidade dentro da qual possa determinar-se e realizar-se. Há poderes cujo exercício depende de mim, outros a cujo exercício sou obrigado. Há poderes que eu domino e dos quais me sirvo para os meus fins, e poderes pelos quais sou dominado e dos quais outros se valem para os seus fins. Eu posso legitimamente dizer que o aumento de poder constitui um aumento de liberdade apenas se se trata de um poder no primeiro sentido, não no segundo. Mas então a noção de poder livre não pode estar separada daquela de liberdade como faculdade, própria da doutrina liberal. Por isso eu penso que a noção de liberdade, própria da doutrina liberal, não deve ser perdida, qualquer que seja o tipo de convivência que se queira instituir, e se olhe até para uma liberdade entendida como autonomia de todos e também para uma liberdade entendida como poder econômico da maioria. Pode ser integrada: no artigo precedente eu destaquei que pode ser integrada pela noção de liberdade como autonomia própria da doutrina democrática; agora digo que pode ser integrada pela noção de liberdade como poder. Mas como não me tinha parecido então possível um estado de autonomia que não pressupusesse a liberdade individual no sentido da doutrina liberal, assim não me parece agora possível um aumento real de poder sem essa mesma liberdade individual. Com isso não quero de maneira alguma absolutizar um regime histórico. Quantas coisas daquele regime desapareceram e desaparecem ainda! E quantas coisas sobrevivem que desaprovamos e gostaríamos que fossem submersas para sempre e demora a acontecer! A herança da ideia liberal que considero digna de ser aceita e transmitida está na defesa da liberdade individual contra os regimes absolutistas, como se difundiu em certos institutos, característicos de Estados que se dizem ainda liberais mesmo que não sejam mais apenas liberais. Mais concretamente aceitamos e gostaríamos que fosse retransmitida a técnica da organização estatal que permite a melhor realização daquela defesa, também se auspiciamos que outras técnicas propugnadas por outros movimentos, como os socialistas, sejam acolhidas e postas em funcionamento, assim como já foi acolhida e assimilada a técnica própria da ideologia democrática. Defendemos um núcleo de instituições que deram boa prova e gostaríamos, isso é tudo, que fossem transplantadas também ao Estado socialista. Gostaríamos que aqueles que estarão destinados a governar em nome das novas classes mais dignas do que as que estão para morrer não se esquecessem de uma lição que dura já três séculos. No artigo de Roderigo se lê nas entrelinhas a costumeira repreensão: "Estejam atentos, vocês acabarão levando água para o moinho da reação que se aproxima". Diria antes que, se temos uma tarefa, não importa se pequena ou grande, seja a de derramar uma gota de óleo nas máquinas da revolução já feita.

6.

O que é essa gota de óleo? Poucas coisas aprendemos da história, mestra de vida, além desta: que as revoluções se institucionalizam, e ao se esfriarem se transformam numa crosta maciça, as ideias se condensam num sistema de ortodoxia, os poderes numa forma hierárquica, e que o que pode dar nova vida ao corpo enrijecido é apenas o sopro da liberdade, com a qual entendo aquela irrequietude do espírito, aquela intolerância com a ordem estabelecida, aquele aborrecimento com todo conformismo que requer imparcialidade mental e energia de caráter, boas virtudes por meio das quais vimos, ao longo dos séculos, crescer e progredir os costumes, as leis, o bem-estar, a vida civil. Hoje esse espírito sopra onde parece que a crosta se tornou mais impenetrável. E onde sopra, opera ao modo da liberdade na qual os velhos escritores liberais nos treinaram, ou seja, como procura dos direitos do indivíduo e dos grupos contra o poder excessivo das hierarquias, como desarticulação de um corpo ancilosado, como desbloqueio de uma unidade demasiado compacta, como despedaçamento de uma unidade demasiado monolítica, de onde a procura de novas liberdades significa busca de limites ao poder estatal que antes não existiam.

Não é tarefa dos intelectuais remastigar fórmulas ou recitar cânones. Cabe a eles uma ação de mediação. E mediação não quer dizer síntese abstrata, olhar olímpico, indiferença mágica, mas cada um deve olhar com o interesse do espectador mais fervoroso e ao mesmo tempo com o desinteresse do mais rígido dos críticos, interessados no espetáculo, desinteressados, na medida em que as paixões o permitem, no julgamento final. Penso que essa ação de mediação na atual situação histórica é extremamente importante e digna de ser perseguida. Deixamos para trás o decadentismo, que era a expressão ideológica de uma classe em declínio. Nós o abandonamos porque participamos nas angústias e nas esperanças de uma nova classe. Eu estou convencido de que se não tivéssemos aprendido do marxismo a ver a história do ponto de vista dos oprimidos, ganhando uma nova imensa perspectiva do mundo humano, não nos teríamos salvo. Ou teríamos buscado refúgio na ilha da interioridade ou nos teríamos colocado a serviço dos velhos senhores. Entre aqueles que se salvaram, porém, apenas alguns conseguiram salvar uma pequena bagagem na qual, antes de se atirar ao mar, tinham depositado, para guardá-los, os frutos mais sãos da tradição intelectual europeia, a inquietação da pesquisa, o estímulo da dúvida, a vontade do diálogo, o espírito crítico, a medida no julgamento, o escrúpulo filológico, o sentido da complexidade das coisas. Muitos, demais, estão privados dessa bagagem: ou a abandonaram considerando-a peso inútil; ou nunca a tinham possuído, tendo se lançado ao mar antes de ter tido tempo de se abastecer dela. Não os censuro; mas prefiro a companhia dos primeiros. Ou antes, iludo-me que essa companhia esteja destinada a aumentar, os anos dando conselho e os acontecimentos nova luz sobre os fatos. Creio que a democracia tem necessidade, sempre maior, de intelectuais mediadores. Que Roderigo di Castiglia achasse seu dever responder a um destes, permitam-me considerá-lo um bom sinal.

Apêndice
Ainda o stalinismo: algumas
questões de teoria[*]

1.

"Quando a Revolução Francesa tentou criar essa sociedade racional e esse Estado da razão" – escreveu Engels numa célebre passagem do *Antidühring* –, "viu-se que as novas instituições, por muito que se destacassem das antigas, ficavam ainda longe da razão absoluta. O Estado da razão *fracassara ruidosamente* [...] Numa palavra, comparadas com as *brilhantes promessas* dos iluministas, as instituições políticas e sociais, instauradas pela vitória da razão, deram como resultado *tristes e decepcionantes caricaturas*."[1] Imagino que muitos comunistas, depois de terem lido o relatório Khrushchov, tenham pensado de novo nessa

---

[*] Reproduzimos aqui o ensaio que apareceu originalmente em *Nuovi Argomenti*, v.4, n.21-22, p.1-30, jul.-out. 1956, levando em conta as correções originais do autor presentes na cópia conservada no Arquivo Norberto Bobbio, no Centro Piero Gobetti de Turim (pode ser consultado também na internet: http://www.erasmo.it/gobetti/default3.asp). O texto foi em seguida republicado em Bobbio, *Né con Marx né contro Marx*, p.27-57.

1 Engels, *Antidühring*, p.279-280 (itálico de Bobbio).

passagem. O relatório era, em última análise, o mais desapiedado desmentido das ilusões revolucionárias: o Estado de justiça "fracassara ruidosamente", e comparado com "as pomposas promessas" dos teóricos do marxismo, as instituições sociais e políticas que foram instauradas com o triunfo do materialismo dialético tinham se revelado "tristes e decepcionantes caricaturas". Os acontecimentos que se sucederam à Revolução Francesa, desmentindo as previsões dos teóricos, tinham posto em crise, segundo Engels, a teoria iluminista do Estado e do poder. Os acontecimentos que se sucederam à morte de Stálin, desmentindo as previsões dos teóricos marxistas, colocam em crise a doutrina marxista do Estado e do poder?

De minha parte penso que a crítica ao "culto da personalidade", promovida pelos atuais dirigentes da União Soviética, tenha levantado, além dos graves problemas políticos que enchem há meses todas as gazetas, também graves problemas de teoria ao marxismo. Em geral se detiveram, pelo menos na Itália, como era natural, sobre os reflexos políticos do "cataclismo". Talvez, porém, tenha chegado o momento de iniciar o discurso também sobre as consequências que a crise terá, ou deveria ter, sobre o marxismo doutrinário. Neste artigo me ocupo particularmente com alguns problemas de teoria do Estado.

Começo o discurso com uma constatação, que, entre as constatações extraordinárias e reveladoras feitas a propósito daqueles acontecimentos, é uma das mais extraordinárias e reveladoras: todos sabiam há tempo que o regime de Stálin era uma ditadura pessoal ou, com a terminologia clássica da teoria, uma tirania, *todos menos os comunistas*. Entre aqueles que sabiam podia haver divergência sobre o modo de avaliar historicamente a obra de Stálin. Mas havia pleníssimo acordo em considerar aquele regime como uma forma característica de tirania, ou seja, de um dos tipos de regime que a teoria política tinha desde a Antiguidade com grande clareza reconhecido, descrito e discutido (sinal, além de tudo, que na evolução dos modos da convivência civil não era, entre as possíveis formas de governo, nem a mais rara nem a mais difícil de reconhecer). Só os comunistas não sabiam disso ou, o que dá no mesmo, se obstinavam em não querer saber.

Essa constatação me leva a fazer uma pergunta preliminar, a partir da qual se desdobrarão todas as outras: por que os comunistas não sabiam aquilo que era, como se diz, de domínio público? Parece-me que a resposta pode ser articulada nestas duas proposições: 1) no âmbito do sistema comunista soviético valera até agora, predominantemente, como critério de verdade, o *princípio de autoridade*; 2) a autoridade na qual os depositários e intérpretes da doutrina se inspiravam *nunca previra*, no período da ditadura do proletariado, o aparecimento da ditadura pessoal ou tirania.

2.

Vejamos o primeiro ponto. O método da autoridade se opõe ao método empírico. O critério de verdade que lhe é próprio pode ser caracterizado assim: com base no princípio de autoridade é verdade: 1) o que foi afirmado como verdadeiro pelos fundadores da doutrina; ou 2) o que se pode deduzir por ação dos intérpretes das proposições contidas na doutrina; ou então 3) o que é acrescentado, sob forma de interpretação extensiva ou evolutiva, por ação dos continuadores autorizados da doutrina. Um sistema doutrinal, baseado no princípio de autoridade, consiste fundamentalmente de três tipos de afirmação: 1) aquelas contidas nos textos originais; 2) aquelas que se deduzem das primeiras por meio da interpretação; 3) aquelas postas pela pessoa ou pessoas autorizadas legitimamente (ou seja, com base nos próprios princípios da doutrina) a desenvolver a doutrina por sucessivas integrações. A rigor, uma doutrina pode ser constituída só pelos dois primeiros tipos de afirmação. Mas uma doutrina apenas sobrevive e dura no tempo se gera o órgão autorizado, com exclusão de qualquer outro, para desenvolvê-la e adaptá-la às circunstâncias mudadas. Quem tem familiaridade com o mundo jurídico conhece bastante bem este estado de coisas: um ordenamento jurídico é um sistema de proposições cuja verdade está exclusivamente baseada no princípio de autoridade. De fato, uma norma se diz juridicamente verdadeira (isto é, válida) se: 1) é criada pelo legislador (um códice, por exemplo, equivale ao texto original dos fundadores da doutrina); ou 2) é deduzida das normas colocadas através dos vários expedientes da interpretação jurídica (são aquelas expressas nos livros dos juristas); ou então 3) é produzida pelos órgãos que têm um poder legítimo de produzir normas jurídicas novas (como acontece, por exemplo, para os regulamentos ou as ordens emanados dos órgãos executivos e para as sentenças publicadas pelos órgãos judiciários).

No sistema doutrinário comunista, à medida que ele vinha assumindo valor de instrumento de luta, adquiriram sempre maior importância como fontes de verdade os textos originais de Marx e de Engels, e veio se constituindo, reforçando, definindo nas suas tarefas e na sua força diretiva o órgão autorizado para o desenvolvimento da doutrina original, o partido, ou, em vez dele, as pessoas que, dirigindo-o, se colocaram e foram reconhecidas como os seus representantes exclusivos e autênticos. Quero dizer que vieram se desenvolvendo os aspectos mais característicos de um sistema doutrinal fundado no princípio de autoridade. Quanto ao valor das fontes originais, será bom colocar ainda uma vez sob os olhos do leitor um conhecido texto de Lenin:

> A doutrina de Marx é *onipotente porque é justa*. Ela *é completa e harmônica*, e dá aos homens uma concepção integral do mundo, que não pode conciliar-se com nenhuma superstição, com nenhuma reação, com nenhuma defesa da opressão burguesa. O marxismo *é o sucessor legítimo de tudo o que a humanidade criou de melhor durante o*

século XIX: a filosofia clássica alemã, a economia política inglesa e o socialismo francês.[2]

Tente imaginar um contexto semelhante, principalmente as frases sublinhadas por mim, na boca de um físico que quiser indicar os méritos das descobertas de Newton ou de Einstein. Imediatamente se dará conta da dissonância. Mas se você transportar o mesmo contexto para a boca de um fiel que recita a sua adesão à doutrina de salvação da qual é seguidor, não achará nada de estranho. Quanto à importância do partido, cito outra conhecida passagem de Lenin:

> Ao educar o partido operário, o marxismo educa uma vanguarda do proletariado, capaz de tomar o poder e de conduzir todo o povo ao socialismo, capaz de dirigir e de organizar o novo regime, *de ser o mestre, o dirigente, o cabeça de todos os trabalhadores.*[3]

Os livros doutrinais soviéticos estiveram, até pouco tempo atrás, recheados de citações dos textos canônicos. Podia ficar admirado apenas quem não se dava conta que o uso das citações pertence à lógica de um sistema baseado no princípio de autoridade. Ninguém se admira que os juristas citem o código ou as leis de segurança pública: a melhor solução para o jurista, de fato, não é a mais justa, mas aquela que é confirmada por um maior número de textos legislativos. Onde é considerado verdadeiro não o que é verificado empiricamente, mas o que é sustentado por textos oficiais, o trecho em conformidade é a prova decisiva. A fim de que uma proposição pudesse ser considerada como verdadeira num livro de doutrina soviética e, portanto, aceita no sistema era preciso que: 1) fosse encontrada uma

---

2 Lenin, *Tre fonti e tre parti integrante del marxismo* (1913). In: *Opere scelte*, t.I, p.53 (itálico de Bobbio).

3 Id., Stato e rivoluzione (1917). In: *Opere scelte*, t.II, p.145 (itálico de Bobbio).

proposição idêntica ou análoga num texto de Marx ou de Engels; ou 2) pudesse ser extraída, mediante os expedientes usuais da hermenêutica textual, de proposições contidas naqueles textos; ou então 3) estivesse em conformidade com proposições afirmadas nos textos oficiais do partido (geralmente pelos seus dois chefes autorizados pela revolução e depois dela, Lenin e Stálin).

Vimos, por exemplo, lógicos e filósofos soviéticos disputarem sobre a relação entre lógica formal e lógica dialética a golpes de citações, e isso só depois que Stálin tinha aberto fogo com as teses sobre a linguística; do mesmo modo, os juristas alimentam as suas proverbiais controvérsias a golpe de artigos e de acusações de lesa interpretação textual. Um dos procedimentos mais praticados e mais úteis dentro de um sistema semelhante é a interpretação extensiva, como é sabido por qualquer um que frequente autores de livros jurídicos: pois bem, quando A. V. Venediktov quer dar-nos uma definição geral de propriedade válida para os sistemas jurídicos e se pergunta se uma definição semelhante é possível, não recorre nem a argumentos lógicos nem a critérios de oportunidade. Ele cita Marx, que deu uma definição geral de produção válida para todos os sistemas de produção, e se pergunta se "as considerações expressas por Marx na introdução a *Para a crítica da economia política* sobre a definição geral da produção *podem ser estendidas* também para a definição geral do direito de propriedade".[4] No mundo jurídico, o complexo dos procedimentos usados pelos juristas tradicionais foi chamado, por aqueles que gostariam de contrapor procedimentos mais imparciais, de "método de exegese" (na França) ou "método dogmático" (na Alemanha) e se opôs a ele o método da "livre pesquisa científica" ou da "*freie Rechtsfindung*", quer dizer, o método próprio dos cientistas que não se deixam guiar por outro critério de verdade que não seja o da verificação empírica. Pode-se dizer sem forçar a analogia que nos escritores soviéticos do período de Stálin

---

4 Venediktov, *La proprietà socialista dello Stato*, p.47 (itálico de Bobbio).

prevaleceu o método da exegese ou dogmático sobre o da livre pesquisa científica.

3.

Num sistema baseado no princípio de autoridade só pode ser admitido como verdadeiro o que está aprovado pela autoridade primária (constituinte) ou secundária (delegada). Daí se segue que deve ser rejeitado o assentimento ao que não está conforme ao que foi estabelecido. Em nenhum dos textos da doutrina estava escrito que durante o período da ditadura do proletariado haveria um período mais ou menos longo de tirania, nem sequer que tal acontecimento fosse possível. Portanto, quem afirmasse que Stálin era um tirano pronunciava, com base no critério da autoridade, uma proposição falsa. De nada adiantava opor a experiência. Para aqueles que adotam como critério de verdade o princípio de autoridade, a experiência é tão pouco uma prova da verdade quão pouco o é a autoridade do maior filósofo para os que escolheram como único critério de verdade a experiência. Os dois critérios são de tal maneira distintos que acontece às vezes que a mesma pessoa segue um critério, por exemplo, em matéria religiosa, e o outro em matéria científica, e julga verdadeiro enquanto crente o que teria vergonha de sustentar como verdadeiro enquanto cientista. Um comunista ao qual tivesse sido observado que Stálin era um tirano respondia, ou deveria responder, que a afirmação era falsa porque não era marxista (e olhando bem, não havia outro argumento).

Não que os textos marxistas ignorassem a ditadura pessoal entre as possíveis formas de governo. Basta pensar nas conhecidas análises históricas de Marx sobre Napoleão III e de Engels sobre Bismarck. Mas essa forma de governo fora considerada como uma desgraça da sociedade capitalista num certo período do seu desenvolvimento e como variante da opressão de classe durante o predomínio da burguesia. Durante o período da ditadura do proletariado havia ditadura, sim, mas não no sentido em que a tirania é ditadura, mas no sentido em que todo Estado, enquanto Estado, é ditadura, ou seja, aparelho de coerção para o domínio de classe, no sentido em que, segundo frequentes declarações de Lenin, ditadura e democracia não são termos incompatíveis. A confusão entre ditadura em geral e ditadura pessoal, e consequentemente a oposição entre ditadura e democracia, era para Lenin um conceito tipicamente burguês:

> Do ponto de vista vulgar burguês, a noção de ditadura e a noção de democracia se excluem mutuamente. Não compreendendo a teoria da luta de classe [...] o burguês entende por ditadura a abolição de todas as liberdades e de todas as garantias da democracia, o arbítrio generalizado, o abuso generalizado do poder nos interesses pessoais do ditador.[5]

Enquanto a ditadura pessoal era a forma mais clamorosa e explícita do Estado como aparelho de coerção, a ditadura do proletariado, segundo Lenin, desde o seu nascimento era "embora de forma ainda fraca e embrionária, um novo Estado", quer dizer, um Estado cuja novidade consistia em não ser mais "um Estado no verdadeiro sentido da palavra".

> O nosso novo Estado *nascente* é também um Estado, porque para nós são necessários destacamentos de homens armados [...] Mas o nosso novo Estado *nascente não é mais* um Estado, no sentido próprio da palavra, porque em várias partes da Rússia esses destacamentos de homens armados são a *própria massa*.[6]

---

5 Lenin, *Due tattiche della socialdemocrazia nella rivoluzione democratica* (1905). In: *Opere scelte*, t.I, p.416.

6 Id., *I compiti del proletariato nella nostra rivoluzione* (1917). In: *Opere scelte*, t.II, p.36.

Apêndice

A novidade, sobre a qual Lenin e Stálin insistem, da ditadura do proletariado com referência a toda outra forma de Estado precedente consistia, entre outras coisas, no fato de que, por causa do alargamento da base social (não mais a minoria que oprime a maioria, mas a maioria que se liberta da opressão da minoria) e da atenuada (nas esperanças ou ilusões dos primeiros anos) coerção, ela nunca chegava a assemelhar-se a uma ditadura pessoal, à qual os regimes burgueses, não obstante a sua exaltação de princípios democráticos e liberais, tinham muitas vezes degradado de maneira ignóbil. O próprio Stálin, exatamente no limiar da idade na qual, segundo a nova interpretação oficial do curso histórico da União Soviética, teriam começado as suas proezas de déspota, embora esboçando um conceito da ditadura do proletariado mais complexo e mais articulado do que o de Lenin, sustentava que das duas espadas tradicionalmente atribuídas ao poder estatal, aquela voltada para os inimigos externos e a voltada para os inimigos internos, só a segunda sobrevivia, podendo ser a primeira agora embainhada de novo por faltar o objetivo. "A função de repressão" – afirma ele – "foi substituída pela função da salvaguarda da propriedade dos ladrões e dos dissipadores do patrimônio do povo." E resumia o seu pensamento assim: "Como se vê, temos agora um Estado absolutamente novo, um Estado socialista que não tem precedentes na história e que difere de modo considerável, pela sua forma e pelas suas funções, do Estado socialista da primeira fase".[7]

Recapitulemos. A doutrina marxista é justa e, portanto, onipotente; se com base nessa doutrina justa e onipotente a tirania não é prevista como possível forma de governo durante a fase histórica da ditadura do proletariado, aquele que não tem outro critério de verdade senão a autoridade da doutrina é obrigado a concluir que a tirania não é possível e, portanto, Stálin não foi um tirano. Aconteceu, ao contrário, que no único modo que num

---

7 Stálin, *Questioni del leninismo*, p.727-728.

sistema baseado no princípio de autoridade é reconhecido válido para a formulação de novas verdades, quer dizer, pela boca das pessoas autorizadas a integrar a doutrina, foi afirmado abertamente que Stálin era um tirano. Qual é a consequência? Que doravante também o comunista pode, a rigor deve, dizer que a tirania chegou. Mas no próprio momento em que afirma, junto com os intérpretes autorizados, que a tirania chegou, desmente a doutrina que tinha excluído a possibilidade da tirania. *Ergo*, a doutrina não é nem onipotente nem justa. Para defender a validade de uma lei, um cientista procurará negar os fatos que a contradizem. Quando tiver de render-se à força dos fatos, deverá abandonar ou modificar a lei. Noutras palavras, quando há uma oposição entre uma afirmação de princípio e uma constatação de fato, a alternativa é esta: ou se desmente o fato ou se modifica o princípio. Diante da lei histórica ensinada por Marx e por Engels, retomada por Lenin e por Stálin, segundo a qual durante o período da ditadura do proletariado o Estado ia atenuando-se e, portanto, ia cada vez mais se distanciando das formas mais violentas de regime entre as quais estava a ditadura pessoal, os comunistas até o relatório Khrushchov tinham negado o fato. Agora, depois do relatório Khrushchov, *uma vez que não podem mais desmentir o acontecimento, deveriam rever ou eliminar o princípio*.

O problema, como todos veem, é grave: Khrushchov não se limitou a revelar fatos (e, portanto, a sua função não pode ser considerada simplesmente informativa), *mas revelou fatos que, segundo os princípios, não podiam acontecer*. Penso que quem quer que se defronte com esse problema não pode evitar de levantar algumas questões sobre a teoria do marxismo. Reunirei as minhas observações em dois pontos: 1) sobre o significado que tem o próprio fato da previsão fracassada; 2) sobre as razões da previsão fracassada.

4.

A previsão fracassada da tirania no período da ditadura do proletariado por si já é indício de uma deficiência da doutrina. É preciso não se esquecer que o marxismo colocou-se, ou melhor, foi colocado e imposto pela doutrina oficial soviética como "a ciência da sociedade", quer dizer, como a doutrina que, tendo descoberto as leis de desenvolvimento da sociedade, fornece a quem a seguir os instrumentos necessários para fazer as previsões justas sobre a conduta dos homens. Nos órgãos autorizados do poder soviético e dos partidos comunistas foi feito valer constantemente a pretensão que, de modo diferente da política burguesa, que anda às apalpadelas, de aventura em aventura, diletantemente, a política comunista estava sempre na "linha" justa e não podia deixar de estar desde o momento em que fosse guiada pela teoria marxista da sociedade. Uma das grandes forças de sugestão do marxismo foi, no século ao qual agora chegamos, para dizer com Comte, o estágio científico, o fato de apresentar-se investida daquela infalibilidade que era competência, por longos séculos, da religião e agora era atribuída à ciência.

Sempre se poderá objetar que acontece a quem quer que faça pesquisas científicas falhar numa previsão, sobretudo no campo das ciências sociais. As razões podem ser muitas (hipóteses aventadas, erros materiais, insuficiente coleta e interpretação de dados etc.), mas não interessa enumerá-las aqui. Certamente, uma previsão falhada não põe em crise todo um campo do saber científico (por exemplo, a sociologia); o que põe em crise é o fato de se dizer um sistema doutrinal, quer dizer, um conjunto ordenado de teorias elaboradas sobre algumas leis científicas (ou assim presumidas) fundamentais. As descobertas de Galileu não puseram em crise a ciência física (porventura a fizeram progredir), e sim o sistema ptolemaico. Pois bem, o marxismo, assim como era entendido na União Soviética, não era uma ciência (no sentido que se diz que a sociologia ou a psicologia é uma ciência), mas um sistema doutrinal; tanto é verdade que do comunista não se diz, como de um físico, que faz ciência, mas que tem ou possui ciência. Não pode constituir uma objeção o fato de o marxismo ter sido interpretado por alguns entre os mais respeitados teóricos, mesmo de diferentes tendências, como um método e não como um sistema. Aqui não se discute as possíveis interpretações do marxismo, mas o que o marxismo se tornara na doutrina oficial soviética. Portanto, se o marxismo é um sistema doutrinal e não uma ciência, não um método, pode ser posto em crise por uma previsão falha. De outro modo se poderia objetar que a tirania, dependendo da virtude e dos vícios de uma personalidade excepcional, é um fato difícil de prever. Mas pode-se responder que aqui a teoria marxista não é censurada de erro de fato por não ter previsto a tirania, mas de erro de princípio, bastante mais grave e comprometedor, de ter afirmado que durante o período da ditadura do proletariado *a tirania era impossível*.

Uma objeção aparentemente mais forte pode vir da observação de que outras previsões do marxismo não se verificaram, e todavia o marxismo, como sistema, não morreu, nem faltou o seu prestígio como ciência da sociedade. A mente corre imediatamente para a famosa previsão de Marx segundo a qual a revolução socialista aconteceria nos países com maior progresso industrial, e que foi desmentida pela Revolução Russa. A objeção cai, porém, quando for considerada a diferença fundamental entre os dois fatos em questão: a Revolução Russa com respeito à previsão da revolução nos países mais desenvolvidos, a ditadura pessoal (ou tirania) com respeito à previsão da ditadura do proletariado (ou democracia mil vezes mais democrática que as democracias burguesas) durante a formação da sociedade socialista. Chamaremos o primeiro fato de positivo, ou seja, é uma operação historicamente bem-sucedida, um fato que devia verificar-se pelo próprio desenvolvimento do comunismo e, portanto, é *bom* que se tenha verificado; o segundo fato é negativo, ou seja, é uma operação falha no sentido muito preciso que a ditadura pessoal é agora considerada um erro histórico e uma causa de erros, um fato que não deveria ter se verificado e, portanto, *é ruim* que se tenha verificado. Os dois fatos desmentiram o sistema marxista precedente: mas, dado que o sistema teórico marxista está em função do desenvolvimento do comunismo no mundo, o primeiro o desmentiu fazendo-o progredir, o segundo o desmentiu fazendo-o regredir. Eu elaboro uma teoria sobre a minha saúde: só sararei se conseguir levar a cabo um trabalhoso tratamento. Essa teoria pode ser desmentida de dois modos: pelo fato de eu ter me curado tendo feito um tratamento talvez menos trabalhoso, e pelo fato de eu adoecer mais gravemente depois de ter feito o tratamento previsto. Nos dois casos, a teoria é desmentida, mas com relação à minha saúde, que era o fim para o qual tinha elaborado a teoria, os resultados são antitéticos. No primeiro caso o fim é alcançado *apesar da* teoria, no segundo não é alcançado *por culpa* da teoria. É fácil ver em qual dos dois casos o prestígio da teoria está mormente comprometido.

Acrescente-se, enfim, que o marxismo não é apenas um sistema científico, mas também uma práxis política, a qual faz a sua superioridade consistir em ser correspondente a uma doutrina. A previsão para um marxista não é, como pode ser para um pesquisador imparcial, uma operação puramente intelectual, é, ao mesmo tempo, também uma operação política. O fato de a ditadura pessoal não ter sido prevista, ou melhor, ter sido prevista como impossível, teve a grave consequência política de que não foi evitada. Também Pareto tinha a paixão de fazer previsões, mas ele era um cientista, não era ao mesmo tempo também o chefe de um partido. Se os homens cometiam tolices, pior para aqueles que não tinham acreditado nas suas previsões, ou pior para o mau profeta. O marxista, diante do erro político (pior, diante de uma série de erros que duraram muitos anos), não pode mostrar-se tão tranquilo. Ele dispõe não só da ciência da sociedade, o marxismo, mas também do órgão de atuação prática dessa ciência, o partido. Diante do erro, da série de erros, ou está errada a ciência que não os previu ou não fez com que fossem evitados, ou está errado o partido, que os cometeu e deixou que fossem cometidos. Provavelmente, os dois estão errados. Voltando à diferença entre o desmentido da previsão da ciência marxista, realizado por Lenin, e o devido a Stálin, observe-se que o primeiro diz que a teoria está errada, mas dá razão à práxis, e exatamente pela concepção marxista da relação entre teoria e práxis coloca as bases de um desenvolvimento da teoria; o segundo censura a teoria e é ao mesmo tempo, enquanto erro ou série de erros, uma práxis errônea.

5.

Vejamos agora quais podem ter sido, por parte do marxismo doutrinal, as razões da previsão fracassada da tirania na época da ditadura do proletariado. Na discussão desse ponto surgem alguns vícios característicos, diria atávicos, do pensamento marxista que a crise atual, pondo-os a nu, poderia ter a tarefa de eliminar, com a consequência de facilitar o contato dos comunistas com o movimento científico contemporâneo, tornado difícil até agora, tanto por preconceitos políticos de ambos os lados como também por alguns preconceitos teóricos dos primeiros (viam idealismo por toda parte, e onde havia idealismo era severamente proibido pôr o pé).

Começo com a observação que uma veia de *utopismo* permaneceu no corpo do pensamento marxista, pelo simples fato de ser uma doutrina revolucionária. Pensamento utopista e pensamento revolucionário – como foi muitas vezes observado – estão estreitamente unidos. Têm em comum uma atitude otimista diante do futuro. O pensamento histórico – os homens sempre se mataram mutuamente e sempre se matarão – é um luxo que só os conservadores podem se permitir. Hobbes e De Maistre eram pessimistas acerca da natureza humana. Croce, é verdade, era otimista e absolutamente nada revolucionário. Mas de modo diferente dos revolucionários, que são pessimistas para o passado e otimistas para o futuro, Croce era um otimista crônico e também para ele, portanto, do mesmo modo que para um pessimista crônico, a história não dava saltos, e é isso que conta para o pensamento revolucionário. Tão unidos estão utopismo e pensamento revolucionário que se pode legitimamente falar de uma veia de utopismo no pensamento de Marx e de Lenin, sem com isso diminuir os méritos do realismo histórico e político de ambos, dos quais também conservadores como Pareto e Croce, que se vangloriavam de serem realistas, deveriam aprender alguma coisa. Eram utopistas só pelo fato de serem revolucionários. De fato, o otimismo deles era numa só direção. Mas naquela direção, ou seja, rumo à sociedade futura depois da revolução, eram de um otimismo desconcertante. Para eles, a história humana, depois da revolução, teria mudado a natureza. Era como se as borrascas da história passada, que, no entanto, existiram e as quais, na verdade, eles eram os únicos, assim diziam, a ter conhecido e dominado os ventos que as tinham suscitado, fossem destinadas, tendo chegado ao porto da sociedade socialista, a aquietar-se para sempre, exceto a continuar o seu império destinado, porém, pouco a pouco, a restringir-se no oceano tempestuoso da sociedade burguesa ainda existente. A sociedade socialista fora imaginada como uma sociedade nova, novidade que consistia em estar finalmente protegida da tempestade da história. Por sua fúria destruidora, entre todas as intempéries que a história registrara desde a Antiguidade a mais violenta e temível era a tirania, que poderemos comparar, para continuar a nossa metáfora, a um ciclone. Como se podia pensar que um ciclone pudesse atingir violentamente o porto mais seguro e protegido que os homens jamais teriam construído? Fora da metáfora, o utopismo revolucionário levou o pensamento comunista a conceber a sociedade socialista como um tipo de sociedade qualitativamente superior, e numa sociedade qualitativamente superior não deviam mais ser possíveis as torpezas – a tirania é, certamente, uma dessas torpezas.

Agora que a tirania explodiu com tanta virulência que não se considerou mais conveniente escondê-la, há de se crer que o resíduo de utopismo, que era uma das barreiras que separava o marxismo do pensamento científico restante, esteja destinado a diminuir e até, talvez, a desaparecer. Certamente, não há mais nenhuma razão para sobreviver: os fatos se encarregaram mais uma vez de emporcalhar os ideais. Muito lucro, aliás, para o realismo historiográfico e político que é a parte viva e forte do marxismo. Também a sociedade socialista volta a descer à história da qual acreditara com uma revolução exitosa ter saltado fora, e ao descer não terá mais motivo para maquiar sinistramente o seu rosto. Este se mostra agora banhado de lágrimas e de sangue. Que isso sirva pelo menos para torná-la mais humilde diante dos seus erros e menos soberba diante dos erros dos outros. Com isso não quero absolutamente pôr em discussão a superioridade da sociedade socialista sobre a liberal. Eu pessoalmente creio (e ao dizer isso sou perfeitamente consciente de não colocar na frente outra coisa senão as minhas preferências morais) que uma sociedade socialista, quero dizer uma sociedade na qual aquele poderoso estímulo da *libido dominandi* que é a propriedade privada esteja atenuado ou tenha se tornado menos ofensivo, seja um ideal honesto que mereça ser perseguido. Para mim basta chamar a atenção para estes dois pontos: 1) se a sociedade socialista deve ser superior à capitalista, é razoável e conforme a uma atitude científica crítica e não dogmática pensar que essa superioridade não seja colocada em perspectiva utopista, quer dizer, como superioridade qualitativa, mediante a contraposição entre uma sociedade histórica com oprimidos e opressores e uma sociedade meta-histórica sem oprimidos e opressores, mas em perspectiva de escolha entre alternativas historicamente delimitadas e racionalmente ilumináveis; 2) o único critério para julgar essa superioridade deve ser a verificação histórica e não a dedução de ideais abstratos, agora clamorosamente desmentidos, sobre o proletariado que, ao libertar a si mesmo, liberta a humanidade inteira etc.

6.

Em segundo lugar, o marxismo, apesar das contribuições que deu à análise científica dos fenômenos sociais, nunca conseguiu livrar-se plenamente daquela forma de hegelianismo inferior que é *a filosofia da história* ou história como desígnio. Dos escritos juvenis de Marx (ver em particular os *Manuscritos econômico-filosóficos de 1844*) até a obra madura, que é uma autoridade, de Engels (*A origem da família, da propriedade privada e do Estado*), seguida bastante servilmente por Lenin,[8] o curso histórico da humanidade foi aprisionado num esquema rígido que não tolera desvios e permite, infelizmente, as mais audazes imaginações. Dualista, à maneira teológica – a história humana como passagem da idade da alienação para a idade da eliminação da alienação através da apropriação de si mesmo –, nas obras juvenis de Marx; triádico, à imitação de Hegel – a sociedade primitiva como tese, a sociedade civil como antítese, a sociedade socialista como síntese –, na obra madura de Engels, o desígnio prefigurado da história humana é, não obstante as interpretações mais benévolas, as atenuações tentadas, os pareceres contrastantes, uma parte integrante da doutrina marxista.

A menor censura que pode ser feita a esse esquema é de pecar por simplismo. Certamente não se contesta a eficácia prática dessa simplificação da história que abre esperanças desmedidas sobre o futuro da humanidade, mas aqui, onde se trata de

---

8 Ver o ensaio de Lenin, Sullo stato (1919). In: Marx; Engels, *Marxismo*, p.393-411.

marxismo teórico, quer-se levantar sérias dúvidas sobre o seu valor heurístico e se quer deixar palpável que a descoberta da tirania, imprevista e inesperada, colocou tal simplificação definitivamente em crise. A filosofia da história é filosofia no sentido romântico da palavra, como sistema total e que abrange toda a realidade. Para cultivá-la é preciso muita ignorância (da qual se pode não ter culpa) ou muita presunção (que é mais culpável). A não ser que seja manejada mais pelo seu valor persuasivo que por seu valor cognoscitivo, como muito provavelmente foi o caso de Marx e de Engels. Eles, do mesmo modo e pela mesma razão pela qual conservaram, como se viu, uma veia de utopismo apesar do realismo imparcial com o qual julgavam os fatos históricos, elaboraram e mantiveram obstinadamente em vida um idealizado e fragilíssimo esquema de filosofia da história, apesar do seu interesse predominante pela análise histórico-científica da sociedade.

Certamente, a história humana é muito mais complexa do que as várias filosofias da história nos levaram a crer. O que o historiador obtém recolhendo pacientemente miríades de dados, interpretando cansativamente documentos, estabelecendo ou tentando estabelecer nexos causais e finais entre acontecimentos, o filósofo da história obtém através do atalho da dedução de proposições gerais. Com relação ao problema do Estado, que nos interessa aqui, a filosofia da história marxista está baseada exclusivamente em duas proposições gerais: 1) a história (a história "escrita", acrescentou Engels depois das pesquisas de Morgan) é a história das lutas de classes; 2) o Estado é o aparelho coercitivo com o qual a classe dominante oprime a classe subjugada. Destas duas proposições gerais se deduzia que onde uma sociedade sem classes estivesse realizada, não seria mais preciso o Estado. Essa conclusão, que sempre fora parte integrante da doutrina, nunca foi até agora, nem nunca pôde ser, uma verdade de fato ou histórica, contudo sempre foi afirmada categoricamente como se fosse uma verdade racional. Eu veria uma nova prova da sobrevivência da mentalidade especulativa no marxismo teórico no fato de que os marxistas nunca aceitaram que essa suposta verdade fosse desmentida pelos fatos, antes, comumente deturparam os fatos para fazê-los servir à glória da verdade racional. Marx e Engels, recordemos, viram na Comuna de Paris, só pelo fato de ser uma revolução feita pela classe operária e que, portanto, segundo a dedução lógica, deveria ter levado à superação da luta de classe, o início da extinção do Estado. É um erro de perspectiva histórica tão grande que para explicá-lo é preciso crer que os fundadores do marxismo estivessem também eles prisioneiros da doutrina para antepor uma fórmula deduzida dos princípios à verdade histórica.

Também quando, depois da revolução exitosa, o Estado sobreviveu e fortaleceu-se, o princípio não foi abandonado: explicou-se o prolongamento do Estado no período da construção do socialismo num só país mediante a tese de que a luta de classe tinha desaparecido, sim, no país do socialismo, mas não desaparecera no mundo e, portanto, o Estado continuava a ter a sua função pelo menos para a defesa externa. Mas, uma vez aceita a continuidade do Estado, não havia mais razão de excluir que também o Estado soviético estivesse sujeito aos acontecimentos alternados do poder político que foram observados e discutidos desde a Antiguidade e que, portanto, passasse pelas formas políticas diversas, ora mais democráticas, ora menos democráticas, ora mais liberais, ora menos liberais, se não completamente liberais e tirânicas. Contudo, também essa conclusão, que para quem estava fora do sistema parecia elementar, nunca foi tirada. Os comunistas continuaram, nos anos em que grassava a tirania, não só a ovacioná-la – o que, sendo uma questão de valor e não de fato, era assunto deles –, mas, o que é pior, ao não a reconhecer, ao proclamá-la aos quatro ventos como a encarnação da república ótima, e ao acusar quem os fazia notar de que não entendiam nada de marxismo (opondo, desse modo, aos fatos, como confirmação do dogmatismo restante, uma doutrina que precisava ser verificada pelos fatos).

Por que nunca se chegou a essa conclusão, e não se suspeitou sequer que se pudesse chegar a ela? Ainda uma vez, por causa da história de atacado, própria de uma concepção especulativa da história, que sempre está submetida, na doutrina marxista, à história de varejo da historiografia científica. Marx e Engels concentraram a sua atenção na antítese entre as classes, em particular naquela em curso entre a classe burguesa e a classe proletária, e desvalorizaram a outra antítese, desenvolvida pelos historiadores burgueses, entre era de ditadura e era de liberdade. A colocação rígida, como desígnio pré-constituído, do curso histórico serve de obstáculo à acolhida de outros esquemas de compreensão histórica. Eu seria, por isso, levado a concluir, neste ponto, que uma das mais graves insuficiências do marxismo teórico tenha sido a de ter sacrificado, para usar uma terminologia marxista, em nome da *dialética das classes,* com a qual se contrapõe, por exemplo, a era feudal à era da burguesia, a *dialética do poder,* com a qual se opõe uma ditadura, não importa se burguesa ou proletária, à democracia, noutras palavras, de ter eliminado da sua compreensão da história em vista da antítese burguesia--proletariado a antítese ditadura-liberdade (que era uma das grandes linhas sobre as quais se desenvolvera a historiografia burguesa). Pode acontecer que os historiadores burgueses tivessem sobrevalorizado a dialética do poder. Mas é certo que os marxistas, descuidando-a, rejeitando-a como idealista, privaram-se de um meio de compreensão histórica que os impediu de assumir francamente o regime de Stálin como período de ditadura, e talvez tornou difícil, depois de descoberta e denunciada, dar-lhe uma explicação.

Também aqui, não ficaria admirado se o reconhecimento enfim acontecido da ditadura pessoal não tivesse nenhuma repercussão no restante da filosofia da história que compunha a mentalidade marxista e que muito provavelmente o escolasticismo doutrinal do período stalinista alimentou. Com respeito à camada de chumbo que a concepção da história, segundo

Marx e Engels, tinha imposto ao desenvolvimento da sociedade humana, a descoberta da ditadura pessoal agiu como dissolvente. É como se uma criança fosse obrigada a vestir uma roupa sob medida: a criança cresceu e a roupa rasgou. Há de se crer que é difícil, se o homem permanece homem, ajustá-la. Fora da metáfora, o aparecimento da ditadura pessoal no Estado socialista é uma nova prova que a história humana é mais complexa e também mais monótona do que ela aparece na concepção marxista. Mas se você for dizer isso a um historiador ou a um sociólogo que não tenha prefigurações filosóficas, ele responderá que sabia disso há tempo. Quando souberem disso também os historiadores soviéticos, terá caído outra das mil barreiras que tornavam difícil e rancorosa a relação entre marxistas e não marxistas.

7.

Terceira consideração. O mesmo Marx, que tinha realizado uma crítica tão penetrante e destrutiva da filosofia especulativa de Hegel, cai no erro especulativo de absolutizar uma hipótese de trabalho científica e de tirar dela uma concepção global da realidade que teve, como toda concepção de mundo, o seu nome e sobrenome: materialismo histórico. Não é difícil entender por que Marx e Engels fizeram aquela hipostasiação. Mais difícil é entender e justificar aqueles que, como os comunistas, continuaram a usar aquela hipostasiação, mesmo quando a orientação dos estudos científicos mais evoluídos depois da crise do cientificismo deveria ter tornado mais suspeitosas qualquer técnica de pesquisa transformada em dogma. Mas não estamos a relembrar velhas polêmicas. Aqui a questão interessa apenas para a finalidade de recolher novas provas sobre a responsabilidade do marxismo teórico pelo que diz respeito à incompreensão da ditadura pessoal no período da ditadura do proletariado.

A característica fundamental do materialismo histórico como metodologia da historiografia é distinguir os acontecimentos históricos em duas categorias: acontecimentos pertencentes à estrutura (os fatos econômicos) e acontecimentos pertencentes à superestrutura (os fatos políticos, morais e em geral ideológicos), e atribuir a essas duas categorias de acontecimentos dois *status* diferentes: à primeira categoria, o *status* de acontecimentos principais; à segunda, de acontecimentos secundários. Isso significa que a segunda categoria se explica através da primeira, mas que a primeira não pode ser explicada através da segunda. O Estado, como se sabe, pertence à segunda categoria:

> O Estado não condiciona e regula a sociedade civil, mas a sociedade civil condiciona e regula o Estado e, portanto, a política e a sua história devem ser explicadas com base nas relações econômicas do seu desenvolvimento e não o contrário.[9]

O marxismo teórico, guiado por essa tese ou preconceito, ostentou grave indiferença para com a teoria das formas de governo, uma das marcas das doutrinas políticas tradicionais: as formas de governo não mudam a essência do Estado e, portanto, não há formas boas e más, formas melhores e piores. "As formas de Estado foram extraordinariamente variadas [...] Apesar dessa diferença, o Estado da época da escravidão era um Estado escravista, fosse ele monarquia ou República aristocrática ou democrática."[10] Realmente, o propósito constante da política comunista sempre foi não o de substituir uma forma de governo por outra (as formas de governo são todas iguais), mas o de despedaçar o Estado.

---

9 Engels, Per la storia della lega dei comunisti (1885). In: *Il partito e l'internazionale*, p.17.

10 Lenin, Sullo stato, p.402.

Aqui se encontram dois motivos que podem nos ajudar a explicar o reconhecimento falho da ditadura. Antes de tudo, as formas de governo pertencem à superestrutura; a ditadura pessoal, enquanto forma de governo, pertence à superestrutura; pertencendo à superestrutura, é um fato histórico de segunda categoria que, como tal, não merece atenção particular. Por isso, com base nos cânones do materialismo histórico se devia excluir que a ditadura pessoal pudesse ser considerada como má em si mesma: como forma superestrutural, podia ser considerada boa ou má apenas em função da bondade ou não da estrutura econômico-social. Talvez se pudesse dizer, com outras palavras, que para o marxismo a forma de governo é apenas um meio que pode ser útil para alcançar diversos fins e que, portanto, a avaliação do meio depende da avaliação do fim. Ao adversário que o tivesse censurado por aceitar uma ditadura pessoal, o comunista poderia responder que o que contava não era o sistema político, mas o sistema econômico, e que uma ditadura destinada a estabelecer um regime de propriedade socialista era superior a um regime democrático que tendesse a conservar um regime de propriedade capitalista. Na realidade, o comunista respondia costumeiramente que o regime de Stálin não era uma ditadura pessoal. E aqui entra em jogo o segundo motivo de explicação que pode ser tirado da doutrina do materialismo histórico acerca do reconhecimento falho da tirania. Se a superestrutura, enquanto complexo de fatos de segunda categoria, é condicionada pela estrutura, para que o regime de Stálin pudesse ser considerado como uma ditadura pessoal era preciso que a estrutura o exigisse. Mas isso significava admitir as dificuldades (dado que se considere a ditadura pessoal como o regime que exprime o agravamento das dificuldades nas quais vem encontrar-se uma classe dirigente em declínio) da transformação econômica na passagem do regime da propriedade privada para o regime coletivista. E era difícil, além de toda consideração doutrinal, admitir isso apenas por razões políticas.

Agora que o regime de ditadura pessoal foi não apenas oficialmente reconhecido, mas também solenemente condenado, não parece que recorrer ao materialismo histórico para uma explicação seja de grande ajuda. Até agora, aliás, desconheço que essa análise tenha sido tentada com ampla investigação, como se antes do desejo de avaliar a bondade do método venha o medo de fracassar a prova. Quem quisesse tirar conclusões do relatório Khrushchov, seria antes levado a afirmar: 1) que em vez de estrutura e superestrutura estarem em estreita ligação de dependência, dependendo a segunda da primeira, ou em relação de interdependência (segundo a interpretação mais rígida ou aquela mais ampla do materialismo histórico), cada uma tenha tido o seu processo independente de desenvolvimento e nesse processo paralelo tenham acabado por não se encontrarem; 2) que o regime político, ou seja, a superestrutura acabou, ela própria, determinando todas as desgraças lastimadas, transformando-se assim de fato secundário em fato principal. Da parte dos intelectuais comunistas, insatisfeitos com a fala cotidiana, não científica, de Khrushchov, foi pedida uma análise marxista do que aconteceu. Se por análise marxista se deve entender uma investigação dos fatos seguindo os cânones do materialismo histórico, há de se crer que os primeiros executores terão bastante o que fazer, uma vez que nos textos de Marx e Engels o problema da relação entre Estado e sociedade seja bem mais complexo e menos esquemático (mas disso trataremos noutro lugar) do que aquele que a doutrina canônica queria levar a crer. Realmente, no campo da estrutura e da superestrutura houve grande confusão. Uma das principais leis históricas, segundo a concepção materialista da história, foi falseada: a contingência histórica sob a forma de um déspota caprichoso chegou a desarranjar as relações estabelecidas entre sociedade civil e Estado. O Estado (oh! sombra de Hegel) levou a vantagem sobre a sociedade civil, exatamente na época em que deveria ter tido juízo e aberto passagem para os seus coveiros. Ou antes, parece que estrutura e superestrutura trocaram entre si os papéis como numa comédia italiana.

Para falar a verdade, não é a primeira vez que o materialismo histórico foi obrigado a afrouxar as malhas demasiado rígidas da doutrina. Até agora foram seguidos dois caminhos: 1) substituir a tese da ação da estrutura sobre a superestrutura pela tese da interação ou ação recíproca (nas chamadas e tão discutidas correções tardias de Engels); 2) tirar da lei do condicionamento alguma categoria de fatos (como aconteceu nas famosas teses de Stálin sobre a linguística). No caso da presente subversão, eu diria que o primeiro remédio ainda é demasiado brando. Usar o segundo remédio significaria subtrair do reino da superestrutura, além das formas linguísticas, também as formas políticas e jurídicas. Isso significaria dar um golpe mortal no materialismo histórico como cânone de interpretação dos fatos humanos. Aos que pediam uma análise marxista do relatório secreto, Claude Roy respondeu dramaticamente: "pode-se censurá-lo de não ser uma análise marxista. Mas também *Macbeth*, no seu gênero, analogamente, não é um texto marxista. Um grito de horror não é marxista nem antimarxista. É um grito".[11] Ele pensava que pronunciava uma frase de efeito. Ao invés disso, dizia uma verdade. Esta: para entender a tirania talvez seja mais útil ler uma tragédia de Shakespeare do que um texto marxista.

8.

Detive-me sobre alguns pontos críticos, aliás conhecidos, da doutrina marxista porque me permitiam explicar aquele que é indubitavelmente um dos problemas mais interessantes do marxismo teórico: *as razões da insuficiente elaboração por parte do pensamento marxista de uma teoria política*, falta que, aliás, apesar da

---

11 Roy, *L'Express*, 22 jun. 1956.

Política e cultura

importância que Lenin tinha atribuído à teoria do Estado, já fora ressaltada por Stálin. Falamos de uma veia de utopismo, de uma permanente concepção especulativa da história e da absolutização de uma técnica de pesquisa, que se tornou dogma filosófico: o utopismo teve como consequência a redução do problema político a problema inferior (uma das características do utopismo político é a superação do momento político); a concepção de uma história que termina na extinção do Estado, ou seja, que considera o Estado como um episódio histórico, levou a atribuir--lhe uma importância secundária; enfim, a supremacia da esfera econômica, própria do materialismo histórico, carrega inevitavelmente consigo, se não o desprezo, certamente a desvalorização das formas de governo.

Creio que se pode resumir na seguinte observação aquilo em que consiste a insuficiência da teoria política marxista. Consideremos a teoria política como a teoria do poder, do poder máximo que o homem pode exercer sobre os outros homens. Os temas clássicos da teoria política ou do sumo poder são dois: como é conquistado e como é exercido. O marxismo teórico aprofundou o primeiro tema, mas não o segundo. Em suma: *falta na teoria política marxista uma teoria do exercício do poder*, ao passo que está amplamente desenvolvida a teoria da conquista do poder. Maquiavel ensinou ao velho príncipe como se conquista e como se mantém o Estado; ao novo príncipe, o partido de vanguarda do proletariado, Lenin ensina exclusivamente como se conquista o Estado. Não sem uma profunda razão teórica e histórica: desde a *Ideologia alemã*, Marx explicava que, sendo as lutas internas de um Estado nada mais que as formas ilusórias, nas quais são combatidas as lutas reais das classes, "toda classe que tende ao domínio [...] *deve apoderar-se primeiramente do poder político*, obrigada como está, num primeiro tempo, a mostrar o seu próprio interesse como tendo valor universal".[12] Se a teoria

---

12 Marx, *Gesamtausgabe*, V, p.23.

Apêndice

comunista do poder for confrontada com a teoria liberal, apresenta-se uma nova oposição, além das muitas que já notei noutro lugar, que abre novas perspectivas de reflexão e de pesquisa: enquanto a teoria política comunista é predominantemente uma teoria da conquista, a teoria liberal é predominantemente uma teoria do exercício do poder. Pensemos, para dar alguns nomes, no *Segundo tratado do governo* de Locke, no *Cours* de Constant, no ensaio *Sobre a liberdade* de Stuart Mill, e sejam cotejados com os principais escritos de Lenin, *Que fazer?, Estado e revolução, O extremismo, doença infantil do comunismo.* Para o liberal, o Estado é um monstro, de cujos baixos serviços, aliás, não se pode passar sem: é preciso domesticá-lo. Para o comunista, não vale a pena domesticá-lo porque se pode, sem danos, matá-lo. A doutrina marxista se ocupou com o modo como se exerce o poder, depois da conquista, em relação aos membros da classe que o detém. "A ditadura do proletariado é a guerra mais heroica e mais implacável da classe nova contra um inimigo *mais poderoso*, contra a burguesia, cuja resistência é *decuplicada* pelo fato de ela ter sido deposta."[13] "Ditadura do proletariado", aliás, denota que o primeiro aspecto é expressão bastante mais conhecida e característica do que "democracia dos conselhos", que denota o segundo.

Na teoria do exercício do poder, o capítulo mais importante é o do abuso de poder. Ao passo que a doutrina liberal faz do problema do abuso do poder o centro da sua reflexão, a doutrina comunista geralmente o ignora. Quem tem familiaridade com os textos da doutrina política marxista e não marxista não pode não ter notado que uma das diferenças mais importantes entre doutrina liberal e doutrina comunista é a relevância que a primeira dá ao fenômeno, historicamente verificado por longa e imparcial observação histórica, do abuso do poder contraposta à indiferença que é própria da segunda. Pode-se negar que o poder abusa

---

13 Lenin, *L'estremismo, malattia infantile del comunismo* (1920). In: *Opere scelte*, t.II, p.552.

403

com dois argumentos diferentes, que geralmente se excluem: 1) o poder não pode abusar porque, de per si, enquanto poder, é justo (teoria carismática do poder); 2) se por poder que abusa se entende um poder que supera certos limites, o poder estatal não pode abusar porque é um poder ilimitado, não reconhecendo outro limite além da força (teoria cética do poder). Eu diria que na doutrina política comunista foram empregados, sempre de novo, os dois argumentos: mais frequente é o segundo, no qual se afirma que o Estado é um aparelho coercitivo pela opressão de classe e, portanto, não tem outro limite que o imposto pela obtenção do fim, donde a extensão a todos os tipos de Estado da qualificação de "ditadura" (qualificação que, na doutrina tradicional, ao distinguir exercício com limites e exercício sem limites do poder, era atribuída apenas ao segundo). Mas não falta também o primeiro argumento: quando Marx afirmou que o proletariado é o herdeiro da filosofia clássica alemã, ele, o proletariado, e quem faz as suas vezes, o partido, foi investido de uma arcana energia carismática, com base na qual a sua ação é, em cada caso, o cumprimento da história: uma forma de consagração leiga, ou seja, historicista, que vem substituir a antiga consagração religiosa. Para confirmar isso, vêm à mente os dois tipos diferentes de resposta que um comunista comumente dava a quem lhe censurasse por aprovar um governo tirânico: 1) "Todos os Estados são ditaduras. E por que o Estado soviético não deveria ser" (teoria cética do poder); 2) "Um Estado burguês precisa de limites porque a classe governante é apenas uma minoria de opressores, o Estado soviético não precisa deles porque é governado pelo partido comunista, que interpreta as necessidades da maioria e as interpreta, enquanto possuidor da ciência marxista da sociedade, de maneira justa" (teoria carismática do poder). À guisa de comentário, observemos que até que o regime democrático encontrasse a sua justificação exclusivamente na concepção do povo soberano e da vontade geral (que não pode errar, como o pontífice, o partido, o proletariado, o *Führer*), a doutrina democrática pensa poder passar sem a doutrina dos limites do poder, e como essa doutrina fora elaborada sobretudo pela doutrina liberal, democracia e liberalismo foram considerados como dois regimes opostos.

Contra essa negação, ou pelo menos desvalorização do problema do abuso do poder, o relatório Khrushchov reafirma as velhas preocupações da doutrina política tradicional, em particular da doutrina liberal. O abuso de poder, antes de tudo, foi mais vezes chamado e também definido com exatidão como "violação da legalidade (revolucionária)"; e depois, o que mais conta, foi condenado como um mal, dado que se reconhece que dele nasceram perversões e erros perniciosos. "O lado negativo de Stálin" – afirma-se aí – "nos últimos anos se transformou num grave abuso de poder por parte dele, que causou um dano indescritível ao nosso partido".[14] Todo o relatório é uma retratação aberta dos dois argumentos que se costuma aduzir para negar o abuso de poder: condenando o culto da personalidade, rechaça uma das possíveis encarnações da teoria carismática do poder; insistindo sobre a distinção entre poder dentro dos limites da legalidade e poder que ultrapassa esses limites, rejeita o conceito de que o poder é de per si mesmo ilimitado e contrapõe o velho conceito que o poder ilimitado é gerador de abusos ("Stálin, graças ao seu poder ilimitado, permitiu-se numerosos abusos"). Do reconhecimento e da condenação nasce para a doutrina e para a práxis política soviética, como consequência lógica, a necessidade de reabrir com a máxima clareza o problema dos limites do poder. Quais limites? A doutrina tradicional os agrupa em duas categorias: morais e jurídicos. Mas com os limites morais se chega no máximo a formular a doutrina do bom tirano e a delinear o regime do despotismo iluminado; com os jurídicos, se chega à construção do Estado de direito sobre o qual os juristas do

---

14 Cito a partir do texto publicado em *Relazioni internazionali*, n.24, 1956.

século passado e do nosso escreveram famosos tomos que os juristas soviéticos fariam bem em reler.

A partir daquilo que se move e até agora se moveu na União Soviética, eu estaria propenso a dizer que a figura do bom tirano (ainda que colegiado) já fez o seu aparecimento, não ainda o do Estado de direito. No entanto, o relatório secreto revela não apenas a indignação moral, uma espécie de obscurecimento da consciência e de horror, diante da enormidade das injustiças ("a violência administrativa", "as repressões em massa", "o terror", "a força brutal", "a aniquilação física dos inimigos", "a arrogância e o desprezo para com os companheiros", "cruéis e imensas torturas", "monstruosas falsificações" etc.), mas também uma consciência jurídica ofendida ("brutal violação da legalidade revolucionária"). O grande passo da cegueira diante do poder absoluto ao reconhecimento do poder limitado foi realizado. O caminho agora está aberto àqueles que quiserem tirar todas as consequências. Há uma passagem de Engels para a qual os novos justificadores poderão apelar: "A primeira condição de toda liberdade: que todos os funcionários sejam responsáveis pelas ações realizadas no exercício das suas funções com respeito a todo cidadão diante dos tribunais comuns e segundo o direito comum".[15] É evidente que Engels se referia ao Estado burguês, no qual os funcionários podem pecar. Agora, porém, que se tomou consciência de que também no Estado proletário os funcionários pecam e pecam fortemente, é de se augurar que a lição, que era, afinal, a lição dos liberais, seja meditada de novo e aplicada ao caso.

9.

Depois da denúncia do despotismo de Stálin ninguém pode em sã consciência negar que a teoria marxista do Estado, na sua

---

15 Engels, Carta a Bebel, 18 mar. 1875. In: *Il partito e l'internazionale*, p.250.

Apêndice

forma ortodoxa ou rígida, tenha se tornado agora inadequada com relação à práxis. Aqui se quis pôr à luz algumas características da doutrina que podem explicar essa insuficiência. Acrescentamos agora que essas características estão estreitamente ligadas. A veia de utopismo, que eleva o Estado socialista a um plano qualitativamente superior ao plano do Estado burguês, era, como dissemos, uma venda espessa que impedia de ver as iniquidades que o punha no mesmo plano que todos os Estados históricos que até agora existiram. Mas a veia utopista não é estranha à permanência, no marxismo, de uma visão filosófica esquematizante, que toda tomada pela antítese das classes deixou escapar a importância das antíteses das formas políticas nas quais essas classes se exprimem. Essa visão esquematizante, por sua vez, contribui para o enrijamento de uma técnica de pesquisa, como aquela proposta pela concepção materialista da história, e esse enrijecimento leva à desvalorização da ordem política em relação à ordem econômica. Enfim, dessa diminuição do Estado a superestrutura nasce a insuficiência da teoria política que se revela no silêncio diante do problema do exercício do poder e dos seus limites.

Essa insuficiência está agora em parte sanada. E está sanada do único modo possível num sistema baseado no princípio de autoridade: pela boca daqueles que são legitimamente autorizados a integrar o sistema. Não por aproximação de baixo, mas por revelação do alto. Certamente agora, para voltar ao ponto de partida, também os comunistas sabem o que todos sabiam: Stálin foi um tirano. Diante desse fato, pelo menos, não pode haver divergências: somos todos iguais. Resta a divergência das vias de acesso ao conhecimento daquele fato. Mas cada um tem os seus caminhos.

Mas há ainda uma pergunta a fazer: os continuadores autorizados de uma doutrina não têm um limite na sua obra de integração? E se há algum limite, Khrushchov não os superou? E se esses limites são superados, o que acontece? Volto ao exemplo

Política e cultura

de um ordenamento jurídico: os órgãos da produção jurídica são autorizados a produzir todas as normas que julgam oportunas, *exceto aquelas que são incompatíveis com as normas fundamentais daquele ordenamento.* Todo ordenamento tem as suas normas fundamentais, como todo sistema científico tem os seus postulados. Tocadas estas, você toca também aquele. Mais exatamente: há dois tipos de normas fundamentais, aquelas que podemos chamar de substanciais, das quais deriva *aquilo que* o sistema quer ou afirma, e as normas *formais,* que determinam *como* o sistema se constitui e se desenvolve. Os juristas distinguem os princípios gerais do direito em sentido estrito (princípios substanciais) dos princípios gerais sobre a produção jurídica (princípios formais). Não se pode excluir que os órgãos superiores encarregados de desenvolver o ordenamento exorbitem os limites do seu mandato e modifiquem tanto os primeiros quanto os segundos. O que acontece nesse caso? Quando são modificados os princípios substanciais – por exemplo, são suprimidos os direitos de liberdade –, acontece o que comumente se chama de mudança de *regime político.* Quando são modificados os princípios formais – por exemplo, as normas jurídicas não são mais produzidas de forma autônoma, mas de forma heterônoma –, acontece aquilo que comumente se chama de mudança de *forma de governo.*

Agora creio que a crise aberta por Khrushchov no campo da doutrina marxista (não falo aqui do ordenamento jurídico soviético) seja uma daquelas que não só desenvolvem um sistema, mas, modificando alguns postulados, o mudam, quer dizer, penso que Khrushchov, como órgão autorizado a desenvolver o sistema, tenha iniciado, talvez sem o saber, a sua modificação, colocando em crise, como se procurou mostrar, alguns princípios fundamentais. Trata-se de saber se os postulados postos em crise são apenas os substanciais ou também os formais, noutras palavras, para continuar a analogia entre um ordenamento jurídico e um sistema doutrinal baseado no princípio de autoridade, se foi iniciada uma mudança apenas de regime ideológico ou também da forma de produção do próprio sistema. Procuramos até aqui avançar alguns argumentos que nos parecem aptos a mostrar como aconteceu ou foram colocadas as bases para que aconteça uma modificação no primeiro sentido. Em síntese: àqueles que preveniam os comunistas sobre a ditadura pessoal que fora criando raízes no país do socialismo, os comunistas respondiam, como já dissemos, que se tratava de ter compreendido ou não o marxismo. Agora Khrushchov declarou que Stálin era um tirano: não compreendeu o marxismo? A pergunta, reconheçamos, é embaraçosa, alegremente ou duramente embaraçosa segundo os casos. Mas eu não teria coragem de excluir que se possa verificar uma modificação também no segundo sentido, e seria a modificação de longe mais perturbadora. Isso equivaleria a dizer, de fato, que o próprio órgão encarregado de desenvolver um sistema fundado no princípio de autoridade tenha afirmado a invalidade do próprio princípio de autoridade como critério de verdade, e a validade do princípio oposto, ou do critério da verificação empírica. É como se o órgão legislativo supremo de um Estado decidisse que doravante a justiça não será mais administrada em conformidade com as leis, mas com base no julgamento feito caso a caso pelos juízes. Noutras palavras, eu não teria coragem de excluir que Krushchov tenha ultrapassado os limites do sistema não apenas *substancialmente*, mas também *formalmente*, ou seja, tenha posto em crise não apenas algumas verdades do sistema, mas também – o que seria muito mais importante – *o próprio critério de verdade sobre o qual o sistema estava fundado*.

Outros se alegrem que os soberbos tenham sido humilhados, e os que procuram o cisco no olho do outro que tenham sido encontrados com uma viga no seu. O que vale para nós é que o espírito de verdade tenha encontrado novos defensores contra a doutrina enrijecida, e o espírito de liberdade novos prosélitos contra o despotismo.

Referências bibliográficas

ABBAGNANO, N. Filosofia e libertà. *Rivista di Filosofia*, 1950.

ALFIERI, V. E. I presupposti filosofici del liberalismo crociano. *La Rassegna d'Italia*. v.1, fasc. 2-3, 1946.

BIANCHI BANDINELLI, R. Dialogo sulla libertà. *Società*, v.8, 1952.

BOBBIO, N. Logica e moralità. *Rivista di Filosofia*, 1951.

CALOGERO, G. *Difesa del liberalsocialismo*. Roma, 1945.

CRANSTON, M. *Freedom*. A New Analysis. London, 1953.

CROCE, B. Ancora filosofia e politica. In: _____. *Cultura e vita morale*. 2.ed. Bari, 1926. p.148-52.

_____. Ancora filosofia e politica. *La Critica*, v.23, p.379-82, 1925.

_____. Anticarduccianesimo postumo. In: *La letteratura della nuova Italia*. v.2. 5.ed. Bari, 1948.

_____. Antistoricismo. In: _____. *Ultimi saggi*. 2.ed. Bari, 1948. p.246-259.

_____. Apoliticismo. In: _____. *Orientamenti*. Milano, 1934.

_____. Avvertenza. In: _____. *Pensiero politico e politica attuale*. Bari, 1946.

_____. *Carteggio Croce-Vossler*. Bari, 1951.

_____. Che cos'è il liberalismo. In: _____. *Per la nuova vita dell'Italia*. Napoli, 1944.

_____. Ciò che è vivo e ciò che è morto della filosofia de Hegel (1906). In: _____. *Saggio sullo Hegel seguito da altri scritti di storia della filosofia*. 3.ed. Bari, 1927. p.144-71.

Política e cultura

CROCE, B. Colpi che falliscono il segno (1947). In: _____. *Due anni di vita politica italiana.* Bari, 1948. p.142-45.

_____. Come nacque e come morí il marxismo teorico in Italia (1895-1900). In: LABRIOLA, A. *La concezione materialistica della storia.* 3.ed. Bari, 1947.

_____. Constant e Jellinek. In: _____. *Etica e politica.* 3.ed. Bari, 1945. p.294-302.

_____. Contrasti d'ideali. In: _____. *Etica e politica.* 3.ed. Bari, 1945.

_____. Contrasti di cultura e contrasti di popoli. In: _____. *Cultura e vita morale.* 2.ed. Bari, 1926.

_____. Contrasti di ideali politici dopo il 1870. In: _____. *Etica e politica.* 3.ed. Bari, 1945.

_____. Contributo alla critica de me stesso. In: _____. *Etica e politica.* 3.ed. Bari, 1945.

_____. Contro l'astrattismo e il materialismo politici. In: _____. *Cultura e vita morale.* 2.ed. Bari, 1926.

_____. Contro la sopravvivenza del materialismo storico. In: _____. *Orientamenti.* Milano, 1934.

_____. Contro la troppa filosofia politica. In: _____. *Cultura e vita morale.* 2.ed. Bari, 1926. p.144-148.

_____. Contro la troppa filosofia politica. *La Critica,* v.21, p.126-128, 1923.

_____. *Conversazioni critiche.* v.1. 4.ed. [S./l.], 1950.

_____. *Conversazioni critiche.* v.4. 2.ed. [S./l.], 1951.

_____. Cultura tedesca e politica italiana (1914). In: *Pagine sulla guerra.* 2.ed. Bari, 1928.

_____. Di un carattere della più recente letteratura italiana. In: _____. *La letteratura della nuova Italia.* v.4. 5.ed. Bari, 1948.

_____. Disegni di reforma nazionale. In: _____. *Pagine sulla guerra.* 2.ed. Bari, 1928.

_____. *Due anni di vita politica italiana.* Bari, 1948.

_____. Durezza della politica (1945). In: _____. *Pensiero politico e politica attuale.* Bari, 1946.

_____. È necessaria una democrazia? In: _____. *Pagine sparse.* v.1. Napoli, 1943.

_____. *Elementi di politica.* [S./l.]: Laterza, 1925.

_____. Elementi di politica. In: _____. *Etica e politica.* 3.ed. Bari, 1945.

_____. Fatti politici e interpretazione storiche. In: _____. *Cultura e vita morale.* 2.ed. Bari, 1926.

412

Referências bibliográficas

CROCE, B. Fede e programma (1911). In: _____. *Cultura e vita morale.* 2.ed. Bari, 1926.

_____. *Filosofia della pratica.* 3.ed. Bari, 1923.

_____. Fissazione filosofica e libertà e dovere (1925). In: _____. *Cultura e vita morale.* 2.ed. Bari, 1926.

_____. Fissazione filosofica. *La Critica,* v.23, 1925, p.252-56.

_____. Giustizia e libertà. Una questione di concerti (1945). In: _____. *Pensiero politico e politica attuale.* Bari,1946.

_____. Giustizia Internazionale (1928). In: _____. *Etica e politica.* 3.ed. Bari, 1945.

_____. Il "tradimento degli intellettuali". In: _____. *Pagine sulla guerra.* 2.ed. Bari, 1928.

_____. Il disinteressamento per la cosa pubblica. In: _____. *Etica e politica.* 3.ed. Bari, 1945. p.159-164.

_____. Il partito come giudizio e come pregiudizio (1912). In: _____. *Pagine sparse.* v.1. Napoli, 1943.

_____. Il partito liberale, il suo ufficio e le sue relazioni con gli altri partiti (1944). In: _____. *Per la nuova vita dell'Italia.* Napoli, 1944.

_____. *Indagini su Hegel e altri schiarimenti filosofici.* Bari, 1952.

_____. Intorno alla categoria della vitalità. In: _____. *Indagini su Hegel e altri schiarimenti filosofici.* Bari, 1952.

_____. L'aristocrazia e i Giovani (1911). In: _____. *Cultura e vita morale.* 2.ed. Bari, 1926.

_____. *L'idea liberale.* Bari, 1944.

_____. L'intellettualità. In: _____. *Etica e politica.* 3.ed. Bari, 1945.

_____. L'onestà politica. In: _____. *Etica e politica.* 3.ed. Bari, 1945.

_____. La concezione liberale come concezione della vita. In: _____. *Etica e politica.* 3.ed. Bari, 1945.

_____. La guerra e gli studi. In: _____. *Pagine sulla guerra.* 2.ed. Bari, 1928.

_____. La guerra italiana, l'esercito e il socialismo. In: _____. *Pagine sulla guerra.* 2.ed. Bari, 1928.

_____. La libertà della scuola. In: _____. *Pagine sparse.* v.2. Napoli, 1943. p.252-62.

_____. La mentalità massonica. In: _____. *Cultura e vita morale.* 2.ed. Bari, 1926. p.143-150.

_____. La morte del socialismo (1911). In: _____. *Cultura e vita morale.* 2.ed. Bari, 1926. p.150-59

_____. La nausea per la politica. In: _____. *Etica e politica.* 3.ed. Bari, 1945.

CROCE, B. La politica dei non politici (1925). In: _____. *Cultura e vita morale*. 2.ed. Bari, 1926. p.289-293.

_____. La storicità e la perpetuità della ideologia massonica (1918). In: _____. *Pagine sulla guerra*. 2.ed. Bari, 1928. p.255-63.

_____. La vittoria. In: _____. *Pagine sulla guerra*. 2.ed. Bari, 1928.

_____. Le varie tendenze, e le armonie e disarmonie di G. Carducci. In: _____. *La letteratura della nuova Italia*. v.2. 5.ed. Bari, 1948.

_____. Liberalismo. *La Critica*, v.23, p.125-128, 1925.

_____. Liberalismo (1925). In: _____. *Cultura e vita morale*. 2.ed. Bari, 1926.

_____. Liberalismo contro il duplice dogmatismo liberistico e comunistico. *Rivista di storia economica*, v.6, p.43-45, 1941.

_____. Liberalismo e cattolicesimo (1945). In: _____. *Pensiero politico e politica attuale*. Bari,1946.

_____. Libertà e giustizia. In: _____. *Discorsi di varia filosofia*, v.1. Bari, 1945.

_____. Lo Stato etico. In: _____. *Etica e politica*. 3.ed. Bari, 1945.

_____. *Materialismo storico ed economia marxistica*.

_____. *Nuove pagine sparse*. Napoli, 1949. 2v.

_____. *Pagine politiche*. Bari, 1945.

_____. *Pagine sparse*. Napoli, 1943. 2v.

_____. *Pagine sulla guerra*. 2.ed. Bari, 1928.

_____. Pensieri dell'arte. In: *Pagine sparse*, v.1. Napoli, 1943.

_____. *Pensiero politico e politica attuale*. Bari, 1946.

_____. Per la interpretazione e la critica di alcuni concetti del marxismo. In: _____. *Materialismo storico ed economia marxistica*.

_____. *Per la nuova vita dell'Italia*. Napoli, 1944.

_____. Per la storia della filosofia della politica. *La Critica*, v.22, p.193-208, 1924.

_____. Politica "in nuce". *La Critica*, v.22, p.129-54, 1924.

_____. Principio, ideale, teoria. A proposito della teoria filosofica della libertà. In: _____. *il carattere della filosofia moderna*. Bari, 1941.

_____. Sentimento patrio e nazionalismo. In: _____. *Pagine sparse*. v.2. Napoli, 1943.

_____. Soliloquio di un vecchio filosofo. In: _____. *Discorsi di varia filosofia*. v.1. Bari, 1945.

_____. Sopravvivenze ideologiche. In: _____. *Pagine sulla guerra*. 2.ed. Bari, 1928.

_____. Specialismo e dilettantismo. In: _____. *Cultura e vita morale*. 2.ed. Bari, 1926. p.228-234.

CROCE, B. Stato e Chiesa (1947). In: _____. *Due anni di vita politica italiana*. Bari, 1948.

_____. Stato e Chiesa in senso ideale e loro perpetua lotta nella storia. In: _____. *Etica e politica*. 3.ed. Bari, 1945.

_____. *Storia d'Europa nel secolo XIX*. Bari, 1932.

_____. *Storia d'Italia dal 1871 al 1915*. 3.ed. Bari, 1929.

_____. *Storia del Regno di Napoli*. 2.ed. Bari, 1931.

_____. Storia economico-politica e storia etico-politica. *La Critica*, v.22, p. 334-42, 1924.

_____. Troppa filosofia. In: _____. *Cultura e vita morale*. 2.ed. Bari, 1926.

_____. *Una famiglia di patrioti*. 3.ed. [S./l.], 1919.

_____. Vecchie e nuove questioni intorno all'idea dello Stato. In: _____. *Orientamenti*. Milano, 1934. p.9-31.

_____. Vent'anni fa. In: _____. *Nuove pagine sparse*, v.1. Napoli, 1949. p.314-36.

_____. *Vite di aventure di fede e di passione*. [S./l.], 1936.

DE CAPRARIIS, V. La storia d'Italia nello svolgimento del pensiero politico di Benedetto Croce. *Letterature moderne*, número especial dedicado a Benedetto Croce, Milano, 1953.

DE RUGGIERO, G. *Storia del liberalismo europeo*. 2.ed. Bari, 1941.

DELLA VOLPE, G. Comunismo e democrazia moderna. *Nuovi Argomenti*, n.7, mar.-abr. 1954.

DUNHAM, B. *Man Against Myth*. London, 1948. [Trad. it.: *Miti e pregiudizi del nostro tempo*. Trad. F. Lucentini.Torino, 1951.]

EINAUDI, L. *Il Buongoverno*. Bari, 1954.

ENGELS, F. *Antidühring*. Roma: Edizioni Rinascita, [s./d.].

_____. Lettera a Bebel, 18 marzo 1875. In: MARX, K.; ENGELS, F. *Il partito e l'Internazionale*. Roma: Rinascita, 1948.

_____. Per la storia della lega dei comunisti (1885). In: MARX, K.; ENGELS, F. *Il partito e l'internazionale*. Roma: Rinascita, 1948.

FRANCHINI, R. *Note biografiche di Benedetto Croce*. Torino, 1953.

GARIN, E. *Cronache di filosofia italiana*. Bari, 1955.

GENTILE, G. *Che cosa è il fascismo*. Firenze, 1925.

_____. La tradizione liberale italiana (1924). In: GENTILE, G. *Che cosa è il fascismo*. Firenze, 1925.

_____. Il liberalismo de B. Croce. In: GENTILE, G. *Che cosa è il fascismo*. Firenze, 1925.

GINZBURG, N. Silenzio. *Cultura e Realtà*, n.3-4, p.1-6, 1951.

GRAMSCI, A. *Il materialismo storico e la filosofia di Benedetto Croce*. Torino: Einaudi, 1948.

_____. *Opere*. v.3: *Gli intellettuali e l'organizzazione della cultura*. Torino, 1949. [Ed. bras.: *Os intelectuais e a organização da cultura*. Trad. Carlos Nelson Coutinho. 4.ed. Rio de Janeiro: Civilização Brasileira, 1982.]

I CÒMPITI degli storici sovietici nella lotta contro le manifestazione della ideologia borghese. *Il Mulino*, n.10-11, p.548-560, 1952.

KELSEN, H. *Teoria generale del diritto e dello stato*. Trad. S. Cotta e G. Treves. Torino, 1952. [Ed. bras.: *Teoria geral do direito e do Estado*. Trad. Luis Carlos Borges. São Paulo: Martins Fontes, 2000.]

LENIN, V. I. *Due tattiche della socialdemocrazia nella rivoluzione democratica* (1905). In: *Opere scelte*. t.I. Moscou: Edizioni in lingue estere, 1949.

_____. *I compiti del proletariato nella nostra rivoluzione* (1917). In: _____. *Opere scelte*. t.II. Moscou: Edizioni in lingue estere, 1948.

_____. *L'estremismo, malattia infantile del comunismo* (1920). In: _____. *Opere scelte*. t.II. Moscou: Edizioni in lingue estere, 1948.

_____. La rivoluzione proletaria e il rinnegato Kautsky. In: LENIN, V. *Opere scelte*. t.II. Moscou: Edizioni in lingue estere, 1948. p.340-414.

_____. Stato e rivoluzione. In: LENIN, V. *Opere scelte*. t.II. Moscou: Edizioni in lingue estere, 1948.

_____. Sullo stato (1919). In: MARX, K.; ENGELS, F. *Marxismo*. Roma: Rinascita, [s./d.].

_____. *Tre fonti e tre parti integrante del marxismo* (1913). In: *Opere scelte*. t.I. Moscou: Edizioni in lingue estere, 1949.

MAGGIORE, G. Stato forte e stato etico. *La Critica*, v.23, p.374, 1925.

MAUTINO, A. *La formazione della filosofia politica de Benedetto Croce*. 3.ed. Bari, 1953.

MILL, J. S. *Essay on Liberty*. McCALLUM, R. B. (Org.). Oxford, 1948. [Trad. it.: *Saggio sulla libertà*. Trad. G. Giorello e M. Mondadori. Milano: Il Saggiatore, 2002.]

PINTOR, G. *Il sangue d'Europa*. Torino, 1950.

SARTORI, G. L'identificazione di economia e politica nella filosofia crociana. *Studi politici*, v.3, p.288-312, 1954.

SASSO, G. Benedetto Croce interprete del Machiavelli. *Letterature moderne*, número especial dedicado a Benedetto Croce, Milano, p.305-322, 1953.

STÁLIN, J. *Questioni del leninismo*. Moscou: Edizioni in lingue estere, 1948.

TALMON, J. L. *The Origins of Totalitarian Democracy*. London, 1952. [Trad. it.: *Le origini della democrazia totalitaria*. Bologna: Il Mulino, 2000.]

TOCQUEVILLE, A. De la démocratie en Amérique. In: TOCQUE-VILLE, A. *Œuvres complètes*. J.-P. Mayer (org.), t.I, v.2.

TREVES, R. *Spirito critico e spirito dogmatico*. Milano, 1954.

UNESCO. *Dei diritti dell'uomo*. Milano, 1952.

VENEDIKTOV, A. V. *La proprietà socialista dello Stato*. Torino: Einaudi, 1953.

VENTUROLI, M.; ZANGRANDI, R. *Dizionario dela paura*. Pisa, 1951.

WESTPHAL, O. Feinde Bismarks. *La Critica*, v.28, p.453-54, 1930.

ZANGHERI, R. A proposito della storiografia sovietica. *Il Mulino*, n.15, p.39-43, 1953.

ZANGRANDI, R. *Il lungo viaggio*. Torino, 1948.

Índice onomástico

Abbagnano, Nicola, 91
Agazzi, Emilio, 28, 53
Agosti, Aldo, 21, 53
Ajello, Nello, 21, 53
Alembert, Jean Le Rond d', 8
Alfieri, Vittorio Enzo, 293, 311
Antoni, Carlo, 24
Asor Rosa, Alberto, 21, 41, 45, 53

Balzac, Honoré de, 362
Barberis, Mauro, 16, 53
Bebel, August, 263, 406
Bedeschi, Giuseppe, 41, 53
Bellamy, Richard, 41, 53
Benda, Julien, 16, 54, 175-6, 193, 278, 280-1
Bentham, Jeremy, 237, 344-5
Bianchi Bandinelli, Ranuccio, 7, 15, 21-9, 31-3, 35, 49, 53-4, 103, 147, 149-50, 209-10, 212-3, 411
Bilenchi, Romano, 21
Bismarck, Otto von, 346, 383
Bonanate, Luigi, 11, 15
Bourbon, dinastia, 330

Bovero, Michelangelo, 11, 13, 15

Cafagna, Luciano, 36
Calamandrei, Piero, 11, 40, 125
Calogero, Guido, 11, 40, 95, 155, 324, 354
Calvino, Italo, 129
Campagnolo, Umberto, 27, 58
Camus, Albert, 275
Castellano, Giovanni, 321
Cattaneo, Carlo, 8, 291, 357
Cedroni, Lorella, 27
Chabod, Federico, 358
Collas, Wolfgang von, 11, 49
Comte, Auguste, 343, 387
Constant de Rebecque, Benjamin, 235, 336
Coppola, Francesco, 304
Cousin, Edgar, 347
Cranston, Maurice, 348
Croce, Benedetto, 11, 22, 27, 30, 48-50, 66, 119, 151, 160, 163-85, 193-5, 205, 275, 278, 291, 293-360

D'Annunzio, Gabriele, 306
De Amicis, Edmondo, 126
De Caprariis, Vittorio, 357
De Maistre, Joseph, 283, 390
De Ruggiero, Guido, 293, 343
Della Volpe, Galvano, 15, 33, 40, 43-5, 49, 235-6, 242, 248, 254-7, 262, 266, 268, 361, 364
Derathé, Robert, 236
Dewey, John, 9, 24, 108
Diachenko, Vasili Petrovitch, 107
Dostoiévski, Fiódor Mikhailovich, 160
Dunham, Barrows, 68

Einaudi, Luigi, 28, 117, 324, 354, 357
Einstein, Albert, 381
Engels, Friedrich, 51, 221, 243, 263, 377-8, 380, 382-3, 386, 393-8, 400-1, 406
Erasmo de Roterdã (Gerrit Gerritszoon), 16, 201
Espinosa, Baruch, 65

Fichte, Johann Gottlieb, 346
Figurnov, P. K., 151
Fiorentino, Francesco, 318, 321
Fortini, Franco (Franco Lattes), 48
Franchini, Raffaello, 166
Francisco II de Bourbon, rei das Duas Sicílias, 330

Galilei, Galileu, 109, 387
Garin, Eugenio, 11, 305, 314
Gatti, Roberto, 11
Gentile, Giovanni, 30, 178, 278, 297, 305, 309, 314-5, 321
Gerratana, Valentino, 24
Ginzburg, Natalia, 95-6
Gioberti, Vincenzo, 309
Giuriolo, Antonio, 280
Gobetti, Piero, 279, 291, 377
Goethe, Johann Wolfgang von, 27

Gozzano, Guido, 121
Gramsci, Antonio, 16, 21-2, 65-6, 192, 224-5, 246, 291, 304, 334, 349, 361
Greco, Tommaso, 10, 12, 41
Guastini, Riccardo, 13

Hegel, Georg Wilhelm Friedrich, 30, 51, 67, 181, 185, 264, 296-9, 316, 318-9, 342-3, 346-7, 352, 357, 393, 397, 400
Heidegger, Martin, 285
Hitler, Adolf, 34, 226
Hobbes, Thomas, 7, 29, 48, 128, 133, 222, 259, 265, 283, 345, 390
Hobhouse, Leonard Trelawney, 9, 38
Hölderlin, Friedrich, 285
Hume, David, 345

Jaspers, Karl, 11
Jellinek, Georg, 313, 336-7
Jemolo, Arturo Carlo, 194

Kafka, Franz, 27
Kant, Immanuel, 8, 22, 27, 39, 148, 182, 264, 297, 319, 343-4, 357-8
Kautsky, Karl, 34, 221, 232
Kelsen, Hans, 36, 43-5, 48, 229, 254-5
Keynes, John Maynard, 38
Khrushchov, Nikita Sergueievitch, 377, 386, 400, 405, 407-9

La Pira, Giorgio, 12, 55
Labriola, Antonio, 167-8, 170, 291
Lanfranchi, Enrico, 11, 41
Lenin, Nikolai (Vladimir Ilitch Ulianov), 21, 30, 36-7, 41, 43, 51-2, 221-2, 232-3, 263-5, 269, 358, 380-2, 384-6, 390-1, 393, 398, 402-3
Locke, John, 52, 259, 264, 335, 344-5, 357, 403
Luporini, Cesare, 21

Índice onomástico

Macaulay, Thomas Babington, 344
Maggiore, Giuseppe, 312, 416
Manacorda, Gastone, 21, 34, 55-6
Mannheim, Karl, 16, 193
Maquiavel, Nicolau, 52, 283, 303, 331, 358, 402
Marchesi, Concetto, 280
Maritain, Jacques, 11
Marx, Karl, 38, 40-1, 43, 51, 167, 221, 243, 263, 283, 289, 327-8, 377, 380, 382-3, 386, 388, 391, 393-7, 400, 402, 404
Mautino, Aldo, 177, 325
Mazzini, Giuseppe, 195, 279, 309, 321-2, 328, 334
Meaglia, 10
Mendelson, Lev Abramovich, 151-2
Meneghetti, Egidio, 280
Michelet, Jules, 347
Mila, Massimo, 122
Mill, John Stuart, 52, 237, 344-6, 357, 403
Milton, John, 346
Montesquieu, Charles-Louis de Secondat de, 47, 300, 344, 357
Morgan, Lewis Henry, 394
Mosca, Gaetano, 294, 358
Mounier, Emmanuel, 11
Mura, Virgilio, 16
Mussolini, Benito, 30, 117-8, 304
Mussolini, Vittorio, 30, 117-8, 304

Napoleão I Bonaparte, 350-1
Napoleão III Bonaparte, 383
Neruda, Pablo (Neftalí Ricardo Reyes), 106
Newton, Isaac, 381

Ortega y Gasset, José, 16, 193

Pachukanis, Evgeni Bronislavovich, 229
Paci, Enzo, 83

Pareto, Vilfredo, 389, 391
Parri, Ferruccio, 280
Pery, Gabriel, 284
Pintor, Giaime, 195-6
Poerio, Carlo, 322
Polanyi, Karl, 11
Polito, Pietro, 7, 27
Preve, Costanzo, 49
Pushkin, Alexandr Sergueievitch, 27

Quinet, Edgar, 347

Reale, Mario, 49
Roderigo di Castiglia, ver Togliatti, Palmiro, 48, 361-5, 369, 371, 374, 376
Rolland, Romain, 175, 200, 307
Romagnosi, Gian Domenico, 291
Rosselli, Carlo, 10-1
Rousseau, Jean-Jacques, 43, 236, 239, 252-3, 258, 264, 340
Roy, Claude, 401
Royer-Collard, Pierre-Paul, 344
Ruiz Miguel, Alfonso, 10

Salvemini, Gaetano, 299, 325
Santhià, Battista, 113
Sartori, Giovanni, 306
Sartre, Jean-Paul, 126
Sasso, Gennaro, 331
Sbarberi, Franco, 12, 53
Shakespeare, William, 401
Solmi, Renato, 28
Sorel, Georges, 328, 330
Spaventa, Silvio, 291, 298, 321-2, 357
Spencer, Herbert, 271
Stálin (Josef Vissarionovitch Djugashvili), 21, 30-1, 34, 41, 43, 45, 50-2, 131, 135, 143, 231, 377-8, 382-3, 385-6, 390, 396, 399, 401-2, 405-7, 409
Stendhal (Henri Beyle), 27

Política e cultura

Taine, Hippolyte-Adolphe, 309
Talmon, Jacob L., 239
Tocqueville, Alexis de, 237, 324, 344
Togliatti, Palmiro, 9, 15, 21, 33-4,
    36-40, 43, 45-9, 125
Tolstoi, Liev Nikolayevich, 27, 160
Treitschke, Heinrich von, 331, 343
Treves, Renato, 240

Venediktov, Anatoli Vasilevich, 382
Venturoli, Marcello, 115-7, 119-
    20, 123-6
Vinciguerra, Mario, 325
Violi, Carlo, 41, 43

Vittoria, Albertina, 21
Vittorini, Elio, 21
Voltaire (François-Marie Arouet), 27
Vossler, Karl, 308
Vychinski, Andrei Yanuarevich, 257

Walzer, Michael, 7
Westphal, Otto, 309

Zangheri, Renato, 150
Zangrandi, Ruggero, 115-7, 118-20,
    122, 125-7
Zolo, Danilo, 10-1

SOBRE O LIVRO

Formato: 14 x 21 cm
Mancha: 23 x 39 paicas
Tipografia: Iowan Old Style 10/14
Papel: Off-white 80 g/m^2 (miolo)
Cartão Supremo 250 g/m^2 (capa)
1ª edição: 2015

EQUIPE DE REALIZAÇÃO

Capa
Estúdio Bogari

Edição de texto
Frederico Ventura (Copidesque)
Vivian Miwa Matsushita (Revisão)

Editoração eletrônica
Sergio Gzeschnik (Diagramação)

Assistência editorial
Alberto Bononi

Rua Xavier Curado, 388 • Ipiranga - SP • 04210 100
Tel.: (11) 2063 7000 • Fax: (11) 2061 8709
rettec@rettec.com.br • www.rettec.com.br